岁月流金

民建上海市委一号课题成果集

中国民主建国会上海市委员会◎编

上海人民出版社

荣誉主编

周汉民

主　编

解　冬

副主编

汪胜洋

统　稿

张圣滢　王　德

殷　浩　刘心怡

序　一

周汉民

　　有着 77 年历史的中国民主建国会，始终以民族振兴、国家富强、人民幸福为己任。民建上海市委以"一号课题"为平台，举全会之力，集会员之智，围绕经济社会发展重点，深入调研，精准建言，一系列成果体现出民建人的思想光彩，彰显出民建人的担当作为。

　　一张"招贤榜"，汇聚志同道合者。2018 年，民建上海市委通过微信公众号第一次发布"招贤榜"，为年度一号课题招贤纳士，应者云集，成效显著。连续五年，近 1500 名会员通过"招贤榜"参与了一号课题。我每年都会参加课题动员会、调研会，与会员们共同讨论，认真阅读每一名会员的真知灼见，审阅每一篇课题成果，真切感受到大家为国履职、为民尽责的赤诚之心。加入一号课题的会员，我们可称之为"志同道合者"，其中有热心发动的人，有埋头苦干的人，有多方协调的人，有执着攻坚的人，各展所能、各司其职，有分工亦有合作，心系家国、无私忘我的情怀和热情饱满、认真扎实的作风，时时感染着我，每每感动着我。在课题组成员中，还有来自长三角其他地区民建成员的参与，民建同志这样团结一致、积极进取，我与有荣焉。志同道合，无远弗届，我们聚在一起，就是抱着对国家和城市发展的殷殷热情，建诤言献良策，这正是民建人履行作为中国特色社会主义参政党一员的政治担当的最好写照。

　　无调研不建言，做到"四个坚持"。课题研究，不能一蹴而就，没有调查研究过、广泛征询过意见的，绝不能成为课题成果。坚持长期调研、坚持

1

长期建言、坚持长期奉献、坚持长期奋斗，我们是这么说的，也是这么做的。一路走来，民建的一号课题成果斐然，每一年都有15篇以上的专题报告和50篇以上的社情民意，把课题做成带有持续性、富有连贯性、具有整体性的连续剧，反响很好。其中一个重要经验就是大兴调查研究之风，每一年，我都会带队实地走访，在此基础上，各子课题组结合课题内容，层层深入，掌握第一手材料，了解最鲜活的案例，把调研做得深一点，把问题挖得透一点，把建言做得实一点。相信这样的调研会继续坚持下去，并且力度会越来越大，使大调研成为一种工作作风、工作习惯和行为自觉。

功成不必在我，功成必定有我。 涓涓不塞，是为江河；源源不断，是为奋斗。一号课题的选题都切中当下发展的重点，同中共中央、中共上海市委相关决策部署同向同行，我们所做的研究是为这沧海横流注入一点小溪般的努力，但同时我们也绝不小觑自身，秉持着"功成不必在我，功成必定有我"的理念，始终尽心尽力，做出应有的成绩。课题组成员大多是用业余的时间参与课题，但最终的成果却是专业的，得到了各方的高度肯定。五年来，共形成79篇高质量课题报告，其中72篇课题报告转化为《建言专报》，31篇获市领导批示，我们在课题中耕耘，于岁月中沉淀，做担当者而非旁观者，做践行者而非清谈者，我想，这就是本次一号课题成果集的书名《岁月流金》的题中之义。

翻看本书，自由贸易港建设、长三角一体化发展、临港新片区建设、城市数字化转型和"双碳"战略落地……一篇篇高质量报告，一条条真挚建言，渗透着民建人的精气神，蕴含着对改革发展、美好生活的期待。本书全面呈现了民建上海市委历年来一号课题的总报告和系列分报告，选其精华汇编成集，既是对课题成果的梳理、展示和回顾，同时也是以此作为整装再出发的动力，不断创新，勇于探索，一棒接着一棒干，把这一平台做优做强。

2022年是统一战线政策明确提出100周年，中央统战工作会议充分肯定了百年统战的历史性贡献和新时代统战工作取得的历史性成就，明确提出了做好新时代统战工作的指导思想、基本任务、工作重点和政策举措。随着世界百年未有之大变局加速演进，世界之变、时代之变、历史之变的特征更加明显，统一战线在围绕中心、服务大局上的作用更加重要。统一战线因团结而生，靠团结而兴。踏上新征程，我们要更深刻理解"坚持统一战线"宝贵历史经验的重要意义，做到胸怀"两个大局"，牢记"国之大者"，在不断发展壮大新时代爱国统一战线中展现作为，为上海加快建设具有世界影响力的社会主义现代化国际大都市，为全面建设社会主义现代化国家、实现中华民族伟大复兴，凝聚人心、汇聚力量。

使命召唤、责任在肩。期待民建以"一号课题"吹响集结号，聚焦重点，持续用力，再续新篇。

岁月流金，是民建人为国履职、为民尽责的智慧结晶；

聚沙成塔，是民建人天降大任，舍我其谁的时代赞歌！

（作者系民建中央副主席，民建上海市第十一、
十二、十三届委员会主任委员）

序 二

解 冬

过去的五年是在上海的发展进程中具有非同寻常里程碑意义的五年。经历过大上海保卫战的考验和洗礼，上海作为党的诞生地愈益展现出蓬勃生机，人民城市更加彰显出生生不息的磅礴力量。在上海全面深化改革的大潮中，上海民建人把深刻认识"两个确立"的决定性意义、增强"四个意识"、坚定"四个自信"、坚决做到"两个维护"，自觉转化为履职尽责的强大动力和实际行动。每年通过"一号课题"打造参政议政的"一号工程"，紧紧围绕全方位推动高质量发展，在建言资政和凝聚共识上双向发力，展现了走在前列、奋楫争先的担当与作为，不仅结出了累累硕果，更汇聚了磅礴力量。

一号课题是集结号。五年中，通过发布一号课题招贤榜，每年都能招募数百名民建会员投身其中，参与人数逐年攀高，参与范围更涵盖长三角民建组织，甚至吸引了部分会外专家报名参与。2022年的一号课题"统筹发展和安全，推进上海'双碳'战略落地"收到了372名会员的报名意愿。每每发布一号课题，都是组织动员一声令下、广大会员云集响应，这既体现了上海民建人参政议政的热情，更折射出一号课题选题切中时代脉搏、直指发展焦点、"亮剑"改革难点。

一号课题是比武场。聚是一团火，散是满天星。一号课题通过统一动员、集中分组、自由研讨的方式，在主导课题总体调研方向的基础上，向课题组成员提供最大的自由度和开放度，各有所长的会员在课题组内各显神通，有资源的无私分享、善思考的畅所欲言、愿动笔的领衔执笔，每个子课题小组中原本不相识的会员出于为国献策的共同志愿，走到了一起，晒观点、比奉献、赛业绩，形成了比学赶超的良好氛围，课题微信群俨然成了热情高涨的比赛场，于是一篇篇不拘一格的建言成果层出不穷。

一号课题是群英会。课题调研不仅让参政议政工作接了地气、收获了第一手资料，更让大家加深了感情、扩大了合作。在调研上海自贸区临港新片区的过程中，民建市委与临港集团深感双方理念契合、方向一致，达成战略合作框架协议，建立战略合作关系，充分发挥民建人才荟萃的优势和临港产业发展创新引领的特点，深入合作。特别是对于临港产城发展和重点产业相关的课题，持续发力，不断聚焦，形成参政议政的"连续剧"，为临港新片区高质量发展献计出力。

《岁月流金》一书集结了五年来民建市委"一号课题"的系列成果，每篇报告、每条建言背后都是民建人对上海转型发展的满腔热忱和深邃思考，彰显了中国新型政党制度的生机与活力。相信本书付梓之际，将是上海民建参政议政工作再出发、再提升、再跨越的新起点。

是以为序。

（作者系民建上海市第十四届委员会主任委员）

目　录

上海探索自由贸易港建设研究

关于推动长三角一体化高质量发展的若干建议

关于促进上海自贸区临港新片区高质量发展的研究

建设数字化城市，打造数字上海

统筹发展和安全，推进上海"双碳"战略落地

上海探索自由贸易港建设研究

上海探索自由贸易港建设的思路框架

党的十九大报告中明确提出"赋予自由贸易试验区更大改革自主权，探索建设自由贸易港"，上海作为我国改革开放排头兵，承担了我国第一个自由贸易试验区制度创新和深化开放的重任。未来，随着全球化进入新阶段、中国发展进入新时代，**上海有条件、有责任、有能力在此基础上进一步探索建设自由贸易港，为国家"推动形成全面开放新格局""发展更高层次的开放型经济"贡献更大力量**，在这过程中，民建上海市委课题组对上海建设自由贸易港的作用、定位、总体制度框架以及突破重点，进行了深入思考和研究，形成以下建议。

一、背景分析

我国探索建设自由贸易港，不能简单视作为自由贸易试验区的"升级版"，而是要在经济结构重整、治理秩序重构、贸易体系重塑等重大领域提出中国方案，推动并引领新一轮全球化向深入发展。**上海已经初步崛起成为具有全球影响力的资源配置中心，探索自由贸易港建设具有广泛而深远的国际影响力，有责任代表国家先行探索一整套与新一轮全球化相适应的规则运行体系。**

（一）最强宣誓：倡导经济全球化，应对并主动参与构建国际经济新秩序的需要

2008 年金融危机以来，以制造业分工为基础的经济全球化进程已经出现重大转变，发达国家在经济领域的对外"收缩"战略带动国际贸易持续萎缩，

以制造和贸易为重点的传统自由贸易港（区）的作用也在逐步弱化，但由新兴市场国家崛起所形成的力量，以及新技术革命的不断深化，将会酝酿新一轮的全球化高潮，并赋予自由贸易港（区）新的功能内涵，上海自由贸易港有可能成为最先响起的嘹亮"号角"。

1. **经济全球化在曲折中深入发展**。当前，世界正处于大发展大变革大调整时期，对外开放面临的国内外形势正在发生深刻复杂变化。多边贸易体制发展进程受阻，贸易保护主义抬头，双边贸易摩擦频繁，反全球化思潮涌动，新一代全球性贸易和服务规则正在酝酿中，投资、贸易新秩序对我国参与全球分工合作、融入世界经济带来新的挑战。当前全球处于规则深刻变化的前期，全球需要有吸引力的新模式和新规则。

2. **我国主动应对国际经济秩序新变化**。上海探索建设自由贸易港正是应对国际贸易、投资新秩序变化，顺应经济全球化这一不可逆转的时代大潮，通过建设全球开放水平最高的特殊经济功能区，以一块更加自由开放的高地，彰显我国倡导发展开放型世界经济，积极参与全球经济治理的决心和信心，推动经济全球化朝着更加开放、包容、普惠、平衡、共赢的方向发展。可以说，探索自由贸易港建设，**设立具有国际最高标准、最好水平的自由贸易港，就是中国向全球发出的坚持全球化和自由贸易体制新的强烈信号和郑重宣誓，是中国继浦东开发开放后向全世界打出的又一张"王牌"。**

（二）最新模式：引领全球化发展，践行开放发展新理念、提升国际竞争力的需要

十九大报告明确提出"中国开放的大门不会关闭，只会越开越大"，探索建设自由贸易港就是要找到一条路径，使中国的发展理念和实践成为推动新一轮全球化的重要动力。

1. **中国推动形成全面开放新格局**。开放是国家繁荣发展的必由之路。以开放促改革、促发展，是我国现代化建设不断取得新成就的重要法宝。改革开放40多年来，我国充分享受开放红利，经济融入全球化的深度和广度大幅提高，顺应经济全球化大趋势，进一步推动形成全面开放格局，是我国未来对外开放的基本判断。

2. **加快培育竞争新优势成为我国新型开放经济的发展方向。**我国经济正处在转变发展方式、优化经济结构、转换增长动力的攻坚期，经济发展新常态下，开放型经济传统竞争优势受到削弱，倒逼我国开放型经济加快由成本、价格优势为主，向以技术、标准、品牌、质量、服务为核心的综合竞争优势转变，**以自由贸易港为新平台，聚集全球资源，发挥更深度的全球资源要素融合，推动提高共荣共盈层面，形成具有强大竞争力的新产品、新业态、新模式和新流量，构筑全球开放经济发展新动能、新高地。**

3. **上海探索建设自由贸易港为新形势下的扩大开放提供新模式。**探索建设自由贸易港，有利于我国在更高层面融入全球产业链、供应链、创新链、价值链、金融链，进一步增强对全球贸易、科技、创新等资源的配置能力，以及上海辐射长三角、长江经济带，服务全国，服务实体经济发展，助力国内产业升级的作用，为我国培育经济新动能，建设现代化经济体系，实现高质量发展提供新模式。同时利用上海的国际地位，形成广泛的吸引力和影响力，为新一轮全球化发展鼓与呼。

（三）最佳选择：打出新的王牌，自贸试验区实践基础上再突破、再提高的需要

建设自由贸易港应该成为推动新一轮经济全球化的一张"关键牌"。以浦东开发开放为引领，聚焦"五个中心"建设，上海已经成为我国对外开放的重要窗口和前沿阵地，尤其是 2013 年设立自贸试验区以来，在对接国际惯例、主动测试风险、深化制度创新等方面，上海又积累了丰富的经验。在未来自由贸易港的探索建设方面，上海已经具备相当的基础和条件，开展更大范围、更深层次、更高水平的全方位开放。

1. **从自贸试验区到自由贸易港是开放层次的持续深化。**自贸试验区是彰显我国全面深化改革和扩大开放的试验田，其核心功能是通过对标国际先进规则，以地方大胆试、大胆闯、自主改的形式，形成更多制度创新成果，是制度创新的系统集成。而自由贸易港则是开放水平最高的特殊经济功能区，是集开放创新、产业发展、营商环境建设、制度压力测试、辐射带动等为一体的开放新高地、全球资源集聚地和贸易新规则测试地，是我国探索新型开放经济新体制的必要一环、重要之举。

2. **上海是探索建设中国自由贸易港的最佳选择。**上海探索建设中国自由贸易港，既有东方大港的自然禀赋优势，也有"五个中心"城市综合服务功能支撑，同时也是上海这座现代化国际大都市持续走向高层次开放的基因使然。特别是上海拥有我国第一个自贸试验区，改革开放的先发积累效应和功能叠加效应明显。因此，上海探索建设自由贸易港有着不可比拟的城市发展优势，巨大的经济体量、广阔的长三角经济腹地、强劲的城市竞争力、包容性的城市发展环境、广泛的国际交流枢纽和强大的国际影响力等聚合在一起，**上海更容易展现出自由贸易港政策最宽、制度最好、环境最优、创新最强的内核一面，同时更有效地展现引领新一轮全球化发展的外在影响的一面。**

二、认识、定位和目标

上海探索建设自由贸易港应该着眼于推动新一轮经济全球化，这就要求具备最大的开放力度、最优的开放环境、最好的开放设施、最新的开放制度等一系列特征，从而立足于成为面向全球开放的节点枢纽，而不是仅仅局限于传统的开放领域和对象。

（一）总体考虑

要按照"境内关外"的定位，以洋山港和浦东机场"两大枢纽港"为依托，充分发挥上海城市综合服务功能优势，面向世界，面向未来，对标国际最高标准、最好水平，打造国内制度"飞地"、国际产业"飞地"、全球资源配置网络枢纽节点，把上海自由贸易港建设成为新时代中国特色的自由贸易港，服务国家开放创新发展战略，参与国际竞争合作，引领全球化发展，推动我国产业迈向全球价值链中高端，提升我国国际竞争力。

1. **国内制度"飞地"——在中国境内的特殊管理制度框架下的，与国际**

惯例接轨的制度创新之地。在新的历史条件下，经济全球化进入新的发展阶段。国际贸易规模和增速持续低迷，投资限制和贸易壁垒加大，区域经济一体化呈现排他性、封闭性特征。同时，全球科技革命和产业革命蓄势待发。谁能先抢占人才、科技等创新资源，谁就有先发优势。为此，基于自由贸易港境内关外的特征，上海自由贸易港建设，应高举全球化旗帜，对标国际最高标准、最好水平，打造成制度"飞地"，建立上海特色，成为全球制度高地，建设成为最具国际竞争力的特殊经济功能区。**一是具有国际竞争力的税制**。直接对标全球各地自由贸易港的税制安排最高标准，在上海自由贸易港实施具有全球竞争力的税制。**二是与国际接轨的知识产权制度**。接轨国际知识产权制度，引进国际知识产权组织，以国际通行规则保护知识产权，在上海自由贸易港实施与国际最高标准一致的知识产权制度，便利知识产权登记和保护，形成具有国际竞争力的知识产权制度。**三是符合国际惯例的商事纠纷解决制度**。以更宽松的制度环境，营造国际化的法治环境，引进国际商事纠纷解决机构如国际上知名仲裁机构和国际律师事务所及相关从业人员，接轨国际标准和规则，构建国际化的商事纠纷解决机制。**四是营造货物、资金、人员、数据等要素跨境流动自由化便利化的制度环境**。以更加宽松的制度环境，促进货物、资金、人员、数据等要素跨境流动自由化便利化，推动投资贸易自由化便利化，实现贸易结算自由、航运自由、金融自由，和数据、人员跨境流动自由，营造最优的营商环境。

2. **国际产业"飞地"——国际资本共同向往的、可自由进出的、离中国市场最近的、具有最适宜资源集聚和经济发展的特殊区域**。产业发展是上海自由贸易港功能发挥的重要支撑和物质基础。紧盯全球自由港发展趋势和全球科技革命和产业革命趋势，以中国全面开放新格局和更高层次开放经济为引领，依托上海"五个中心"建设，充分发挥上海综合服务功能优势，以境内关外的制度特区优势，吸引国际人才、跨国企业、全球创新研发机构、国际前沿新兴产业集聚，建设成为国际产业"飞地"，推动上海自由贸易港建设成为以全球交易、全球科创为核心的综合功能自由贸易港，而不是以传统航运、贸易为主导的单一功能自由贸易港，打造成为国际产业高地。**一是跨国企业总部集聚**。以具有全球竞争力的制度优势和最优的营商环境，吸引全球跨国企业运营、贸易结算、投资总部入驻，成为全球跨国企业总部集聚区，成为全球贸易中心枢纽、投资中心枢纽和资源配置中心枢纽，提升中国全球资源配置能力。**二是国际创新创业人才集聚**。以更加便利自由的自然人移动管理制度，以及更加优越的发展环境，把上海自由贸易港建设成为国际创新创业人才向往的目的地，集聚国际创新创业人才。**三是全球科技创新机构集聚**。充分利用境内关外的制度优势，瞄准高精尖产业，构建人员自由进出、跨境数据自由流动的管理制度，吸引全球研发机构等创新机构集聚，推动自由贸易港创新产业发展，打造成为全球最具有创新能力的区域，集聚国际前沿产业、高精尖产业和新兴产业，推动我国产业迈向全球价值链中高端，提升我国产业的国际竞争力。

3. 全球资源配置网络枢纽节点——符合国际资源要素集聚要求的、具有为经济全球化提供基础设施和公共服务功能的全球性经济网络重要区域和关键节点。依托洋山港和浦东机场"两大枢纽港"，以国内制度特区、全球制度高地的优势，集聚跨境企业总部、全球科创资源和国际产业，打造国际产业高地，强化与全球各国联动发展，推动全球互利共赢，协同推进经济全球化，推动上海自由贸易港建设成为全球资源配置网络枢纽节点。**一是国际贸易枢纽节点**。充分发挥上海枢纽港的优势和区位优势，依托上海贸易中心和航运中心建设，集聚全球企业贸易总部和全球航运企业总部，发展转口贸易和离岸贸易，大力发展国际中转集拼、国际船舶登记和高端国际航运服务产业，建设全球供应链枢纽，打造成为国际贸易枢纽节点。**二是国际投资枢纽节点，成为服务"一带一路"建设、服务国内市场主体"走出去"的桥头堡核心功能区**。依托上海金融中心建设，发挥上海城市综合服务功能优势，推进金融自由化、投资自由化，重点发展国际证券、债券、资产等金融市场，集聚全球金融人才、金融投资机构，打造服务服务"一带一路"建设、服务国内市场主体"走出去"的桥头堡核心功能区，建成全球投资枢纽节点，成为全球资源配置核心功能区。**三是全球创新枢纽节点。**以数据、人员、资金等跨境流动自由化便利化优势，集聚全球创新资源，打造全球科技创新成果交易平台，集聚全球科创成果交易，建设成为全球创新枢纽节点。

（二）功能定位

对标国际最高标准、最高水平，以自由化便利化为要求方向，探索构建境内关外的制度体系，推进**全球新兴产业发展新平台建设，打造开放型经济治理新样本和引领全球化新引擎，**把上海自由贸易港建设成为开放层次最高、营商环境最优、辐射作用最强的对外开放新高地，提升我国全球经济治理话语权，提升我国参与全球经济治理能力。

1. **全球新兴产业集聚发展新平台。**以国际贸易和国际航运为基础和支撑，充分发挥自由贸易港境内关外的制度优势，实现资金、货物、数据、人员自由跨境流动，吸引全球新兴产业集聚，打造全球新兴产业集聚发展新平台，成为全球资源配置核心功能区，成为我国对外开放层次最高的区域。**一是开放在全国范围内不具备开放条件的现代服务业领域。**面向国际市场，开展国际业务，实施负面清单管理，除涉及国家公共安全和国防外，其他产业一律开放，尤其扩大开放国际金融服务、数据服务、文化服务等现代高端服务业。**二是推动全球创新资源集聚，发展全球新兴产业。**瞄准国际前沿高端新兴产业，构建具有国际竞争力的税制和便利化自由化投资贸易管理体制，吸引全球创新资源集聚，发展国际前沿产业、科创产业和高端制造业。

2. **开放型经济治理新样本。**对标国际最高标准、最好水平，坚持问题导向、目标导向和效果导向，以投资贸易自由化便利化为重点，以放得开为着力点，以防范风险和"二线"高效管住为底线，探索开放型经济管理体制机制，营造最优的营商环境，打造开放型经济治理新样本，提升我国开放型经济治理能力。**一是构建境内关外的制度体系。**要对照国际最高标准、最高水平，推动资金、货物、数据、信息、人员跨境流动自由化便利化，构建境内关外的制度体系，提升上海自由贸易港竞争力、吸引力。**二是探索现代服务业开放的防范风险管理体系。**要实现对外开放最高层次，需要探索防范风险管理体系，提升开放型经济治理能力，推动现代服务业进一步扩大开放，尤其在金融、数据、文化等现代服务业重点领域深度开放。**三是高效协同的区域运行管理体系。**要以智能化、信息化为手段，构建智能化的自由贸易港管理服务平台，探索高效协同的行政管理体制，打造全球运行效率最高的区域运行管理体系。**四是提升参与全球治理能力。**充分发挥对外开放层次最高平台，以上海自由贸易港为试验平台，对接我国双边和多边投资贸易协定，先行先试，开展投资贸易规则制定和试点，推动我国深度参与全球治理体系，提升我国参与全球治理能力。

3. **引领全球化新引擎。**充分发挥境内关外的独特制度优势，吸引国际国内跨国公司总部集聚，搭建全球资源整合和要素集聚平台，集聚全球资源交易，打造成为引领全球化新引擎。**一是全球供应链核心枢纽。**依托上海枢纽港，以国际贸易和国际航运功能为重要支撑，集聚全球贸易资源和配置航运资源的市场主体以及全球供应链集成服务商，打造成全球供应链核心枢纽，成为全球资源配置核心区。**二是全球协同创新核心枢纽。**依托具有竞争力的制度环境，营造更加便利化自由化的营商环境，吸引全球研发机构、创新人才等创新要素资源集聚，打造成为全球协同创新核心枢纽，成为全球新兴产业策源地，引领全球科技创新，提升我国创新实力。**三是国际文化交流集聚区。**充分利用境内关外的制度优势，吸引全球文化资源集聚，推动自由贸易港文化创意产业发展，促进国际文化交流，扩大我国国际软实力、影响力。

（三）目标推进

要加强顶层设计，推进建设整体性、协同性、系统性，与此同时，要分步实施，稳妥扎实推进上海自由贸易港建设，发挥自由贸易港的最大功能和最大效益，大致分为两个阶段：从做到真正的"境内关外"，向国际主要的自由贸易港（区）看齐，到建成全球效率最高的智能化自由贸易港，实现从学习走向引领的跨越。

1. **第一步**（2018—2020）：**真正的"境内关外"。**以要素跨境流动自由化便利化为核心，基本形成"境内关外"的制度框架体系，基本达到国际先进水平。这一阶段，重点是对标国际最高标准，以要素跨境流动自由化便利化为核心，构建货物自由便利进出、资金跨境自由流动、人员跨境自由流动、数据跨境自由流动等管理制度，构建具有国际竞争力的税制，基本形成境内关外的制度体系，达到国际先进水平。

2. **第二步（2021—2025）：全球第一的"智能港"**。以智能港建设为核心，"以科技促改革"，建设开放程度最高、运行效率最高、风险防控最强的智能化管理体系，达到国际最高标准。这一阶段，在第一阶段基础上重点以智能化为核心，充分应用人工智能技术等前沿技术，推进智能港建设，推动风险防控智能化，运行管理智能化建设，建设成为全球开放度最高、运行效率最高、风险防控能力最强的智能化管理体系，打造成为国际最高标准，领先全球自由贸易港建设，为引领新一轮全球化服务。

三、主要制度体系框架

上海自由贸易港的建设，不是简单的在自贸试验区现有政策上的简单"加加减减"，而是根据我国的实际情况，在国际最高水平的自由贸易港政策上进行适当的加减，并主动探索构建在新的技术环境和贸易规则下的经济运行体系。

（一）探索建立境内关外的制度体系

实施更高标准的"一线放开，二线安全高效管住"制度安排，这是自由贸易港最基础的入门要求，即"境内关外"要求，**所谓"境内关外"，不仅仅是与海关设置相关的规定，而是对全面的普遍性制度安排的要求。**

1. **把"一线放开"作为基准线**。充分借鉴国外自由贸易港的做法，在一线放开方面做到"一次设计、分步实现、预期明确"。就是要一次把"一线放开"的制度设计到位，结合实际分步实现，同时设定时间表，明确市场预期。

2. **把"二线管住"作为生命线**。没有"二线"的高效管住，就没有底气进行"一线"的彻底放开。自由贸易港的建设应当做长远考虑，只有这样自由贸易港的建设才可能成功，否则自由贸易港也很难与现有自由贸易试验区形成差异，有违探索自由贸易港建设的初衷。

3. **建立"两线协同"的一体化管理模式**。自由贸易港的特点是高度自由、高效运行，要建立整体性的政府管理体系，统合海关、商检、税务、规划、审批等一系列的职能，形成一线二线协同的一体化管理模式，建议研究设立"上海自由贸易港管理局"作为唯一行政机构。加强自由贸易港内法律保障体系建设，建议由全国人大授权国内经济领域现行相关法律法规在自由贸易港内暂停设施，由全国人大组织制订《上海自由贸易港管理条例》，实行依法改革。

（二）探索建立高度开放的金融体系

金融是绕不过去的核心领域，在"全面境内关外"制度设计之下，金融的开放可以从容展开，既不对国内形成冲击，而且有利于在**自由贸易区集聚海外金融资源，形成金融增量集聚，为国内金融开放和防范金融风险服务**。

1. **实现汇兑自由**。即完全支持市场主体的所有无因汇兑交易，但同时出于分离管理的需要，金融机构的所有汇兑平盘交易需在区内和境外完成。

2. **实现交易自由**。放开所有市场主体资本项下交易限制，区内主体可以根据自身经营需要，开展债券、股票、衍生品等各类境外投融资活动；境外主体也可以在区内开展债券、股票、衍生品等各类投融资活动。

3. **开展资本市场开放试点**。设立资本市场新区，允许符合条件的境内外投资者、境外证券公司参与；率先试点红筹股回归，解决特殊股权结构海外上市公司在境内上市难题；打造丰富的跨境金融产品体系，满足境内外投资者跨境资产配置与风险管理需求，拓展实体企业跨境融资渠道。

4. **实现资金跨境流动自由**。除必要的"反逃税、反洗钱、反恐怖融资"审查外，所有资金均可实现无延误跨境转移。

5. **实现市场准入自由**。各类金融机构只要能满足相关审慎监管要求，即可设立相应的金融机构和交易平台。

6. **实行有竞争力的金融税收制度**。在金融税负上与世界先进自由贸易港持平，在税制上要更加简单高效。

7. **设立单一金融监管机构**。经中国人民银行和相关金融监管部门授权，在自由贸易港设立单一金融监管机构，全面实施"反逃税、反洗钱、反恐怖融资"及相应的金融宏观审慎管理。

（三）探索建立高度便利化的贸易体系

上海需要以建设自由贸易港为契机，借鉴新加坡、中国香港等自由贸易港的经验，从以下方面提升贸易便利化水平：

1. **实现贸易结算自由**。自由贸易港内无外汇管制，资金可自由流入流出，企业利润汇出无限制也无特殊税费。

2. **实现航运自由**。运输工具进出上海自由贸易港不受海关限制，船只从海上进入或驶离自由贸易港时都无需向海关结关，进出或转运货物在港内装卸、转船和储存不受海关限制。此外，也没有海关、检验检疫、边防等部门对船舶和船员实施额外监察。

3. **实现通关便利**。高度精简进出口报关手续，转口及转运货物不报关。对于需要报关的货物，承运人只需于货物输入或输出后 14 日内向海关呈报进口或出口商品的所有付运资料和进 / 出口报关单。依托上海国际贸易单一窗口，使进出口审批、检验检疫、通关查验等环节可以一站式快速办理，提高通关效率。

4. **实现检验检疫便利化**。转口及转运货物不报检，对于其他货物，继续完善"十检十放"分类监管新模式。

5. **坚持优化管理体制**。由国家授权，优化上海自由贸易港管理体系，真正实现自由贸易港的功能。

6. **运用最新科技**。利用大数据、人工智能、区块链等技术，构建全球最为智能化的货物进出管理和服务系统，以科技应用倒逼改革创新。

（四）探索建立高效的航运服务体系

上海要以货物自由贸易和促进相关服务产业发展为核心，以集聚货物转运、优化监管模式、扩大物流增值服务为主轴，大力发展供需两头在外的中转和离岸业务，凸显自由贸易港的资源集聚和贸易服务功能，才能提升航运发展水平，在全球自由贸易港竞争中取得优势。

1. **大力提升港航物流功能**。一是要突出上海国际航运中心建设，加大对航运高端服务业的引入力度。二是要建立高效的信息平台，构建以上海为核心向外辐射的区域高速信息廊道。三是打造物流增值服务核心功能区，简化通关流程，争取沿海捎带进一步扩围，全面实施启运港退税，设立 LME 注册交割库，具备集散、仓储、中转和调拨等功能，实现自由贸易港与特殊监管区域的信息互通，设立具有出口集拼、转关集拼、国际集拼和进口分拨等服务功能的自由贸易港拼箱服务中心。

2. **大力推进中欧班列项目落地**。一是将海铁联运纳入上海自由贸易港建设范围，将进一步健全上海自由贸易港的集疏运体系，有利于发挥上海自由贸易港进行全球资源要素配置的功能，使之真正成为陆海内外联动的中心枢纽。二是尽早开行从上海出发的中欧班列。实现上海自由贸易港建设与中欧班列的联动发展，尽快贯通"上海—南通—盐城—连云港—青岛"沿海铁路大通道，积极融入"一带一路"铁路运输网络，推动形成以上海为中心的陆海内外联动交通运输网络。

3. **努力拓展航运服务功能**。一是推动更多金融和服务平台在自由贸易港落地。二是分三个阶段推动船舶货物保险方面取得突破。第一个阶段：集聚保险业务需求，召集从事保险业务的相关企业进行业务的对接。第二个阶段：搭建一个各方可以接受的以降低交易成本、提升交易效率的公平公正透明的独立第三方平台，然后逐步建立起流程化、专业化和智能化的交易规则，并发布相应的交易信息和指数。第三个阶段：建立以保险资产管理为核心的金融市场。

4. **发展航运金融衍生品市场**。利用自由贸易港的港口优势地位，集聚船舶租赁相关的客户（货主和航运公司），然后利用目前已经具备的全球船队大数据信息和云计算技术以及互联网技术，打造一个公开、透明、高效的航运金融衍生品市场。

5. **打造"一带一路"投融资服务平台**。利用上海在大宗商品贸易、海工装备、军民融合以及港航业方面的优势，积极参与和推动"一带一路"的相关建设和项目，构建"一带一路"泛航运产业的投融资对接平台。

（五）探索建立高度优惠的税收体系

构建全新优惠的税收制度，凸显自由贸易港全球竞争力，集聚增量资源要素，与国内经济资源互动，进一步推动经济质量提升。

1. **简化税制**。减免间接税，免征股息税、利息的预扣税以及印花税；对于来自海外的收入免征所得税；暂免征收财产税。

2. **实行较低税率**。企业所得税按15%征收。绝大多数商品免征各类进口税。对其他的货物全部免征关税，比如烟、酒类、汽车等产品设置明确的税率征收标准，然后对课税名单以外的全部商品免征关税。个人所得税率按最高不超过15%设计。增值税率按7%设计。住宅财产的销售和出租以及大部分金融服务可免征商品和服务税，出口货物和服务的税率为零。

3. **实行优惠政策**。上海自由贸易港应当设立如企业所得税和个人所得税"三免二减半"政策、自用设备包括车辆等免税等具有影响力的政策，一定会起到对冲国际挑战的作用。

4. **完善监管机制**。建立预约定价协议的纳税监管机制，让自由贸易港内的离岸企业预先与税务机关进行协商讨论，对可能或将要发生的关联交易，进行协商纳税定价，将事后税务审计，变成事前约定，预防离岸贸易中比较常见的避税手段，即定价转移。

（六）探索建立国际人才自由流动体系

把自由贸易港打造成与国际接轨的"人才高地"，形成国际化人才，尤其是海外人才的集聚地，进一步提高上海自由贸易港建设的水平，发挥其特殊功能。

1. **实施人员自由流动"落地签证"**。客商进入上海自由贸易港都实行"落地签证"。支持商人和游客在自由贸易港短期逗留最长时间6个月，不受签证类别的限制。如果需要长期工作或逗留的可以凭工作合同或机构邀请函去办理延期签证。1 年工作合同签 2 年，2 年的合同签 3 年，无固定期限的合同签 5 年。

2. **便捷申办"中国绿卡"**。对于用人单位和自由贸易港行业评估机构认定的海外高层次人才，工作满 3 年后，可申请永久居留获得"中国绿卡"不附加个人所得税税收要求。在引进过程中提供绿色通道，以高薪，解决户口、家属安置、住房等现实问题和提供开展工作的良好条件等全方面服务来吸引并留住人才。

3. **优化人才配套政策（个税）**。对符合上海自贸区产业方向的境外高端人才和紧缺人才个人所得税纳税超过 15% 的部分给予财政补贴，且上述补贴免征个人所得税。尽快探索研究将现行企业所得税、个人所得税中，非货币性资产投资所得单独列出，征收投资利得税。并且将该投资利得税税率设为 15% 或以下。

（七）探索建立数据资源自由流动体系

自由贸易港的建设要以大数据为驱动、以互联互通为基础、以最高标准和最好水平为目标，利用大数据，结合人工智能、区块链为代表的新一代信息技术，运用超高频电子标签等手段，突破人工及信息化方式难以解决的业务流程、协作机制、监管手段等一系列问题，实现自由贸易港高效运营、数据监管、智能识别、智能辅助决策、创新服务和风险预判等。

1. **以大数据为驱动手段，突破现有机制**。一是建立"数据围栏"突破监管机制，提高监管水平；运用大数据建立"全方位的信用评估体系"，提高风险防控水平；以"大数据的融合应用"，倒逼管理服务机制改革。二是以"数据资源"实现精细化管理，建立精准风险控制体系。通过智能识别、物联网感知、移动终端获取全方位的基础数据，应用全流程智能监控、定位追踪分析等技术进行安全管理、运营决策，实现准确实时的生产调度指挥和协调、货物信息的处理以及设备维修预警等。三是以"数据总线"全方位提高综合服务水平。通过"数据总线"与口岸业务单位、监管机构、综合服务、物流服务、金融服务、国际机构等系统进行数据对接，完善海关、税务、金融、贸易、物流、保险、人才等信息元的智能采集、处理、分析和决策支持。四是以"数据挖掘"创新服务模式，增强服务能力。以自由贸易港海量数据资源为基础，为各层面经营管理提供统计分析、机会与风险识别、决策支持，推动物流、金融等创新服务，实现跨境电商、金融、社区、数据商业化等增值服务。

2. **以大数据思维，打造自由贸易港差异化竞争优势**。大数据及其附着的信息，是差异化竞争的重要依据。运用大数据思维，沿着自由贸易港的业务价值链，分析不同业务场景中如何应用大数据实现运营优化和改进创新，使大数据应用与经营业务紧密结合，真正产生更高的业务价值；并从沉淀的海量数据资源中提炼出自身的差异化策略，构建基于大数据的新型服务模式，寻求创新以获取竞争优势。

3. **以数据全生命周期管理应用，持续提升自由贸易港智慧水平**。利用大数据建设自由贸易港，运用新理念、新技术、新方法对大数据进行全生命周期的创新管理和应用，做好数据分类管理，整合构建大数据资源池，同时跨界引入其他行业领域数据。针对管理和发展需求，做好数据挖掘、分析与支持工作，持续提升自由贸易港智慧水平。

4. **建立数据应用的顶层设计**。自由贸易港大数据应用需落实顶层设计，从技术架构、数据存储方式、数据交换共享机制、数据安全等方面进行统筹规划，建立统一平台，完善大数据技术体系、应用体系，有效消除信息孤岛，避免重复建设、解决数据难以互通的共性问题，提升自由贸易港管理运行智能化、精细化、高效化。

5. **制定数据自由流动的规范和标准**。建立数据信息共享标准体系，制订公共数据采集、开放、共享、分类、质量、安全管理等关键共性标准，研究制定数据交换标准。建设信息安全保障机制，贯彻国家信息安全等级保护制度要求，严格落实分析评估、等级保护、安全测评、应急管理等基本制度。

（八）探索建立最高标准的政策体系

当前国际最高水平的自由贸易港政策是在中国香港和新加坡，可以在中国香港、新加坡和韩国济州岛等自由贸易港政策的基础上，探索构建上海自由贸易港政策体系框架，其政策主要可以归纳为三类：

1. **核心的完全不干预政策。**经济自由化是自由贸易港政策的基石和核心，探索建立贸易自由、企业自由、外汇自由和人员往来自由等一揽子政策体系，形成"零关税""落地签""自由兑"等政策工具包。

2. **辅助的直接干预政策。**结合国内实际，以国际惯例为基础，对土地利用制度、关键金融活动、特定贸易形态等制定必要的干预性政策，建立有效的风险防控和测试机制。

3. **临时性的干预政策。**包括按揭率管制、房地产转让管制、动用外汇管理基金干预金融市场等。

（九）探索建立相应的立法体系

总体来说，以立法引领上海自由贸易港建设符合新时期"依法治国"的根本方针；自由贸易港的制度内核呼唤全新的立法支撑体系；《立法法》分权机制要求中央与地方立法必须为上海自由贸易港建设协力共进；域外经验表明自由贸易港必须具备单独适用的配套立法。

1. **实施中央"双授权"立法与地方单行立法。**由全国人大常委会与国务院分别通过授权决定，暂时调整相关法律法规在上海自由贸易港内的实施，有效解决上海自由贸易港改革创新于法有据的问题。与此同时，上海市地方立法也应适时地将自由贸易港的内容从《中国（上海）自由贸易试验区条例》中分离出来，并考虑对自由贸易港单独制定地方性条例。

2. **积极探索"区内立法"。**想真正实现"自由贸易"，就必须与国际知名的自由贸易港（区）保持一致，否则只能是自由贸易试验区的2.0版。但由于我国与这些自由贸易港在国际制度、治理结构等诸多方面存在差异，因此区内立法就成为重中之重，而这一点在各方面对自由贸易港的设计方案中并未提及。自由贸易港的设计者应该更大胆一些，参照国家对香港、澳门的管理经验，对自由贸易港在宪法的框架下设立针对性的"区内立法"，保障一切运行都是透明的、清楚的、有决心的，而且是长远的，从而实现治理机制的现代化，以及治理能力的现代化。

3. **鼓励国际商务主体自由选择适用法律**。我国《民法通则》的第一百四十五条规定，涉外合同的当事人可以选择处理合同争议所适用的法律，法律另有规定的除外。因此，作为商务主体可以自由选择适用法律。正常情况下，国际业务的合同主体双方往往都在不同的国家，对于适用对方国家法律的条款往往都不能接受，因此，最好的方式就是接受大家都认可的"第三方"国家法律的方式，可以鼓励交易主体采用认可度更高的英美商法作为纠纷处理原则。

4. **鼓励伦敦、中国香港、新加坡的仲裁机构来上海设立"离岸办公室"**。目前，在上海设立离岸办公室的是中国香港和新加坡，伦敦仲裁委员会迄今还没有设立离岸办公室。建议如果在合同中选择伦敦、中国香港、新加坡的仲裁机构作为争议的解决机关，开庭审理可以在自由贸易港内择地开庭。各仲裁委员会可以吸收一部分中国籍的有英美法律教育背景的人作为仲裁员；在自由贸易港增加突破现有《仲裁法》规定的"临时仲裁"尝试。

5. **构建海事仲裁平台**。目前世界上 90% 以上的造船合同选择英国法律作为适用法律，80% 以上的造船合同选择在伦敦仲裁，75% 的海事仲裁在伦敦进行。上海可以主动学习和借鉴英国仲裁的优点，包括引进伦敦海事仲裁在上海进行相关案例的仲裁，并在程序和实体、运营模式、理念等各个方面进行深入地学习和探讨，并为我所用，找出适合我国海事仲裁的新路子。

上海自由贸易港金融制度创新研究

中国当前准备探索的自由贸易港不是自由贸易区的简单升级版，应该是要体现国际最自由的贸易、投资和金融规则集成。从国际经验来看，金融自由在自由贸易港的功能定位历经服务于贸易自由、和贸易自由并列、成为贸易自由核心竞争力三个发展阶段。**显然，当前自由贸易港的金融定位，应是金融成为核心竞争力的第三阶段。**

一、金融制度框架构建的基本出发点

上海自由贸易港建设中有关金融市场制度设计必须体现国际规则的统一性，实行制度和规则基本一步到位，功能、范围逐步放开的基本原则。具体而言是：

1. **坚持与全球贸易投资和金融一体化开放规则相统一**。在自由贸易港范围内基本实现人民币自由汇兑、资金自由跨境流动、境内外金融投资基本上放开、港区范围内的金融业务基本放开、基本上按照国际规则进行金融监管的总体制度安排。

2. **坚持问题导向**。重点解决区内货币尚未形成自由兑换、资金尚无法自由进出、人民币交易结算率不高、企业税负仍然较高、企业融资成本较高等问题。

3. **坚持与上海国际金融中心建设目标相衔接并成为上海国际金融中心的重要加分项**。在自由贸易港内实现资本项目下的完全开放，人民币的可自由兑换，建立人民币离岸金融中心，要改变目前自贸区分账核算管理模式，扩展目前 FT 账户的功能，将其逐步转化为离岸金融账户。

4. **坚持服务"一带一路"的桥头堡定位。**充分利用自由贸易港金融制度和金融机构国家化的基本特点，为企业走出去提供全方位金融服务，推动全球产能转移和合作。

二、实行更加开放的人民币汇兑政策

目前在岸和离岸人民币市场的发展极不均衡，如果说在岸人民币是"大货币、小国际市场"，那么离岸人民币就是"小货币、大国际市场"。上海自由贸易港推动人民币自由兑换，发展离岸人民币市场，要解决的是离岸人民币"小货币"的问题，将在人民币自由兑换方面实现三个突破。

1. **建立离岸金融账户体系。**离岸金融账户按其运行模式通常分为内外分离型、内外一体型、内外渗透型、避税港型等四种类型。上海自由贸易港离岸金融账户应基于"二线完全分离"原则进行设计，建议在自由贸易港建立与自由贸易账户相分离的离岸金融账户体系。在离岸账户体系的设计上，要充分体现自由贸易港"一线全面开放，二线完全分离"的核心原则。

自由贸易港离岸账户是本外币可自由兑换的一体化账户，"一线全面开放"要求离岸账户不受现行金融法规要求遵循的存款准备金限制、利率限制等，与其他离岸金融市场保持同等的开放尺度；"二线完全分离"要求离岸账户将离岸人民币和在岸人民币严格分离，避免离岸人民币不通过正常的"回流机制"渠道进入在岸人民币市场，离岸账户内人民币的资金用途要求用于离岸业务，在离岸金融市场体系内形成体外循环机制。

2. **建设离岸金融市场体系。**人民币资本项目中尚未开放的项目，主要集中在金融市场的一级市场发行交易和二级市场买卖交易，人民币在自由贸易港成为可自由兑换货币后，需要各类离岸金融市场作为基础设施提供交易平台。

上海从 20 世纪 90 年代初期开始建设国际金融中心，现已成为全球排名前列的国际金融中心，是全球金融市场体系最为齐全的金融中心城市之一，这为建设自由贸易港离岸金融市场体系打下了坚实的基础。上海自由贸易试验区根据"金改 40 条"的方案要求，已建设如下面向国际的金融交易平台：中国外汇交易中心的国际金融资产交易平台、上海黄金交易所的国际业务板块、上海证券交易所与中国金融期货交易所合作设立的国际金融资产交易平台、中国保险交易所等，这些面向国际的金融交易平台可为建设自由贸易港离岸金融市场体系提供一定的经验借鉴。

功能齐备的多层次离岸金融市场体系包括股票、债券、期货、货币、票据、外汇、黄金、保险等金融要素市场，离岸金融市场体系建设是一个系统工程，不是一蹴而就的，要从服务实体经济角度出发，把离岸资本市场（主要指股票和债券）建设放在更为重要和优先的位置，后续根据国家战略的需要，逐步完善离岸金融市场体系。

3. 丰富离岸金融产品体系。目前，人民币离岸市场总体呈现规模较小、金融产品种类偏少、流动性较弱的特征。自由贸易港实施彻底的金融开放，实现人民币自由兑换，就是要解决离岸人民币"小货币"问题，这依赖于自由贸易港离岸人民币产品的丰富程度和与国际接轨程度。

离岸人民币产品和服务主要由各类金融机构研发和提供，自由贸易港发展离岸金融市场，需要集聚和发展商业银行、证券公司、保险公司、基金管理公司、期货公司等各类金融机构，增加离岸金融市场参与主体数量和多样性。外资金融机构在研发和提供与国际接轨的离岸金融产品方面更有优势，需要确保外资金融机构和中资金融机构享受完全平等的待遇，鼓励外资金融机构入驻上海自由贸易港。

自由贸易港实现人民币自由兑换，离岸人民币可以在区内和境外自由流动，建议自由贸易港鼓励离岸人民币产品创新，不断丰富和完善离岸人民币产品体系，包括离岸人民币股票、债券、外汇、投资组合、信贷产品、货币衍生产品、大宗商品衍生产品等，依靠市场力量形成离岸人民币自我循环机制。

4. **坚守"二线完全分离"的底线监管政策。**上海自由贸易港的二线既是人民币在岸和离岸市场的分隔线，也是人民币资本项目能否自由兑换的分隔线，二线完全分离是防范金融风险传导至在岸金融市场，进而影响国家金融体系安全和国际收支平衡的关键。换句话来讲，确保二线完全分离，即使跨国资本流动，特别是短期投机资本对金融市场造成冲击，也是被隔离在有限的离岸人民币市场范围内，可有效避免引发国内系统性金融风险。

当然，完全分离并不意味着二线不允许有资金流动，自由贸易港的二线有些类似于香港与内地的制度安排，二线内外的资金流动视同跨境交易，在宏观审慎管理框架内进行监测管控。

自由贸易港的金融自由，并不意味着取消政府层面的金融管制后放任不管。从香港自由贸易港的经验来看，香港对金融业运作的监管主要通过专门法律条例和监管机构来进行，一般采取国际监管标准，把事前风险防范作为金融监管的核心。

上海自由贸易港放开人民币自由兑换，建设离岸人民币市场，需要建立符合国际规则、适应中国国情的金融监管框架，构建与国际接轨的统计、监测体系。一方面需要制定以离岸银行业务管理、离岸账户管理、离岸公司注册登记为主要内容的法律法规，不断完善离岸金融法律体系；另一方面需要做好对各类离岸人民币业务、产品的监测和统计，加强反洗钱、反恐怖融资和反逃税工作机制，建立和完善系统性风险预警、防范和化解体系。

三、实行金融业"三步走"开放政策

1. **第一步：放开直接服务自由贸易需要的金融业务。**自由贸易港建设过程，需要大量的资金支持、便捷的支付清算服务和有效的风险分担渠道，这需要依赖于金融服务的有效发挥。银行、保险等金融机构作为融资和支付清算的机构，可以为自由贸易港建设筹集资金，为货物进出提供支付清算、为各类经营者提供门类齐全的保险和再保险业务等。因此必须首先放开直接服务于贸易自由的金融业务。

要首先在自由贸易港设立具备有效竞争机制的银行业、保险业（再保险）等金融机构，在此基础上，随着自由贸易港业务的深入发展，可逐步增设包括信托业、证券业、各类期货、基金等涵盖直接投资和间接投资的各类金融机构，上述金融机构的设立和退出要遵循公平、公正、公开的原则，同时除涉及国家安全等限制外，各类金融机构要禁止任何垄断成分；对外来投资及本地投资金融机构的应一视同仁，不歧视、不干预、无补贴、一样享有税收优惠，在遵守法律的前提下都可申请金融机构牌照；在股东资质方面，完全打破外资设立金融机构的比例限制，可以完全由外资金融机构设立；成立自由贸易港内各类金融机构的行业自律组织，进一步减少行政干预。

2. **第二步：放开服务于自由投资需要的金融业务，侧重服务企业走出去的金融业务。**实现贸易自由和投资自由是自由贸易港建设的主要目标。在第二阶段，在放开金融服务贸易业务的基础上，进一步放开金融服务境内外投资的各类业务，特别要充分利用港内聚集了各国大量金融机构、分支机构遍布全球、资金自由跨境流动、筹资方式灵活等优势，全面提供买方信贷、项目融资、杠杆收购、资金结算等金融服务。要充分利用科技金融优势，大力发展以区块链技术为基础的港区金融建设，将各类资产管理，如股权、债券、票据、收益凭证、仓单等整合进区块链，推动数据金融发展。要大力发展互联网金融业务，提高各类金融机构的金融技术，构建以区块链技术和互联网金融为核心的新金融格局。

3. **第三步：彻底放开各类金融业务，整体提升自由贸易港内的金融市场体系和金融服务功能，推动金融服务功能成为上海自由贸易港核心竞争力的标志。**随着自由贸易港实体经济量能级别的提升，金融业的不断壮大，金融产品数量的丰富，自由贸易港将发展为区域性甚或国际性金融中心，将加速各类要素在自由贸易港及辐射区域的聚集，提升自由贸易港的资源整合能力。这个阶段，金融业将成为自由贸易港核心竞争力的体现，引领自由贸易港内实体经济的发展。金融和港区实体经济发展相结合，建立起连接国内外重要口岸的价值链金融产品和服务体系，打造上海自由贸易港特色的金融服务体系。

四、建设中国资本市场改革试验新区

设立资本市场新区是保障自由贸易港建设取得成功的重要举措。设立资本市场新区是资本市场自身发展的迫切需求。设立资本市场新区是落实国家对外开放和"一带一路"建设的重要抓手。设立资本市场新区是推动上海科创中心建设和国家产业升级的有效途径。设立资本市场新区是资本市场渐进式改革道路的重要探索。

1. **实现市场对境外投资者和境外经纪商开放**。允许符合条件的境内外投资者参与资本市场新区业务，并参照沪港通试点初期的总额度及每日额度管理，实现较严格的风险管理。同时，允许境外证券公司在自贸区开展证券经纪业务，为境外投资者提供经纪服务。

2. **率先试点红筹股回归，解决特殊股权结构海外上市公司在境内上市难题**。此外，为保证规模效应，还可考虑将符合条件的存量 A 股上市公司划入新区市场上市交易。

3. **打造丰富的跨境金融产品体系，满足境内外投资者跨境资产配置与风险管理需求，拓展实体企业跨境融资渠道**。例如，推出以人民币计价的港股通 ETF 期权，为港股通投资者提供配套风险管理工具；推出以美元计价的中国股指类衍生产品，增强衍生品市场的定价权和监管能力；推出我国企业境外资产的房地产投资基金，服务国内企业走出去等。

五、实行国际化的金融风险防控体系

上海自由贸易港建设中面临的主要金融风险，一是短期资本套利风险，短期资本套利会在短期内大量流出，使人民币汇率短期内剧烈波动。二是长期资本流动风险，影响金融市场稳定，过度扩张或收缩流动性，甚至FDI资金集中流向某些特定行业或产业，则会导致产能过剩。三是自由贸易港金融开放下的特殊金融风险，它是一种叠加在传统金融风险之上的新型风险。它不仅会放大传统的金融风险，而且还会使风险更加不确定。四是宏观经济政策失去独立性风险等。为此，建议：

1. **建立完备的信息披露制度和报告制度**。设立与完善金融机构定期向监管部门的报告（或者信息披露）制度。在自由贸易港实行人民币利率市场化、人民币自由汇兑条件下，为了管理资金跨境流动风险，需要设立完全的信息披露制度，可以考虑率先在自由贸易港执行巴塞尔协议Ⅲ。在金融改革的最初3年，信息披露项目（内容）可能比巴塞尔协议Ⅲ多，信息披露频率也可以提高。同时，加强商业银行内部资产管理，包括限制贷款额度、增加非利息收入所占比重，尽量分散资产风险；强化组织结构、权责等方面内控制度；实现检查考核制度化；注重贷前审查、贷款抵押担保、贷后监测；确保金融服务实体经济的原则。

2. **充分利用自由贸易港本身的风险缓冲功能**。首先，自由贸易港的金融开放必然会引起以自由贸易港为中心的资金流动，但由于自由贸易港与"境内港外"仍存在各种限制措施，因此可将自由贸易港作为风险缓冲区域，根据自由贸易港资金的流动状况预判资金的流向和可能存在的风险，及早采取防范措施，避免国内金融市场直接受到冲击。其次，认真做好"一线放开"与"二线管住"。既要实施"一线放开"，加快我国的利率汇率市场化、资本项目可兑换、人民币国际化进程，实现高水平的对外开放；也要建立有效的配套管理方式，构建港内外的防火墙，实现一线向二线的有限、适当和可控的渗透。

3. **建立资金流动的监测和风险预警体系**。首先，通过建立综合数据监测系统和共享数据库，构建资金异常流动风险指标体系，开发短期资金流动监测信息系统，对资金的流动进行可视化的、实时的监测，及时发现资金的异常流向，第一时间发现风险，将风险在萌芽阶段消除。其次，通过选择预警指标，确定风险临界点，建立相应的预警模型，对短期资金的异常流动进行模拟和计算，制定多种应对预案，做到防患于未然，在危机出现之前及时警示，以便提前采取措施。再次，针对可能出现的风险，可对大额异常流动资金进行跟踪、引导或阻止，在金融风险即将达到临界点之前，提出具有前瞻性的、针对性较强的措施，以便及时应对。

4. **合理有序推进自由贸易港金融开放。**我国自由贸易港与世界他国自由贸易港和离岸市场不同，国外基本上都在利率市场化和资本项目开放完成之后进行的。而我国没有完全完成前两者，这意味着港内与港外市场是"隔离"与"渗透"相叠加的自由贸易港，加大了金融开放的难度，因而应更加重视各项改革的协调配合和次序安排。我国金融开放的顺序，除了包括人民币国际化、资本项目可兑换、利率市场化和汇率市场化之间的顺序，也包含各项目内部具体实施细项的有序。总体来说，应坚持先内部后外部、先易后难、成熟一项推出一项、稳步推进的方式，不能盲目追求开放的速度和全面性。

5. **建立制度防止港内港外双轨制下的金融套利。**自由贸易港设立及其相应的金融改革方案，从客观上形成了港内外利率、汇率的双轨制（非对称制度），这种港内外非对称的利率汇率制度，决定了港内外存在着不同的利率决定机制和汇率形成机制。如果自由贸易港金融自由化，必然会存在港内外套利空间，引起资金大规模流动，从而引发资金流动风险。如果不对这种风险加以即时控制，会造成金融市场剧烈动荡，乃至危及国家金融安全，也会给宏观经济带来挑战。因此，在港内外利率汇率双轨制下，需要建立港内外相应的配套制度，对港内外资金的流动进行针对性的管理。在决策部门制定政策时，应充分考虑港内外不同的环境，通过建立与自由贸易港和国内市场相配套的制度，通过港内外的协同效应防止大规模的金融套利，应对潜在的金融风险。

上海自由贸易港航运功能创新研究

党的十九大提出探索建设自由贸易港。上海在发展港航物流、促进贸易增长、服务贸易发展方面，具备一流的综合实力。**上海要以货物自由贸易和促进相关服务产业发展为核心，以集聚货物转运、优化监管模式、扩大物流增值服务为主轴，大力发展供需两头在外的中转和离岸业务，凸显自由贸易港的资源集聚和贸易服务功能，才能提升航运发展水平，在全球自由贸易港竞争中取得优势。**

一、大力提升港航物流功能

（一）自由贸易港建设首要突出上海国际航运中心建设

没有航运中心的地位，就不能吸引航运交易的发生，没有航运交易的发生，仅仅成为货物的中转港是无法推动离岸贸易发生的，也就无法实现自由贸易港建设的目标。航运中心的建设不仅仅是对港口基础条件的建设，更是对航运高端服务业的建设，这一点已经在伦敦、新加坡、迪拜等城市得到了很好的验证。目前上海在航运金融、航运交易、海事仲裁、航运信息等多项高端服务业仍落后新加坡、伦敦。自由贸易港建设要加大对航运高端服务业的引入力度，成立专项资金推动孵化本土高端服务业发展，积极建设第三方平台，如期实现上海国际航运中心的目标。

（二）建立高效的信息平台

从国际自由贸易港（区）建设经验来看，高效的信息传输和物流体系是国际标准自由贸易港的必备"硬件"。以新加坡为例，其港口网 PortNet、贸易网 TradeNet 和码头作业系统构筑了新加坡国际航运中心信息平台。后来新加坡宣布了国家贸易网络开发计划，大力开发电子数据交换系统（EDI），其后建设的贸易网 TradeNet 更是成为世界上首次用于贸易文件综合处理的全国性 EDI 网络。这是新加坡具备自由港最佳国际竞争力、监管高效化、贸易便利化的集中表现。所以，建立统一高效的上海自由贸易港中心信息平台，要通过推动信息资源集聚，打造信息资源集散、交换、交易网络，构建以上海为核心向外辐射的区域高速信息廊道，进一步实现物流企业与客户及供应商，自由贸易港与国内外口岸网络的高速互联，进一步促进贸易的自由化和便利化。要通过信息化平台的搭建，使上海成为全球最高标准的自由贸易港，助推上海成为服务"一带一路"的桥头堡。同时，通过持续投资于基础设施建设及先进科技手段广泛应用，让上海自由贸易港物流体系从货物跟踪、通关、运输等各方面全面提升效率，从而在众多自由贸易港（区）中保持优势竞争力。

（三）真正落实"一线放开、二线安全高效管住"

明确自由贸易港的"境内关外"属性，按照"负面清单＋非违规不干预"的总体监管原则，以单一窗口受理、统一平台运行、一站式通关和集中监管模式，完成货物及服务贸易的申报、数据传输、资料处理、核准作业流程及回执接收等功能，并基于大数据和在线监控，实施海关、国检、边检、海事和金融投资等监管模式的创新。

在自由贸易港内的货物贸易，探索试行"舱单登记""负面清单"的创新监管模式。在负面清单中列出各类禁止出入境物资，如：毒品、濒危动植物及其制品、"洋垃圾"等，并严格禁止在自由贸易港内停留、中转或作业。对于其他各类物资（包括涉及许可证管理的），在自由贸易港与境外间可自由流动，只需由承运公司向自由贸易港口岸监管部门提供运输工具所载货物舱单予以登记即可。对于实际进口到关境内（二线）的物资，可以按照现有的监管要求，提高通关效率，降低通关成本，加强监管执法力度。

同时强化与国际海关组织，及国际刑警组织的密切联系，加强相关情报和信息的交流互通，采用远程监管和整箱扫描等技术手段，采取"安全高效、疏堵结合"的口岸监管新模式，对涉嫌瞒报、伪报或虚报的承载公司，以及涉嫌走私、闯关等瞒报、伪报或虚报等违法行为的企业和个人，由口岸监管单位予以处罚，港口单位配合实施。

（四）打造物流增值服务核心功能区

在现有保税港区物流仓储监管模式的基础上，探索不同仓储物流模式下"贯穿式"监管的新思路，实现货物仓储、集拼、转运的便利化。其中包括：

1. 简化通关流程，除负面清单上的物资，在进出自由贸易港，但不进入中国关境，实现国际中转时，无需向海关申报，推动自由贸易港与国内外自由贸易区之间的货物自由往来，提高物资中转效率。为在自由贸易港作业的船舶提供保税油和船舶物料的供应服务。

2. 争取沿海捎带进一步扩围，充分降低我国货物的转运成本，提升上海国际航运中心的核心竞争力。

3. 试点近9年后，全面实施启运港退税，为沿江纵深经济腹地中小型货主发挥成本优势助力。

4. 口岸货物或从国内其他口岸的内支线货物，在进出自由贸易港时，应向二线海关予以申报，并接受相应的查验后予以放行。

5. 设立LME注册交割库，具备集散、仓储、中转和调拨等功能，实现自由贸易港与特殊监管区域的信息互通，在有效监管的前提下，方便货物在自由贸易港和特殊监管区域的区港直通。发展货物的展览、拆散、改装、重新包装、整理和加工等增值物流服务。并且在服务国内市场的同时，吸引全球基本金属库存集聚自由贸易港，确立上海港全球大宗商品枢纽港地位。

6. 设立具有出口集拼、转关集拼、国际集拼和进口分拨等服务功能的自由贸易港拼箱服务中心，以本地货源带动并促进国际中转集拼和内支线中转集拼业务发展。以入库报关、在库查验等方式支持自由贸易港发展进口分拨货、国际中转货、内支线中转货和转关拼箱等业务，以确保拼箱货源充足，操作便捷，实现最高效的拼箱出运。

二、努力拓展航运服务功能

（一）推动更多金融和服务平台在自由贸易港落地

自由贸易港的金融体制应该在风险可控的前提下尽量放开，带动更多以资源配置为导向的交易平台落地，如保险、再保险交易市场、面向"一带一路"建设的债权交易市场、离岸人民币结算中心等，并推动更多的指数交易平台上线。通过这些交易平台的力量推动资源合理化配置，推动离岸贸易快速发展。上海已经拥有良好的信息交流群体和空间。但在形成和制定市场规则并形成长期可持续的资源集聚能力方面，还需要更进一步，建设更加专业更加紧密的专业交易服务平台。而劳合社保险市场和波罗的海交易所就是这种能够制定市场规则、形成持久市场影响力的机构。

（二）在船舶货物保险方面取得突破

建议分三个阶段推动船舶货物保险方面取得突破：

第一个阶段：集聚保险业务需求，召集从事保险业务的相关企业进行业务的对接。争取把国内出口的集装箱货物保险业务从离岸保险合同（FOB）转化为到岸保险合同（CIF），而国外大宗商品进口的保险合同要争取从到岸保险合同（CIF）向离岸保险合同转化（FOB）。

第二个阶段：搭建一个各方可以接受的以降低交易成本、提升交易效率的公平公正透明的独立第三方平台，然后逐步建立起流程化、专业化和智能化的交易规则，并发布相应的交易信息和指数。在交易成本降低的情况下，货物保险的费率自然也能够降低，在公平、公正、透明、高效的基础上，将吸引更多的货主前来投保；而保险公司也因为大量客户的涌现，带来更多的业务，同时因为流程化操作，降低运营成本，形成良性循环，推动保险业务的持续增长。

第三个阶段：建立以保险资产管理为核心的金融市场，劳合社保险市场就是一个典范。虽然中国国内由于法律环境等原因还没有真正形成这个层次的交易市场，但由于国内货物保险市场的巨大体量，中国完全能够容纳得下至少两到三个类似劳合社保险市场的交易和资管平台。上海是最适合在这方面尝试进行试点和突破的城市。

（三）发展航运金融衍生品市场

利用自由贸易港的港口优势地位，集聚船舶租赁相关的客户（货主和航运公司），然后利用目前已经具备的全球船队大数据信息和云计算技术以及互联网技术，打造一个公开、透明、高效的航运金融衍生品市场，在交易形成一定规模的基础上，使上海真正跻身航运高端服务的世界前列。由于中国在贸易体量方面的领先优势，中国无论是在船货保险市场还是航运租赁交易市场都有大量的市场需求，派生出的对冲、避险需求体量巨大。而大数据、云计算相关技术的发展和应用也赋予了中国能够实现后来居上的技术保障。关键是如何借鉴劳合社保险市场和波罗的海交易所在保证各方利益立场的商业模式，确保各方的利益共同均衡发展。

应当以吸引更多企业和投资者参与这个平台为终极目标，进而推进这些机构在上海落户，使得上海的高端航运服务业群体得到进一步的发展。因此这类平台的发展要以政府主导（或者以政府主导的产业引导投资基金为主进行投资）、行业第三方平台执行的方式推进，从而确保这类平台在后期能够保持平台的属性，服务于当地的产业生态良性健康的发展，而不是形成垄断性的企业，对当地的相关产业群体造成不利的抑制作用。

（四）打造"一带一路"投融资服务平台

港航业是"一带一路"倡议的重要支撑，也是"一带一路"发展的主要受益者。积极参与和推动"一带一路"的相关建设和项目，是自由贸易港健康发展的重要保证。自由贸易港可以利用上海在大宗商品贸易、海工装备、军民融合以及港航业方面的优势，一起参与这个"一带一路"泛航运产业的投融资对接平台（或者类似的平台），将项目方和投资方进行对接，将可以获得明显的好处。

而要在"一带一路"相关项目和机会中获得更多的机会，推动"一带一路"投融资项目的对接是一个非常有效的方式。在 2017 年上海国际航运周上，航运和金融产业基地联合新华社、多家投资机构参与了"一带一路"泛航运产业投融资对接平台的揭幕仪式。多家投资机构表示将总额超过 520 亿的产业投资基金通过这个平台投资与"一带一路"相关的项目，得到了"一带一路"相关的国家的积极响应和支持。

三、全力完善配套保障功能

自由贸易港的软实力主要指服务类产品，其中包括为自由港建设所必须的离岸贸易以及离岸金融等服务，但中国香港、新加坡等自由港为保障这些商业制度的良好运行，透明的法律制度是其重要的"软实力"。因此，自由贸易港应抓紧形成与国际惯例接轨的商法体系。

（一）积极探索"区内立法"

想真正实现"自由贸易"，就必须与国际知名的自由贸易港（区）保持一致，否则只能是自由贸易试验区的 2.0 版。但由于我国与这些自由贸易港在国际制度、治理结构等诸多方面存在差异，因此区内立法就成为重中之重，而这一点在各方面对自由贸易港的设计方案中并未提及。自由贸易港的设计者应该更大胆一些，参照国家对香港、澳门的管理经验，对自由贸易港在宪法的框架下设立针对性的"区内立法"，保障一切运行都是透明的、清楚的、有决心的，而且是长远的。从而实现治理机制的现代化，以及治理能力的现代化。

（二）鼓励国际商务主体自由选择适用法律

我国民法通则的第一百四十五条规定，涉外合同的当事人可以选择处理合同争议所适用的法律，法律另有规定的除外。因此，作为商务主体可以自由选择适用法律。正常情况下，国际业务的合同主体双方往往都在不同的国家，对于适用对方国家法律的条款往往都不能接受，因此，最好的方式就是接受大家都认可的"第三方"国家法律的方式，可以鼓励交易主体采用认可度更高的英美商法作为纠纷处理原则。

（三）鼓励伦敦、中国香港、新加坡的仲裁机构来上海设立"离岸办公室"

目前，在上海设立离岸办公室的是中国香港和新加坡，伦敦仲裁委员会迄今还没有设立离岸办公室。建议如果在合同中选择伦敦、中国香港、新加坡的仲裁机构作为争议的解决机关，开庭审理可以在自由贸易港内择地开庭。各仲裁委员会可以吸收一部分中国籍的有英美法律教育背景的人作为仲裁员；在自由贸易港增加突破现有《仲裁法》规定的"临时仲裁"尝试。

（四）构建海事仲裁平台

目前世界上90%以上的造船合同选择英国法律作为适用法律，80%以上的造船合同选择在伦敦仲裁，75%的海事仲裁在伦敦进行。上海可以主动学习和借鉴英国仲裁的优点，包括引进伦敦海事仲裁在上海进行相关案例的仲裁，并在程序和实体、运营模式、理念等各个方面进行深入地学习和探讨，并为我所用，找出适合我国海事仲裁的新路子。

（五）进一步降低税负水平

建议对在自由贸易港注册经营的企业，企业所得税按15%征收。为便于政策落地，建议不细分业态，对注册和经营均处于自贸港内的相关企业，实施细则中，可对达到一定注册、营收和经营资产、人员规模标准的，一律给予15%的优惠税率，可要求相关企业定期公布经审计的财务数据，发现作假的取消优惠并追溯既往。

（六）进一步放开外汇管制

汇改以来，进出口贸易和投资提速，汇率波动日趋频繁，并且人民币由单边升值转向升值和贬值的双状态，建议可以在自由贸易港内采用更加灵活的方式放开外汇管制，鼓励跨境人民币投资和结算，允许外汇资金自由进出，取消经常项目和资本项目下的结汇要求。

（七）降低船舶管理和注册登记门槛

进一步放宽中外合资、中外合作国际船舶运输企业的外资股比限制，降低外商独资国际船舶管理企业的设立门槛；简化国际船舶运输经营许可流程，给予关税、增值税、所得税和其他相关税费减免，形成高效率和有竞争力的船籍登记制度。

上海自由贸易港贸易便利化研究

党的十九大报告提出，要"赋予自由贸易试验区更大改革自主权，探索建设自由贸易港"。对于上海而言，自由贸易港的基础功能是实现贸易自由化、便利化，允许境外的商品、资金、相关人员自由进出。上海要建设自由贸易港，**关键在于进行贸易监管制度的创新，需要对照国际最高标准、最好水平的贸易便利化政策，从现行的海关特殊监管区监管模式向自由贸易港（区）监管模式转型，实现"一线放开、二线安全高效管住、区内自由"。同时需要培育贸易新业态、新模式，发展离岸贸易。**伦敦、纽约、东京、新加坡和中国香港等传统的国际贸易中心已逐步发展为世界离岸贸易中心，上海需要以自由贸易港建设来促进贸易转型升级、提升航运资源配置能力。

具体而言，贸易便利化是对国际贸易程序和手续的简化与协调。在实践中，促进贸易便利的措施大都体现在通过贸易程序和手续的简化、适用法律和规定的协调、基础设施的标准化和改善等，为贸易活动创造一个简化、协调、透明、可预见的环境。贸易便利化涉及的内容十分广泛，几乎包括了贸易过程的所有环节，其中海关与跨境制度是问题的核心，此外还包括运输、许可、检疫、电子数据传输、支付、保险及其他金融要求、企业信息等诸多方面。

一、上海自由贸易港贸易便利化的现行基础

从 2013 年 9 月设立上海自由贸易试验区以来，上海在贸易便利化领域进行了大量的改革创新，主要体现在以下几个方面：

1. **创新海关监管制度**。上海海关在贸易便利化领域的监管制度创新包括："先进区、后报关""批次进出、集中申报"、集中汇总征税"三自一重""货物状态分类监管""全国通关一体化改革"、汇总征税作业无纸化、"批次进出、集中申报"等。还有"货物状态分类监管"业务模式实现了保税仓库增加非保税货物"同仓共管"的功能，使得上海自由贸易试验区真正成为国际国内货物中转自由转换的综合物流服务平台，大幅提升了仓储企业的运营效率。

2. **创新检验检疫监管模式**。上海检验检疫在贸易便利化领域的监管模式创新包括：原产地签证业务改革、中转货物原产地签证管理制度、检验检疫分线监管机制、关检"三个一"合作、"十检十放"分类监管新模式、第三方检验结果采信制度等。

3. **建设上海国际贸易单一窗口**。上海借鉴国际先进经验、对标国际最高标准启动建设国际贸易单一窗口，上海口岸95%的货物申报以及全部的船舶申报都在单一窗口办理，预期到2020年建设成为符合开放型经济新体制要求的、具有国际先进水平的国际贸易单一窗口。

4. **"放管服"改革推进贸易便利化**。以深化行政审批制度改革为突破口、着眼于转变政府职能的"放管服"改革，开展"证照分离""多证合一"改革，降低了企业、组织和个人的交易成本，从市场经济运行的角度提升了整体的贸易便利化水平。

5. **利用信息化手段提升贸易便利化水平**。上海充分利用无纸化通关、智能化卡口、货物配载平台、商品易归类服务等信息化手段提升通关效率，不断提升贸易便利化水平。

二、自由贸易港推进贸易便利化的经验借鉴

（一）香港的贸易便利化特征

香港实行整体模式的自由港体制，在全香港地区范围内实行统一的贸易自由、投资自由、金融市场开放等一系列自由港政策，包括零关税、低所得

税、商品进出口只需要 14 天内递交海关报关单等。

1. **国际贸易结算自由**。香港可使用任何货币进行贸易结算，对货币买卖和国际资金流动，包括外来投资者将股息或资金调回本国都无限制，能满足各种结算方式的需求。

2. **国际航运自由**。船只从海上进入或驶离港口时都无需向海关结关，进出或转运货物在港内装卸、转船和储存不受海关限制。此外，也没有海关、检验检疫、边防等部门对船舶和船员实施额外监察。

3. **报关便利**。除豁免报关的商品外，承运人只需于货物输入或输出后 14 日内向海关详细呈报进口或出口商品的所有付运资料和进／出口报关单。在香港豁免报关的商品有转运货物、过境货物、船舶补给品（包括燃料舱燃料）、飞机补给品（包括飞行燃料）、除汽车外的私人行李、价值 4 000 美元以下的任何邮包等。

4. **通关便利**。香港通关渠道多样、便捷。除常规通关方式外，香港海关推出了一系列便捷的通关策略，"海易通计划""以自愿和信任管理为基础的香港认可经济营运商计划"等。

5. **配额环节设限较少**。香港特区配额和贸易管制很少，没有主动的进出口配额。对烟草、酒类、甲醇酒精、汽车用汽油和柴油等极少数商品实行进出口证管理。

6. **检验检疫环节贸易便利化**。香港出入境检验检疫主要发挥市场机制作用。对农产品和工业品实行"两头把关，中间核查"制度，在"来源入境供给" 3 个方面对入港货物实行严密的质量监督把关。

（二）新加坡的贸易便利化特征

新加坡在国内设置了 8 个自由贸易区，货物进入新加坡的自贸区不需要任何海关文件，也不需缴税；只有离开自贸区、进入新加坡时才需要海关通关和缴税。新加坡在 1989 年就建成了全球第一个国际贸易"单一窗口"，所有的通关程序都通过该系统进行，信息直接和各个监管部门相连，申报十分简便。

1. **贸易结算自由**。新加坡无外汇管制，资金可自由流入流出，企业利润汇出无限制也无特殊税费。企业在新加坡一般可开立新元、美元、港币、欧元、澳元等账户，可自由决定结算货币种类。

2. **贸易经营主体自由**。在新加坡，企业开展进出口和转运业务只需向会计与企业管理局注册，并向新加坡关税局免费申请中央注册号码即可。中央注册号码将允许通过贸易交换网（TradeXchange）系统提交进出口和转运准证申请，企业只需在贸易交换网上提交申请便可开展进出口或转运业务。

3. **报关便利**。按照规定，进出口货物所有人或其代理人只需填写和交验有关单证即可。

4. **通关效率高**。新加坡拥有全球最高效的海关系统贸易网络，进出口商通过电脑终端10秒钟即可完成全部申报手续，10分钟即可获得审批结果。"单一窗口"连接了与进出口有关的各个部门，使进出口审批、检验检疫、通关查验等环节可以在一个统一的平台上高效地完成。

5. **不设配额限制**。

6. **检验检疫便利**。新加坡进口食品、药品和动植物需要提前向检验检疫部门申请许可证，进口上述货物需要经过检验检疫部门的许可。许可证申领和检验检疫部门的查验工作都通过海关贸易网络系统完成，效率较高。

三、上海提升自由贸易港贸易便利化水平的思路

上海需要以建设自由贸易港为契机，借鉴新加坡、中国香港等自由贸易港的经验，从以下方面提升贸易便利化水平：

1. **实现贸易结算自由**。自由贸易港内无外汇管制，资金可自由流入流出，企业利润汇出无限制也无特殊税费。

2. **实现航运自由**。运输工具进出上海自由贸易港不受海关限制，船只从海上进入或驶离自由贸易港时都无需向海关结关，进出或转运货物在港内装卸、转船和储存不受海关限制。此外，也没有海关、检验检疫、边防等部门

对船舶和船员实施额外监察。

3. **实现通关便利**。高度精简进出口报关手续，转口及转运货物不报关。对于需要报关的货物，承运人只需于货物输入或输出后 14 日内向海关呈报进口或出口商品的所有付运资料和进 / 出口报关单。依托上海国际贸易单一窗口，使进出口审批、检验检疫、通关查验等环节可以一站式快速办理，提高通关效率。

4. **实现检验检疫便利化**。转口及转运货物不报检，对于其他货物，继续完善"十检十放"分类监管新模式。

5. **坚持优化管理体制**。由国家授权，优化上海自由贸易港管理体系，真正实现自由贸易港的功能。

6. **运用最新科技**。利用大数据、人工智能、区块链等技术，构建全球最为智能化的货物进出管理和服务系统，以科技应用倒逼改革创新。

四、上海提升自由贸易港贸易便利化水平的建议

（一）加快转变政府职能，给市场充分放权

1. **加快推进简政放权，深化行政审批制度改革**。当前，政府管理制度和理念尚不完全适应市场化运作机制，存在一些政府行为过度干预市场的现象。自贸区设立中央管理部门、上海政府以及上海自由贸易试验区管理委员会三层管理体系，形成三层推进机制。这种管理体系虽然管理幅度小，易于监管，但信息传递滞后、管理成本也较高。在自由贸易港建设中，应当借鉴美国对自贸区的二级管理体系，优化管理体系。以厘清政府和市场的分工为重点，进一步取消和简化审批事项，继续给负面清单瘦身，最大限度地给市场放权，加快探索服务业的全面开放，进一步缩小负面清单的范围。鼓励自由贸易港内的国内企业和跨国公司进行合作，推动国内产业的升级换代。

2. **加强政企沟通，打通政策落地"最后一公里"**。由于贸易便利化政策涵盖范围较广、由多个不同的行业主管部门共同制定，而且政策表述的规范性、

专业性强，不易解读而且宣传口径分散，可能造成企业难以及时全面掌握政策。因此今后需要以满足社会需求为导向，以提高政策的适用性和可操作性为前提，以加强政策宣传的及时性和有效性为重点，有效扩大政策知晓面和企业参与度，让企业看得到、听得懂、能监督，切实打通政策落地"最后一公里"，提高传播效率，从而使政策不被误读、不被搁置、不被遗漏。

（二）充分运用最新科技，提升贸易便利性

1. **应用电子标签技术提升贸易便利性**。RFID 无线射频识别超高频电子标签，在国内外已有多项应用实践，在推进贸易便利化方面取得了良好的成效。建议在自由贸易港广泛运用到企业电子营业执照制作和物流仓储等场景。通过政府主导批量采购电子标签，降低成本、实现统一管理；鼓励先使用电子标签的贸易企业单独通关，面向这些企业开启特别通道；要求使用电子标签的商品必须将数据上传，由政府统一监管，加强政府和企业之间的沟通；制定规则，要求特殊商品例如药物、危化类商品强制实行电子标签。

2. **将区块链技术引入自由贸易港，促进"智能贸易"**。区块链技术在安全、效率、可追溯等方面具有传统技术框架不可比拟的优势。将区块链技术引入上海自由贸易港建设，将有助于提高自由贸易港的智能化水平，解决目前上海自由贸易试验区存在的"痛点"问题，帮助上海在"第二代互联网"竞争中占得先机。

建议政府制定上海自由贸易港区块链规则。设计并建立上海自由贸易港"联盟链"。制定企业"电子身份"规范，建立和完善区内企业的信用体系。管理部门、监控部门、相关事业单位使用"自贸链"创建"智能合约"。政府管理部门适当放权，在自由贸易港内试验"自治""自管"模式，利用电子投票方式决定部分事项。结合物联网、区块链等技术对部分产品进行溯源。建立"区块链产业基地"并提供专项基金和政策支持。引入符合中国国情的 Token 机制。建立区块链技术在自由贸易港合法高效使用的保障机制。

上海自由贸易港税收制度创新研究

从当前面临的国际挑战角度来讲，在自由贸易港构建新的税收制度是当务之急。一是美国"再工业化"和大规模减税两股力量合流，对原本已经离开美国本土的制造业回流形成很大的吸引力，对中国经济的健康发展造成了负面影响。二是作为TPP（跨太平洋合作伙伴关系协定）的新版本的CPTPP将中国排除在外，也将对中国对外经贸环境造成某种不利影响。三是自由贸易区（港）实行优惠的税收政策已经成为国际惯例。因此，为了防止陷于被动，我们必须主动出击，在制订属于自己的自由贸易发展体系的同时，顺应自由贸易发展潮流，实行符合国际惯例和具有竞争力的税收政策。

一、国际主要自由贸易港（区）税收制度特征

国际上主要的自由贸易区（港）税收制度，主要呈现以下几个特点：

1. *税率低*。国际主要自由贸易区（港）都设置了比较低的税率，企业所得税一般都低于17%，最低为3%，个人所得税都在25%以内，有的免税。如企业所得税方面，新加坡最高为17%，中国香港为16.5%，爱尔兰香农自由贸易区为12.5%，巴拿马为2%—5%，纽约港为3%；在个人所得税率方面，新加坡最高为20%，中国香港为15%，巴拿马为15%—25%，纽约港免除个人所得税。

2. *税制简*。国际主要自由贸易区（港）都实行比较简化的税制，对进入自贸区（港）的货物不需缴纳关税和国内消费税，货物转口，也无需缴税，

一般只征收企业所得税和个人所得税，有些地区针对极少数特殊商品征税，有的征收较低的增值税。如香港对烟草、酒精、甲醇、碳氢油这 4 类商品征收进口关税及消费税，韩国自贸区域的增值税为 2%。

3. **税收优惠**。国际主要自由贸易区（港）一般都实行较为优惠的税收政策，对大部分商业活动实行免税，有的减免企业所得税，有的免除部分或全部个人所得税等；有的政策针对经营行业、有的针对收入来源、有的针对企业持续期限、有的针对雇佣工人人数等，各地推出不同的优惠政策，可谓五花八门。如新加坡对出口货物和服务、离岸贸易和大部分金融服务免税；迪拜自贸区实行外国公司享受 50 年免除所得税政策；巴拿马太平洋特区内的企业则实行免除企业所得税，个人从国外获得的收入免除个人所得税；韩国马山、釜山港对符合条件的制造业和物流、研发中心等实行企业所得税"三免二减半"的优惠政策，釜山还实行地方财产税 7 年内免除 100%，之后 3 年免除 50% 的支持；爱尔兰香农实行国际飞机租赁增值税税率为 0 的政策，投资基金的收益不需在爱尔兰缴税；日本冲绳自贸区对聘用的全职人员人数不低于 20 人的区内生产、包装和仓储企业，在开始经营的首个 10 年中，其收入的 35% 免予征收所得税等。

二、上海自由贸易港税收制度设计的总体思考

1. **上海自由贸易港需要足够优惠的税收政策**。上海自由贸易港应当仿照浦东开发开放的举措，作为中国在引领新一轮全球化过程中打出的另一张王牌，影响全球贸易新规则的制订，影响新一轮全球化的走向，其政策力度就要具有足够的震撼力和影响力，而优惠的税收政策则是最简单、最直观的表现。

2. **优惠的税收政策不会对国内形成冲击**。鉴于上海自由贸易港遵循"完全隔离"原则，国内外汇资本进入受到外汇管制的限制，主要吸引的对象为海外投资和中国在海外投资的回流部分，其产生的税收都属于增量税收，因

而自由贸易港的税收政策不会对国内现行的税收制度形成冲击，反而是一种富有前瞻性、灵活性的补充。

3. **优惠的税收政策的核心是符合国际惯例和具备竞争力**。税收政策的优惠性要从与全球主要自由贸易区（港）的比较中体现，由于在上海自由贸易港实行的税收优惠政策不受国内现有政策制约，其政策的制定完全可以做到既符合国际惯例，又具有较强的竞争性。国际上主要采取的一些做法我们完全可以做，而且可以做得更好。如在国际上普遍采取的简税制、低税率、优惠税收的政策取向方面，具体政策可以更具吸引力。同时，由于中国的市场巨大，面向中国市场的企业就不会由于本国推出的各类优惠政策而离开中国，自由贸易港给了他们一个新的选择和思考的机会，对于化解国际争端十分隐蔽而有力。

三、上海自由贸易港税收制度创新的具体建议

（一）税制设定方面

1. **鼓励离岸贸易，减免间接税**。一是免征股息税、利息的预扣税以及印花税。从税制简化的角度出发，鼓励企业在自由贸易港内进行离岸贸易，需要对间接税进行减免，也就是我们说的包括股息税、利息的预扣税、以及印花税进行免征。二是免征增值税。同时，只征收企业所得税，以及对部分商品征收增值税和关税。对于自由贸易港内的货物，出口到境内消费市场，以及在进出自由贸易港的海外货物，免除增值税。另外，配套建立增值税免除名单，对免除名单中的商品免除征收增值税，并可在没有支付增值税的情况下被允许转入零税率的仓库。同样如果货物是用于转运或再出口而未进入当地市场的，也会免除增值税。

2. **对于来自海外的收入免征所得税**。我国大陆地区执行的是属人兼属地征税原则，我国居民纳税人就其全球所得负有纳税义务，非居民满足条件时也需要就其海外所得在我国纳税，加重了境外资本的税负。因此，可以考虑

对上海自由贸易港内的企业和个人的征税参照新加坡，运用修正的属地原则进行征税，即除去属人原则征税的规定，这有利于投资便利化和发展离岸贸易。

3. **暂免征收财产税**。我国的房产税是以房屋为征税对象，按房屋的计税余值或租金收入为计税依据，向房屋产权所有人征收的财产税，房产税税率采用比例税率。按照房产余值计征的，年税率为1.2%；按房产租金收入计征的，年税率为12%。上海在相应的实践中可以借鉴香港物业税的征收，按照评估值征税。对于所有的工商业住房和个人住房，未来需要建立一整套的评估体系，包括有公信力的房产评估机构、不动产登记制度等。

4. **免征印花税**。贸易型合同的印花税制是我国的传统税制，不属于世界通行的自贸区税收制度，不利于自由贸易港的创新发展。大陆对贸易业务需缴纳印花税及城市维护建设税及教育费附加税，种类繁多且税率较高，也使企业交易成本陡增。在自由贸易港建设中建议全部取消各种"附加"和税外收费，例如对港内企业签订的合同，应免除印花税。

（二）税率设计方面

1. **企业所得税按15%征收**。目前，参照我国大陆走在最前面的企业所得税优惠政策，是深圳前海对于利润来源于自贸区内的企业按照15%的税率进行缴税，上海自由贸易港也可以参照15%来进行设计。这样做，会鼓励更多的企业投入离岸贸易和自由贸易港的建设当中来，刺激当地经济的快速发展，带动周边的海上服务运输以及货运代理等。

2. **绝大多数商品免征各类进口税**。考虑到除酒类、烟草（含卷烟）、石油、机动车以外，新加坡对所有进口商品免征关税，中国香港也是只对部分汽车，还有酒类、碳氢油、烟草、甲醇几类物品进行征税，对其他的货物全部免征关税，这也符合自由贸易港对于绝大部分货物进出口免征关税的特征。上海自由贸易港也可以对需要设置关税的货物，比如烟、酒类、汽车等产品设置明确的税率征收标准，然后对课税名单以外的全部商品进行免征关税。

3. **个人所得税率按最高不超过15%设计**。目前为了国内外的人才引进，一方面可以借鉴上海自贸区适用的，中关村等地区试点的股权激励个人所得税分期纳税政策，比如可以 5 年分期缴纳个税，在总体征税总额不变的情况下，给予引进人才分期缴纳的优惠。另外，还可以参考深圳前海的标准，对于海外高端人才和紧缺人才进行个税补贴，也就是，对于已缴纳个税额度超过应纳税所得额的 15% 的部分进行补贴，申请人取得补贴从而获得免征超过收入 15% 额度的个人所得税。另外，我国目前采用的是分类课税制，具体分为工资薪金所得、个体经营所得、稿酬所得等项目，而工薪个税税率为 3%—45%，其他个税税率为 20%。我国在自由贸易港建设中可以设置像个人所得税缴纳上限的相关优惠政策，缴纳的总税款不超过总收入的百分数，实行严格的雇主与雇员双向申报制度，雇主必须提供招雇、解聘雇员情况及申报雇员报酬资料，不实行雇主支付收入时的扣缴。

4. 增值税率按 7% 设计。 参照新加坡消费税税率 7%，对上海自由贸易港设立的企业以 7% 增值税税率进行征税。住宅财产的销售和出租以及大部分金融服务可免征商品和服务税，出口货物和服务的税率为零。

（三）优惠政策方面

要出台具有国际竞争力的税收政策，还应当设计比较优惠的临时性税收政策，为吸引国际资本，提高中国的话语权，提高中国对国际资本的吸引力，又不破坏现有的国际惯例，采取在自由贸易港实行优惠的税收政策，是应对国际挑战的明智之举，很有可能让某些极富竞争性、对抗性的政策在瞬间失效。

上海自由贸易港应当设立如企业所得税和个人所得税"三免二减半"政策、自用设备包括车辆等免税等具有震撼性的政策，一定会起到对冲国际挑战的作用。

（四）纳税监管层面

利用预约定价协议机制，防控离岸贸易中比较常见的定价转移的避税手段。 比如通过母公司与子公司之间以内部定价的方式买卖货物，将利润从高税率国家的子公司（在岸公司）转移到低税率的子公司（离岸公司），降低整个跨国公司集团的纳税总额。这种转移不一定伴随着实际的货物转移。国际上通行的做法，就是通过预约定价协议机制，也即是说让自由贸易港内的离岸企业预先与税务机关进行协商讨论，对可能或将要发生的关联交易进行协商纳税定价，将事后税务审计变成事前约定。这种关联交易定价，可以有效避免双重征税，也能够让企业自觉申报关联交易，同时在税务征收上保持了较高的灵活性，能够有效防范税基侵蚀及利润转移。

（五）风险防范层面

为了防止企业利用上海自由贸易港的税收优惠政策进行不正当牟利，有必要对税收征管对象进行规范指引。这里面涉及离岸贸易的避税以及业务界定问题。因此，应当明确离岸贸易的界定标准，为税收征管机关提供明确指引。目前国际上极少的公司是只从事标准的离岸贸易，即离岸公司、进出口商分别在不同国家，绝大部分是包括了准离岸贸易，比如离岸公司和出口商同一国籍，然后转卖到境外的进口商。或者区内交易类型，比如上海的离岸公司从海外进口货物，然后转卖给自贸区或者保税区中的其他进口商。而为了避免企业通过从事离岸贸易来避税，应当对税收优惠的适用对象附加一定条件，比如离岸货物贸易的收入必须超过 50% 以上，或者从事离岸服务贸易，是国家鼓励的，可以通过制定适用离岸贸易优惠税制的从业领域清单，来明确征管对象。

上海自由贸易港人才制度创新研究

人才是一个城市发展的根本，国际市场竞争归根结底是人才的竞争。加快构建具有全球竞争力的人才制度体系，努力建设世界一流的人才发展环境，是上海当前的重要课题。在探索建设自由贸易港的过程中，若能在人才体制机制改革创新方面先行一步，把自由贸易港打造成与国际接轨的"人才高地"，不仅有利于形成人才集聚效应，而且将大大提升上海自由贸易港建设的水平。

一、上海自贸试验区人才体制机制存在的不足

上海自贸试验区自成立以来，在人才体制机制方面做了很多有益的探索，也取得了一定的成绩。如放宽出入境办证政策，以及为上海自贸试验区的外籍人才申请在华永久居留提供更为方便快捷的渠道等，但是对标国际高标准的人才体制机制，尚有以下问题亟待解决：

1. **出入境政策限制较多，阻碍人员自由流动**。目前，上海自贸试验区在出入境、办证等方面的流程逐步简化，但是上海自贸试验区的人员出入境政策则大多采用国内政策和上海科创中心政策红利的叠加，对人员的进出限制较多、获取签证或绿卡便利度不够高，这使得人员自由流动方面无法真正与国际接轨，难以满足企业用人需求。如，现有的出入境激励政策往往只针对外国专家而不针对专才。如果企业在软件开发方面需要一些欧洲的开发人员进行技术攻关，但是那些技术人员仅仅是高中学历，依照现行的出入境政策就无法来上海进行一段时间的工作。

2. **人才引进标准严苛，"中国绿卡"申请难。** 由于上海自贸试验区管理机构人员都是沿用国内公务员，在制定人才引进政策过程中往往习惯于"官本位"思考，用学历、职务、头衔、奖项等来判定人才是否值得引进。如上海自贸试验区区域内的高等院校、科研院所、企业等单位可向其所在自贸片区管理局提出申请，由新区人保局审核后，向相关部门推荐符合认定标准的外籍高层次人才，获得外国人永久居留证。但是"中国绿卡"申请标准极高，只有三类人才有机会申请：第一类是知名奖项获得者或高层次人才计划入选者；第二类是外籍知名专家、学者、专业技术人才；第三类是企业创新创业外籍高层次人才。这种人才引进偏好往往使科研、科技人才或学者专家更多地流向政府机关、科研院所，而大量企业急需的专业人才却无法引入。

3. **个人所得税鼓励政策落地情况不理想。** 目前上海自贸试验区现已明确六项税收政策，其中两项鼓励投资政策，都涉及个人所得税，分别是非货币性资产投资政策和股权激励政策。其中，非货币性资产投资政策，指的是注册在上海自贸试验区内的企业或个人股东，因非货币性资产对外投资，资产重组行为而产生的资产评估增值部分，可在不超过 5 年时间内分期交纳所得税。该政策适用于企业所得税及个人所得税（自然人股东），企业所得税目前适用税率为 25%，个人所得税适用税率为 20%。股权激励政策，是对试验区的企业以股份或出资比例等股权形式给予企业的高端人才和紧缺人才的奖励，技术人员一次性缴纳税款有困难的，经主管税务机关审核，可在 5 年内分期缴纳个人所得税。该政策适用于区内企业的从业人员个人所得税。在直接税项优惠上看，上海自贸试验区针对个人所得税政策方面几乎没有任何优势，这对吸引和留住人才来说，无疑是一块短板。而已实施的股权激励政策因可操作性差，甚至变相成为地税部门在 5 年内追缴个税的"达摩克利斯之剑"。

4. **外国人社会保障存在诸多问题。** 根据《在中国境内就业的外国人参加社会保险暂行办法》，在中国境内工作的外籍自营职业者并不在缴纳社保的范围内，而对在我国境内合法就业的外国人，其社会保险的缴费比例也没有作出明确规定。按照《国务院关于完善企业职工基本养老保险制度的决定》规定，外籍工作者必须缴满 15 年的养老金才可以享受养老待遇。但大多外籍工作人员在上海的工作年限较短，即使达到退休年龄也只能领取个人账户储存额，不能领取基础养老金。此外，外国员工就医难，其子女入读公立学校难度大、费用高，其配偶随行就业难等问题。国际上通常以双边签订互免社会保险双边协议，以避免造成一些在他国工作的外国人重复缴纳社会保险，减少其经济负担。我国亦采取这一方式，但就目前的实施状况来看，该方式覆盖面较窄的问题十分突出。截至 2017 年 11 月，与我国政府签署双边社保协定的国家仅有德国、韩国、丹麦、芬兰、加拿大、瑞士、荷兰、法国、西班牙、卢森堡。而在这仅有的十份双边互免社会保险协议中，适用的互免缴纳社会保险的范围也较窄，远不能满足现实人才引进的需求。

二、国内外人才体制机制经验借鉴

针对以上问题，国内外很多国家及地区都有一些经验做法值得我们研究、借鉴，或许他山之石可以攻玉。

1. **香港的优秀人才计划**。经过 2017 年新一届港府对优秀人才计划调整，香港更大力度推进人才引进政策，同时暂停了投资移民政策。香港的优秀人才计划分为"优才计划"和"专才计划"，分别针对不同层次的人才制定了相适应的制度，期望吸纳更多拥有优秀教育背景或国际工作经验的人才到港发展。**一是"优才计划"**，主要针对高端人才，核心条件主要是教育背景和工作经验，合并打分达到 80 分，即可申请签证。而该计划采用的评分标准十分科学，具体而言，名校（泰晤士高等教育世界排名）学历的加分 30 分，拥有 2 年以上国际工作经验的加 15 分。首次签证可以获得 2 年工作签证（较此前的 1 年增加了时间），并且续签可获 2—3 年的工作签证（较此前的一年一续签更宽松）。**二是"专才计划"**，则是针对技术工人或技师，只要获得 2 年以上的工作合同，即给予 2 年的签证，并可在劳动合同期间每 2 年续签一次，转换工作也无需向入境处申报，较此前的制度，在很大程度上放松了限制。

香港个人薪俸税分为累进税率和标准税率两种。其中，累进率为2%—17%，标准税率为15%，按低者征收，即上限15%。另外，香港免税额和扣除项种类非常多，香港税务部门会采取简单低税制的税收理念能免尽免，每年都会调整免税额，使纳税人少缴税。

2. **新加坡的人才立国战略**。新加坡在李显龙时代确立了以人才立国的战略思路，并积极实施以建设普惠教育体系为重要支撑，引进国际人才为补充的策略。

在政府层面，除了建设一流大学以外，还积极投入科研中心建设，吸引国际领先的人才与专家；实施更加灵活的移民政策，采取与雇主解耦，只凭人才本身的打分即可获得移民和签证的做法。同时，新加坡政府建立了"联系新加坡"一站式信息服务平台，向全球人才介绍新加坡。

在具体实施层面，新加坡对外国人实行严格的分类制度，根据人才素质类别分为：高级EP（Employment Pass）就业准证、一般SP（S-Pass）就业准证和最低级的WP（R-pass，WP）工作准证。

新加坡外国劳工大约有100多万，其中85.6万都是工作准证，占比81%，存在与国内本地人就业竞争的矛盾。为了平衡该矛盾，并考虑到新加坡人口老龄化严重的国家人口现状，为竞争力较低的老龄劳工提供特别保护，新加坡出台了政策，要求企业必须提供员工再就业年龄至65岁。同时，针对大量外来工作准证劳工在信息不对称的情况下，被很多执业中介收取高昂的签证费用（2 000—10 000美元）的问题，政府也利用互联网将申请及获得签证的信息公布，以增加透明度。此外，新加坡的个人所得税起征点为20 000新元，税率以3.5%开始累进，上限20%。

3. **欧盟的社保法令**。欧盟在人才跨国流动方面可谓是全球做得最早、经验最多、制度安排也是最彻底的。已经远远超越了签证方面的问题，而是更多在社保及医疗等方面进行制度性的安排和突破，成为欧洲统一市场的形成以及欧洲一体化进程中重要的组成部分。

早在 1957 年，欧洲通过《罗马条约》已经开始尝试人员的自由流动政策。由法、意、德、荷、比、卢六国共同签署了《罗马条约》，其中在人才流动及社会保障方面都有所约定，取消成员国不同社会保障制度适用中所隐含的地域限制，允许成员国国民在另一国内自由迁徙，并不受歧视地获得社会福利。

欧盟成立后，欧盟社保法令主要包含两部分（疾病和生育），欧盟公民也必须履行相应的社会保障义务。其中，最主要的部分就是要按时缴纳各项社会保障税费，当然这还包括各成员国法律所规定的其他义务。具体通过暂时冻结、分别支付、比例支付、最后接管、六级计算、居住地无关等流程及原则的规定，确保欧盟公民在各个国家之间流动时能够享有充分的养老保险保障。此外，该法令还对临时入境旅游人员的医疗保障问题做出了明确规定，设有累计计算、现金津贴、非现金津贴、欧洲健康保险卡、出国就医等机制，从而对欧盟公民在全欧盟范围内的医疗保险缴纳与报销情况做出了全面的规定。

4. 以色列的外国专家引入项目和国家引才计划。以色列 50% 以上的研发经费来自国外，还引进了大量的人才与技术，是以色列长期重视国际科研合作的结果。1993 年以色列启动了 GILAD（外国专家引入项目），雇佣了 530 名外国专家在以色列从事 3 年研究工作。为了防止研发人员流失，必要时承认双国籍，并推进税收改革，以及提供科研、住房、子女教育等良好环境。2013 年以色列启动了新的国家引才计划，目标在于吸引生活海外的以色列高素质人才回国，在以色列工业研发中心下运作，计划在 5 年内，配套 3.6 亿美元为以色列人才回国提供支持及帮助。

以色列较为成功的实施了高技术移民政策，探索了"移民吸收＋技术研发"的模式，其核心是有一套良好的顶层设计和坚持推行"人才优先"的国家战略。另外，官民并举吸引海外人才回国服务很好地满足了人才及工作环境的建设需求，由政府投入及民营企业合作创造完善的研发环境与资源。最后，坚持以研发为中心的引才思路使得人才潜力得到了充分的挖掘。

总体而言，各个国家和地区引才计划都向人才个人素质评估方向倾斜，取代了此前以工作合同为前置条件的审批制度，解决了人才与用人单位在行政准入方面的先后次序悖论，降低了引才成本。在优惠政策方面，绝大部分国家和地区都会基于引进人才在子女教育方面作妥善安排，个别国家还提供了住房优惠。欧盟则在人员流动（签证）方面完全无门槛，近年来更多地研究社保等制度的建设，以确保人员流动后，在他国仍然获得同等国民待遇的制度安排，为外国人才解决了社保及医疗等后顾之忧。以色列的优惠政策则从研发人员的研发资源角度入手提供了非常丰厚的研发投资，也带动了民营资本进入以色列的投资和科研。

三、上海自由贸易港人才体制机制创新的建议

自由贸易港建设与之前的上海自贸试验区建设有本质的不同，自由贸易港是国家在经济全球化背景下的战略创新，所以，关于上海自由贸易港的人才体制机制建设不应当只在战术层面作微创新，而应在战略上进行创新。要对标国际最高水平，打造人员自由流动，人才各展所长、安居乐业的自由贸易港。为此，我们建议：

1. **实施人员自由流动"落地签证"**。上海自由贸易港入境事务管理处要对到港区从事商务活动的访客、旅游的游客和本地居民提供方便的出入境措施，对境外访客也实施必要的非常宽松的签证政策，以方便其前往，争取多个国家的公民可免签证到上海自由贸易港短期停留。

为此，可以考虑为各国客商在上海自由贸易港实行"落地签证"。外籍客人在来自由港途中就可以在飞机上或下飞机在进口处把一式两份的"落地签"的申请表填好，同时贴上2寸白底的免冠照片（进口处现场也可设立照相点），最后带着护照和机票办理落地签证。支持商人和游客在自由港短期逗留最长时间6个月，不受签证类别的限制。如果需要长期工作或逗留的可以凭工作合同或机构邀请函去办理延期签证。1年工作合同签2年，2年的合同

签 3 年, 无固定期限的合同签 5 年。

2. 创新人才评价体系及跟踪机制。 自由贸易港建设需大量优秀人才, 包括金融、贸易、航运、法律等方面, 应当根据自贸港的发展战略形成创新的人才评价体系及跟踪机制。

一是人才评价要建立分类指标体系。 人才评价体系的指标设计需有侧重, 对不同类型、层次的人才评价指标选择有所不同。如公务人才需更多体现群众认可度、社会奉献能力与工作效率; 经营管理人才评价指标要更多体现业务规划、财务和管理能力等全面素质; 专业技术人才更多重视专业资格、技术创新、品牌推广等。高层人才更强调决策指挥能力指标, 中层人才重视贯彻落实, 基层人才则关注执行情况指标。

二是人才评价要更多考虑用人单位的评定。 人才评定的基础数据来源应更广泛, 不能局限于官方或半官方渠道, 用人单位对人才的评定也应当纳入考虑。

三是要建立一个长期的、动态的人才跟踪机制。 现有的人才机制、人才政策的关注点都在于人才引入, 殊不知一半以上的人才后续会因为各种原因陆续离开。只有建立完善的人才跟踪机制, 才能保证自贸港的可持续发展。

四是要选择优秀的专业机构提供服务。 好的政策需要专业的人才服务机构来落地, 在自贸港成立之初, 建议引入专业人力资源服务机构, 做好人才引进的大后勤。

3. 进一步便捷化申办"中国绿卡"。 对于符合条件的海外高层次人才, 工作满 3 年后, 可申请永久居留获得"中国绿卡"。对专业人才只要用人单位推荐, 工作满 4 年且连续缴纳社保公积金和个税即可获得"中国绿卡"。"中国绿卡"享有永久居留权, 并享受与上海市民同等的医疗、养老和子女就学待遇。淡化传统的"身份"概念, 使机关、国企、私企等各类单位人员进出的渠道畅通。同时, 在引进过程中提供绿色通道, 以高薪, 解决户口、家属安置、住房等现实问题和提供开展工作的良好条件等全方面服务来吸引并留住人才。

4. **提供个人所得税、股权激励政策优惠**。建议在上海自由贸易港实施最高不超过 15% 的个人所得税率标准，或者对符合上海自由贸易港产业方向的境外高端人才和紧缺人才，对个人所得税纳税超过 15% 的部分给予财政补贴，且上述补贴免征个人所得税，这对吸引人才和留住人才是非常有效和直接的。股权激励个人所得税应区分权益结算和现金结算，在 5 年之内可以分期缴纳或延迟缴纳，如在 5 年内权益发生资本净损失，可允许其在总所得额中扣除。

5. **进一步完善社会保障及配套服务**。针对外国人才的社会保障问题，积极磋商与其他国家的互免社保缴纳的条约是十分直接有效的解决方案。现实中，许多在中国工作的外国人已参加由其用人单位（或境内工作单位）所提供的覆盖全面的商业保险计划，或者已在本国缴纳同类型险种，因此强制征收全部五险可能造成双重征收。制定两国互免社保缴纳的条约，能更好地保护外国员工及企业的切身利益，避免因跨国业务承担双重社保缴费的负担。在自贸港内，可将外籍自营职业者纳入缴纳社保的范围内，并通过设定区别于内地人标准的参保比例，减轻用人单位的社保负担，增强自贸港内企业招聘海外高端人才的动力。根据实际的情况，适当缩短外籍工作人员领取养老金的年限，具体明确相关养老金领取的问题。确定有条件的公立医院作为海外高层次人才的定点医疗机构，为海外高层次人才提供优质医疗服务；海外人才的子女入学（入托）、家属就业等问题也应当一并考虑。

6. **进一步加强上海自由贸易港管理部门的人才培养**。上海自由贸易港的管理服务，需要具有全球视野，掌握贸易、金融、法律、航运等方面知识的复合型公务人才，其培养、选拔机制应区别于传统公务员录用程序。建议借鉴外企培训生模式，进行上海自由贸易港管理人才选拔。**首先**，培训生招录对象面向全球，无论其来自国内境外、学校机关企业，不限年龄大小，只要符合报名条件，能通过筛选考试的人员都应考虑。**其次**，获选培训生应有 2—3 年培训实习机会，这些机会可以是上海自贸试验区、上海自由贸易港内的岗位，也可委派到国际先进水平的自由港管理部门交流实习。**第三**，培训生培训模式的实施须结合相应返回机制。如果培训生是来自国有单位的有经验人员，可事先签下委托培养或挂职锻炼协议，2—3 年后返回原单位的人员仍是尖端人才，可在上海自由贸易港外的其他领域发挥更大作用，或从事相关联的工作；如果培训生来自高校或境外等，可根据表现出具上海自由贸易港人才推荐函。

建设发展上海自由贸易港是为顺应全球经贸合作与全球化竞争趋势，打造中国经济升级版，是高层次国家战略，有先行先试、深化改革、扩大开放的特点，意义十分深远，其核心是改革创新。由此，上海自由贸易港的人才体制机制也应充分体现出改革创新的意识，勇于开拓，从多角度、多方面积极尝试，解决现存问题，为发展提供基石与长期推动力。

上海自由贸易港大数据应用研究

　　大数据作为国家基础性战略资源，其所驱动的**"深度数字化和高度智能化"**浪潮，将对全球经济社会发展的各个方面产生深远影响。掌握和运用大数据的能力将成为自由贸易港建设的重要内容和竞争力的重要体现。同时，**"创新科技的运用具有倒逼改革、促进发展的作用"**，运用大数据技术，打造具有国际竞争力的"物联、数联、智联"三位一体的智慧自由贸易港，**对我国建设具有"国际最高标准、最好水平"的自由贸易港具有重大战略意义。**

　　上海探索建设自由贸易港，要以数据资源为核心，进行深入、多维、实时的挖掘和分析，以满足全方位监督、精细化管理、预判和决策以及服务模式创新等需求，打造具有世界最高标准、最好水平的自由贸易港。

一、自由贸易港（区）大数据应用存在的问题

　　通过对上海、广东、天津、福建自贸区以及新加坡、中国香港、鹿特丹和汉堡等具有代表性的自由贸易港大数据应用调研情况的分析，可以看出大数据的触角正在向自由贸易港（区）的各个环节延伸，但总体上仍处于起步阶段。通过梳理美国、欧盟、俄罗斯和日本等国家或地区在大数据相关领域发布的法规和政策，并且进行比较分析之后发现，我国大数据相关法规、政策和技术标准尚处于制定与完善的过程之中，尚未形成完整体系。诸多因素制约着大数据在自由贸易港（区）的应用与发展，主要是：

　　1. **缺乏统筹部署与顶层设计，导致大数据应用局部化。**目前自由贸易港

（区）在信息系统建设、部门数据打通、单一窗口服务等方面具有高水平的起步标准，并局部完成了数据挖掘、分析和支持工作，但是总体上看，大数据的应用呈现局部化、零散化的特点，并可能导致信息化的重复建设；在如何全方位采集数据、融合并应用数据、提升数据价值，向被服务对象提供一系列创新型数据服务等方面，还存在不足，亟须顶层设计。

2. **政策法规体系不健全，抑制大数据融合与深度应用**。大数据的开发和利用既要满足自由贸易港（区）的各种应用场景的业务发展需求，也要防止涉及国家、企业秘密的数据发生泄漏。而目前各级政府在大数据的利用、评价、交换以及信息安全保护方面的法律法规的不健全，在很大程度上抑制了大数据在自由贸易区的应用广度和深度，不利于自由贸易港（区）大数据生态系统的建设和培育。

3. **技术标准体系未建立，阻碍数据共享互通的实现**。大数据的应用在于信息共享必须建立在具有广泛性和约束力的组织之上，并且参与各方必须严格遵守并均能从中获益，从而使这种共享关系可以长期化。受当前各种因素的制约，跨层级、跨地域、跨部门的协同管理、数据共享机制尚未从技术标准规范的层面形成。自贸区运营管理与港航运、海关、金融、物流、贸易和监管等的数据共享、业务协同，尤其是各自贸区之间、自贸区与国际机构之间的数据共享互通，需要建立完整的技术标准体系。

4. **缺乏高层次跨学科融合人才，限制了大数据的应用成效**。高层次跨学科融合人才不但需要解读大数据，同时还需深谙自由贸易港（区）业务发展各个要素之间的关联，甚至包括规划、管理、执行等许多具体要素。大数据人才的结构性不足，即高层次领军型人才、跨学科融合人才的欠缺，是阻碍创新的主要因素，限制了自由贸易港（区）大数据创新发展的成效。

二、国内外自由贸易港（区）大数据应用的经验借鉴

1. **以大数据进行有效监管，给予最大限度的自由**。以汉堡港为例，对于

转口商品或加工后复出口的货物不受限制，海关根据船舶轨迹等信息数据为线索，对有疑问的货物重点抽查。又例如，安特卫普港的信息控制系统（APICS）可以利用数据信息来计划安排船舶抵离港并掌握国际海运危险品的申报。

2. **以数据信息整合业务流程作为核心竞争力，保持竞争优势**。为了适应全球贸易、国际运输和物流的发展趋势，鹿特丹港不断进行功能调整、发展信息港、整合相关港口服务。该港联合了荷兰的几个港口和运输公司共同开发了以港口为中心的国际运输信息系统（INTIS），对庞大的港口数据信息进行系统整合，组织物流环节中的运输商、贸易商、海事、船检、商检及陆上运输企业、商业、海关和金融服务业等加入系统中来，协调相互间的业务关系，提高物流效率，保持竞争优势。

香港港推行了数码贸易运输网络系统（DTTN），利用现代物流技术、电子信息管理技术、大数据技术，为产品创造空间和时间价值，减少积压资金，降低配送和仓储成本，把供应链管理、电子商贸、及时供货和零库存等概念联系在一起，加强对资金流和信息流的管理，使整个供应链更加有效率。

3. **基于大数据开展全方位服务，促进港口多元化发展**。以新加坡港为例，新加坡港的信息化程度很高，信息系统涉及了整个港口运作的各个方面，从系统功能上划分可以分为五大环节和六大系统，并在此基础上提出大数据治港的概念，开展基于大数据的基础建设、生产管理、客户服务、市场预测和应用创新等多样化服务。新加坡港充分利用数据信息资源，以智慧化运营管理为基础，提供航运金融、保险、经纪和海运资产管理等综合服务，从而促进其多元化发展。

4. **利用大数据发展相关产业，带动区域经济协同发展**。汉堡港和鹿特丹港在这方面取得了很好的成效。汉堡港位于城市中心位置，对城市经济、社会和生态环境有重要影响。作为智慧城市的一部分，汉堡港针对当地重要水系易北河制定了潮汐能利用和疏浚方案，在港区内建设节能、安全的智慧道路，并积极展开减排、创新型基础设施建设等举措。鹿特丹港国际运输信息系统（INTIS），对庞大的港口信息数据进行系统整合，不断强化物流理念，发展物流所需的必要技术手段，从而带动鹿特丹市和整个荷兰经济的发展。

三、以大数据战略驱动智慧自由贸易港建设的思考

总体思路：我国自由贸易港的建设要以大数据为驱动、以互联互通为基础、以最高标准和最好水平为目标，利用大数据，结合人工智能、区块链为代表的新一代信息技术，运用超高频电子标签等手段，突破人工及信息化方式难以解决的业务流程、协作机制、监管手段等一系列问题，实现自由贸易港高效运营、数据监管、智能识别、智能辅助决策、创新服务和风险预判等。

（一）以大数据为驱动手段，突破现有机制

自由贸易港具有"境内关外"的开放条件和实施非惯常的海关监管，港区内在海关监管、货物流转、金融市场、进出口管制、外资投资、出入境等方面都有着高度开放的特征，以大数据为核心建设智慧自由贸易港，突破现有机制有着重要的意义，主要体现在以下几个方面：

1. **以"数据围栏"突破现有瓶颈，倒逼机制改革。**以大数据视角进行顶层设计，建立**"数据围栏"**突破监管机制，提高监管水平，实现"一线放开、二线管住"；运用大数据建立**"全方位的信用评估体系"**，突破风险管控机制，提高风险防控水平；以**"大数据的融合应用"**，倒逼管理服务机制改革，真正实现自由贸易港的最高水准。

2. **以"数据资源"实现精细化管理，建立精准风险控制体系。**利用大数据、人工智能等技术，依托信息化监管手段，精准高效地实现"二线管住"，与国内相关部门和国际贸易港口间数据互通和信息共享，建立精准风控体系。通过智能识别、物联网感知、移动终端获取全方位的基础数据，应用全流程智能监控、定位追踪分析等技术进行安全管理、运营决策，实现准确实时的生产调度指挥和协调、货物信息的处理以及设备维修预警等。

3. **以"数据总线"全方位提高综合服务水平。**通过"数据总线"与口岸业务单位、监管机构、综合服务、物流服务、金融服务、国际机构等系统进行数据对接，完善海关、税务、金融、贸易、物流、保险、人才等信息元的

智能采集、处理、分析和决策支持。例如，通过货物、集装箱、运输工具识别的传感网络，实现港区码头的物流信息采集、数据交换和共享，为客户提供货物状态查询服务；通过对船舶相关信息的挖掘分析，为港口拥塞等问题提供解决方案。

4. **以"数据挖掘"创新服务模式，增强服务能力**。以自由贸易港海量数据资源为基础，为各层面经营管理提供统计分析、机会与风险识别、决策支持，推动物流、金融等创新服务，实现跨境电商、金融、社区、数据商业化等增值服务。例如：通过对货物关联信息的深入挖掘分析，可以发现自由贸易港的经营发展趋势；通过对货种结构信息的分析，可以发现一个地区或国家产业结构的变动趋势；通过对金融资产登记、交易、结算的分析，推出基于自由贸易港优势的金融创新产品。

（二）以大数据思维，打造自由贸易港差异化竞争优势

大数据及其附着的信息，是差异化竞争的重要依据。运用大数据思维，沿着自由贸易港的业务价值链，分析不同业务场景中如何应用大数据实现运营优化和改进创新，使大数据应用与经营业务紧密结合，真正产生更高的业务价值；并从沉淀的海量数据资源中提炼出自身的差异化策略，构建基于大数据的新型服务模式，寻求创新以获取竞争优势。

（三）以数据全生命周期管理应用，持续提升自由贸易港智慧水平

利用大数据建设自由贸易港，运用新理念、新技术、新方法对大数据进行全生命周期的创新管理和应用，做好数据分类管理，整合构建大数据资源池，同时跨界引入其他行业领域数据。针对管理和发展需求，做好数据挖掘、分析与支持工作，持续提升自由贸易港智慧水平。

四、以大数据驱动智慧自由贸易港建设的对策和建议

（一）加快大数据立法，保障数据资源和用户数据安全

1. **制定政策法规**。制定符合我国国情和针对自由贸易港需求的大数据政

策法规体系，以推进自由贸易港的数据资源整合和开放共享，保障数据安全，加快自由贸易港的建设。

2. **出台数据共享规范**。建立大数据应用技术标准体系，制订公共数据采集、开放、共享、分类、质量、安全管理等关键共性标准，以及数据交换标准，解决"跨层级、跨地域、跨系统、跨部门、跨业务"的协同管理和服务整合的数据信息资源应用。

3. **制定信息安全规范**。建设信息安全保障机制，贯彻国家信息安全等级保护制度要求，严格落实分析评估、等级保护、安全测评、应急管理等基本制度。确保自由贸易港信息化安全体系与业务系统同步规划、同步建设、同步运行，在信息化基础设施和信息系统规划、建设、运营、管理、维护等各个环节，切实落实信息安全要求。制定例如：《信息安全管理办法》《大数据安全风险评估机制》《数据跨境流动安全评估制度》《个人数据信息隐私保护》等一批规范。

（二）聚焦关键应用，运用大数据为监管、服务及风控保驾护航

自由贸易港具有"境内关外"的开放条件和实施非惯常海关监管的特点，需要以全局视角出发，以大数据为核心构建"人、物、资金"的自由流通体系，进行总体架构的设计，对整个架构的各个方面、各个层次、各种参与力量、各种因素进行统筹考虑和设计。运用"数据围栏""货物轨迹""企业画像"实现风险管控，打造符合中国国情且具有对接国际最高标准、最好水平意义的智慧自由贸易港。同时将大数据聚焦到以下六个关键应用：

1. **利用"数据围栏"实现二线管住**。将自由贸易港产生的海量数据如海关数据、贸易数据、企业征信数据进行打通，利用大数据技术搭建风险识别模型，建立风险数据库及风险预警机制，对自由贸易港日常业务进行风险识别与管理，做到发现及时、有效监管。依托数据感知、数据分析全面提升风险预测及管控能力，突破现有监管机制，实现区外的货物享受区内的政策并受到有效监督。

2. **建立大数据应用支撑平台，深化放管服改革**。大数据支撑平台汇集自由贸易港政务审批、通关、企业服务等各领域数据，实现自由贸易港公共数据的共享服务，为各类智慧应用提供基于公共数据库的基础数据服务、时空信息服务、基于数据挖掘的决策和知识服务等。自由贸易港建设过程中应统筹各利益相关方，形成信息共享机制，构建自由贸易港信息资源共享体系，打通信息壁垒，倒逼政府职能转变。

3. **建立企业信用评价体系，实现激励联动**。上海自由贸易港的建设过程中，需要继续加大数据归集、共享、开放力度，重点归集各驻区机构，如海关、检验检疫、海事等口岸部门的信用信息和数据，汇集构成信用信息大数据，加强事中事后过程的监管及风险监控。完善细化信用评估指标体系，形成精准的"企业画像"；通过共享公共信用信息、市法人库的信用数据，司法判决执行、相关行业组织和公用事业单位的信用信息，利用大数据技术手段加大信用案例归集及报送力度，加强守信联合激励和失信联合惩戒。

4. **建立大数据预警机制，有效防范事故**。将自由贸易港主要出入口、重要场所、重点防护目标、危险品、火灾隐患位置、消防设施设备位置、人防设施位置与基本信息纳入平台统一管理，并将港区安全生产大检查、安全隐患大整改的台账实行电子化，实现应急预案电子化与自动匹配。并通过数据的互通，实时获取气象部门提供的灾害性天气预警预报信息，加强灾害性天气下重点区域与隐患地点的监控与预警。

5. **建立全方位的大数据安全与追溯体系**。通过对日常使用日志、访问记录数据的汇总，及时发现异常情况，对自由贸易港整体数据环境进行安全分析及检测，通过身份认证、非对称加密技术、数字签名等技术手段提高数据安全性。以大数据技术作为载体，将区块链技术作为新的技术融入大数据技术中，实现数据溯源，完善追溯数据信息共享交换机制，可应用于货物跟踪、订单跟踪、产品质量追溯等方面，确保数据的安全和交易共同实现。

6. **大力发展离岸贸易和离岸金融**。运用大数据等信息化技术，为贸易商提供全面的数据信息，从而助推离岸贸易的巨大贸易量。同时，应用风险管理理论和技术，在大数据分析的基础上确定负面清单和重点监管对象，精准高效地守住底线。对于申请开展离岸金融业务的金融机构，运用大数据分析加强市场准入监管，并加强与国际机构之间的金融信息互换，通过大数据分析离岸银行的经营情况，实现对投机资本的有效监控，预防其对金融体系的冲击。

（三）高起点应用前沿技术，建设中国特色、国际标准的智慧自由贸易港

自由贸易港应建设成**中国特色，对接国际最高标准**的智慧自由贸易港。我们定义的**"智慧自由贸易港"**，即充分运用新一代信息技术，以大数据、物联网、云计算、人工智能以及区块链等前沿技术手段，感测、分析、整合自由贸易港运营的各项关键信息，实现港口基础设施、行政管理、港口服务、自由贸易和公共安全等各领域信息的全面感知、广泛连接、高度共享、精细管理、高效协同、智能决策和应急处置，实现自由贸易港的自动化、智能化和智慧化，使其成为全球自由贸易港科技应用的最高标准。

上海自由贸易港建设的立法建议

党的十九大提出"探索建设自由贸易港"的重要目标，面对即将到来的自由贸易港制度红利，如何从法治层面为上海自由贸易港提供立法支持是亟待破解的难题。当前，上海自由贸易港作为一个全新的概念，其功能定位和制度创新的内容等方面尚不明晰，因而现阶段从"量身定制"的角度为其设计立法架构，显然不太合时宜。但结合中国（上海）自由贸易试验区既有的立法经验，对上海自由贸易港未来的立法远景进行前瞻性的设想，并在此基础上提出上海自由贸易港立法路径与框架方面的建议，却是法治层面的未雨绸缪。

总体来说，以立法引领上海自由贸易港建设符合新时期"依法治国"的根本方针；自由贸易港的制度内核呼唤全新的立法支撑体系；《立法法》分权机制要求中央与地方立法必须为上海自由贸易港建设协力共进；域外经验表明自由贸易港必须具备单独适用的配套立法。

一、上海自由贸易港立法路径选择的总体思路

上海自由贸易港的立法规划应当在考察近期、中期、远期不同立法需求的基础上，遵循由近及远、循序渐进的立法规律，优选顺序。为此，提出以下三条立法路径：

路径一：在《中国（上海）自由贸易试验区条例》的修订过程中纳入上海自由贸易港的内容。此种立法路径是在不对现行中央与上海地方立法进行大刀阔斧式改革的基础上，顺应今明两年上海市人大常委会对《中国（上海）

自由贸易试验区条例》的修订规划，将现有上海自由贸易港的制度性内容纳入其中。

路径二：针对上海自由贸易港实施中央"双授权"立法与地方单行立法。 作为新一轮改革开放可能的"试验田"，上海自由贸易港未来可能会在金融、税收、投资等涉及中央立法事权的领域有所突破，一旦上述"破冰之旅"启动，就会需要借鉴上海自由贸易试验区先前的中央"双授权"立法模式。具体而言，在上海自由贸易港的建设需要突破现有中央立法事权的情况下，由全国人大常委会与国务院分别通过授权决定，暂时调整相关法律法规在上海自由贸易港内的实施，有效解决上海自由贸易港改革创新于法有据的问题。与此同时，上海市地方立法也应适时地将自由贸易港的内容从《中国（上海）自由贸易试验区条例》中分离出来，并考虑对自由贸易港单独制定地方性条例。采取这一路径的优点在于，将自由贸易港与原有自由贸易区进行区分，从而彰显自由贸易港的独特制度设计，但在上海自由贸易港的孕育阶段，这一路径的实施并未达到必要的条件。

路径三：制定中央层面的《中国自由贸易港促进法》。 随着上海自由贸易港在将来的成熟发展，其将可能成为需要采取专门性立法的制度"飞地"，届时我国也可能出现其他地域的自由贸易港，故制定统一的《中国自由贸易港区促进法》应为终极目标。从应然角度而言，国家层面统一立法有利于维护国家法制统一原则，有利于加强法律层面的顶层设计，也有利于固化既有的制度创新成果。但从实然角度来看，自由贸易港究竟是否存在中央单行立法之必要，应遵循中央的部署。

二、修正《中国（上海）自由贸易试验区条例》的建议

基于上述对上海自由贸易港三个不同阶段立法目标、立法路径的分析可知，现阶段针对上海自由贸易港最为可行的地方立法路径应采取单轨制，即借助《中国（上海）自由贸易试验区条例》新一轮修订的机会乘势而上、因

事制宜。以下根据《中国（上海）自由贸易试验区条例》现有九章五十七条之结构，结合上海自由贸易港的现有定位，提出三点建议：

1. **将"自由贸易港"作为专章列入《中国（上海）自由贸易试验区条例》**。鉴于自由贸易港的重要性和前瞻性，有关该部分的立法内容应当以专章方式设计，故建议在现行《中国（上海）自由贸易试验区条例》九章的基础上增加一个章节。在具体的章节排布方面，考虑到自由贸易港"特殊区域"的性质，建议将其置于靠后的位置，如置于现有"第九章　附则"之前。

2. **在"自由贸易港"专章中纳入专门性条款**。有关"自由贸易港"专章的条文设计应有两方面考虑：一是在该章中应当规定："前述章节中内容普遍适用于上海自贸试验区的规定适用于上海自由贸易港，本章节另有规定的除外"；二是规定仅适用于"自由贸易港"的特别制度，至少包括以下几方面：（1）贸易自由，例如对进出口贸易和转口贸易没有限制，但是一般不得经营零售业务；（2）运输自由，例如免办海关手续、非强制性领航、船员可自由登岸、卫生检验检疫和出入境手续从简等；（3）投资自由，一般没有行业的限制；（4）金融自由，比如结算币种可自由选择、外币可自由兑换、资金可自由进出等。

3. **对应"自由贸易港"调整一般性条款**。伴随着"自由贸易港"专章的纳入，原有《中国（上海）自由贸易试验区条例》中其他部分的条款也应有所调整。建议注意以下方面：一是现有《条例》第一条"立法依据"，应当加入《深化改革方案》这一最新依据；二是《条例》第二条"适用范围"、第三条"立法宗旨与原则"，应当加入自由贸易港的具体范围和创新目标的内容；三是《条例》第二章"管理体制"中，应当对专属于"自由贸易港"的管理体制以及其与上海自贸试验区既有管理体制之间的关系进行说明。

三、修改中央立法的若干建议

在建议上海市地方立法为自由贸易港积极作为的同时，必须注意到现有自由贸易港制度规划需要中央立法机关修改法律、行政法规或者授权立法的事实。为了保证中央立法规划更好地规范上海市地方的实践，现阶段有必要归纳、凝练上海自由贸易港各项制度的立法需求，并将其作为未来中央"双授权"立法以及各部委修改规章的依据。因此，以下结合国务院《深化改革方案》的具体要求，对上海自由贸易港建设过程中涉及中央层面的事项提出建议：

1. **提升上海自由贸易港的贸易便利化水平**。贸易便利化是全球自由贸易港的核心特征，上海自由贸易港需要在既有的水平上百尺竿头、更上一步，除了本地管委会、海关、海事等机关的协同之外，更需要国家海关总署、检验检疫总局等国家部委在规章层面上提供助益。为了进一步提升贸易便利化的水平，建议未来国家部委层面涉及支持上海自由贸易港贸易便利化发展的规章时，应当将法规修改集中体现在报关便利、通关高效、检验检疫便利以及实行集约管理体制等方面。

2. **支持上海自由贸易港文化贸易的开放**。文物拍卖作为文化贸易的重要表现方面，需要在自由贸易港的改革中寻求突破。长期以来，囿于我国《文物保护法》的限制，外资拍卖企业无法在我国境内从事文物拍卖活动，这成为了抑制我国文化贸易产业发展的瓶颈。早在 2013 年 8 月 26 日，国务院在提交全国人大常委会《关于授权国务院在中国（上海）自由贸易试验区内暂时调整实施有关法律规定的行政审批的决定》的草案中曾包含了暂停实施《文物保护法》上述限制的内容，但最终未能获批。时移世易，在更为开放、更具上海特色的自由贸易港建设中，应当再次考虑提请全国人大常委会授权在上海自由贸易港内暂停实施《文物保护法》中有关禁止外资拍卖企业从事文物拍卖经营活动的相关条款。

3. **推动上海自由贸易港航运业务的国际化进程**。发展国际航运业务不仅是自由贸易港本身的题中之义，更是上海打造国际航运中心的应然之路。未来在提升国际航运业务国际化的水平方面，除了提倡在上海自由贸易港内建立高效信息平台、打造物流增值服务核心功能区与拼箱服务中心等具体制度建设外，还要重点关注中央层面对航运业务的开放度。为此建议以沿海捎带业务和国内水路运输业务为中心开放领域，请求国务院批准暂时调整《国际海运条例》《国内水路运输管理条例》中相应的特别管理措施。

4. **扩大上海自由贸易港其他领域外资准入范围**。自由贸易港虽然主要强调外贸领域的革新，但上海自由贸易港作为多功能的试验区，也应当同时成为外资领域开放的试点。尤其是对于一些与贸易相配套的行业，有进一步开放的需要。如船舶与海上设施检验业务，现行《船舶和海上设施检验条例》不允许设立外资检验机构，因此就这一领域在上海自由贸易港的改革，建议国务院调整外资准入的特别管理措施。与此同类之事项，还涉及国务院调整《外商投资产业指导目录》中禁止类与限制类的部分事项。

5. **开拓上海自由贸易港金融领域的新场域**。外资、外贸、航运等领域的改革，必须结合金融制度的开放方有活力。从事权来看，我国金融监管职责一直由中央层面的"一行三会"承担，因而未来上海自由贸易港的金融开放势必坚持在中央层面进行法制突破。为此建议主要关注以下三个方面的修法：（1）分类别加快推进资本项目可兑换进程，具体包括企业资本项目可兑换，从直接投资备案制转向额度备案制、试点合格境内个人投资者境外投资、进一步放宽合格境内有限合伙人（QDLP）境外投资、进一步加快资金流入侧的资本项目可兑换的进程等方面；（2）进一步扩大人民币跨境使用，具体包括拓宽人民币回流渠道、创新国际化的人民币金融产品、完善人民币国际化基础设施、建设人民币在岸离岸中心等措施；（3）完善金融风险防范机制，具体包括建立资本流动风险预警机制、充分运用临时资本管制措施、探索功能监管与综合监管联动等方案。

6. **探索上海自由贸易港的税收优惠制度**。从顶层设计的角度来看，现有的上海自贸试验区强调制度创新与可推广性，因而并无税收优惠的特别安排，而未来上海自由贸易港的一大特点就在于以较低的税收负担集聚国际国内各种要素，这也是国际最高标准的又一体现。我国税收法律制度的立法权限集中于中央立法，故提出以下在上海自由贸易港实施税收优惠的立法建议：一是关税方面，建议在上海自由贸易港内全面实施负面清单外的免征关税制度，即只对于烟、酒、汽车等少数商品设置明确的税率征收标准，其余商品一律免征关税；二是个人所得税方面，建议在上海自由贸易港内对引进人才实施股权激励个人所得税分期纳税以及人才个税补贴制度；三是企业所得税方面，鼓励企业在上海自由贸易港内进行离岸贸易，并且只征收企业所得税，同时建议参考深圳前海经验以 15% 税率计取。

  7. 促进上海自由贸易港的人才引进机制创新。 上海自由贸易港各项制度的改革最终要落实到"人"这一基本要素上，尤其是金融、高科技、专业服务业等领域的人才更是自由贸易港行业发展的关键，但现有中央与地方关于人员自由流动的规定与国际高标准尚存差异。故建议从中央立法层面重新审视《外国人入境出境管理条例》的规定，尤其是结合上海自由贸易港产业功能的定位，扩展《条例》中有关高端人才签证（R 字签证）的适用范围，同时简化高端人才在上海自由贸易港内长期居留的申请程序。

把上海自由贸易港打造成全球最重要的航空租赁集聚区

　　据波音公司的最新预报，中国国内航线的客运周转量（RPKS）在 2016 年至 2036 年间将翻番，从 6 298 亿人公里增长至 14 287 亿人公里，Flight Global 和国际航空运输协会（IATA）更是预测，到 2022 年中国资本在航空金融市场所占份额将提升至 35%，国内航空客运的需求呈爆炸增长的态势，有望取代美国成为全球最大航空市场。因此当前一直到未来 10 年、20 年，中国飞机采购、租赁、融资产业发展将是一片蓝海，拥有无限潜力。为航空融资租赁行业发展带来了重要机遇。

　　融资租赁是近年来全球迅猛发展的新兴业态之一，因融资租赁行业与资本、税收、贸易、监管等要素紧密结合，自由贸易区作为税收、海关、外汇管制等监管措施最为开放、资本最为集中且活跃的地区，已成为融资租赁的一方热土。

　　上海自贸区设立 5 年，未能在离岸服务和离岸金融方面有较大的突破，尤其是航空租赁（航空金融）方面未能取得与上海自贸区匹配的突破，相比其他具有优势扶持政策的自贸区，上海自贸区发展离岸金融的进程渐渐落后，不能不说是一件憾事。**而且由于政府专业服务能力不足、对行业重要性认识不足，以及政策支持力度不足，导致融资租赁企业在自贸区内开展业务的意愿也日渐向其他区域转移，上海自贸区在开展融资租赁业务的竞争中逐渐处于下风。**

一、上海自贸区航空租赁产业发展的主要问题

1. **海关监管政策落后天津、广东和福建自贸区。** 在海关总署颁发的关于支持和促进天津、广东、福建自由贸易试验区建设发展的若干措施的三份文件中，均明确"实行海关异地委托监管"的管理政策，但是作为我国第一批自贸区的上海自贸区，却未能享受相同的待遇，极大限制上海自贸区内企业利用海关新型监管制度优势，拓展业务种类和空间范围的积极性。

2. **外汇管理政策与区外相同，无优势可言。** 在对自贸区内企业开展离岸金融服务，开展离岸融资等经营活动而言，最大的困扰是自贸区内的外汇管理制度与自贸区外一样严格，并未体现出自贸区资金流动方面的优势。国内其他自贸区的外汇政策相对自贸区外汇管理政策有许多突破和创新，鼓励了自贸区内企业利用新政策开展新服务，创造新机会。但是相比之下，上海自贸区的外汇管理政策未能有所突破，未能反映出作为首个自贸区的先行政策优势。

3. **缺乏针对性税收优惠政策。** 离岸服务贸易和离岸金融与低税率联系在一起，是自贸区发展的普遍规律，低税率也是世界上发展较好的自由贸易区提供给投资者的最重要的投资便利。爱尔兰、中国香港乃至内地的天津、广东自贸区都为融资租赁贸易颁布了各式各样的税务优惠举措，包括低所得税、税务返还、税务补贴等。但是上海自贸区并未针对融资租赁推出类似优惠措施，这也进一步打击了融资租赁企业在自贸区内开展业务活动的积极性。

4. **人才引进政策需要进一步放松。** 离岸金融和离岸贸易的开展离不开高素质的人才，比如侧重离岸贸易的法务、税务和专业行业人才。虽然上海精英荟萃，但是企业在拓展业务时，依然可能遇到专业人才缺乏的问题。自贸区目前还未能实现外部人才短期引进机制与长期工作居留的特事特办，在建设自由贸易港的进程中，对外人才引进上的把控依然有待进一步放松。

5. **政府专业化服务供给明显落后于天津自贸区。** 目前上海自贸区内虽设

有"一站式"服务中心，但仅针对普通贸易，对于融资租赁"一站式"服务中心无法提供的相关服务，仍需由企业分别与海关、外管、税务等部门沟通，办理相关业务需要辗转不同的办公地点，往往办事窗口也无法有效服务，增加了企业开展业务的时间成本。在开展跨境飞机融资租赁业务中最关键的外汇和进口环节上，上海自贸区内还没有"企业—外管—海关"的一体化沟通通道。而天津自贸区东疆片区和福建自贸区厦门片区早已实现了综合服务大厅式的"一站式"服务，管委会、工商、税务、海关、检验检疫、人民银行（外管）等单位统一入驻，通过"一口受理、一表申报、并联审批"的方式，为企业提供设立变更、海关国检登记、进出口外管备案等全方位的便利服务。

6. **对航空租赁产业的认识和支持不足。**上海自贸区对飞机租赁这一新兴行业认识不足，有些轻慢。此行业刚起步时，交易量较小，但因其跨国的因素较多，办理业务需要沟通多家"条上""块上"的政府监管职能部门，当企业面临沟通障碍，求助自贸区政府协调时，政府缺乏热情；按国际通行的惯例，为隔离风险，租赁公司常为出租一、两架飞机就设立一个单机公司（SPV），根据上海自贸区政策也允许设立 SPV，但在实际设立过程还会遇到各种比如效率、程序等问题。而东疆保税港区除了设立针对飞机租赁"一体化"通道外，东疆管委会推出"管家＋专家"模式，为企业贴身服务，充分体现小政府大服务。所以，目前几乎所有从事飞机租赁的大型租赁公司（即使总部在上海的租赁公司，如交银租赁），都会把实际运作的单机公司设立在天津东疆保税港区。

二、国内外自贸区发展航空租赁产业的经验借鉴

（一）产业链完整、专业人才集聚和法律保障，成就了香农自由区全球著名的飞机租赁产业集聚区

爱尔兰香农自由区是全世界第一个自由贸易区，是飞机租赁产业的发源地，众多在飞机租赁、航运物流等领域的超一线企业都选择将总部或运营中

心设立在香农自由区。

1. **航空产业链完整**。香农是许多世界领先的 MRO（Maintenance，Repair and Overhaul）和全球支持公司（关联产业）在欧洲的重要基地，这些公司参与航空产业周期的绝大部分工作，包括飞机贸易、机身和发动机维护、部件制造、航空产品设计、航空器拆解、技术存档以及法律服务。

2. **航空相关产业专业人才集聚**。香农拥有大量与飞机租赁相关的专业人员，比如飞机技术层面的工程师、飞行员，了解资本市场的金融人才，了解航空租赁合同的律师，了解航空市场的销售人员等等。当地的专业从业人员不仅能够为不同阶段的飞机租赁公司提供相应的知识支持，还可以为飞机租赁公司提供从项目公司设立，到申报税务、编制财务报表、配合审计、档案管理、飞机国际利益登记等一条龙服务，在确保处于发展初期的飞机租赁公司得以迅速开展业务的同时，还能够协助成熟的飞机租赁公司更专注核心业务的发展。

3. **适用对债权人保护相对充分的英国法**。在法律保障方面，由于英国法对于债权人提供良好的保护，全球飞机租赁业的通行国际规则是选用英国法。而爱尔兰法律体系从英国传统的习惯法派生而来，与英国法具有较高的类似性，促进了租赁业务的开展。此外，政府在立法阶段都能充分听取各利益相关各方意见，这使得爱尔兰法律体系较为稳定，可预期。

4. **营商环境宽松**。爱尔兰政府提供宽松的经营环境，以促进当地飞机租赁行业的发展。例如，爱尔兰对飞机租赁业务没有特别的监管要求；注册公司流程简单而高效；对资金跨国流动没有外汇管制或类似限制；关于资产取回、设立分支机构等，爱尔兰均没有专门限制。

（二）独特的政策和服务供给，确立东疆保税港区成为全国融资租赁龙头地位

自 2009 年起，天津东疆保税港区大力发展飞机租赁业务，到如今聚集了 AerCap、ALC、ACG 等全球知名的租赁公司和工银、民生、中信等大批国内一流的租赁公司，而且全国各从事航空租赁的租赁公司几乎都会在东疆设立一个或多个单机子公司，东疆保税港区已成为全国融资租赁资产最集中的区域，融资租赁也已成为东疆保税港区的支柱产业。

1. **政策优势明显，形成"东疆模式"**。天津东疆自贸区为融资租赁企业进口货物设立便捷通道，可跨关区联动租赁进口飞机；在融资租赁回租结构中允许出租人以外币形式支付价款，同时允许境内承租人办理结汇手续；允许融资租赁公司在支付购买飞机预付款后再提供国家发改委允许购机的批文，切实减少了融资租赁公司在办理飞机预付款融资业务时遇到的程序性障碍。允许东疆保税港区内的融资租赁企业在经营性租赁以外币形式收取租金。

2. **服务模式创新，服务功能强大**。一是积极创新服务模式，天津市政府和东疆管委会等部门围绕外债规模比例管理、外债资金意愿结汇、跨境人民币使用、资本项目可兑换等方面进行金融改革的同时，还推出了"管家＋专家"的服务模式，既强调团队的专业化水平，还完善了政府服务平台，为企业贴身服务，拓宽了企业的融资渠道，便利了企业的融资流程。**二是设立联检中心**，东疆保税港区内设有联检服务中心，包括海关、检验检疫、海事、边检、外管、社保、工商、税务和天津自贸区管委会、东疆保税港区管委会都统一在服务中心办公，东疆实现了"一站式"服务特色，最大程度地为企业提供便利。**三是实行限时办结制**，东疆保税港区还针对融资租赁业实行限时办结制，内资租赁公司和金融租赁公司办结时限为8个工作日，外商投资租赁公司办结时限为15个工作日。**四是设立自贸法庭**，东疆保税港区内设有自贸法庭，为包括融资租赁在内的东疆保税港区企业提供了法律保障。

（三）在政策层面大胆探索，形成航空租赁业发展独特优势的广州自贸区

广东省政府也持续在发展自贸区内融资租赁业务方面发力。不仅在税收政策上给予大力扶持，如对飞机和船舶的项目公司每年给予合同金额一定比例的补贴，还对相关法规进行适当的放宽，鼓励企业在自贸区内拓展融资租赁业务。**一是**融资租赁企业对保税区内的设备开展售后回租业务，如承租方仍在保税区内使用该设备，则无需缴纳关税。**二是**融资租赁业务承租人使用的租赁机器设备符合条件并确需加速折旧的，可采用缩短折旧年限方法计算，但最短折旧年限不得低于规定的 60%；也可采用双倍余额递减法或年数总和法计算。**三是**在符合现行外汇管理政策前提下，允许注册在南沙自贸区的项目公司以外币向国内其他自贸区的项目公司支付购买价款。**四是**注册在南沙自贸区内的融资租赁公司办理融资租赁业务时允许以外币收取租金和费用。**五是**允许区内融资租赁企业在购入大型动产时，实行海关异地委托监管。

三、对上海自由贸易港发展航空租赁产业的总体思考

第一，上海具有先天特殊优势，完全有能力成为全球最重要的航空租赁产业基地。一是国际知名的自由贸易港大多具有离岸金融和离岸贸易产业高度发达的特征，上海自由贸易港应着力突出上述特征；**二是**到 2020 年上海国际金融中心基本建成，金融相关人才集聚方面具有独特优势；**三是** 20 世纪 90 年代开始上海走到了中国改革开放的前锋位置，培育了勇于创新、敢于创新的基因；**四是**从 20 世纪九十年代开始，上海在综合保税区和自贸区建设领域一直走在全国前列，进一步利用自贸区和自贸港发展航空租赁产业具有深厚的经验。

第二，上海发展航空租赁产业面临巨大的竞争压力。航空租赁业具有广阔的前途和空间，已经成为各地争夺的焦点，而且上海自贸区内的融资租赁业务不仅在国际上未能形成集聚优势，在国内也渐渐被天津和广东自贸区抛下几个身位。在天津和广东自贸区已经凭借前期的管理政策和扶持政策优势抢占了大部分的市场份额并形成了集聚效应和品牌效应的情况下，上海自由贸易港想通过复制天津和广东自贸区的管理政策来抢占增量市场也是困难重重。

第三，上海只有在政策和服务方面全面超越天津、广东自贸区，才有可能在竞争中胜出。上海要借自由贸易港探索机遇，对标国际最高标准和最好水平，真正落实天津和广东自贸区暂时未能实现的政策，为融资租赁企业落户上海自由贸易港提供便利；为融资租赁企业开展业务提供其他自贸区不能

提供的空间与可能；让融资租赁企业感受到选择上海自由贸易港是符合企业长远利益和发展方向，上海的离岸中心才能获得越来越多的租赁公司的认可，选择上海开展融资租赁业务。

四、上海自由贸易港发展航空租赁产业的建议

（一）进一步优化相关政策，打造政策高地

1. **放开海关异地委托监管限制**。设置在上海自由贸易港内的企业进出口大型设备（包括飞机整机、机身、发动机和航材）全面允许海关异地委托监管，拓宽企业业务渠道，增强实体活力。异地委托监管应从目前的关区内逐步向跨关区甚至多关区联合监管延伸，为企业打开业务窗口，拓展业务模式增添活力。

2. **放开自贸港内的合理资金流动限制，且实现人民币自由兑换**。上海自由贸易港的"一线放开"也应包括资金流的全面放开，外汇管理也应当与国际一流自由贸易港看齐。自贸港内融资租赁企业开展融资租赁和经营性租赁时，对收取外币租金和支付外币购买价款取消前置性限制，允许融资租赁企业在真实贸易和服务背景下自由收取外币租金和其他外币费用或以外币支付价款，并不限制结汇，可以外币入账。允许融资租赁企业仅凭合法有效的合同与付款通知书收取、支付兑付外币租金及购买租赁物价款。

同时，对与自贸港内融资租赁企业开展租赁业务的承租人接受外币也应减少限制，对承租人接收外币款项后是否强制结汇不做限制，鼓励融资租赁企业交易对手尽可能以多渠道使用租赁企业提供的资金和服务。

自贸港应实现人民币与外币自由兑换，利率全面市场化，资本项目资金流动基本不设限制，对外商投资领域仅以"负面清单"实施把控，同时逐步放宽限制为辅助手段逐步放松对资金的严格管制。应鼓励区内企业以跨境融资为主，人民币与外币融资并存，各种融资手段多管齐下的方式融入所需资金，同时对企业依赖自主资产和自主信用融入资金的流向减少管制。努力打

造自贸港成为连通境内外的资金"蓄水池"与"中转站"。

3. **实行大型设备进口后置审批流程。**办理大型设备进口的进境手续上尽可能后置审批流程，同时建立企业信用机制，对目前企业的每一次履约情况进行跟踪汇总，允许信用良好的企业在大部分甚至绝大多数审批手续中后续提供相关文件，提高经济效率，惠及诚信企业；允许信用一般的企业在大部分非重点事项中后续提供文件，把握管理重点，提升管理效益；对于信用状况不好的企业，予以重点监管与考察，一般要求前置提供所有相关证明文件。

4. **出台有竞争力的航空租赁税收政策。**对比国际上知名的融资租赁集聚中心，同时也是世界著名的自由贸易港的爱尔兰香农自由贸易区和中国香港，上海对融资租赁领域的税收优惠存在许多不足：爱尔兰免除了融资租赁企业的增值税和印花税，统一征收 12.5% 的企业所得税，同时允许对飞机租赁物资产以每年 12.5% 的速度折旧，大大降低了应税利润。2017 年 9 月香港改革飞机租赁企业税制，所得税从原来的 16.5% 减到 8.25%，香港的飞机出租人企业在申报所得税时，可以以低至 1.65% 的税率申报所得税，远远低于其他行业的所得税率。上海自由贸易港对租赁企业应提供类似的税收优惠措施，并对自贸港内的企业开展业务时，允许租赁企业或承租人将租赁物加速折旧，且获得所得税递延收益，吸引租赁企业或承租人通过开展融资租赁业务，获得税务收益，推动租赁业务快速增长，做大做强。

5. **设立外国人自贸港工作特殊签证制度。**作为对外开放的窗口，自贸港也应在人员流动上为外来的优秀人才打开大门。可为自贸港特别设立外国人自贸港工作特殊签证制度，允许从事自贸港支持行业的外国人通过特殊通道取得工作资格。同时允许其他商务人员获得 1—3 个月的有限制可续期签证，允许其他人员在自贸港内以商务目的短时间停留。也应推进自贸港内生活配套设施和高档商用公寓建设，为外国工作者提供安心舒适的居住环境。

（二）进一步提高政府服务能力，打造自贸港服务高地

1. **学习"东疆服务模式"，打通服务脉络。**上海自贸港应效仿天津自贸区东疆片区和福建自贸区厦门片区"一站式"服务，管委会、工商、税务、海关、检验检疫、人民银行（外管）等单位统一入驻，通过优化程序，内部协调，加强后置审批与监管等方式，减少企业前端办理手续的繁文缛节。由于融资租赁业务和类似离岸金融业务的办理手续繁杂，涉及部门多，问题的复杂程度和需要协调的事宜远远超过一般业务，建议在自贸港内设置"企业—外管—海关"的一体化申报与沟通渠道。上海自由贸易港可以在天津东疆、新加坡等自贸区的管理模式基础上，打通金融、外汇、投资以及出入境等关键制度的脉络，依托信息化手段实现信息共享机制，放开管理，简化管制程序和申报手续，提高自贸港内办事的便利水平。如果政府联动机制形成，不仅为企业节约成本，更能吸引大批优秀企业入驻，实现融资租赁产业集聚。

2. **全面引入香农经验，进一步提高服务能力。**为探索飞机融资租赁、航空产业链、跨境投融资等产业的发展，上海自贸区与爱尔兰香农自由区于2016年就签署了战略合作备忘录，旨在推进上述领域的管理经验交流和重点项目建设的相互支持。如前文介绍，爱尔兰香农自由区在航空金融方面拥有首屈一指的管理经验，上海自贸港如重点推进与包括香农自由区在内的其他在融资租赁领域拥有突出业绩的优秀自贸区的互利合作，不仅能够拓宽企业开展融资租赁方面的业务资源和融资渠道，探索各自贸区之间在海关、税务等制度上互惠合作的可能性，还能够引进成熟技术，仅以飞机租赁为例，推动航空人才培养、航空产品贸易、航空检测维修等相关产业链的全面发展。

（三）全面规划和打造以飞机制造为龙头的全产业链，提高上海在航空产业的国际竞争力

2016年，波音737系列飞机完工和交付中心落户舟山，成为波音首个海外工厂。国产C919试飞成功，可以预见在未来若干年后，C919以及其他型号的国产飞机将大量走出国门，远销世界各地。国产飞机将单独形成贸易、资本、维修、检测、处置、法律等庞大的产业链，而航空租赁将成为其中重要的环节，上海自由贸易港可以借鉴东疆在租赁资产的登记、公示、流转方面的试点经验，搭建国内的飞机展示和销售平台，实现以飞机资产为核心的自由贸易港制度创新，为国内外融资租赁公司在上海自由贸易港发展飞机租赁业务提供便利，在自由贸易港内形成航空租赁公司的集聚效应，以此带动金融发展，使上海自由贸易港成为全球航空金融产业集聚地，为"一带一路"建设提供新的产业和高端产品。

党的十九大提出探索自由贸易港建设，给上海带来了新的机遇，上海应把握难得的历史机遇，在其他自贸区、自由贸易港融资租赁政策的基础上大胆创新，形成后发优势，奠定上海发展的高起点，创造国际融资租赁产业的新格局，使上海自贸港成为全球最重要的航空金融产业集聚区。

将区块链技术战略性引入自贸港
以"智能贸易"促进贸易便利化

当前，区块链技术的发展及其广阔前景已经引起世界范围的广泛关注。区块链作为一个划时代的重大创新技术，一种全新的底层协议构架模式，凭借去中心化等特性，在安全、效率、可追溯等方面具有传统技术不可比拟的优势。上海建立自贸区的重要初衷之一是实现"贸易便利化"，这与区块链技术的效能不谋而合，也为智能经济的提供了很好的使用场景。在探索自由贸易港建设的过程，**上海若能战略性引入区块链技术，尽快建设和推广"自贸链"，实现上海自贸港区内的"智能贸易"，将大大提升贸易便利性，使上海自由贸易港获得其他对手难以超越的先发优势。**

一、区块链技术引入上海自贸港的意义

1. **引入区块链技术有利于提高自贸港的智能化水平。**以区块链技术为基础的智能经济，用机制建立共识，降低交易成本；用程序完成合约，减少交付摩擦；用 Token（计算机术语：令牌）流转激励经济活动，为人类开展大规模协作提供了新的可能。将区块链技术战略性引入上海自贸港，有利于通过大幅度提高自贸港的智能化水平，大幅度提高贸易效率，用技术手段提高贸易便利化程度，并为全球提供中国样板。

2. **引入区块链技术能有效解决目前上海自贸区存在的四大"痛点"。**一是共识与信任机制难以建立。目前自贸区内企业和周边服务企业互相之间的信

任仍然通过实地考察交流，引入监管、合约、担保等机制实现，如何降低交易成本是一个重大挑战。**二是履约成本高**。目前，企业间履约的过程有极大的交付摩擦，违约解决的成本也相当高，企业间的协作有很大障碍。**三是企业优胜劣汰难**。由于没有相关的"激励"机制，诚信企业无法获得更多的便利。"惩罚"也由于没有统一的"电子身份"，使得很容易通过某种方法绕过惩罚或者回避有效的震慑，违约成本较低。**四是信息的互通性和隐私保护存在问题**。由于没有引入统一严格的加密准则和技术，政府和企业在开放信息方面都有极大顾虑。信息查询成本高，伪造信息的成本也较低。以区块链技术为基础的智能经济，用机制建立共识，降低交易成本；用程序完成合约，减少交付摩擦；用 Token 流转激励经济活动，可从技术上解决上述"痛点"。

3. **在自贸港引入区块链技术有利于上海在"第二代互联网"竞争中占得先机**。相比"第一代互联网"的"虚拟化"，以区块链技术为基石的"第二代互联网"更注重将实体经济智能化、协作化。上海自贸港引入区块链技术可以给上海再一次抓住互联网发展的机遇，提供前所未有反超的机会。

二、将区块链技术引入上海自贸港的机遇与挑战

1. **上海具备引入区块链技术所需各项基础**。一是具备可探索的政策空间。上海自由贸易港是一个全新的概念、全新的尝试。政策层面鼓励大胆设想，小心论证，为利用新技术、使用新方法提供了政策保障。**二是技术基础领先**。上海在"互联网""大数据""物联网"等技术上均处于较为领先的状态，这些都是"区块链"技术的有机组成部分，对于快速建立"自贸链"及其链条上的各种应用提供了良好的基础。**三是经济基础雄厚**。区块链技术需要链接实体经济的各个环节才能发挥其作用。上海的实体经济发达，无论是金融、物流还是服务各个环节都有很强的企业，将他们"链"在一起，就可以实现上海自由贸易港的"智能经济生态"。

2. **区块链技术还在早期阶段，道路需要摸索**。一是技术路线、手段需要

斟酌。首先在主链建设上,是基于现有国际上较为成熟的智能合约平台,例如以太坊。还是基于国内相对成熟的平台,例如 NEO 或者唯链,抑或是完全自主开发,都有待仔细研究。其次,区块链技术在应用场景中的落地,目前可以参考成熟案例不多,需要探索研究。最后,由于 Token 是区块链的灵魂,其规划设计也是重中之重,而 Token 一般在公链中应用较多,如何在联盟链中设计出符合要求的 Token,将是一大技术难点。**二是相关人才短缺**。引入区块链技术,无论是在监管层面,还是在开发应用层面,以及在实施层面,都需要大量的人才支撑。由于区块链是新兴事物,政府如要推行区块链技术,将面临人才短缺问题。**三是中心化政策与区块链技术的矛盾**。区块链技术倡导"去中心化",即使是"联盟链"也是弱中心化的。我国现有各种政策按照中心化方式设计,在引入区块链技术实现智能贸易时会遇到部分政策上的阻碍。**四是大众接受度不高**。区块链需要一定时间的推广,才能让大众广泛接受其概念。而在实际落地项目中,更需要一定的推荐和介绍才能让各环节中的用户习惯使用区块链技术的应用。推广是慢火微炖的过程,是需要耐心的。

三、关于区块链技术落地的国内外经验借鉴

1. **爱沙尼亚:大胆尝试,形成复合型的区块链经济体**。爱沙尼亚通过国家区块链基础设施、电子公民以及 Estcoin 加密数字货币,在主权疆界之上拓展区块链人口和经济活动,形成杂交、复合型的区块链经济体。爱沙尼亚允许任何国家的公民,通过简单的申请即成为爱沙尼亚的"电子公民",并发行代币,将这些"电子公民"的利益捆绑到一起,建立国境以外的新社会共同体。这场试验的结果未知,但是确实是目前最大胆的尝试,也从侧面说明了区块链技术的颠覆性。

2. **新加坡:专注"数字货币"产业**。新加坡是目前国际上对于区块链技术甚至"数字货币"最开放的国家,"数字货币"的相关产业助推了新加坡的经济转型和发展,使其成为"智能经济"的物理地缘中心之一。目前全球

60% 以上的区块链项目管理公司（基金会）注册在新加坡，由于新加坡的开放政策，正在吸引大量投资和就业。全球主要的电子货币交易所也有很大部分在新加坡，未来一旦开始征税，将给新加坡带来巨大收入。

3. **贵阳：大胆探索区块链技术对政务、民生、商务发展应用**。贵阳在区块链、人工智能、数据库等方面取得突破，发布了《贵阳区块链发展和应用》白皮书，建成了区块链测试平台、区块链互联网实验室、布比实验室等一批创新平台。贵阳第一批区块链应用的三大领域 12 个应用场景包括：政用领域有政府数据共享开放、数据铁笼监管、互联网金融监管 3 个场景，民用领域有精准扶贫、个人数据服务中心、个人医疗健康数据、智慧出行 4 个场景，商用领域有票据、小微企业信用认证、数据交易与数据资产流通、供应链管理与供应链金融、货运物流 5 个场景。"区块链十条"是贵阳高新区促进区块链产业发展的首个优惠政策，包括：建设区块链技术重点（工程）实验室、工程（技术）研究中心、企业技术中心等研发平台获批授牌的，按国家级 500万元、国家地方联合 200 万元、省级 100 万元的标准给予一次性扶持奖励等一系列措施。

四、将区块链技术引入上海自贸港的思考和建议

1. **政府制定上海自由贸易港区块链（简称"自贸链"）规则**。在规则内尽可能自由开放，鼓励企业创新。在 2018 年底完成规则制定和主链的开发。用3 年的时间不断完善相关法规制度、激活并提高"自贸链"的使用率、实现自贸港贸易智能化的目标。

2. **设计并建立上海自由贸易港"联盟链"**。"联盟链"强调同业或跨行业间的机构或组织间的价值与协同的强关联性以及联盟内部的弱中心化。以降低成本、提升效率为主要目标。以强身份许可、安全隐私、高性能、海量数据等为主要技术特点。一般而言，联盟链的共识节点均是可验证身份的，并拥有高度治理结构的协议或商业规则。如果出现异常状况，可以启用监管机

制和治理措施做出跟踪惩罚或进一步的治理措施，以减少损失。**第一，**由政府指导和监管，公开向科研机构、高校、企业募集"上海自由贸易港联盟区块链"的方案，举行全方位的方案研讨，确立"自贸链"的发展路径和需求。**第二，**通过直接确定或者公开招标方式，决定"自贸链"的技术基础。**第三，**细化"自贸链"的基本原则、治理细则，开发"自贸链"主链。

3. **推行企业"电子身份"制度**。制定企业"电子身份"规范，基于"自贸链"开发电子身份子应用，推行企业"电子身份"，上海自由贸易港内企业和业务相关企业建立"电子身份"。

4. **建立和完善区内企业的信用体系**。沉淀企业"电子身份"数据，建立和完善区内企业的信用体系，完整收集、统计各"电子身份"的各种状况，并将不同的查看权限赋予不同查看等级的管理部门、合作企业、消费者。

5. **推行智能合约**。管理部门、监控部门、相关事业单位使用"自贸链"创建"智能合约"，例如"自动清关缴税"。推动港区"管理智能化"。引导、协助、激励相关企业在联盟链上建立"智能合约"，例如"智能买卖合同""智能租赁合同"等，推动港区"交易智能化"。

6. **引入投票机制**。政府管理部门适当放权，在自贸港内试验"自治""自管"模式，利用电子投票方式决定部分事项。

7. **结合物联网、区块链等技术对部分产品进行溯源。**

8. **建立"区块链产业基地"并提供专项基金和政策支持**。以"自贸链"为标杆应用，体现上海政府对于区块链技术的决心，带动"区块链产业基地"的整体建设，吸引大数据、物联网、区块链的公司入驻发展。鼓励企业、高校、创业团队的创新，在"自贸链"平台上开发各种应用。对于优秀项目给予政府扶植和优先向区内企业以及消费者推荐使用。扶植的方向包括：进口产品全生命周期溯源，港区内仓储、物流资源共享，数据安全，金融保险，商业分析，B2B/B2C 交易等。

9. **引入符合中国国情的 Token 机制**。我国的国情决定，任何企业和个人是没有铸币权的。而区块链技术和 Token 又密不可分。因此引入一套符合中国国情，又能产生强大激励作用、成为贸易润滑剂的 Token 机制，非常有必要。**第一**，确立"自贸链"Token 的规则，使其符合"不是货币"，但可以"激励"的原则。建议自贸港使用类"积分"或者"优先绿色通道份额"的 Token 方式进行激励。Token 将根据企业的履约情况变化，如果企业没有相关 Token，则无法享受贸易便利。企业也可以支付费用（罚款）来恢复 Token。**第二**，与现有大数据、物联网项目协同发展。区块链技术，本质上就是数据库技术，和大数据有着紧密的联系；同时区块链技术也需要像物联网这样的载体介质。将三者结合，协同发展，共享人才资源，将有助于加快智能经济的落地。例如通过大数据实现自动审价、自动征税。结合物联网做货物监管、运输跟踪、产品溯源等。

　　10. 建立区块链技术在自贸港合法高效使用的保障机制。为符合"自贸链"要求，使用"自贸链"基础应用的企业提供最大程度的贸易便利，例如"快速通关""白名单""智能审核"。推出切实的奖励措施，鼓励金融、物流、服务类企业纳入"自贸链"体系内，在"自贸链"框架下提供服务或者开发应用。

关于上海自由贸易港金融开放的总体设想

党的十九大报告明确提出要"探索建立自由贸易港"。这是继设立自由贸易区之后，又一国家对外开放的重要战略部署。自由贸易港是设在一国（地区）境内关外、货物资金人员进出自由、绝大多数商品免征关税的特定区域，是目前全球开放水平最高的特殊经济功能区。

作为开放度最高的特殊经济功能区，自由贸易港要实现资金的自由进出，金融的自由开放是其重要特征和保证。从中国香港、新加坡、鹿特丹、迪拜等典型自由港的金融制度上看，其所在国（地区）的货币都是自由兑换货币，金融自由化程度高。我们要对标国际建设自由贸易港，首先遇到的问题就是金融开放问题。由于人民币尚不是自由可兑换货币，如果要建设比肩国际的自由贸易港，势必要实施更加自由的金融开放政策。

实施金融开放政策，难以避开"一点开放等于全部开放"的难题。作为"境内关外"，自由贸易港首先被定义为海关的一个特殊监管区，具有明确的区域概念，所以在自由贸易港实施金融开放，在理论和实践上都面临巨大挑战，需要更加大胆的改革。

一、自由贸易港金融开放须回答三个问题

在自由贸易港推进金融开放，须回答以下三个问题：**一是在自由贸易港是否需要发展金融业；二是自由贸易港与保税区等海关特殊监管区在功能定位上有什么不同；三是自由贸易港与自由贸易试验区在功能定位上有何联系与区别。**

首先，金融业应成为自由贸易港建设不可或缺的内容。 建设自由贸易港主要是为了全面参与国际竞争，为此，必须瞄准并全面对接国际高阶贸易投资规则。在国际高阶贸易投资规则中，资金的自由使用与转移是一个重要指标。此外，包括金融在内的投资便利化也是高阶贸易投资规则的重要内容。我们要建设高标准的自由贸易港，必须把金融业发展作为自贸区建设的一个重要内容。

其次，自由贸易港不应是传统意义上海关特殊监管区的升级版。 传统意义上的海关特殊监管区也是一个"境内关外"区域，但在功能定位上，主要是贸易、仓储、加工、展示等。在这样一个传统的特殊经济区域，对金融的重要诉求就是贸易便利化，而我们早在 1996 年就已经实现了经常项目可兑换，可以说现行的金融开放水平完全可以满足特殊经济区发展需要。但是，我们要探索建设的自由贸易港，不应是传统海关特殊监管区的升级版，即不仅表现在口岸管理上更加便利、高效，更多的是功能定位的提升，产业形态的丰富，以及更加自由的经济金融制度。

第三，自由贸易港应是比自贸试验区更加开放的区域。 作为全面深化改革和扩大开放的一项战略举措，自贸试验区建设具有以下几个特征：一是作为对外开放的试验田；二是强调对内对外双向开放；三是所取得改革成果和经验能在全国范围内复制推广。自由贸易港建设应更加强调全面对标国际，在制度设计方面应该比自贸试验区更加开放。

二、推动自由贸易港金融开放的方案选择

为在自由贸易港实施更加开放的金融政策，有两个不同的路径可供选择。**方案一是在自贸区的基础上，依托自由贸易账户，实施更加开放的金融政策。方案二是与"境内关外"的区域一致，建立完全分离的离岸金融区。**

方案一的优势主要有以下几个方面：**一是** 自贸区的金融改革开放、特别是在探索跨境资金流动宏观审慎管理等方面已取得了一定的进展，在自由贸易港依托自由贸易账户推进金融开放具有一定的基础。**二是** 自由贸易账户虽

然是在岸账户，但可以支持"外来外去"为特征的离岸业务发展。**三是**自由贸易账户提供了一个"电子围网式"的金融监管环境，即在"一线"实施宏观审慎管理，在"二线"采取有限渗透的管理模式，在防范跨境金融风险上具有一定优势。

但是方案一也存在以下问题：**一是**目前自由贸易账户的开户主体范围比较大，不仅包括自贸区内的企业，而且还包括上海市科创企业等符合条件的市场主体。如果自由贸易账户在其他自贸区进一步推广，其适用的市场主体范围将进一步扩大。**二是**要在自由贸易港实施有差别的金融政策，在一个账户体系内难以实施，容易造成自由贸易港金融政策随着自贸区的金融政策"走"的局面，不符合自由贸易港发展金融业的功能定位。**三是**自贸区金融改革由于承担了一定的复制推广任务，改革的力度和进程在一定程度上受制于国家整体金融开放水平，如果自由贸易港的金融开放依托自由贸易账户，同样也会受到掣肘。

方案二的优势在于，依托"境内关外"的区域，建立一个完全分离的离岸金融区，可以不再掣肘于境内金融的开放水平，实施一步到位的金融开放政策。**"完全分离"和"全面放开"是一个铜板的两面。"完全分离"可以使自由贸易港离岸金融区完全契合"境内关外""一线自由""二线管住"的总体制度框架；"全面开放"可以彻底打破金融对自由贸易港发展的约束。**可见，在自由贸易港发展离岸金融符合自由贸易港金融发展的总体定位。

方案二的劣势在于，**一是**在宏观层面，要在自由贸易港发展离岸金融，对香港的国际金融中心地位会产生一定影响，推进的难度较大，需要国家从更加宏观的角度，重新审视上海与香港双国际金融中心之间的整体战略布局。**二是**在微观层面，由于区内主体与境内之间的交易完全等同于跨境交易，对于部分依赖境内市场的企业会产生一定的不便利。

从上述两个方案的比较上看，要建设一个比自贸区更加开放的区域，我们建议采用方案二。但从宏观角度上看，在自由贸易港发展离岸金融是一个新的金融开放思路，即不再依赖现有的金融开放的初始条件和路径依赖，直接实施彻底的金融开放。

三、自由贸易港金融开放的基本特征及管理模式

自由贸易港金融开放有两个基本特征：**一是"完全分离"；二是"全面开放"**。完全分离不是说自由贸易港与境内之间不发生交易，而是要把所有自由贸易港与境内之间的交易（即所谓的"二线"）等同跨境交易，所有已经实现的可兑换项目，如直接投资、债券通、沪深港通、QFII、RQFII、QDII、RQDII 等，将按照真实性原则进行跨境交易审核。所以，虽然是"分离"，但整个跨"二线"资金流动管理与整个国家金融开放程度一致。从目前整个金融开放水平看，区内企业与境内发生的交易和香港与内地发生的交易面临相同的制度环境，即区内与境内在已经放开的贸易、投资，以及部分金融项下的交易活动已没有限制。

可见，如果以开放水平衡量，自由贸易港"一线"与"二线"之间的差别就是现在金融开放的最后一里路。**在自由贸易港实行金融开放一方面可以以最快的速度与国际接轨，另一方面又可以享受国家整体金融开放的成果。在对整体金融开放起到示范作用的同时，不会产生相应的开放倒逼机制，自由贸易港外仍然可以"以我为主"推进整体金融开放。**

在具体管理模式上，可采用新加坡的管理模式，即建立一套与在岸账户相分离的离岸账户体系。在企业层面，通过开立离岸账户从事自由贸易港相关金融业务；在银行层面，需设立与在岸业务分离的业务单元。和早期新加坡只设立外币离岸账户不同，在自由贸易港推出的离岸账户将是一个多币种账户，港内主体可以通过离岸账户开展各类人民币和外汇业务。

四、自由贸易港金融开放的具体政策内涵

作为完全分离的金融开放地区，自由贸易港应全面对标国际，实施全面

开放的金融政策。具体而言，主要有以下几个方面：

1. **汇兑自由**。即完全支持市场主体的所有无因汇兑交易，但同时出于分离管理的需要，金融机构的所有汇兑平盘交易需在港内和境外完成。

2. **交易自由**。放开所有市场主体资本项下交易限制，港内主体可以根据自身经营需要，开展债券、股票、衍生品等各类境外投融资活动；境外主体也可以在港内开展债券、股票、衍生品等各类投融资活动。

3. **资金跨境流动自由**。除必要的"反逃税、反洗钱、反恐怖融资"审查外，所有资金均可实现无延误跨境转移。

4. **市场准入自由**。各类金融机构只要能满足相关审慎监管要求，即可设立相应的金融机构和交易平台。

5. **实行有竞争力的金融税收制度**。在金融税负上与世界先进自由港持平，在税制上要更加简单高效。

6. **设立单一金融监管机构**。经中国人民银行和相关金融监管部门授权，在自由贸易港设立单一金融监管机构，全面实施"反逃税、反洗钱、反恐怖融资"及相应的金融宏观审慎管理。

应用超高频电子标签提升自由贸易港贸易便利性

上海自由贸易港要建设成国际最高标准、最好水平的自由贸易港，就需要利用后发优势，在科技应用方面走在全球前列。物联网技术的应用是关键所在。物联网技术有很多，本文重点探讨超高频电子标签在促进贸易便利化方面的应用。

一、超高频电子标签技术应用介绍

超高频电子标签技术（Radio Frequency Identification, RFID），不同于高频电子标签，NFC 技术。它的优点在于能在很短的时间内（行业佼佼者能做到 5 秒）群读到上千个标签（等于上千个商品）。RFID 超高频电子标签不是

- 全球贸易条码是被大家熟悉的**非连续**的物品识别编码 (GTIN)。
- 一个序列号必须增加到过去的GTIN中来识别每一个商品的信息，就如电子商品编码。这个就是序列化全球贸易条码(SGTIN)。

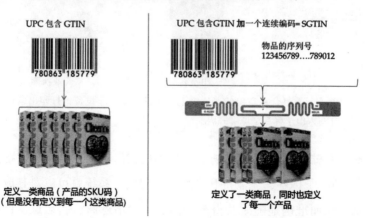

UPC 包含 GTIN

780863 185779

定义一类商品（产品的SKU码）
（但是没有定义到每一个这类商品）

UPC 包含 GTIN 加一个连续编码= SGTIN

物品的序列号
123456789....789012

780863 185779

定义了一类商品，同时也定义
了每一个产品

最新的技术，但是最近很热门，因为很多无人场景、商品追溯纷纷使用，这使得该技术越来越成熟。虽然该技术出现已经快有 20 年，但可以说，它是刚达到民品商用的最新物联网技术。以下图文可说明带普通贸易条形码和带超高频电子标签产品的区别：

很多人一直羡慕新加坡港口的通关速度，如果我们上海自由贸易港能使用 RFID 超高频电子标签，通关速度一定可以达到"秒"级水平，这样的效率一定是世界第一，其便利性不言自明。

二、超高频电子标签提升贸易便利性的应用场景介绍

1. **企业注册**：内置电子标签的企业营业执照可以网上申请、自助打印（为实现 24 小时服务提供技术保障）、高效便捷，并且使用电子唯一码防伪，取代了目前成本高，制作繁琐的营业执照防伪生产工艺。以下是示意图：

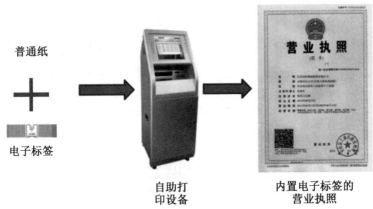

普通纸
+
电子标签

自助打
印设备

内置电子标签的
营业执照

电子标签复合在空白的普通纸上，通过自助打印设备，打印出营业执照，并写入电子标签全球唯一码

2. **物流仓储**：RFID（射频识别）技术最突出的优点，就是货物都贴上了 RFID 超高频电子标签，无需打开产品的外包装，系统就可以对其成箱成包地进行识别，从而准确地随时获得产品的种类、承运商、起运点、目的地、运

输环节等相关信息。RFID 系统可以实现商品从原料、半成品、成品、运输、仓储、配送、上架、最终销售，甚至退货处理、海关查扣等所有环节的实时监控，不仅能极大地提高自动化程度，而且可以大幅降低差错率，从而显著提高海关监管的透明度和管理效率；对自贸区企业而言，RFID 系统的应用有助于加强对货物的仓储、分拣、配送、运输等的科学管理，降低各类成本，取得竞争优势，下图是使用 RFID 电子标签高速物流分拣线。

3. 无人零售免税店：2017 年可能是中国无人零售的元年，自从亚马逊 go 的出现，国内零售业巨头苏宁、京东都在推进无人零售店，从自由贸易港便利性建设来说，在自由贸易港内建设无人零售免税店一定比免税店便利，可以为自由贸易港建设增添新的亮点。以下为无人零售的图文简介：

三、关于超高频电子标签的国际国内经验借鉴

1. 香港亚洲空运中心运货车控制系统 RFID 的经验。AAT 是一家总部位于香港国际机场空运中心的运营公司。二号航站楼货运吞吐量达每年 91 万

无人零售方案（结算台+RFID通道复核）

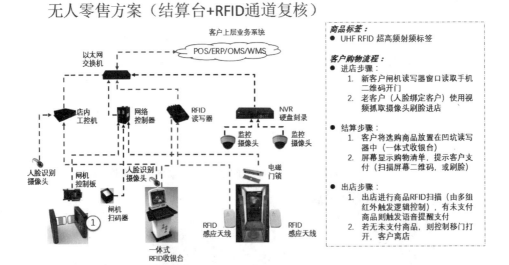

吨，这家公司面临需要在暴晒、暴雨和台风天气中运输货物。他们启用了电子标签技术，解决了这一难题：一是在入口自动识别装有电子标签的车辆并提供准确的卸载港信息，减少卡车司机的人为失误；二是电子标签后台系统有效分配卸载港，提高周转时间。

2. **珠海保税仓储使用海关车辆自动核放系统的经验。**珠海海关在核放车辆的通道中增加了读取设备，每辆进出海关的车辆都安装 RFID 电子标签；当车辆或集装箱车进入通道，被入口 RFID 感应天线检测到并将激活读写器，读写器在 7—10 米的距离和 0.5 秒内读取汽车挡风玻璃上的电子标签，对车辆的合法身份进行有效性检验；车外读写设备一般与车辆信息管理系统联网工作，可通过车辆信息管理系统实时交换信息，必要时可发出指令，禁止该车通行。车外读写设备也可在不联网脱机工作状态下，读取车辆电子标签信息，并利用储存在机内的黑名单进行对比，采取必要应对措施。当离开监测区，出口感应天线检测到车辆时，清除电子车辆显示器上的内容，关闭自动栏杆，将出入车辆数据提交到信息管理系统。

珠海使用的海关车辆自动核放系统改进其海关通关作业方式，大大提高海关通关速度，每辆车的通关速度从 1 分钟降至 0.02 分钟，每车道每小时的车流量将从约为 80 辆增加到约 300 辆。同时提高了海关的监管能力，加大打击走私犯罪行为力度，减少利用海关监管漏洞进行偷税、逃税和骗税行为，为贸易便利化和高效监管起到双重推动作用。

3. **美国发放 RFID 电子标签驾照促进边境贸易**。为加快边境口岸贸易、改善北部经济，满足驾驶、身份识别及陆海边界过境的需要，纽约州机动车管理局（DMV）对该州所有地区发放具有 RFID 功能的驾驶执照（EDL）。每个 EDL 中都嵌入了 RFID 电子标签，而标签中含有的独特编码可以用于核实驾照的签发。美国国土安全部（DHS）也将把 EDL 作为西半球旅行计划（WHTI）的身份证件，并于 2009 年 6 月 1 日生效。为了防止诸如 "9 · 11" 恐怖袭击事件，WHTI 要求所有陆路、海陆过境人员都必须出示有效的美国护照、包含 RFID 电子标签护照卡或者其他联邦承认的身份证明文件。EDL 纽约州的经济发展起到很大促进作用。目前该州多达 468 000 个就业机会是由美国与加拿大之间的贸易提供的。最近统计数字表明，加拿大每年约有 200 万人到纽约观光，观光费用超过 6 亿美元，而纽约每年有近 200 万居民访问加拿大，支出超过 5 亿美元。

申请人在申请 EDL 时候，需到 DMV 办公室提供社会保障卡，连同身份证，国籍和居留权证明文件，大约两到三个星期后就可以拿到。每个 EDL 的费用是 30 美元，有效期为 8 年。相比之下，美国护照费用超过了 100 美元。

四、超高频电子标签的现实基础与发展瓶颈

当前利用超高频电子标签技术进一步深化发展已经具有比较成熟应用基础。近年来，很多商品都已经实现一维码或二维码的标识，电子标签已经有了基本的身份信息，很容易进一步做唯一身份信息码的绑定。

但是超高频电子标签技术应用也存在一些瓶颈。对于 RFID 的技术标准，国际上目前难以统一，使得产品开发和应用定位比较混乱。主流技术标准在推广方面都试图不断强化自身影响力，一度曾出现 ISO/IEC、EPC Global、

UID、AIM-global、IP-X 五大组织负责或领导人同时出现在北京，与中国 RFID 领域相关负责机构接洽的情况，试图通过中国的加盟而强化自身在 RFID 技术领域的国际领导地位。对于中国而言，也在积极谋求自身的技术标准独立，以保护自身的技术、经济和安全利益。因此，RFID 技术标准的统一存在问题。此外，对于空间中的数据干扰问题，可以通过技术手段加以克服，但是往往以牺牲性能为代价，现实中的情况和数据模型的建立之间仍然存在一定的差异。

五、关于在上海自由贸易港应用超高频电子标签技术的建议

万物互联是大势所趋，给每个物体一个电子身份符合潮流。自由贸易港应用超高频电子标签可以使贸易进出更方便、高效、低成本。建议在成本可接受、技术可实现的商品上先推行，再推广至所有商品。

1. **加快技术应用**。**一是**政府主导批量采购电子标签，可以降成本，也可以统一管理和发放，类似于给每个公民一个身份证；**二是**鼓励先使用电子标签的贸易企业单独通关，给予特别通道，类似于高速公路的 ETC 通道；**三是**要求使用电子标签的商品必须将数据上传（从初始数据开始），由政府统一监管，有助于加强政府和企业之间的沟通，为未来大数据分析，制定更好政策提供数据基础；**四是**制定规则要求特殊商品，如药物类、危化类商品，强制实行电子标签。

2. **加强组织保障**。**一是**建议成立自由贸易港物联网建设推广小组（或者协会，或者其他非盈利性组织），邀请顾问、专业人员，加大力度推动电子标签的使用和推广；**二是**定期组织论坛，探讨在自由贸易港贸易中哪些环节可以通过使用电子标签提升贸易便利性，分析和解决问题是当前推行电子标签的关键点。

3. **加强政策支持**。建议制定涵盖电子标签的应用和使用办法和监管机制。**首先**，明确电子标签的法律界定，对其合法认证予以规范，进而从程序法和

实体法两方面对电子标签认证制度予以保障。**其次**，针对实名法律制度可能与公民隐私权、通信自由权等产生的冲突，在确保公民权利的基础上，对物联网实名法律制度的实现模式予以明确。**第三**，立足虚拟社会的国内和国外监管实践，探讨虚拟社会行为的监管手段和监管体制，从拓展监管手段和完善监管体制两方面对虚拟社会行为监管法律制度的内容进行研究。

上海自由贸易港建设与中欧班列联动发展研究

"一带一路"倡议是我国新时代全方位对外开放的重要方向，是构建经济全球化新模式的重要尝试。**中欧班列作为"一带一路"互联互通的重要载体，在提升跨国铁路运输作用，改变传统的对外贸易运输模式，构建高效顺畅的多式联运体系方面，发挥着日益重要的作用。**上海在探索自由贸易港建设的过程中，应积极发挥上海航运中心的巨大优势，探索与中欧班列的联动发展，将上海自由贸易港打造成我国陆海内外联动的中心枢纽，成为服务国家"一带一路"建设的桥头堡。

一、中欧班列的发展现状及对上海的潜在影响

目前，我国已经开行西、中、东三大通道61条中欧班列运行线，在中国境内每日运行1 300公里。重庆、成都、武汉、郑州、义乌、苏州、长沙、广州等38座城市陆续开行了中欧班列，境外可抵达伦敦、汉堡、杜伊斯堡、鹿特丹、马德里、华沙等欧洲13国的36座城市。经过前期的摸索与发展，中欧班列主要定位于海运和空运之间的第三方式——主要吸引对运输时间有要求的高附加值海运货物和对时间要求不是特别高的空运货物。**随着中欧班列定位的逐渐清晰，运行成本的不断降低，货物品类的不断拓展，未来几年中欧班列将迎来爆发式增长。**

可以说，"一带一路"向西开放的经济地理重塑效应日益明显，以中欧班列为表征的国内对外开放格局正在发生深刻变革。上海应该高度关注中欧班

列对上海港的潜在影响，进而在新一轮对外开放中把握主动，不断巩固上海港的中心枢纽地位。

1. **上海港的直接货源腹地有被蚕食侵吞的风险**。长三角地区历来是上海港的直接货源腹地，大量对欧盟及俄罗斯出口货物通过上海港进行海路运输。一方面，近年来，苏州、义乌、南京、宁波等长三角城市均已开通中欧班列，虽然目前尚处在发展初期，进出口量尚不大，但伴随"一带一路"建设的深入推进以及中欧班列配套政策的完善，未来发展势头将十分迅猛；另一方面，随着长三角地区产业整体转型升级，出口货物的附加值不断提高，通过中欧班列进行铁路运输的经济合理性进一步凸显；另外，加之上海周边港口竞争加剧，分流效应明显，上海港的直接货源腹地面临被逐渐蚕食侵吞的风险。

2. **中西部内陆地区对上海港的依赖性呈下降趋势**。中西部内陆地区传统上均是上海港的间接货源腹地，以往它们需要将货物运输到上海港，再通过海运输往欧洲等地，而中欧班列则提供了另外的运输模式选择。我国最新设立的 7 个自贸区有 5 个位于中西部内陆地区——河南省、湖北省、重庆市、四川省、陕西省，它们均已开通中欧班列。在"一带一路"向西开放及自贸区的政策利好下，郑州、武汉、重庆、成都、西安等中西部城市以中欧班列为纽带和载体，争相建设区域性国际航空枢纽，不断拓展面向欧亚的多式联运网络，通过交通运输条件的改善增强产业吸引力，集聚辐射功能持续增强，对外联系更加开放便捷，对上海港的依赖性呈下降趋势。

3. **海铁联运的短板削弱了上海港的竞争优势**。目前，上海港的集疏运体系主要以公路、水路为主，通过铁路的集疏运量占比不足 1%，海铁联运方面的短板十分明显。上海港贯通铁路的集装箱专用码头稀缺，仅有军工路码头 2 个集装箱泊位前沿配有铁路线，外高桥港区及洋山港区的大型集装箱泊位都没有铁路直接连通。**上海港铁路与码头分离造成海铁联运箱在上海港进出口成本的增加，削弱了与其他港口竞争的优势，分流了一部分本来可以通过上海港中转的货源。上海仅有一个直通香港的铁路客运口岸，还缺乏铁路一类货运口岸。海铁联运的短板与上海枢纽港的地位不相称，影响了上海港整体**

效能的发挥。

4. **周边城市开行中欧班列对上海形成竞争压力。**上海周边城市已提前布局，陆续开行中欧班列。苏州已经开通东线"苏满欧""苏满俄"和西线"苏新亚"等 3 条国际班列运行线，出口班列从每月开行 3 列，发展为每月开行 10 列，成为华东地区连接欧洲、中亚各地的重要陆路国际运输通道。目前，苏州正在以"苏满欧"为依托，建设江苏（苏州）国际铁路物流中心和水路（铁路）二类口岸。宁波依托"甬新欧"，正在筹划建设中欧班列沿海集结服务中心。义乌是国内开通中欧班列运行线路最多的城市，共开通 8 条国际班列运行线，其中西班牙、阿富汗、俄罗斯等班列已实现常态化运行。**周边城市以中欧班列为依托，增强自身集聚辐射能力，对上海形成较大的竞争压力。**

5. **中欧班列建设发展规划缺乏对上海的城市功能定位。**国家发改委在 2016 年 10 月出台《中欧班列建设发展规划（2016—2020）》，对中欧班列未来发展进行了国家层面的顶层设计。按照铁路"干支结合、枢纽集散"的班列组织方式，在内陆主要货源地、主要铁路枢纽、沿海重要港口、沿边陆路口岸等地规划设立了一批中欧班列枢纽节点。上海在其中既没有成为主要铁路枢纽节点，也没有成为沿海重要港口节点，这固然与上海在海铁联运方面的短板有关。**上海港被排除在国家层面的中欧班列建设发展规划之外，与上海的中心枢纽港地位极不相称，不利于上海发挥服务国家"一带一路"建设的桥头堡功能，也不利于上海港的长远发展。**

二、上海自由贸易港建设对中欧班列的需求分析

上海对中欧班列的需求不仅来自国内其他城市的外部竞争压力，更来自上海自由贸易港建设带来的内生需求。换言之，作为全球资源要素配置的重要节点，上海自由贸易港建设的内涵之一就是要开行面向亚欧大陆的中欧班列、补齐海铁联运的短板、构建高效顺畅的多式联运体系。

1. **陆海内外联动是上海港"东西并重"的需要。**"一带一路"建设是我

国新时代全方位对外开放的重大举措，是构建经济全球化新模式的重要尝试。上海自由贸易港作为高度自由化的特殊经济功能区，理应成为我国实行新一轮对外开放、进行全球资源要素配置的重要节点。上海自由贸易港建设与"一带一路"建设紧密结合，是上海发挥服务国家"一带一路"建设桥头堡功能的必然要求。上海自由贸易港应充分利用自身独特的地理、政策优势，主动服务国家"一带一路"建设，成为陆海内外联动的中心枢纽。作为沿海港口城市，上海以往的开放合作主要是向东看，面向太平洋，**但未来上海应该"东西并重"，尤其应该多向西看，主动融入亚欧大陆的发展**。为此，上海自由贸易港建设应尽补上海铁联运的短板，以中欧班列为抓手加强与亚欧大陆沿线国家的经贸合作，充分发挥陆海内外联动的优势，不断巩固中心枢纽港的独特地位。

2. **陆海内外联动是国际中转集拼业务发展的需要**。由于上海自由贸易港享有更加自由化的政策优势，转口贸易和过境贸易将进一步向上海集中，这将有利于上海国际贸易中心建设。伴随转口贸易和过境贸易的发展，国际中转集拼业务需求也将随之增加。这些国际中转集拼业务需求很大一部分来自日本、韩国以及亚欧大陆国家，但上海还缺乏便捷的海铁联运解决方案。相比于其他国内沿海港口，上海港的集疏运体系主要以公路、水路为主，通过铁路的集疏运量占比过低，海铁联运方面的短板明显。海铁联运的短板，尤其是缺乏以中欧班列为载体的面向亚欧大陆的跨国铁路运输方式，将人为割裂陆海内外联动的地理优势，不利于上海拓展面向亚欧大陆的经贸往来，也将无法充分利用上海自由贸易港带来的政策利好。

3. **陆海内外联动是跨境电商业务发展的需要**。跨境电商是基于信息技术和互联网应用发展起来的一种新型国际商业活动，是传统国际贸易转型升级的重要方向，已经成为我国外贸进出口新的增长点。上海已被国家列为跨境电商试点城市与跨境电商综合试验区，2017年10月发布的《上海服务国家"一带一路"建设发挥桥头堡作用行动方案》提出要推动"一带一路"跨境电商发展，使上海成为沿线国家"买全球、卖全球"的重要节点。上海自由贸易港建设将进一步促进跨境电商行业在上海的集聚，由此衍生的面向亚欧沿线国家的物流需求也将增加。正是基于跨境电商发展的考虑，重庆、义乌先后开展了中欧班列的运邮测试，开辟国际邮包铁路运输新模式。对此，上海应尽快开通中欧班列，满足跨境电商面向亚欧沿线国家业务发展的需求。

4. **陆海内外联动是大宗商品业务发展的需要**。由于缺乏真正的"境内关外"离岸贸易区，现有自贸区大宗商品交易平台缺失国际化功能，造成国内、国外市场两难发展的困局。大宗商品交易平台国际化功能缺失有待通过上海自由贸易港建设来实现政策突破。上海自由贸易港大宗商品交易平台的发展目标应是建设大宗商品的全球资源配置平台，拥有与国际市场接轨的交易规则，形成一整套成熟的期现货市场一体化体系、服务体系和监管体系，吸引来自全球的交易商广泛参与，并拥有一定的全球话语权和定价权。上海自由贸易港建立国际化大宗商品交易平台并开展能源产品、基本工业原料和大宗农产品等国际贸易的重要方向是面向"一带一路"沿线国家。为此，上海可以依托中欧班列构建以上海为中心的大宗商品交易运输网络，在"一带一路"沿线国家建立大宗商品交易平台分支机构，设立相应的交割库，不断提升来自沿线国家会员的平台参与度。

5. **陆海内外联动是国际产能合作的需要**。《上海服务国家"一带一路"建设发挥桥头堡作用行动方案》提出上海要深化境外经贸合作区发展，加强"一带一路"国际产能和装备制造合作，重点在火电、核电、风电、太阳能等能源装备，智能制造装备，生物医药与医疗器械，特种设备装备制造等领域加强合作。《中欧班列建设发展规划（2016—2020）》提出，"以国际产能和装备制造合作为契机，推动中欧班列向我国在沿线国家建设的境外经贸合作区、有关国家工业园区、自由港区延伸"。因此，上海自由贸易港建设应当将开行中欧班列纳入考虑范围，为企业进行"一带一路"国际产能合作提供便捷的物流运输服务。通过中欧班列的连接，企业能够更好利用上海自由贸易港高度自由化的政策优势，在更大范围内进行资源要素配置、优化国内外生产经营布局。

三、上海自由贸易港建设与中欧班列联动发展建议

当前世界经济格局正在进行复杂而深刻调整，**中美经贸摩擦日益增多，中欧经贸关系日益密切，海运市场前景低迷而中欧班列却方兴未艾。**上海自由贸易港是上海发挥服务国家"一带一路"建设桥头堡，作为"一带一路"互联互通重要载体的中欧班列，自然应当纳入上海自由贸易港建设的考虑范围，从而实现上海自由贸易港建设与中欧班列的联动发展，更好服务于国家"一带一路"建设。

1. **将海铁联运纳入上海自由贸易港建设范围**。将海铁联运纳入上海自由贸易港建设范围，将进一步健全上海自由贸易港的集疏运体系，有利于发挥上海自由贸易港进行全球资源要素配置的功能，使之真正成为陆海内外联动的中心枢纽。考虑到洋山港区的地域限制，**上海自由贸易港可以将临港物流园区以及毗邻的芦潮港铁路集装箱中心站纳入建设范围，近期将芦潮港铁路集装箱中心站作为上海开行的中欧班列的始发站，这将是全国首个设在自由贸易港内的铁路站，将临港物流园区作为上海自由贸易港的后方配套物流基地，满足上海自由贸易港建设增加的功能性需求。**远期规划是尽早修建东海二桥，将铁路直接引入洋山港区，打造更加便捷的海铁联运通道。

2. **尽早开行从上海出发的中欧班列**。上海地处长江东西运输通道与海上南北运输通道的交会点，地理位置得天独厚，开展多式联运的综合优势十分明显，应该尽快补齐海铁联运方面的短板。同时，上海自由贸易港建设将极大促进中转集拼、跨境电商、大宗商品等业务向上海的集中，由此带来面向亚欧大陆沿线国家的铁路运输需求也将随之增加。**上海应积极向国家主管部门争取成为中欧班列沿海重要港口节点城市，完善上海与内陆地区的铁路通道连接，尽快贯通"上海—南通—盐城—连云港—青岛"沿海铁路大通道，尽早开行从上海出发的中欧班列，**尽快融入"一带一路"铁路运输网络，推动形成以上海为中心的陆海内外联动交通运输网络，避免成为亚欧大陆发展

的旁观者。

3. **建设陆海内外联动的国际中转枢纽港**。由于缺乏综合高效的国际中转集拼业务服务，运输装卸和报关成本过高，致使上海港大量国际中转集拼业务移至釜山港、新加坡港等境外港口。同时，国内沿海港口开通海铁联运的中欧班列，辐射我国大部分地区及日本、韩国、东南亚等地，分流了一部分本可以通过上海进行中转集拼的货源。**上海自由贸易港建设要在开通中欧班列、补齐海铁联运短板的基础上，构建高效顺畅的海、铁、空、公、江多式联运体系，充分利用自由贸易港的贸易便利化政策，提供综合高效的国际中转集拼业务服务，加快建设陆海内外联动的国际中转枢纽港。**

4. **成立政府领导小组及上海"一带一路"平台公司**。为更快更好推进中欧班列的建设，上海应尽快成立政府领导小组，制定上海"一带一路"发展规划，制定财政补贴预算，组建上海"一带一路"平台公司，为平台公司制定发展目标，对平台公司进行审计、监督、考核，协调海关、商检和铁路部门。制定丝绸之路国际港发展规划和目标，给予政策支持，推进丝绸之路国际港建设。

平台公司负责领导组建上海国际丝绸之路国际港开发公司，上海号中欧班列运营公司及供应链金融公司。在政府领导小组直接领导下，作为上海"一带一路"建设规划的承接方，服务政府政策目标；作为财政补贴的接受方，接受政府监督和管理，对班列运营公司提出班列开行计划、目标考核，进行补贴发放和审计监督；为领导丝绸之路国际港建设嫁接自由贸易港的相关海关、商检等政策配套提供支持。通过建设丝绸之路国际港，完善国际口岸功能，打造上海地区"一带一路"枢纽，成为新丝绸之路和海上丝绸之路经济带的结合枢纽。

运营平台公司的建设要求具有前瞻性及可持续性，不宜过度依赖政府补贴，而应依托上海的地理优势和人才优势，整合境内外铁路、水路和公路资源，在欧洲和中国建立货物集散网络，发展多式联运；有计划、有步骤的在俄罗斯、白俄罗斯、蒙古和欧洲建立班列公司海外服务网络，以及符合铁路多式联运要求的信息化平台；力求打造一个功能齐全、灵活高效、在市场完全开放的情况下仍具有国际竞争力的运营平台公司。

5. **对中欧班列的补贴政策设计**。鉴于上海的地理位置，可以选择中部路线由内蒙古的二连浩特出境。第 1 年班列以每周 1 列去程和 1 列回程为宜，第 2 年增至每周 3 列去程和 3 列回程，第 3 年进一步增至每周 6 列去程和 6 列回程。综合目前的班列平均运行成本出口为 USD6 500/40'和市场售价 USD4 000/40'，进口成本为 USD5 500/40'和市场售价 USD2 000/40'，预计单箱补贴为出口 USD2 500/40'（合人民币 16 500 元 /40'），进口 USD3 500/40'（和人民币 22 750 元 /40'）。由此，预计上海开行中欧班列的启动补贴逐年为人民币 8 000 万元、19 000 万元、30 000 万元、24 000 万元和19 000 万元。随着上海开行班列数的增加及装载率的提高，上海班列平台公司的议价能力将得到长足发展，预计运营成本有望逐年降低。同时，由于市场接受程度的提高，班列运费亦应有机会逐年提高。**我们估计，按 2017 年国家关于中欧班列的补贴规划，单箱补贴从 2018 年开始每年按 20% 递减，上海有望在 5 年内实现政府补贴的完全退出。**

将上海自由贸易港打造成具有
国际影响力的文化创意产业贸易枢纽

IP，英文直译为"Intellectual Property"，即知识产权。现今，IP 被引申为"可供多维度开发的文化产业产品"。从影视、游戏、动漫的泛娱乐表达，到全商业领域的衍生商品产业，IP 已成为近年来新商业模式的重要组成要素。上海自贸区成立 5 年以来，尚未形成一些特色产业功能的标杆优势及全球标签。**在探索自由贸易港建设过程中，上海如能以 IP 为切入点，大力发展文创产业尤其是文创中 IP 内核的相关上下游产业链，将有利于促进上海自由贸易港成为具有国际影响力的文化创意产业枢纽，并形成独有的竞争优势与品牌标签。**

一、当前国内文化创意产品贸易存在的主要问题

虽然文化创意产品及 IP 衍生品的进出口贸易需求逐年上涨，但国内缺乏专属为从事 IP 进出口贸易企业服务的流转平台，目前从事 IP 衍生品的国内外企业散落在全国各地，尚无统一的进出口贸易平台，市场前景巨大。

1. **海外 IP 商品归类杂**。由于 IP 衍生品涉及 IP 兴趣消费的方方面面，IP 衍生品品类众多，造成进出口商归类工作量巨大，海关审核工作繁琐，影响商品出入关时效。

2. **海外 IP 物产进口难**。从事 IP 物产的海外企业，由于很多是本土商会公司，对于中国市场进出口政策及法律法规尚未熟悉，常常找不到合适的 IP 产品进出口通路，导致国内 IP 衍生品种类远远不及本土品类，国内尚无专属

及统一的流转窗口为全球 IP 衍生品企业提供进出口服务。

3. **IP 商品进出口税收高**。高昂的层层税收，使 IP 商品的价格在国内水涨船高，消费者购买不到高性价比的 IP 商品，IP 商品销售时的价格竞争力下降。

4. **IP 商品购买通路少**。从事 IP 商品贸易的海外企业销售通路相对单一，IP 粉丝社群缺乏集中购买到 IP 商品的体验阵地，海外企业也期望更多 IP 商品的销售通路对接。

二、上海自由贸易港打造文化创意产业贸易枢纽的有利条件

1. **"五个中心"建设为上海开展文化创意产业贸易提供巨大便利**。对上海而言，身为中国最大的经济中心城市，明确建设国际经济、金融、航运、贸易中心和科创中心，拥有巨大的发展机遇和比较优势。特别是上海处于长江经济带发展战略、国家海洋战略等的交汇处，地理位置独具优势，起运港退税制度、航运集聚功能的进一步提升，以及航运咨询、航运金融等方面一系列创新举措，更使国际航运、贸易中心建设更上一个台阶。这给开展文化创意产业贸易提供了巨大便利。

2. **"文创 50 条"等为上海发展文化创意产业提供良好制度环境**。上海推行的《关于加快本市文化创意产业创新发展的若干意见》(简称"上海文创 50条")，围绕着力推动文化创意重点领域加快发展、构建现代文化市场体系、引导资源要素向文化创意产业集聚。"上海文创 50 条"提出，到 2030 年，上海将基本建成具有国际影响力的文创产业中心；到 2035 年，全面建成具有国际影响力的文创产业中心。此外，上海素有"东方巴黎"美誉，在高端服务业、教育、医疗、科技、文化等拥有得天独厚的良好底蕴，营商环境良好，形成了全国领先的制度环境，为文创产业发展创造了条件。

3. **海内外文创产业相关优秀人才集聚**。上海集聚海内外文创产业相关优秀人才、人才培养机制不断优化，是文创产业人才成长及发挥自身优势的最

佳舞台。上海通过梯度化政策加大引进力度，让符合条件的高层次的紧缺人才可以按照现有规定直接落户，充分考虑到文创人才评价的特殊性和多样性，市人社局还在不断完善文创特殊人才选拔机制，优化畅通引进绿色通道。

三、上海自由贸易港发展文化创意产业的国内经验借鉴

（一）内地各地自贸区发展文创产业相关措施

2017年起，国务院印发了辽宁、浙江、河南、湖北、重庆、四川、陕西等第三批7个自由贸易试验区的总体方案，这些新晋自贸区的创新清单中，均有文化产业方面的措施。具体而言分为以下方面：

1. **开展知识产权综合管理改革试点**。建立高效的知识产权综合管理体制，构建便民利民的知识产权公共服务体系，设立知识产权服务工作站，大力发展知识产权专业服务业；建立自贸试验区跨部门知识产权执法协作机制，完善纠纷调解、援助、仲裁工作机制；建立知识产权质押融资市场化风险补偿机制，按照风险可控、商业可持续的原则，开展知识产权质押融资。全面推进产业技术创新、科技成果转移转化、科研机构改革、知识产权保护运用、国际创新合作等领域体制机制改革。

2. **大力发展服务贸易**。推进金融、文化创意、客户服务、供应链管理等服务外包发展。

3. **促进文化旅游发展**。推动与文化旅游相关的邮轮、游艇等旅游运输工具出行的便利化。促进国际医疗旅游产业融合发展。发挥国际航空网络和文化旅游优势，积极吸引国际高端医疗企业和研发机构集聚，培育康复、健身、养生与休闲旅游融合发展新业态。统筹研究部分国家旅游团入境免签政策，打造国际文化旅游目的地。允许在自贸试验区内注册的符合条件的中外合资旅行社，从事出境旅游业务。

4. **深化艺术品交易市场功能拓展**。依托自贸试验区内的海关特殊监管区域，深化艺术品交易市场功能拓展，支持在海关特殊监管区域（保税监管场

所）内开展艺术品保税业务，为境内外艺术品生产、物流、仓储、展示和交易提供服务，对从境外进入海关特殊监管区域（保税监管场所）的文化产品，除法律、行政法规和规章另有规定的外，不实行许可证管理。

5. **创新文化服务海外推广模式**。支持发展以传统手工技艺、武术、戏曲、民族音乐和舞蹈等为代表的非物质文化遗产与旅游、会展、品牌授权相结合的开发模式，鼓励广播影视、新闻出版等企业以项目合作方式进入国际市场，试点国外巡演的商业化运作。

6. **创建与"一带一路"沿线国家人文交流新模式**。加强与"一带一路"沿线国家合作，构建全方位、多层次、宽领域的对外文化交流新格局。保护和传承中华老字号，大力推动中医药、中华传统餐饮、工艺美术等企业"走出去"。与"一带一路"沿线国家共同开展文物保护与考古研究工作，开展博物馆国际交流与合作，建设以丝绸之路文化为主题的智慧博物馆国际合作交流平台和历史文化研究交流平台。

（二）香港特别行政区发展文化创意产业有关经验

经过 20 年的发展，香港文化产业已经形成相当大的规模，创造了令人称道的成就。相关产业对生产总值的贡献已超出 15%，并且在经济转型中发挥着巨大的催化和推动作用，促进了整体经济向知识型经济迈进。香港文化创意产业的发展经验可以归纳为以下几个方面。

1. **健全的自由市场体制**。香港的自由市场体制，表现在企业可以自由经营、自由贸易，无关税及配额，对外来投资和对外投资亦无限制。同时，香港实行独立税收制度和低税政策，无外汇管制，港币可以自由兑换。作为独立的关税区，香港还可以"中国香港"的名义在 WTO 框架下进行商贸活动。香港特区政府依照不同产业链的需要，承担着不同角色，尽量使文化产品实现自由生产和流通，政府只提供必不可少的法治基础和商业环境。例如，近年来，香港电影业与银行业达成共识，由政府成立电影贷款保证基金，银行以履行合约保证的方式，发放贷款给电影制作公司，使各界在不同的平台上相遇和合作，缔结出更多的文化创意良缘。

2. **积极有效地吸引创意人才机制**。香港在吸引文化人才方面极具竞争优势，创意人才汇集。在"输入内地人人才计划"下，香港过去 3 年已成功吸纳超过 1.1 万名内地人才。对于人才引进，香港都持自由开放的态度，各类人才可以根据行业变化的需要，自由申请工作签证或以其他身份来港发展及定居。因此，在文化产业的很多方面，香港都拥有众多高水平的专业及管理人才。不同国家、文化背景出身的人才汇聚在香港，不断产生交流及碰撞出创意的火花，增加了香港企业的创意与活力。

3. **优化文化产业合作环境**。内地与香港积极推进落实 CEPA 及补充协议涉文化领域的相关政策，推动粤港澳服务贸易自由化，逐步放宽香港服务提供者在文化产业领域的准入门槛，方便香港同胞进入内地文化市场，参与推进内地文化消费发展。

4. **推进文化业界务实合作**。充分发挥文化展会的平台作用，积极鼓励内地与港澳业界务实合作。文化部与香港贸易发展局合作，利用"香港国际授权展"平台，从组织观摩到组建"中国内地馆"，帮助内地企业文化产业发展升级转型。香港创意产业主管部门和文化企业积极关注和参与深圳文博会、北京文博会等重要文化产业展会。

5. **大力开展代表性的文化活动**。比如备受关注的香港动漫节，全称香港动漫节及电玩展。它的前身为香港漫画节，由 1999 年起开始在每年 7 月底举行。在早年，主要参展商为漫画出版社，随着大会衍生出香港电玩展区，亦吸引着越来越多的电脑游戏和网络游戏厂商参展。

四、上海自由贸易港发展文化创意产业总体思考

在文化创意产业中，IP 衍生品具有强大的上升潜力与市场空间。以全球 IP 衍生商品的市场体量为例，2015 年衍生品（特许授权商品）全球零售额达到 2 517 亿美元。从衍生品类型来看，娱乐 / 角色形象类（包括电影和电视节目）的衍生产品 2015 年创造了 1 132 亿美元的收入，占全球特许商品销售额

的 45%。而中国只占据约 10%，有强大的上升潜力与市场空间。

因此，建议上海在探索自由贸易港建设中，打造文化创意产业贸易枢纽品牌，以 IP 为突破点，打通 IP 内核的相关上下游产业链。

1. **打造国内首个 IP 进出口贸易平台，使全球 IP 衍生品及相关业态进出口贸易统一集成。**发挥全球贸易资源优势，为海内外 IP 衍生品进出口企业提供政策咨询、专业备案证书及许可证申领、进口代理以及全程物流等全面进出口贸易对接及服务。

2. **结合 IP 产业链，为消费者提供体验 IP 文化，购买丰富 IP 商品的综合体验阵地。**通过全球 IP 周边衍生品产业链集成，打造全球 IP 综合体验馆，依托 IP 超人气影响力及 IP 形象的落地，形成引流效果，提升 IP 衍生品的体验通路，使 IP 粉丝及消费者获得多元化 IP 衍生品购物体验。

3. **提供一站式 IP 衍生品进出口贸易服务，为海内外 IP 衍生品贸易企业提供更多服务及商机。**凭借 IP 衍生品的超强影响力，串联海内外 IP 物产商品的进出口商会及企业，提供更多 IP 衍生品销售通路及商机，进一步扩大海内外销售市场。

五、上海自由贸易港发展文化创意产业的具体建议

1. **提供最优的税收政策扶持。**为海内外从事 IP 产业相关企业及 IP 衍生品贸易企业提供优惠的税收政策及相关法律法规政策，增强商品的价格竞争力。

2. **提供针对文创 IP 产业清关绿色通道。**放开引进 IP 展示会、电竞赛事、动漫展等全球知名文化活动。IP 展会所涉商品往往对于时效性有很高的需求，须做到快准狠。建议提供绿色专用通道，同时定制相对应的等级，实行阶梯式的差异性服务，对所有暂时进口的 IP 商品实行预先海关备案加货物随机抽查的方式，无需任何保证金，可采取 IP 信用等级担保。通关速度与仓储运输实现无缝对接，争取在 1 个小时内做到货从港口到展会的超级体验。对于一般进口形式下的 IP 商品，建议打破现有传统分类，可将通过资质审核与有关

部分认定的知名 IP 商品，分为例如轻工、重工或者机电类、非机电类等特别品类，特别制定几个海关编码，方便归类，从而提高清关工作效率，将更多的国际 IP 巨头"引进来"。

3. **实施促进 IP 产业发展的金融政策**。为注册地在自由贸易港从事 IP 衍生品进出口贸易企业，提供相关产业金融融资产品及政策，引入产业投资机会。对于注册在自由贸易港的国际公司，允许其自由接收兑换外汇，同时对于用人民币结算的公司进行政策上的奖励与倾斜。同时，建议对于注册在自由贸易港区内的国内公司允许其不必当场缴清进口税金，银行可以对其进行免息贷款。针对海内外 IP 产权的购买，建议在自由贸易港内注册的海外 IP 公司可以自由接收任意外币种类与收汇方式。

4. **联动海内外文创 IP 产业商会资源**。串联海内外 IP 衍生品进出口贸易商会及企业，提供更多国内 IP 衍生品销售通路及商机，增强内外贸合作。

5. **搭建线下 IP 综合体验馆**。集成全球 IP，打造独特 IP 购物场景，配合 IP 衍生品进出口贸易产业链落地，打造集成 IP 衍生品综合体验馆，为 IP 衍生品贸易企业提供商品展示及体验阵地。

6. **推动国内知名 IP 走向世界**。吸引国内原创 IP 及传统文化 IP 进驻上海自贸港区，与国际 IP 进行互相交流与学习。为具有潜力的国内 IP 引荐海内外优秀的运营团队。建立中外 IP 产业联盟及委员会，紧密交流海内外热门的 IP 理念、设计、商业化、新技术等，整合海内外产业资源，对于结合度高的中外 IP 进行不限于资金及政策的扶持孵化。把国内优秀 IP 人才送出国门，有目标、有计划地去 IP 强国进行学习培训及人才交流。

7. **吸引国际化、国家级文化贸易相关活动落地上海**。全球最大及最具影响力的授权贸易展会于 2018 年 7 月在上海开展。首届中国国际进口博览会也正式落户上海，于 2018 年 11 月举办。此类与文化贸易相关的国际、国家级盛典，对上海自贸港打造成文化创意产业贸易枢纽具有重要推动作用，建议今后继续吸引此类活动落户上海，为各国开展文化贸易、加强合作开辟新渠道，促进世界经济和文化贸易共同繁荣。

在上海自由贸易港试行 CNCDS 的建议

CDS（credit default swap）即信用违约掉期，是国外债券市场中最常见的信用衍生产品，是指在一定期限内，买卖双方就指定的信用事件进行风险转换的一个合约。信用风险保护的买方在合约期限内或在信用事件发生前定期向信用风险保护的卖方就某个参照实体的信用事件支付费用，以换取信用事件发生后的赔付。它是 20 世纪 90 年代盛行于欧美的一种应用于信用评价体系，测算风险概率、交易风险且能避险的类保险金融衍生品工具，其本质是通过交易实现风险转移。由于华尔街又运用了针对次级债的多层嵌套和通道，层层交易转嫁，增大基数风险，最终导致了美国金融危机的暴发，凸显了 CDS 的脆弱性。**然而，中国风投机构创造了具有中国特色的信用违约掉期模型（简称 CNCDS），通过引入风险投资，不但能评估转移风险，而且还能最终彻底化解风险，从而完成了反脆弱性的改造，对于当前和未来防范金融风险具有重大创新意义。**

一、CNCDS 的基本概况简介

1. *CNCDS 运行流程。*P2P 平台收集具有融资需要的企业信息与融资信息，提供给 CDS 评级机构进行风险评估，根据风险状况给出 CDS 率（CDS 率是融资合约的违约概率），资金出借人、融资企业、信用互换事务所签订三方 CDS 合约（CDS 保障费 = 贷款额 × CDS 率）为这笔债务提供保障。后期若未出现违约，则信用互换事务所获得 CDS 收入，合约结束；若出现违约，

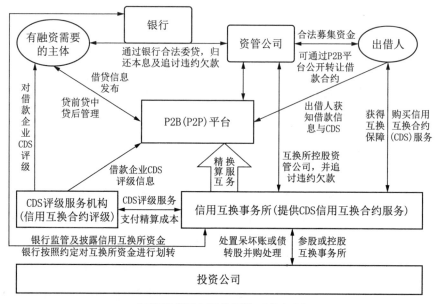

中国互联网金融信用体系框架图

那么互换事务所向债权人支付本息，债权转让给信用互换事务所，互换事务所依据实际情况进行评估，根据 CDS 合约的约定，债务人重新支付 CDS 保障费，延长债务周期，调整利率；或者由风险投资公司收购该笔债务成为债权人，根据 CDS 合约的约定，对融资企业进行债转股。**在这个过程中，CDS提供了类似于贷款保险的保障，支付的 CDS 费相当于保费，本息额度相当于保额，CDS 的本质是一个类保险业务。**

2. **信用互换事务所的信用。**信用互换事务所通过 CDS 合约为债务提供保险性的保障，初期必须事务所自身具有信用，因此初期事务所业务与银行监管首先建立信用体系，其中包括资本、信息、流程三个方面。首先，信用互换事务所在银行开设两种账户：一是担保金账户，这个账户里的资金由信用互换事务所提供，主要用于执行 CDS 合约违约时的赔付。银行负责按照 CDS 合约执行，此账户信息向社会公开，并且发布执行公告。二是事务所自有账户，CDS保障费收入进入该账户，由事务所自由支配，此账户信息不向社会公布。其次，信用互换事务所与银行先签订资金监管协议，协议中事务所授权银行监管，并且约定按照所定的时限或者业务笔数的坏账率，作为未来银行提供给信用互换事务所杠杆的依据。最后，银行按照签订的合约履行监管与流程职责。

3. **风险投资公司提供整体系统的基础信用**。当互换事务所不再向债务人提供信用掉期时，事务所进行抵押物处置，若是股权质押方式或者知识产权等方面的质押条款，则按照 CDS 合约进行债转股或者无形资产转让。事实上，风险投资公司在 CDS 合约签署之前，已经对借款企业进行了评估，并且在 CDS 合约中通过知识产权质押，债转股等条框已经进行了重组准备，当风险投资公司介入时，可以依照合约进行债转股，并进行下一步的重组。风险投资公司要具备风险投资的评估与运作能力，一般情况下，风险投资公司关注的是高风险高收益，常规的风险投资项目是估值溢价投资，而对于这一类债转股项目则是折价投资，因此投资公司乐于接受这种资产。也正是这种能力，降低了整个系统的风险。风险投资业与债券行业参与者的风险偏好不同，通过 CDS 合约进行风险错配，因此实现了多赢结果。

4. **P2B（P2P）区块链平台的工作流程**。企业向 P2B（P2P）平台长期披露日常经营信息，企业信息由平台负责保密，但对 CDS 评级服务机构公开，企业的这种选择可以提升信用评级，当出现借款需要时，可以获得审批时间短、借款额度高、CDS 率与利借款利率低的服务。

平台利用企业公开的信息实行管理。一是贷前管理：中小型企业提供日常经营的数据给 P2B 平台、CDS 评级机构、风险投资公司，数据主要包括企业关联交易的业务合同、物流凭证、资金往来凭证、研发成果凭证等。

二是贷中管理：中小型企业向 P2B 平台申报贷款需要，P2B 平台通过企业数据库查询其企业素质评级系数；经过初审后，对单笔业务进行尽调，得出真实性、可靠性评级；对单笔业务流程关键节点进行监控设计并写入 CDS 合约，尽调的数据实时提供给 CDS 评级机构，并综合风险投资公司的意见进行评级，给出最终的 CDS 率，制定 CDS 合约。

三是贷后管理：在区块链平台上，进行供应链金融贷后监控，监管企业的实际业务流程监控；通过实际的流程过程数据，实时评估履约风险。

平台采用信用互换事务所提供的借款合同及 CDS 合约组成合约体，这个合约体打包成金融产品，可以在平台出售转让。

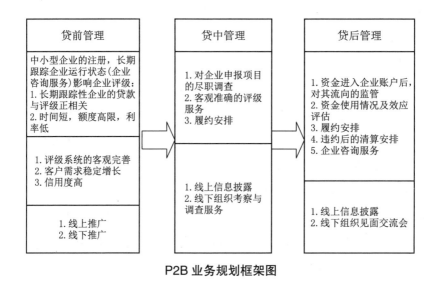

P2B 业务规划框架图

二、上海自由贸易港试行 CNCDS 的重大意义

当前中国防范金融风险的压力巨大，其中债务风险较为突出，CNCDS 是一种可以化解债务风险的新方式。为此，研发助推实操催生 CNCDS，有巨大现实意义。解决债务结构的问题，不单单要在债务总量上思考，更需要从结构上思考与寻找解决问题的途径。在调整期采取先缓再解的战略，从而在系统防控风险的前提下建立中国更为完善的信用金融系统。

1. **从债务量化思维拓展到债务组成的质量性思维**。分析当前债务风险的主要原因，一是中国社会 15% 的实际平均利率水平明显过高，这是债务结构调整的第一个障碍，企业收益率偏低，盈利的企业要保持增长状态，就只得扩大投资，因而增加了债务规模，增大了杠杆。二是债务式救急导致杠杆率上升，未盈利甚至亏损的企业，也会增加债务以便救急式生存，而这种企业生态很可能将债务救急转化为债务救穷的状态，因此降低中国社会平均利率是解决的根本方法之一。三是借贷周期过短，借贷周期过短也是一个重要的障碍，中国当前处于经济调整期，所以经济链条的传导与高速成长期比较，已经缓慢运行了，导致投资周期延长，因此企业必须有更多的时间营造更为精细的业务链，而以前的借贷周期不能满足当前及今后的实体经济运行需要，所以增加了呆坏账的比例。为此，**我们需要用低利率长周期贷款置换高利率短周期债务，让企业获得喘息的空间与时间，**同时提高中国社会的有效消费能力，从而为企业获得利润，偿还历史债务营造社会条件。在上海自由贸易港通过 CNCDS 信用体系，可以引入相对于国内比较低利率的国际资金回流中国，是一个重要的政策可选方向。

2. **为央行提供新的汇率调控手段。**CNCDS 达到一定规模的时候，对人民币汇率可以产生影响，而且这种影响可以是双向影响。当 CNCDS 产品只借入人民币的时候，海外债权人会在国际市场中购买人民币，从而带动人民币汇率上涨；若 CDS 只借入美元（或其他外汇）的时候，海外债权人会在国际市场卖出人民币，买入美元，所以人民币贬值。这其实为中央银行提供了另外一种可宏观调控影响汇率走势的金融工具，同时推进了人民币国际化的进程，因此 CNCDS 的运营适合在自由贸易港中的国际化经营，有助于自然有效地提升我国的主权信用。

3. **利用海外资金化解国内债务风险。**具体操作是，第一，注册运营于上海自由贸易港的信用互换事务所，向已经具有信用的海外金融机构注入保证金。第二，信用互换事务所负责收集国内地方政府、企业、社会的借贷信息，然后对其 CNCDS 评级，并且向海外金融机构与海外出借人提供该信息。第三，海外金融机构负责募集资金，由债务人或者债权人购买 CNCDS，借贷款与本息，通过该募集机构偿还，若债务人违约，则按照 CNCDS 合约执行，由信用互换事务所注入在海外金融机构的资本提供本息偿还，并且债权人改为互换事务所处理后期追讨，掉期与转让给风险投资公司进行债转股等处置。第四，由于地方政府可以用税收作为抵押物打包成债券 +CNCDS 产品向海外借贷，企业可以用国内固定资产打包抵押或者股权质押打包成债券 +CNCDS

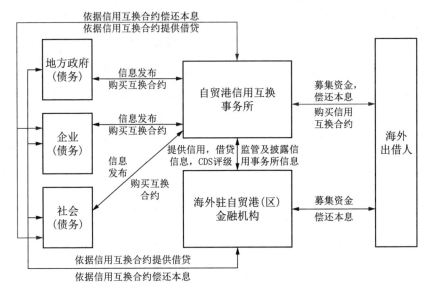

上海自由贸易港（区）的 CDS 框架图

产品，两者都具有 CNCDS 的保障功能，较为容易地在海外募到资。

4. **引入 CDS——金融开放的功能与产业体系规划创新的增量规模。** 上海自由贸易港 CNCDS 金融信用体系的有效运行，可以引导中小型科技型企业从创业之初就定位为面向全球的国际化企业，从而扩展与强化了上海自由贸易港的产业定位与高度。具体做法是：**第一，** 上海自由贸易港内设科创园区，以科技为主导，集中上海的资本优势、国际化经验、贸易便利化优势、人才优势、税收优势、大数据资源优势，成立产业基金，通过功能设计增强创业的确定性，降低创业风险，提高创新的质量与成功概率，提升上海的国际化地位与产业地位。**第二，** 上海自由贸易港的科技创业园区规划运行的设计初心及高标起点，在高新技术创业者提交创业方案时，首先要通过天使投资、科技委员会与大数据平台的初步评估，然后由天使投资根据实际的项目状态，提供种子资金，实践并完善创业方案，然后根据被修正后的创业方案与种子期的成果，会同风险投资机构与银行，乃至 CNCDS 系统综合分析评估，给出一个更为系统的创业方案与经营目标和标准，并且签订统一协议，并推动创业者在创业之初，就与天使投资、风险投资、银行达成合作意向，即当创业项目达到某个既定目标时，下一个阶段的资本与功能必须按照协议执行，这样可以最大化地保证项目的顺利进行，并且对各阶段进行风险控制。

三、上海自由贸易港试行 CNCDS 的政策及相关条件

上海自由贸易港以 CNCDS 为信用核心的金融体系创新增量，必须具有良好的政策环境，为此，建议：

1. **鼓励企业注册设立信用互换事务所**。信用互换事务所是 CNCDS 的核心，只有信用互换事务所具有一定的初始信誉，CNCDS 才有发展的基础；信用互换事务所的运作影响巨大，必须规范运作，表面上看事务所是一个信息平台机构，然而其本质是金融体系的重要部分，为此，一开始就要严格监管。为此，构建政府支持并严格监管的事务所是明智的选择。

2. **出台专门政策支持建立 CNCDS 网络平台**。平台是 CNCDS 系统的基础设施，决定了系统的能力，为提高平台建设的水平，政府可以出台专门的政策，采取资助、补助或合资、合作的方式建设平台系统。

3. **支持部分国有企业和若干基层政府探索 CNCDS**。在平台运行初期，政府就可以有计划的安排一些国有企业和地方政府上平台进行实验，及时发现问题，优化系统运行流程，并通过实际参与摸索监管办法，与 CNCDS 这一新生事物一起成长，把严控金融风险关做到位。

4. **设立规模控制的资金进出配套政策**。由于自由贸易港的资金和资本市场与国内"完全隔离"，为此外汇管理部门需要积极配合 CNCDS 项目资金的进出。外汇管理部门可根据国家外汇进出的总体规划，结合 CNCDS 运行规模决定每年外汇进出的额度，将外资对国内市场的影响纳入可控制的范围，并且在起初阶段可以规模较小进行探索，以后根据实际发展情况决定年度规模。

5. **给予 CNCDS 平台相关人才以优惠政策**。CNCDS 是一个主要用国外资本化解国内债务风险的平台，为此，它需要吸引一批具有国际化背景的国际人才共同参与，这就需要自由贸易港更加自由的人才进出政策、人才服务政

策，和有针对性的优惠政策。

6. **给予 CNCDS 平台以大数据支持**。对于平台运行需要大量的对象企业和对象政府的数据，以及非对象企业和非对象政府数据，前者是为了了解真实情况，后者主要用来比对。为此，数据开放对于平台运行质量至关重要，平台运行需要政府在公共数据方面的支持和协调，以便平台可以获得高价值数据，并展开高质量运行，进而运用人工智能，深度提高平台运行质量。

四、上海自由贸易港试行 CNCDS 的案例模拟解析

（一）地方政府债券 +CNCDS 案例流程

甲地政府债务：2011 年甲地政府举债 200 亿元人民币，贷款周期 7 年，年化利率 6%；

甲地政府收入：地方公共事业等企业股权收益年化 10 亿元，地方税费收入年化 15 亿元。

解决流程：

1. 上海自由贸易港信用互换事务所首先向海外金融机构注入一笔现金作为 CNCDS 本息偿还的保证金，并且与该机构签订监管与杠杆协议（此项运作在债务申请前已经完成）。

2. 甲地方政府向信用互换事务所提出债券发行申请。

3. 互换所对该地方政府进行财政信息尽职调查，并且给出 CNCDS 率与贷款利率，以地方指定财税收入或者公共事业企业的股权收益为抵押制定债券产品 +CNCDS 合约。

4. 互换事务所向海外机构发布并且销售债券产品 +CNCDS 合约。

5. 海外机构审核后在海外发布债券信息及信用互换事务所在该机构的信用信息（该信息在互换事务所与其签订监管与杠杆协议后已经发布）。

6. 债券产品发行完毕后，销售款扣除发行成本，划拨地方政府。

7. 地方政府按期还款。

8. 若地方政府违约，互换事务所首先支付海外债权人的本息，转为债权人，然后进行掉期评估，若不能再掉期，那么按照 CNCDS 合约进行公共事业的股权进行债转股。

注：地方政府债由于规模比较大，可以用一事一议的方式处理，例如保证金给付的时间节点，方式等方面依据实际的案例进行特殊设计。

（二）国有企业债券 +CDS 流程

甲企业：2013 年债务 5 亿元，贷款周期 3 年，年化利率 7%；

甲企业：资产评估 6 亿元，年化收入 5 000 万元。

解决流程：

1. 上海自由贸易港信用互换事务所首先向海外金融机构注入一笔现金作为 CNCDS 本息偿还的保证金，并且与该机构签订监管与杠杆协议（此项运作在债务申请前已经完成）。

2. 甲国有企业向信用互换事务所提出债券发行申请。

3. 互换所对企业进行经营信息尽职调查，并且给出 CNCDS 率与贷款利率，企业资产或者企业应收款为抵押制定债券产品 +CNCDS 合约。

4. 互换事务所向海外机构发布并且销售债券产品 +CNCDS 合约。

5. 海外机构审核后在海外发布债券信息及信用互换事务所在该机构的信用信息（该信息在互换事务所与其签订监管与杠杆协议后已经发布）。

6. 产品发行完毕后，销售款扣除发行成本，划拨企业。

7. 企业按期还款。

8. 企业若违约，互换事务所首先支付海外债权人的本息，成为债权人，然后进行掉期评估，若不能再掉期，那么按照 CNCDS 合约进行抵押品与质押品的处置，或债转股。

注：大型国有企业由于规模比较大，可以用一事一议的方式处理，例如保证金给付的时间节点，方式等方面依据实际的案例进行特殊设计。

（三）中小型科创企业债券产品 +CNCDS

甲中小型科技企业：无固定资产，有发明专利证书，有市场渠道，有订单；

申请发行债券产品 +CNCDS 合约模式。

解决方案流程：

1. 上海自由贸易港信用互换事务所首先向海外金融机构注入一笔现金作为 CNCDS 本息偿还的保证金，并且与该机构签订监管与杠杆协议（此项运作在债务申请前已经完成）。

2. 甲中小型科技企业成立 3 年时间，在 P2B 平台进行过历史注册，并且提供了 2 年的运营数据，支出主要以研发支出与业务扩展支出为主，2 年内获得了一项发明专利，目前已经进入到市场推广阶段，并且已接到一笔订单。CNCDS 对该企业的基础素质进行评级，认为可以继续单笔业务尽调。

3. 针对企业订单的本企业与上下游合同企业进行进调，核定其业务流程，找到重要流程节点，进行节点性的监管设计。

4. 根据单笔业务的尽调情况与流程监管设计，业务的现金流的可靠性等方面，另外风险投资公司综合其企业具有的核心能力、未来价值、重组价值，再综合制定出 CNCDS 率与合约条款，形成债券产品 +CNCDS 合约。

5. 互换所向海外机构发布并且销售债权产品 +CNCDS 合约。

6. 海外机构审核后在海外发布债券信息及信用互换事务所在该机构的信用信息（该信息在互换事务所与其签订监管与杠杆协议后已经发布）。

7. 债券产品发行完毕后，销售款扣除发行成本，划拨给甲企业。

8. 按照 CNCDS 合约实时关键节点监控，并且评估其后期履约风险，甲企业按期还款。

9. 甲企业若出现违约，互换所首先支付债权人本息，成为新的债权人，然后根据关键节点监控的信息，评估是否给予掉期，若给予掉期，则该企业按照新的利率与 CNCDS 率执行；若不再给予掉期，则将债券与 CNCDS 合约出售给风险投资公司。

10. 风险投资公司若购买了债券产品 +CNCDS 合约，则开始按照合约进行知识产权与债转股处置。由于跟踪了关键节点，因此风险投资公司的重组或者再投资方案会更精准，从而最终释放处置完成风险。

建设"智慧自由贸易港"
探索国际最高标准、最好水平中国方案

探索建设自由贸易港是以习近平同志为核心的党中央的一项重大决策部署，是建设现代化经济体系的新引擎。**率先运用物联网、大数据、人工智能、区块链等最新科技创新成果，发挥创新促改革、促发展的独特作用，将上海自由贸易港建设成全球科技含量最高、智能化程度最高、效率最高的"智慧港"，展现国际最高标准、最好水平的中国方案。**

一、探究"智慧自由贸易港"的内涵

关于"智慧自由贸易港"，目前尚没有权威和学术上的定义，本文定义的"智慧自由贸易港"，是指充分运用新一代信息技术，**以物联网、云计算、大数据、人工智能以及区块链等前沿技术为手段，感测、分析、整合自由贸易港运营的各项关键信息，实现港口基础设施、行政管理、港口服务、自由贸易和公共安全等各领域信息的全面感知、广泛链接、高度共享、精细管理、高效协同、智能决策、智能执行、智能预警、应急处置等，最终实现自由贸易港全流程、全方位、全领域的自动化、智能化运行，达成"高效、公正、安全、可追溯"的目标。**可见，"智慧自由贸易港"是为上海自由贸易港量身定做的，展现了国际最高标准、最好水平，它不仅是科技创新的实际应用，更是利用科技创新倒逼政府管理模式、管理方式改革以及管理流程再造，倒逼企业经营模式、经营方式和经营流程的优化，从而最大程度获取科技创新

的红利，因此是顺应科技创新需要，用最新科技装备优化行政管理以及企业运行的新型自由贸易港的新概念。

二、探索"智慧自由贸易港"的意义

在我国探索建设自由贸易港的过程中，充分运用多领域最新科技打造"物联、数联、智联"三位一体的智慧自由贸易港，突破业务流程之困、监管方式和监管机制之累、风险防范之难，构建"人、物、资金"自由流通体系，建设成真正意义上的国际最高标准和最好水平的自由贸易港。

1. **推进"智慧自由贸易港"建设，为最新科技成果应用提供载体和平台，助力创新发展和高质量发展。**《国家信息化发展战略纲要》《"十三五"国家信息化规划》《新一代人工智能发展规划》等对"互联网＋"行动计划、大数据战略、人工智能和实体经济深度融合，培育新增长点、形成新动能等战略作了部署，智慧自由贸易港作为促进信息技术与实体经济深度融合的重要载体，将实现以信息流带动技术流、资金流、人才流、物资流，促进资源配置优化。建设智慧自由贸易港是促使互联网、云计算、大数据、物联网、金融科技等数字经济成为驱动实体经济内涵式发展动力的重要举措，是创新驱动发展战略具体落实的抓手，也是新科技规模应用的高等级场景、高能级平台，对推进创新驱动战略具有重要意义。

2. **建设"智慧自由贸易港"，消除现有的痛点、难点和堵点，倒逼体制机制改革和流程再造。**通过"物联"打造全面深度感知的链接体系，借鉴物联网技术体系对自由贸易港的设备设施、车辆、船舶、货物、人员进行全面感知和广泛互联；通过"数联"创造数据的共享体系，将各项关键信息数据全面融入统一平台，通过广泛联系、深入交互，最大限度优化整合多方需求与供给，使各方需求得到及时响应；通过"智联"创造智能应用和决策体系，在基础决策信息感知收集的基础上，自动运行智能合约，在明确决策目标及约束条件的基础上，对复杂计划、调度等问题快速做出有效决策或提示、预警等。突破人工及传统信息化方式难以解决的业务流程、协作机制、风险防控、监管机制等一系列的制约，倒逼包括政府在内的各类管理机构的体制机制变革，大量节约人力、物力和时间，减少人为干预、干扰，大幅提高效率和公正性、安全性，也为政府职能转变和流程再造奠定坚实的直接基础和可靠依据。

3. 提供"智慧自由贸易港"建设中国方案，以国际最高标准和最好水平，引领世界自由贸易港发展新趋势。 目前全球范围内还没有符合上述定义的"智慧自由贸易港"。国际上先进的自由贸易港，由于发展较早并注重基础设施投资，基本实现了码头作业的自动化、运营的智能化，并且局部实现了数据信息可视化及应用分析，但全球范围内尚未形成符合系统化的智慧自由贸易港。不论是鹿特丹港的 INTIS 系统、安特卫普港的 APICS 系统，还是中国香港的 DTTN 系统，都侧重在物流服务、供应链效率、调度与运营、安全监管等不同方面实现了局部智慧化，仍未形成全面的标准的智慧自由贸易港。目前国内具有代表性的港口在港口机械、装卸和基础设施等方面基本实现了全面的自动化操作和智能化调配，并在物流运输、电子通关等一些专项信息化应用中取得较好的成效，但整体还没有实现全过程的智慧化运营。

通过高起点建设智慧自由贸易港，实现自由贸易港的运营智能化、监管及服务协同化、贸易便利化、金融场景安全化普及化、数据服务商业化，在国际竞争中赢得优势，并适时推动具有智慧自由贸易港"走出去"，积极参与或影响包括自由贸易港在内的国际各类贸易港的建设、改造和升级，在该领域掌握国际标准话语权，推动中国特色的自由贸易港标准成为世界标准。

三、探求"智慧自由贸易港"的实现路径

在探索"智慧自由贸易港"建设中，需要综合运用物联网、云计算、大数据、人工智能、区块链等前沿技术手段，建设最高标准的具有中国特色的智慧自由贸易港。

1. 用"物联网"技术构建"智慧自由贸易港"全面感知、广泛互联的基础设施。物联网是将各种信息传感设备，如射频识别（RFID）装置、红外感应器、全球定位系统、激光扫描器等装置与互联网结合起来而形成的一个巨大网络。智慧自由贸易港建设中，可通过物联网技术在船舶抵离港时，对货物通关、车辆调度、物流仓储、人员监管、物品识别、设备维修等各个环节中提供技术支撑，对港区设施、车辆、船舶、货物、人员状态进行全面感知和信息的广泛互联，智能识别、管理和控制。例如，利用高频电子标签技术，通过重要关口和节点的扫描，批量实时掌握货物状态，无需打开箱柜即可对柜内货物进行识别，准确获得柜内货物的相关信息，并进行费用收结算；通过扫描港口设施上的电子标签，识别设施的运行状态，并发送维修预警，对设施设备统一进行管理等；利用物联网构建车辆运营管理系统，通过对车辆自动识别、实时定位、实时监控，获取车辆行驶数据及货物的状况。

2. 用"云计算"技术实现"智慧自由贸易港"软硬件资源和信息融合共享。云计算技术是基于互联网的应用与服务方式，通过这种方式，共享的软硬件资源和信息可以按需求提供给计算机和其他设备。运用云计算技术可实现物流一体化、统一监管等，实现资源的精准调度和优化配置。例如，基于云计算平台组织物流环节中的船东、货主、船代、货代、海事、船检、商检及陆上运输企业、商业、海关、金融服务业等加入系统中来，协调相互间的业务关系，提高物流等港口服务的效率，降低成本。

3. 用"大数据"技术提升"智慧自由贸易港"精细化管理水平。大数据是指需要新处理模式才能具有更强的决策力、洞察发现力和流程优化能力来适应海量、高增长率和多样化的信息资产。智慧自由贸易港离不开大数据，以大数据为核心建设智慧自由贸易港，对于提高自由贸易港生产效率、提高支持分析决策水平、增强创新服务价值、突破现有机制等都有着重要的意义。例如，应用大数据技术建立"数据围栏"实现精准的风险管控，通过"数据总线"与各业务单位、服务机构、监管机构等系统进行数据对接；将自由贸易港产生的海量数据如海关数据、贸易数据、企业征信数据进行打通，利用大数据技术对自由贸易港日常业务进行风险识别与管理，依托数据感知、数据分析全面提升风险预测及管控能力；以数据监管代替人为监管，促进海关、海事、检验检疫等部门行政管理模式的创新，全面提升自由贸易港行政管理的决策力、洞察发现力、优化现有业务流程，实现精细化管理和智能决策；通过对船舶相关信息的挖掘分析，进行交通流量的预测或为港口拥塞等问题提供解决方案。

4. 用"人工智能"技术提升"智慧自由贸易港"的智慧化程度。人工智能，主要研究应用人工方法和技术，模仿、延伸和扩展人的智能，实现机器智能。人工智能技术可在智慧自由贸易港应用广泛，可应用到港口生产计划、指挥调度、船舶管理、港口安防、公共安全等场景。例如：将人工智能技术应用到自由贸易港的生产计划与调度过程中，可实现码头智能泊位调度、智能场地策划、智能设备调度、智慧理货等；码头生产组织的智能化应用，可以实现最小化船舶在港时间、最小化堆场翻操作、最小化集装箱运输成本等；人工智能与大数据技术结合，可对港口公共安全进行智能预测、分析及决策，将港区主要出入口、重要场所、重点防护目标、危险品，以及火灾隐患位置、消防设施设备位置、人防设施位置与基本信息纳入统一管理，并构建安全事件研判模型，将公共安全从事后监管变为事前预测和事中管理。

5. 用区块链技术保证贸易的安全和促进贸易便利化。区块链技术是一种全新的互联网底层协议架构模式，凭借去中心化、不可撤销等特性，在安全、效率、可追溯等方面具有传统技术不可比拟的优势。区块链技术可应用于自由贸易港金融、物流服务、产品质量追溯、信息安全等不同场景，创新建立自贸港"联盟链"，将自由贸易相关的机构或组织上链，联盟链的共识节点拥有高度治理结构的协议或商业规则，从而进一步减少贸易纠纷、提高整体效率。例如：在港口金融领域，实现基于区块链技术的数字货币、数字票据与支付清算体系，在风险可控的前提下助推自由贸易港金融业务开展，促进汇兑自由、跨境资金流动自由；在海运物流过程中，对各节点的信息进行汇集，如货物来源、关税代码、装箱单信息、海关报送价值、运输状态等所有关于货物的信息，构建一个安全、透明的平台，实现货物从生产到交付收货过程中的全过程可控，加快物流处理速度，降低成本和风险。将商品从原材料、到生产、流通、营销过程的信息进行整合并写入区块链，实现精细到一物一码的全流程正品追溯；通过区块链技术解决数据安全问题，将数据从采集、交易、流通，以及计算分析的每一步记录都留存在区块链上，一方面对于所有访问、使用过数据资产的用户进行追查，另一方面，还可以较好的防篡改，保证数据的可靠性。

最新科技运用，为上海自由贸易港建设带来新的机遇，建议政府有关方面加强研究，尽快出台相关规划和计划，率先在自贸试验区部分试点，尽早取得经验，为建设国际最高标准、最好水平的智慧自由贸易港打好基础。

关于推动长三角一体化高质量发展的若干建议

关于推动长三角一体化高质量发展的若干建议

推动长三角一体化高质量发展是建设具有全球竞争力的世界级城市群的现实需要，是示范引领全国高质量发展的重要举措，是全面建设社会主义现代化强国的战略性支撑，具有重要意义。

一、主要目标：建设四大"新高地"

1. **建设具有全球竞争力的产业新高地**。要充分发挥长三角地区资源综合优势，建设以上海全球城市为核心的世界级产业体系，增强长三角地区全球资源配置能力。要瞄准全球前沿技术，以上海建设科创中心为引领，加强长三角地区科技创新协同，建立长三角区域自主创新示范区协同创新体系。要充分发挥长三角地区雄厚的制造业基础，加快发展先进制造业和现代服务业，培育壮大战略性新兴产业，推动先进制造业与现代服务业融合发展，加强产业分工协作，强化区域产业联动，推动长三角地区产业创新转型升级，加快培育形成具有世界影响力的产业集群。

2. **建设新时代开放新高地**。要创新长三角经贸投资合作、产业核心技术研发、国际化融资模式，共建共享"一带一路"开放合作平台，推动长三角建设服务"一带一路"资源配置功能枢纽。要推动长三角区域保税园区转型升级，建设以自由贸易区为核心的高水平开放平台。对标国际投资贸易规则惯例，加强外商投资市场准入协同，全面实行负面清单管理制度，推进长三角区域通关一体化模式，推动长三角地区率先建设开放型经济体制。对接长江经济带战略，推动长三角地区产业园沿长江经济带共建产业园，推动产业梯度转移，发挥长三角区域辐射带动作用。

3. **建设新时代全面深化改革新高地**。要以浦东综合配套改革为引领，加强长三角区域改革协同，以打破地域分割和行业垄断、清除市场壁垒为重点，加快清理废除妨碍统一市场形成各种障碍，建设长三角一体化市场体系。加强市场监管协同，推进长三角区域信用体系一体化建设，建设一体化市场监管体系和执法体系，营造诚实守信、公平竞争的市场环境。深化长三角地区国资国企改革，大力推进混合所有制改革，全力鼓励支持民营经济发展，加快培育壮大一批具有世界影响力的跨国企业集团，提升长三角地区国际竞争力。

4. **建设最具吸引力的品质生活新高地**。要加快推进长三角区域交通一体化，推动形成布局合理、功能完善、衔接顺畅、运作高效的基础设施网络。加强公共服务合作，加快推进长三角公共服务同城化和一体化建设，推动长三角区域公共服务优质均衡发展，共同打造优质公共服务体系。加强长三角生态环境保护合作，共同改善生态环境系统，推动生态共建环境共治，建设美丽长三角，为长三角一体化高质量发展提供有力支撑。

二、基本思路：以制度创新促高质量发展

1. *充分发挥市场在配置资源中的决定性作用，以市场竞争促高质量发展*。**一是**把长三角打造成制度性交易成本最低的区域。要进一步加快审批制度改革，深入推进"放管服"改革，加快推进政府管理体制机制的创新，加强政府间政策协同，加大长三角各政府简政放权协同，打造长三角"政务＋互联网"政府服务体系，加强长三角区域政府数据开放。**二是**加快完善市场竞争体制。要加大破除地方行政垄断和地方保护，推动"行政经济区"向"经济区经济"转变，进一步放宽市场准入，构建长三角区域统一的市场准入制度，推进投资审批、产权、国资国企、混合所有制等各项改革，加强公平竞争审

查制度建设，充分释放市场活力。**三是加快构建长三角市场化要素价格体系。**率先推进土地、资金、劳动力、企业家等生产要素价格的市场化改革，使生产要素价格真实反映市场供求力量，以价格体系的市场化机制逐步减少低效生产、低端制造、低劣产品，推动长三角一体化高质量发展。

2. **更好发挥政府作用，以更好政府服务促高质量发展。一是**营造公平竞争的市场环境。加快推进长三角区域社会信用体系建设，推进社会信用共建共享，推动以社会信用为核心事中事后监管体制构建；要加强长三角区域市场监管一体化建设，推进长三角市场一体化建设，强化长三角市场执法协同，营造公平竞争的市场环境，实现企业优胜劣汰，推动长三角一体化高质量发展。**二是**推动长三角区域公共服务同城化。要加快推进交通互联互通，加快形成高效、便捷的网络化交通体系，为长三角区域公共服务同城化提供有力支撑。要加快推进教育、卫生、交通等公共服务领域改革，打破区域行政地方垄断，推动教育、卫生、交通等公共服务领域同城化和一体化，为长三角区域人才自由流动提供便利条件。**三是**共建美丽长三角。要加快推进长三角区域生态环境共建共治的体制机制改革创新，推进环境保护执法协同，以美丽长三角为引领，着力提升长三角区域生态环境质量，形成节约资源和保护环境的空间格局、产业结构、生产方式、生活方式，推动长三角绿色低碳循环发展，提升长三角区域吸引力。

3. **充分发挥开放促改革作用，以高水平开放促高质量发展。一是**协同推进"一带一路"核心承载区建设。以上海打造服务"一带一路"桥头堡为引领，加强长三角"走出去"合作，深化长三角各城市与"一带一路"沿线基础设施互联互通、经贸合作及人文交流。**二是**全面融入全球经济体系。鼓励支持长三角企业联手走出去，在国际产能合作中发挥重要引领作用。加强海外招商引资协同，吸引发达国家先进制造业、现代服务业和战略性新兴产业投资，吸引跨国公司总部落户长三角中心城市，产业链在长三角布局。加强科创创新协同，加快引进国际先进技术、管理经验和高素质人才，支持跨国公司在长三角设立全球研发中心、实验室和开放式创新平台。**三是**联手开拓国际市场。鼓励支持长三角区域各自所有制企业合作开展绿地投资、实施跨国兼并收购和共建产业园区，共同开拓国际市场，带动长三角区域产品、设备、技术、标准、检验检测认证和管理服务等走出去。充分发挥上海国际化专业服务优势，加快推进以上海为龙头的专业服务业发展，扩展和优化长三角区域国际服务网络，为长三角区域企业走出去提供服务支持，推动长三角一体化高质量发展。

三、发展路径：二平台一环境

1. **打造以自贸区为核心的高能级开放合作平台**。开放发展是推动高质量发展的重要动力。推动长三角一体化高质量发展，要充分发挥自贸区开放高地的示范引领作用，以上海自贸区为引领，加强长三角地区开放发展合作协同，建立自贸区发展联盟，打造以自贸区为核心的高能级开放合作平台，加快构建以投资便利化、贸易自由化为重点的开放型经济新体制，在投资便利化、贸易自由化和走出去便利化等方面发挥先行先试作用，推动长三角地区高水平开放。

2. **打造以开发区为重点的高质量发展改革示范平台**。要充分发挥开发区综合改革发展优势，依托长三角区自主创新示范区、经济技术开发区和高新技术开发区等各类开发区平台，打造高质量发展改革示范平台，推进改革创新协同，推动产业分工协作，形成具有全球竞争力的先进制造业集聚，推动先进制造业与现代服务业融合发展，促进产业转型升级，加强长三角区域科技创新协同，打造全球科技创新策源地。

3. **打造具有全球竞争力的营商环境**。推动长三角一体化高质量发展，必须推进体制机制创新，加快形成高质量发展体制机制。营商环境是具体的、实实在在的、企业可感受到的内容。打造具有全球竞争力的营商环境是推动长三角一体化高质量发展的重要抓手和现实路径。营造具有全球竞争力的营商环境，通过体制机制的创新，打造国际一流的市场环境、政府服务环境、最具竞争力的商务发展环境，推动长三角一体化高质量发展。

四、推动长三角一体化高质量发展的若干建议

1. **加快推进长三角一体化高质量发展示范区建设。一是**做好示范区的统筹规划，产业布局要把沪苏浙交界处的热点区县，和三省一市联合打造"四条走廊"打通联网，扩大示范区的辐射范围，充分发挥三省一市的国家级及地方经开区、高新区、产业园区的经济带动和辐射作用。**二是**借鉴"飞地"概念，把安徽省宣城市部分地区加入示范区。**三是**加强示范区标准建设，制定出符合示范区特色的行业标准及管理规范。**四是**以大数据集合、信息化建设为抓手，把社会信用体系建设一体化示范纳入其中，共建苏浙皖沪三省一市（以青浦—吴江—嘉善三地政府各相关部门机构为示范试点）社会信用信息共享交换平台。

2. **高质量推进上海都市圈建设。**以上海周边半径50—60公里范围为重点，高质量推进上海都市圈建设，在经济和人口向核心大城市和都市圈进一步集聚的同时，迈向城市之间人均 GDP 和生活质量的平衡发展，以及产业的分工协调发展。**一是**成立高级别的都市圈发展战略规划办公室。**二是**突破地域局限，加强都市圈范围内的统计指标建设。**三是**动态调整上海的土地开发强度。在短期内可以通过调整都市圈内部土地利用类型，增加住宅用地比例，实施工业用地转住宅用地、增加容积率等措施提高都市圈内部的土地利用效率。在中长期，适当增加土地开发强度，适应上海市作为上海都市圈核心城市的定位和发展需要。同时，还建议加强沿交通基础设施展开的土地开发利用，特别是提高上海市郊区沿轨道交通线的周边地区开发强度。

3. **推进长三角协同创新体系建设。一是**深化长三角双创示范基地联盟建设，加强双创示范基地之间在创新研发，推进集成方面的应用，增强双创生态系统的内部联系。**二是**以国家技术转移东部转移中心—苏南中心等机构为依托，努力推进创新券在长三角区域的通兑通用。**三是**建设一批长三角双创

服务社团组织，负责组织孵化机构、创投机构人员交流、业务培训、项目信息共享。**四是**支持领军企业联合高校院所，建设集研发和转化为一体的新型研发机构，完善与技术交易市场有关的增值税、所得税和奖酬金政策体系，推进知识产权联合执法保护机制，探索建设长三角统一的技术交易市场。**五是**依托长三角双创高地，以大数据为基础绘制长三角双创地图。**六是**举办高层次、国际化的长三角双创活动，加强对长三角双创服务人才、创新创业人才的培训与交流。

4. **推进长三角金融一体化发展**。**一是**积极探索建立标准统一的区域性地方金融监管细则，加强长三角地区金融业分工协作，打造功能互补、优势叠加、特色明显的长三角一体化金融生态集聚圈。**二是**加快推进长三角区域股权市场一体化，建立长三角地区五家区域性股权市场联席会议制度。**三是**积极争取国家各金融管理部门将更多的金融改革创新政策放在长三角地区试点，推动有条件的创新成果跨区域市场化推广应用。**四是**把握科创板注册制试点的有利时机，共同挖掘和培育优质上市备选企业。**五是**构建长三角多层次资本市场合作新机制，积极探索银行、证券、保险、基金和保理等金融机构在资本市场的功能定位及协同配合。**六是**加快建设区域金融风险监测防控体系，探索建立金融风险监测预警协作机制，实现跨市场、跨行业、跨区域的风险监管，推动三省一市监管联动。**七是**规范长三角金融服务标准及功能一体化。**八是**打造长三角区域合资银行融资的新平台，更好地满足长三角地区中小微企业的融资需求。**九是**普及防范金融风险及知识教育的新模式。

5. **加快推进长三角交通一体化建设**。**一是**通过打造东部沿海高速通道，推进以上海为中心城市的都市圈轨道交通建设，有针对性地推进高速铁路、市域铁路和轨道交通的规划建设和相互衔接，加快推进城际交通建设。**二是**建立长三角智慧交通一体化推进领导小组、推进机制及推进平台，加强各交通工具换乘节点之间的衔接，加强一体化智慧交通建设，联合推进区域性智慧出行服务系统的建设和市场化运营，尝试交通一体化运营的体制突破，建议成立长三角高速公路集团。**三是**加快推进长三角港口一体化，统筹规划长三角港口功能定位，协同长三角港口群业务，推动长三角各港区的港政、航政、海事、海关等各方面功能的协调一致和统一管理。以"互联网+"的创新思维，打造长江集装箱多式联运综合服务平台，加强长三角港口群的信息共享，推动核心港口企业良性竞合。**四是**积极推进构建集约高效的综合交通运输体系，大力推进江海直达、水水中转、海铁联运等多式联运。

6. 加快推进长三角公共服务一体化建设。一是打造公共交通"一卡通"、公共服务"一号通"、公共文化"一票通"、异地综合服务"一门通"，加快推进长三角区域公共服务便利化。**二是**探索长三角区域公共服务体系的合作立法机制，帮助和扶持较落后地区健全公共财务制度和社会保障制度。构建合作机制，推动欠发达地区公共服务设施建设。**三是**探索长三角医联体医疗服务模式。进一步推进分级诊疗，推进医生集团和公立（三甲、三专）一样，实现医生（跨域）异地（跨域）多点执业。建立互联互通的专科医联体数据库，推进医护人员、病患的双向自由流动，病患支出、政府补贴依托互联网流动，患者医疗数据、信息的跨级、跨域共享，医疗器械乃至医疗机构依托域内的一体化交通灵活布局，基于财政前提的医保域内异地结算机制。

7. 推进长三角食品监管一体化建设。一是建立常设的长三角食品安全联席机构，负责政策制定、规则协调、执法协调、技术支持、日常调研、课题研究、维护平台、及时发布食品安全信息。**二是**建设统一的食品安全追溯体系。可参考《上海市食品安全信息追溯管理办法》，出台长三角食品安全信息追溯方面的法律法规，制定区域内食品安全信息追溯统一技术标准，加快建设统一的食品安全追溯平台，并建立长三角地区食品生产、销售、运输企业数据库。**三是**建设"标准统一、资源优化、一口出证、结果互认"的食品检验机制。加强区域内检验机构技术环节的培训和交流，实现区域内检验机构的检验能力和检验技术对等化和机构间的认同性。依靠日趋成熟政府云技术，在长三角试行检验报告一口出证。实现长三角食品安全抽检信息共享。允许经过授权的检验机构跨省市接受食品安全检测委托，鼓励和支持社会力量兴办第三方食品检验检测机构。

8. **推进长三角水环境建设。一是**组织编制长三角跨行政区水环境发展建设规划。针对重点河流流域、湖泊及水源保护区，组织编制长三角地区跨行政区的《长三角地区自然水生态系统污染流域治理与水生态保护详细规划》和相应的具体河流与湖泊分区段《水污染治理实施方案》。**二是**建立健全长三角水系污染治理为重点的生态保护一体化、法治化、长效化机制。对沪苏浙皖三省一市已经建立的涉及长三角区域污染防治协作机制与生态环境保护司法协作机制，进一步提升、细化和落实，为我国水系生态污染治理探索一条"江南水乡"新模式。

9. **推进长三角区域性专门法院建设。**为适应长三角区域经济的快速发展以及专门法院受理的案件数量逐年上升，着力解决司法资源局域化、管辖的区域有限、专业程度不统一、解决机制单一化等问题，在现有的专业法院基础上，进一步设立跨行政区域的航空法院、破产法院、互联网专业法院、劳动法院。同时，建立财政资金保障机制，专门法院各类支出费用由中央政府统一拨款，从而最大限度地保障跨区域型法院的独立性，推动长三角区域司法体制改革，营造法治化的营商环境。

10. **推进长三角政务数据平台一体化建设。一是**加强长三角政务数据平台一体化顶层设计。制订长三角信息资源统一规划，为大数据的深度融合运用留出空间和接口，为长三角全领域一体化提供基础信息化资源。在数据标准、质量、流程以及组织管理和数据安全等方面做出专业化可操作的标准。**二是**共建共享长三角大数据中心及公共平台。构建数据资源共享体系，强化数据治理推动政务数据一体化，通过常态化的审计，加强对各地政务数据共享成效的监督检查。制定政务数据一体化评价指标体系，建立评价与行政问责、部门职能、建设经费和运维经费约束联动的管理机制。**三是**通过政务数据一体化示范项目建设，探索区域政务领域流程统一、服务标准化的实施路径。

长三角政务数据平台一体化建设研究

长三角一体化的关键之一是人才、信息、技术和资本等要素自由流动和资源的优化配置，而政务数据一体化建设是突破行政区划造成的体制和政策障碍的最有效途径。

一、长三角政务数据一体化建设中的问题

通过调研及走访，研究国、内城市群和典型湾区的建设经验，归纳长三角政务数据一体化建设中存在的共性问题如下：

1. **数据一体化顶层设计尚未出台**。目前各地政务信息系统建设有序推进，但尚未出台长三角区域政务数据一体化的顶层设计，三省一市之间政务数据的互联互通尚未实现。

2. **数据统一的标准规范尚未制定**。各地政务信息系统建设过程中尚未统一标准或规范，采用的数据格式、元数据的标准类型、数据的编码方式不统一，采取的处理技术、共享交换标准各异。

3. **业务流程与服务事项尚待统一**。如市场监管，各地的执法标准、监管事项均存在一定的差异。在受理同一事务时，所需材料、办理流程和执行标准尚未统一。

4. **数据一致性和质量无法保证**。各地在基础数据的质量评估、校验与比对体系各有差异，跨区域的基础数据一致性无法保证，阻碍数据一体化平台建设和应用。

5. **数据在民生领域应用仍需拓展**。如异地就医养老结算由于数据互通的问题只能点对点进行，尚不能大规模铺开，跨地区的交通"一卡通"只能实现部分地区的覆盖。

6. **数据应用的权责机制尚待建立**。尚未成立负责长三角政务数据一体化规划、实施、运营和协调的专门机构，跨地区数据共享的权责机制尚待建立。

二、国内外城市群发展情况调研和经验总结

调研分析发现国内外一体化区域实现人才、信息、技术和资本要素的便捷流动和资源整合成功的背后是政务数据一体化的支撑，其经验值得借鉴。

（一）京津冀协同发展公共服务一体化举措

1. **重视民生服务均等化**。实施异地就医直接结算，共享优质医疗资源；实施高校干部、教师异地挂职，提升高等教育协同发展水平；成立大数据协同处理中心，打通区域政务数据。

2. **交通一体化是重中之重**。将河北机场集团纳入首都机场集团，完成跨省客运班线公交化改造等措施，跨省组建码头公司共享集装箱航线，从而推动港口、机场和客运等交通一体化工作。

3. **产业有序转移与精准承接**。共同研究制定相关建设内容，明确"新两翼、四大战略合作功能区、46个专业承接平台"，进一步引导三地产业有序转移与精准承接。

4. **强势推进生态一体化**。共同发布环保"统一标准"，统一应急预警分级，采取地域联动、时间联动、人员联动等模式。建立环境执法联动工作机制，确立定期会商、联动执法、联合检查、重点案件联合后督察和信息共享制度。

（二）粤港澳大湾区公共服务一体化举措

1. **基础设施互联互通**。通过基础设施互联互通，进一步推动港澳与内地的无缝对接。尤其是港珠澳大桥的全线贯通，加速了资源和要素在粤港澳之

间的流动。

2. **建设大湾区政务服务中心**。珠三角区域在医疗医保方面对接，公交卡（岭南通）基本全覆盖，成立"大湾区广州琶洲政务服务中心"为粤港澳居民和企业提供一站式政务综合服务。

3. **建设粤港澳深度合作示范区**。落实港澳居民在前海工作免办就业证，专业资格互认；上线港人港企数据认证服务平台，支持香港数字证书；成立"内港通"，解决港企面临的注册、税务、法律和劳务等问题。

（三）欧盟政府数据"数字单一市场"战略

1. **确定跨国共建共享的合作模式**。欧盟从统一政策、财政资金、培训机制以及质量评估四个方面确定跨国共建共享的合作模式，明确公共数据的重要作用，以实现欧盟国家之间数据的自由流动。

2. **通过 EDP 平台实现政府数据共享**。建立完善的数据管理体系包含：数据收集、数据发布、数据整合、数据利用、数据使用许可协议，并详细说明了政府共享数据的步骤和方法，明确规定了收集数据的要求。

（四）东京湾区信息一体化建设

1. **基础设施建设方面**。通过"东京泛在计划"建设普及的信息基础设施，推动信息技术广泛深入应用。广泛采用 RFID 识别技术，通过移动装置读取"场所"及"物品"的信息标签。

2. **规划及政策方面**。建设交通、环境和信息共享平台，产业一体化等不受行政区划限制的政策，不划分具体的城市等级，确保都市圈内各城市间的协作。

3. **信息共享应用场景方面**。注重交通、医疗和环保等促进民生的公共服务事项。如电子病历系统在各类医院基本普及，实现了诊疗过程的数字化、无纸化和无胶片化。

（五）纽约湾区信息一体化发展

1. **全方位的信息化发展**。网络的普及为信息技术深度应用与信息服务的惠及共享奠定基础，通过信息化手段提供优质公共服务，成立专门的组织协调机构负责信息化工程的实施等。

2. **开展智慧城市建设提高服务质量**。建设了统一的呼叫中心，通过网站为市民提供大量的信息，处理公众与政府相关的事务，利用移动应用程序，加强与当地居民的沟通和交流。

（六）旧金山湾区一体化发展要素

1. **海陆空交通网络串联助推各要素聚集**。捷运系统连通机场、火车站和渡口，连接公车等交通系统，并通达商业文化中心、高科技企业、高校及研究实验室，助推了高科技和金融投资人才的聚集。

2. **人才资金技术和政策聚集带来新动力**。斯坦福产业园区对科研的促进，加上金融对创新和技术强有力支撑，形成了鼓励创新的驱动循环，人才、资金、技术和政策的集聚效应为湾区带来了新动力。

（七）国内外城市群发展经验总结和借鉴

1. **注重制定整体战略规划**。出台政府数据开放的国家战略相关文件，要求将政府数据作为资产进行管理，从战略层面统筹规划与宏观指导政府数据的治理。

2. **注重信息基础设施建设**。特别重视信息化基础设施的建设，包括泛在互联的网络、统一的大数据中心、政务服务平台、门户的建立，从而提高了数据汇聚整合、共享交换和统一服务的能力。

3. **重视标准规范及立法**。注重运用法规制度体系来规范和保障政府数据治理，并注重数据立法与法规政策制定的完整性，形成了覆盖政府数据流程、前后环节呼应、内容衔接紧密的一体化制度体系。

4. **鼓励开展政务数据民生应用**。先进的城市群都将公共服务作为政务大数据的重要应用场景，开展政务数据一体化在医疗、交通和环保等民生领域的应用。

5. **科技创新是巨大驱动力**。旧金山湾区的发展已充分验证了高校对科技创新的巨大推动力。应将整个长三角作为科技创新区，最大程度上消除人才、技术和信息等要素自由有序流动的障碍。

6. **产业协同是发展的着力点。**东京以产业升级为契机，使周边城市不断发展。长三角内部互补优势明显，应发挥各地区的比较优势，加强地区之间的合作与联系，形成具有互相促进的区域产业协同体系。

7. **金融协同提供发展资金支持。**纽约湾区汇聚了众多的银行、保险、证券和风投基金等金融机构。长三角应充分利用上海国际金融中心建设，构建"科技＋金融"生态圈，为创业企业提供金融支持。

8. **交通互联是协同发展的基础。**旧金山、东京湾区的发展历程表明，交通互联是湾区协同发展的重要基础。长三角应加快建设现代综合交通运输体系，增加公共交通出行和城市之间的要素流动。

9. **政务数据共享是一体化的保障。**政府数据共享是公共服务同城化的基础保障。长三角一体化应出台包括数据战略规划、法规制度、数据应用等举措，不断推进政府数据的跨区域共享、开发与利用。

三、长三角政务数据一体化建设总体思路

以"一中心、一门户、两基础平台为基础，五基础数据库为支撑，三服务平台为纽带，聚焦 N 个重点领域应用"，从数据共享同步机制、网络监管与安全保障、技术标准和运维管理等方面建设长三角政务数据一体化完整体系。

政务数据一体化建设是一项系统工程，涉及机制体制创新、组织结构的搭建、标准规范的制定，建议分三步走：

第一步到 2020 年，构建组织结构和工作机制，制定实施路径和方法，在顶层设计、标准规范、数据治理、政务大数据中心等方面取得突破；

第二步到 2022 年，完成基础数据库及平台，对跨地区各类办事服务平台进行整合，完成政务服务总门户、社保统一征收、政务总客服热线等重点项目；

第三步到 2023 年，全面完成政务数据一体化建设，统一服务流程和服务标准。

（一）共建共享新一代信息基础设施

应共建共享信息网络实现传输信息及数据的互通，共建共享集统一计算、网络、存储和安全资源的政务大数据中心，实现政务信息资源整合和交换、政务大数据挖掘分析、政府数据开放等功能。

（二）基础数据库建设

完善人口、法人、地理信息、宏观经济、电子证照等基础数据资源库建设，确保一数一源，统一数据口径，避免由于数据一数多源带来的基础数据不准确风险，根据各部门业务需求，汇聚形成业务专题数据库，并制定不同的数据存储结构和存储策略。

（三）一网通办总门户

建设长三角一网通办总门户提供公共服务和政务服务，为法人及个人提供审批事项办理、办事指南查询、政务信息咨询等服务。同时整合 App、微信公众号、微博平台等各类移动终端信息资源，打造长三角区域统一移动门户。

（四）两大基础支撑平台

建设长三角一网通办平台，以统一的入口、标准化的流程为各地企业、居民提供高效、便捷的服务。同时建设政务数据共享和交换的支撑平台，基于资源目录体系的数据交互和共享机制，提供数据资源目录的注册、发布、查询、获取和应用等服务。

（五）三大公共服务平台

1. **长三角市场监管平台**。以法人、信用信息跨区域互通共享为基础，以统一电子证照为依托，建设长三角市场监管平台，提升长三角区域协同监管、联合执法惩戒、应急处置、决策分析与预警能力。

2. **长三角科技创新服务平台**。建设长三角科技创新平台，承担长三角产业重点领域基础性、战略性、前瞻性应用基础研究及共性技术研发推广。

3. **长三角产业服务平台**。构建长三角产业公共服务平台，作为区域产业发展与政府、社会服务资源之间的联系纽带，以企业发展和产业升级共性需求为导向，提供全方位、多层次的产业公共服务。

（六）重点领域应用

1. **社保服务一体化平台**。统一社保的操作流程，提高社保缴纳的信息化程度，通过社保相关信息数据在平台上跨区域范围的互联互通，打通社保服务中的各种症结。

2. **长三角客服热线一体化**。设立长三角政务服务总客服，并与公共服务平台联动，打通三省一市的派单流程和知识库信息同步流程，向居民提供咨询、求助和投诉的政务服务。

3. **优势互补的产业体系**。依托政务数据一体化产业服务平台，发挥各地在产业发展上的特色优势，共享人才流、资金流和信息流，发挥"互联网＋服务"和"智能＋制造"优势融合的溢出效应，构建现代化产业体系。

4. **科技协同创新体系**。以科技创新平台为统一归口，开展科技信息、人才、资金、项目的系统整合；整合大学、科研院所、企业等创新力量，形成区域产学研合作；为创新活动提供成果信息、文献查询、仪器共享等公共服务。

5. **金融协同支撑体系**。依托政务数据一体化基础平台打通金融、投资机构与企业、创新平台，融合跨地区的金融资源；协同上海自贸区战略，吸引中外金融机构服务区域经济。

6. **能源互济互保体系**。利用数据一体化建立长三角统一的区域能源管理平台，对各地用能与产能数据进行汇总分析，并进行相应的能源储蓄、调度、调控等。

7. **环境整治联防联控体系**。以政务数据一体化基础平台和基础数据库支撑，在环境规划、监测、执法等方面进行数据共享，实现联防联控，比如水源地协同保护等。

（七）政务大数据应用

在政务数据共享的基础上开展大数据应用，充分发挥政务大数据一体化在产业系统、科技创新、公共服务和联合监管等方面的支撑作用，在关键应用场景先试先行。

（八）数据共享同步机制

建立长三角政务数据共享交换机制，成立专门机构负责落实数据交换共享，建立跨区域协同机制，设置横向联络机制，促进政务数据的跨区域高效互通。

（九）网络监管与安全保障体系

建立政务大数据安全管理体系，加强对重要信息的保护和管理。强化网络日常监管，加强安全态势感知分析，定期开展风险评估和压力测试。

（十）技术标准体系

建立长三角政务数据信息共享标准体系，制订公共数据采集、开放、共享、分类、质量和安全管理等关键共性标准，研究制定数据交换标准。

（十一）运维管理体系

形成分级管理、责任明确和保障有力的一体化运营管理体系，整合运营资源，建设专门运营管理队伍，统一负责组织协调、督促检查和评估考核等工作。

四、长三角政务数据一体化建设对策和建议

1. **共建共享长三角大数据中心及公共平台**。构建数据资源共享体系，实现区域的数据共享和交换。鉴于上海市大数据中心规划建设已全面展开，建议扩建成长三角大数据中心。

2. **制订长三角信息资源统一规划**。从数据获取源头、未来可接入的公共数据等方面考虑，为大数据的深度融合运用留出空间和接口，为长三角全领域一体化提供基础信息化资源。

3. **制定政务数据一体化技术标准体系**。在数据标准、质量、流程以及组织管理和数据安全等方面做出专业化可操作的标准，明确政务数据一体化的目标、范围、标准、元数据、数据质量以及利用原则、数据安全等核心问题。

4. **在示范区建设政务数据一体化示范项目**。通过政务数据一体化示范项目建设，探索区域政务领域流程统一、服务标准化的实施路径。

5. **强化数据治理推动政务数据一体化**。制定整体数据开放战略、治理法律框架和质量管理标准、提供数据资源共享机制与开发机制，强化数据治理能力，提高数据开放风险防范水平，增进数据开放规模和质量，强化数据服务功能。

6. **统一审计监督和统一评价体系**。通过常态化的审计，加强对各地政务数据共享成效的监督检查。制定政务数据一体化评价指标体系，建立评价与行政问责、部门职能、建设经费和运维经费约束联动的管理机制。

7. **共建长三角创新协同带**。充分结合上海在战略新兴产业、浙江在互联网产业、江苏在制造业、安徽在人工智能产业的各自优势，共建优势互补的创新带。发挥"互联网+"和"智能+"的赋能作用，形成长三角创新带。

8. **构建长三角金融协同带**。利用上海金融中心汇聚全球金融巨头的优势，创新金融政策、金融要素市场、金融数据和信息、金融人才的一体化发展，为长三角发展提供金融支持。

关于长三角区域性专门法院建设的研究

随着长三角区域经济的快速发展，长三角区域的专门法院受理的案件数量逐年上升。但是这些专门法院并未实行跨行政区域管辖，在司法实践中产生许多问题。为此，应从顶层设计入手，加快推进长三角区域性专门法院的跨区域管辖，并做好相关的配套工作。

一、长三角区域专门法院的现状

目前长三角区域已设立的专门法院／专门法庭有：铁路运输法院、海事法院、知识产权法院、金融法院、互联网法院／互联网审判庭、破产法庭、环境资源审判庭。

我国自 1954 年起在全国（其中包括上海、杭州、南京）设立铁路运输法院，审理第一、二审有关铁路运输的刑事、民事案件；目前，上海铁路运输中级法院已经改造为跨行政区划法院，即上海市第三中级人民法院。

我国自 1984 年起在全国沿海城市（其中包括上海）设立了 10 个海事法院，专门审理海事海商案件；且海事法院的管辖区域不受陆地行政区划的限制。

我国自 2014 年起相继在北京、上海、广州设立了知识产权法院，级别相当于中级人民法院。其中上海知识产权法院司法实践中，上海知识产权法院并未完全实现 2014 年设定的跨区域管辖的目标，仍管辖本地第一审知识产权民事和行政案件。

我国 2018 年 7 月在上海设立了首家金融法院，级别相当于中级人民法院，管辖本地第一审金融民商事案件和涉金融行政案件。

我国自 2017 年以来相继在杭州、北京、广州三地设立互联网法院，专门受理网络纠纷案件，并在 2018 年的相关司法解释中传递了实施跨行政区域管辖的法改革方向；但上海地区仅 2018 年初在长宁区人民法院内设互联网审判庭，管辖本地第一审网络纠纷案件。

我国自 2019 年起在深圳、北京、上海三地陆续设立破产法庭。上海市第三中院内设的破产法庭管辖本地的第二审强制清算和破产案件（上海金融法院、上海铁路运输法院管辖的破产案件除外）、衍生诉讼案件等。

我国自 2014 年起在各地中级人民法院、基层法院设立了在 100 多个环境资源审判庭，也覆盖了长三角区域，管辖本地第一、二审有关环境资源的民事案件。

二、长三角区域专门法院存在的问题

1. **司法资源局域化，不利于提高效率**。现阶段浙江、江苏、安徽三省地区的金融、知识产权案件因缺乏上海地区成熟的办案经验，办案效率较低。而上海地区管辖范围有限，这导致许多办案经验无法在长三角"三省一市"的金融案件和知识产权案件中运用，不利于在最短时间内利用最少的司法资源达到最佳的效果。且杭州的互联网科技领先于长三角区域，但杭州市互联网法院却因为管辖局域化并未对上海地区的互联网审判庭产生领头作用，同样也不利于长三角地区互联网案件司法效率的提高。

2. **管辖的区域有限，不利于查清事实**。由于行政区划的限制，上海金融法院、上海知识产权法院和杭州市互联网法院如想查清涉及浙江、江苏、安徽的商业活动事实，有一定的阻碍。有些案件事实可能无法查清，司法效率较低，也不利于提高当事人的诉讼效率。

3. **裁判标准不统一，地方保护仍存在**。上海金融法院仅管辖上海地区的

149

金融案件,不利于法院应对新型争议总结典型案例,也不利于减少审判法院不一带来的同案不同判的问题。同时也不能有效避免地方保护,不利于提高裁判的公平公正、提高司法公信力。

4. **不符合设立初衷,不利于实现目标**。知识产权法院已经成长为可以进行跨省管辖的法院,但其并未按照《全国人民代表大会常务委员会关于在北京、上海、广州设立知识产权法院的决定》的原有规划将其建设成为跨区域性法院。相较于普通法院,知识产权法院和金融法院均与科技创新和经济发展的关联性更强,而管辖局域化不利于实现知识产权法院集中审理的战略目标和建立公正、高效、权威的金融审判体系。

5. **专业程度不统一,金融案件审判难**。金融案件相比于其他的案件,涉及相关的内容更加专业化。三省地区相比已设立金融法院的上海地区缺乏一定的专业知识储备和相关案件的审判实践经验,而上海金融法院管辖范围有限,使三省地区处理金融案件往往更为困难。

6. **仅着眼诉讼领域,解决机制单一化**。现今长三角区域的司法改革大多着眼于诉讼领域,从宏观来看,长三角区域一体化仅关注诉讼领域是不够的。长三角区域由于缺少多元化解决机制的建设、实施执行联动等举措,致使争议解决不够到位,三省一市执行难,不利于实现长三角区域一体化。

三、解决对策

1. **实现跨区域管辖并确立范围**。三省一市可以以上海知识产权法院和上海金融法院为中心实现跨省级管辖。同时域外有许多设立跨行政区划专业法院的国际惯例,如:美国联邦巡回法院(CAFC),美国成立了联邦巡回法院,统一对专利上诉案件进行管辖,从而实现对专利裁判标准的统一;英国金融服务和市场庭(FSMT),该法庭是英国司法部下属的独立司法机构,向大法官负责,它的受案范围是专门处理监管者金融服务局(FSA)和被监管者之间的争议。

2. **跨区域管辖由中央财政支持**。以上海市已有的上海金融法院和上海知识产权法院为例，一旦将二法院建设为跨区域型法院，不宜再由上海市政府财政提供资金支持，也不宜由其他省市地方政府财政提供资金支持，而应由中央政府统一拨款，从而最大限度地保障跨区域型法院的独立性。

3. **减少区域内一审案件的管辖**。勿泛化成任何普通金融案件都归金融法院管辖，而是进一步筛选，能够由基层法院受理的，由基层法院进行一审，如有争议，由金融法院作为二审法院进行审查。通过区分一、二审案件，可以提高金融法院以及知识产权法院审判人员的时间和精力，从而能够更有余力地解决更具争议性、典型性的问题。

4. **设立派出法庭降低管辖难度**。以上海金融法院为例，其可以仿照海事法院的派出法庭的模式，利用大数据统计，在案件数量多、密度大的城市（如温州、宁波、杭州、南京、合肥等）设立一定数量的派出法庭，一定程度地解决地理问题，减轻当事人的负担。

5. **多元化解决机制与执行联动**。参考《关于加强长江三角洲地区人民法院执行联动信息共享合作的协议》《长江三角洲地区人民法院加强跨域司法服务协作的协议》中的举措，在长三角区域建立多元化解决机制、实行执行联动。如：在长三角区域设立商事调解中心、在长三角区域内探索设立境外仲裁机构；建立统一的司法辅助服务体系、统一规范的委托执行手续、实行执行工作的统一清单制等等。域外也有许多惯例和条约，如：《联合国关于调解所产生的国际和解协议公约》为域外的商事调解与和解提供了许多有价值的条款和经验；美国 ADR 争议解决机制，其包括了协商谈判、调解、调解与仲裁相结合、微型审判、简易陪审员、早期中立评估、租赁法官等许多值得尝试的方法。

四、近期可开展的配套性工作建议

作为长三角区域一体化建设这一国家战略的领头羊，上海发挥着巨大的作用。《上海市城市总体规划（2017—2035 年）》以及 2018 年 1 月党中央、国务院对上海发展提出了新要求：加快推进国际经济、金融、贸易、航运、科技创新"五个中心"建设，努力把上海建设成为卓越的全球城市和社会主义现代化国际大都市。这意味着建设上海"五个中心"是实现长三角区域一体化面临的新形势、新任务；同时，为了落实长三角区域一体化建设，浙江、江苏、安徽三省根据各自优势对上海实行区域内的优势互补。因此，我们认为，近期可以进行如下改革：

1. **设立航空法院，充分发挥上海作为长三江区域航空枢纽的战略地位**。随着上海在全球贸易和航空枢纽地位日益显著，2014 年全球唯一一家专业航空仲裁机构"上海国际航空仲裁院"揭牌成立，上海已具备国际领先的航空案件处理水平，在上海设立航空法院的条件已经具备。根据《新时代民航强国建设行动纲要》以及上海"五个中心"的定位设立航空法院可弥补航空诉讼案件无专业审理渠道的空缺，更可充分发挥上海作为长三江区域航空枢纽的战略地位。

2. **设立破产法院，加强长三角区域的破产司法能力**。现阶段长三角区域无独立的破产法院，仅凭上海一地的破产法庭无法带动长三角区域破产司法能力的提升。破产法庭管辖的局域性同样不利于三省一市的司法协调。且现阶段即使长三角区域部分法院在中院设立了破产审判庭，但其仍承担了其他案件的审理职能，甚至是主要以审理诉讼案件为主，显然不利于破产制度效能的发挥。建议在江苏设立破产法院，其管辖、运作模式等参照上述金融法院、知识产权法院，以平衡各地政府所代表的不同利益。

关于推进长三角协同创新体系建设的研究

长三角地区集中了全国 1/4 的双一流高校、国家重点实验室、国家工程研究中心。建设长三角协同创新体系，是贯彻落实"长三角一体化"国家战略的具体举措，也是深入推进上海科创中心建设的重要支撑。2018 年 10 月，长三角三省一市科技部门签署了构建区域创新共同体战略合作协议，在资源共享、共建跨区域生态方面已取得一定积极成效。未来，长三角协同创新体系建设需要发挥双创示范基地的核心作用，创造联动发展新模式，将长三角城市群打造成为世界级创新高地。

一、长三角协同创新体系建设的现状

1. **要素协同丰富多样**。一是以企业为主导的协同创新模式丰富多样。如以复旦大学为牵头单位，通过长三角区域高校和企业的协同创新工作，实现集成电路设计与国际同步发展。上海鲲鹏生物公司在南通建立原料药基地，与无锡的江南大学、上海的华东理工大学等合作，企业到昆山也可以利用上海的科研资源。二是长三角科研院所间的交流合作十分紧密。从被科学引文索引（SCI）和社会科学引文索引（SSCI）数据库收录的国际科技论文来看，由长三角跨省域（直辖市）不同地区作者共同撰写完成的期刊论文的合作数量，连续 7 年持续增长。三是长三角科技金融合作已经迈入新阶段。长三角已设立"长三角一体化发展投资基金"，发挥投资基金对长三角一体化的促进作用。另同时，长三角地区共建协同优势产业基金，在合作方式方面已达成共识。

2. 产业协同成效显著。一是长三角集成电路产业已形成多种协同创新模式。跨（省）界园区模式：如上海的华虹集团作为国内集成电路的骨干企业，已在长三角设立华虹半导体（无锡）有限公司。合作认购模式：中芯国际参股江苏长电科技，形成一条长三角区域内完整的半导体垂直产业链，共同寻求开拓国际市场。二是长三角生物医药产业已形成三类协同创新模式。品牌输出：如复旦复华海门科技园、上海理工南通通州湾科技园等。共建园区：如2009年张江与无锡共同成立的无锡（惠山）生命科技产业园，就是上海张江生物医药基地合作园区。离岸创新：如2013年底，衢州设立上海张江（衢州）生物医药孵化基地，通过在上海张江设立研发飞地，接轨生物医药领先技术，实现"研发在上海，制造在衢州"。三是长三角重点产业合作深度增加。三省一市地区参与合作共建园区已超过200个，涉及政府部门、园区、企业、机构等约500家，主要集中在服装、机械制造、电子器械等领域。2018年以来，三省一市先后启动了集成电路产业创新、氢走廊建设发展等新兴产业领域的创新协同规划研究工作。

专栏1：杨浦区探索长三角园区合作新模式

区区合作典型案例——上海杨浦（海安）工业园。由上海杨浦区与海安县合作共建，规划面积5平方公里。2009年8月正式签约。目前已入驻企业10多家，主要产业为新材料、汽车零配件和安防电子等。集聚了包括长江智谷科技园、挪宝新能源全球研发运营中心、大数据中心、中科院膜技术研究中心等30个生产性服务业项目，总投资已达150亿元。

高校—地区合作典型案例——复旦复华海门高新技术产业园。由上海复旦复华科技有限公司与海门经济技术开发区合作共建，位于海门经济技术开发区内，规划面积0.78平方公里。园区重点发展以电子信息、新型材料、环保科技、生物工程等新兴产业为核心的科技研发、教育培训和总部经济。2010年3月正式签约，2011年4月举行揭牌仪式，目前一期复华药业已竣工。

3. **平台协同体系完善**。一是资源共享平台逐步搭建。2006 年起，先后建设了长三角大型科学仪器、科技文献、技术转移服务等创新资源共享服务平台，加速各类创新要素跨区域开放、共享和流动。截至 2018 年 12 月，"长三角区域科技资源共享平台"已集聚区域内的 628 家单位的价值 50 万元以上的仪器设施达 20 407 台（套），总价值超过 280.1 亿元人民币。二是长三角新型研发机构蓬勃发展。依托上海脑科学与类脑研究中心，将构建跨区域脑科学协同研究网络，并探索发起大科学计划。以克隆猴技术为基础"G60 脑智科创基地"，将带动"G60 科创走廊"新型脑智科技产业发展。上海高校院所纷纷到苏浙地区建立工业技术研究院、孵化器等产学研创新载体，例如复旦大学宁波研究院、上海交通大学嘉兴科技园。三是长三角技术转移合作平台成效显著。三省一市建立了长三角技术市场四方联席会议机制，实现"培训教材统一、培训标准统一、考试形式统一和资质认证统一。"成功举办首届 2018 年长三角国际创新挑战赛。三省一市技术市场交易活跃，详见表 1。长三角之间的专利互转数量激增。长三角区域专利转移包括了技术输入和技术输出总量。从转移专利数量来看，2010 年专利转移数量为 694 件，到 2017 年增加至 7 495 件，增长幅度 9.8 倍。

表 1　2017、2018 年 1—8 月上海技术市场流向苏浙皖情况

	2017 年 1—8 月合计		2018 年 1—8 月合计	
	合同数（项）	成交额（亿元）	合同数（项）	成交额（亿元）
"四技服务"总数	12 669	358.98	12 537	762.34
其中，流向上海	7 563	97.31	6 867	288.65
流向江苏	840	14.04	1 112	30.55
流向浙江	677	6.61	701	35.50
流向安徽	103	2.04	131	8.14

数据来源：上海市科技信息中心。

4. **政策协同务实高效**。一是"长创联办"的设立探索区域协同发展的实体推进。2003 年 11 月,上海市、江苏省、浙江省人民政府就在国家科技部的指导下签订了《沪苏浙共同推进长三角创新体系建设协议书》,建立了由两省一市主管领导组成的长三角创新体系建设的联席会议制度。2005 年安徽省也列席联席会议。联席会议下设办公室(简称"长联办"),下设长三角区域创新体系建设联席会议办公室(简称"长创联办"),由三省一市科技厅(委)组成,重点推进区域创新体系建设。二是长三角双创示范基地联盟设立,探索区域资源集聚。2018 年 4 月,长三角双创示范基地联盟在上海正式成立,为进一步加强沪苏浙皖三类 25 家示范基地间的互联互访,通过联合举办各类创新创业大赛、学习交流活动、文化体育比赛等,营造双创良好氛围;同时还成功举办了 2018 年"创响中国"首站活动,以及首届长三角 25 家双创示范基地工作交流会。三是创新券通兑通用探索区域政策一体化。上海先后与浙江、江苏合作,探索"创新券"区域内通用通兑机制,当地的企业使用上海的仪器和技术服务,可获得当地的科技券补贴支持。2017 年,上海市科委、浙江省科技厅、嘉兴市政府三方签订浙沪科技创新券跨区域使用嘉兴试点合作协议,嘉兴市累计有 212 家企业选择使用上海 35 家科研单位和机构的 3 000 多次服务,总消费金额 462 万元。2018 年 12 月,长三角首张通用通兑科技创新券在昆山发放,实现沪昆两地科技创新券的跨区域使用、跨区域兑现。

专栏 2:杨浦区积极探索更高质量的长三角协同创新模式

2018 年 4 月 21 日,为进一步加强长三角区域"双创"示范基地的协同创新效应,以杨浦区双创示范基地为主导发起成立了长三角双创示范基地联盟,将进一步发挥区域、高校科研院所、企业三类示范基地的不同资源优势,开展合作交流,共建"内聚外合"的开放性创新网络。

"长三角双创示范基地联盟"举办了 2018 年"创响中国"首站活动和首届长三角 25 家双创示范基地工作交流会。加强了沪苏浙皖三类 25 家示范基地间的互联互访。

> **专栏3：上海—昆山创新券通用通兑协议签订**
>
> 2018年6月15日，昆山市委常委、昆山高新区党工委书记管凤和国家技术转移东部中心执行总裁颜明峰共同为国家技术转移东部中心昆山分中心进行了揭牌，同时昆山市科技局局长陆陈军和国家技术转移东部中心执行总裁颜明峰共同签署了"上海—昆山科技创新券通用通兑运营服务合作框架协议"。昆山分中心的落成将运用技术转移联动"沪昆"两地科技资源，搭建信息共享、技术交易服务、技术金融创新、技术转移经纪人培育、知识产权服务、技术转移大数据于一体的区域技术转移平台，营造一个功能完备的市场环境，加速技术转移和科技成果转化。

二、长三角协同创新体系建设面临的挑战

1. **各主体之间要素协同存在不足。**调研发现，长三角地区创新合作受制行政壁垒，存在条块分割现象，人才、技术、资本等要素流动不畅，缺乏系统设计。各地政府人才争夺大战持续上演，引起了人才不合理流动。已有的长三角科技中介服务战略联盟，组织松散，制度保障不足，合作成效不佳。

2. **数据资源协同难度大。**现有的行政区划管理使三省一市之间公共数据资源的获取与流动比较困难。公共数据供给机制不足，由于省市之间信息基础设施发展不均衡，统计口径的差异，难以获得连续数据并进行横向比较，使得数据客观上难以协同、共享。

3. **重点产业的协同深度不足。**在新一代信息技术、高端装备制造、生物医药、人工智能、新能源等重点战略性产业领域，尤其对于核心技术、关键部件和关键材料，缺乏长三角区域的整体协同、系统性布局和战略性谋划，同时，部分产业如海工装备等领域还存在"竞争大于合作"的现象。

4. **公共研发平台的共享服务能力有待提高。**长三角大仪网相关工作人员

的积极性不足，对长三角平台资源和信息的收集不全，跨区域服务协调性不够。重大科学设施，张江、之江实验室，江苏产研院等重大创新平台的共建共享机制还不健全，跨区域服务能力有待提升。

5. 创新创业的协同创新机制不健全。由于三省一市间行政区划和壁垒的存在，长三角政策、人才、技术、数据等创新要素，以及科技资源的跨区域流动存在障碍，没能真正实现资源高效利用和区域协同创新。

6. 创新创业政策层面的地区限制明显。三省一市之间的地方条例、科技政策彼此学习、大同小异，分别只适用本区域，长三角地区缺少统一的鼓励区域联动发展的科技创新政策；另一方面，受行政区划的限制，许多科技标准、资质、税收减免比率不统一。

三、推进长三角协同创新体系建设的思路

1. 提升上海创新策源能力。加快推进上海科创中心建设，强化上海辐射、服务长三角城市群高质量发展的功能。以更开放的思维贯彻新发展理念，打破周边城市单向接轨上海的思路，主动为南通建设上海"北大门"、盐城飞地打造"北上海"、嘉兴建设全面接轨上海示范区乃至更多区域形成上海新飞地等提供便利条件和支持政策。

2. 建设长三角一体化重点示范区。鼓励有条件、有意愿的毗邻地区以新发展理念为指引，率先突破体制机制瓶颈，建设各具特色的区域一体化发展示范区，如 G60 科创走廊、嘉（嘉定）—昆（昆山）—太（太仓）协同创新圈、青（青浦）—嘉（嘉善）—吴（吴江）环淀山湖科创示范区等，形成可复制、可推广的长三角城市群协同创新体系建设发展经验。

3. 形成战略合力。在推进科创中心的建设中，整合区域创新资源，集合城市群的力量共建国家实验室，打造一批研发与转化功能型平台，形成大科学设施集群，为提升长三角城市群的全球影响力和国际竞争力提供支撑。

4. 完善协调机制。结合机构改革，强化长三角区域合作办公室的统筹协

调功能；建立健全三省一市各级对应的工作机构，明确责任部门。完善长三角地区相关市、县（区）的协同推进机制，畅通跨行政级别的沟通渠道。

5. **统筹区域产业布局**。研究上海作为核心城市和周边城市群的产业分布问题，推进长三角整体产业布局，尤其是高端制造业和高新技术产业布局的一体化，构建合理的产业链，充分发挥各自优势，实现一体化的大市场、强市场。

6. **探索政策先行先试**。研究阻碍企业、科研院所、资金、技术、双创人才等市场流通的政策瓶颈，争取国家支持，率先探索先行先试。在产业发展领域，更多运用资本、技术和管理创新等手段，通过园区合作、项目合作、企业合作等形式，推进区域合作发展。

四、推进长三角协同创新体系建设的建议

未来，长三角创新创业生态体系要更加积极主动融入长三角区域协同发展体系，在长三角高质量一体化发展的大背景下，加强创新合作和资源对接，共建内聚外合的开放性创新合作网络。

1. **深化长三角双创示范基地联盟建设**。进一步推动长三角双创示范基地联盟做深做强，构建完备的联盟工作推进机制，建议成立一个非营利组织（拟名为长三角双创协同中心），由长三角双创示范基地联盟负责此机构各项工作的组织实施，与各示范基地共建共享开放式平台，加强双创示范基地之间在创新研发，推进集成方面的应用，增强双创生态系统的内部联系。

2. **推动科技创新券在长三角的通用通兑**。以国家技术转移东部转移中心—苏南中心等机构为依托，努力推进创新券在长三角区域的通兑通用。可以先从统一创新服务提供机构进入标准，建立共同的服务机构清单入手，再逐渐向资金跨区域直接拨付转变。

3. **建设一批长三角双创服务社团组织**。以杨浦区众创空间促进会、华东孵化器协会等组织为依托，设立长三角孵化机构、长三角创投机构联盟。联

合有意向的各类双创示范基地组织成立孵化机构、创投机构联盟，负责组织孵化机构、创投机构人员交流、业务培训、项目信息共享，努力提升孵化机构、创投机构服务能力。

4. **探索建立长三角知识产权交易市场**。依托杭州未来科学城、上海杨浦区、G60 科创走廊、徐汇漕河泾在知识产权保护方面的经验，联合其他长三角知识产权服务机构推进长三角跨区域知识产权联合执法保护的机制，加强对知识产权的保护力度。探索建立区域内统一的知识产权交易市场。以浙江科技大市场为基础，联合国家技术转移东部中心等共同推进探索建立长三角示范基地内统一的知识产权交易市场，共同推进科技成果转化。

5. **绘制长三角双创地图**。依托长三角双创高地（上海杨浦区、徐汇区、浦东新区、G60 科创走廊、苏州工业园、安徽合肥高新区、江苏常州武进区、杭州城西科创走廊、G60 科创走廊等），以大数据为基础绘制一张展示长三角创新创业资源、载体、机构双创地图，展示各基地创新创业资源信息，推进项目对接。

6. **举办高层次、国际化的长三角双创活动**。依托长三角的上海杨浦区、徐汇区、浦东新区、G60 科创走廊、苏州工业园、安徽合肥高新区、江苏常州武进区、杭州城西科创走廊、G60 科创走廊等区域，持续举办长三角系列双创大赛、高端会议和展览等活动。整合长三角现有的各类双创大赛、会展等活动，联合各地共同推出一系列以长三角冠名的双创大赛、会展等活动。组织"长三角"品牌系列的双创人才交流与培训。依托各类市场化培训机构，加强对长三角双创服务人才、创新创业人才的培训与交流。

关于金融助推长三角一体化高质量发展的研究

上海作为全球金融中心，具有区位优势、资源优势、科技优势和人才优势，用好上海自贸区平台，吸引中外金融机构共同服务长三角实体经济发展，加快探索长三角三省一市区域全新的金融监管体制机制，对于国家更好地深化金融供给侧结构性改革，走出中国特色金融发展之路具有重要意义。

一、长三角金融一体化的现状及取得的成果

1. **健全金融机构合作机制，夯实区域金融合作基础**。从 2014 年起，连续召开长三角三省一市地区金融办主任圆桌会议，在金融资源共享、金融机构合作、金融市场互联互通、金融环境优化等方面达成广泛共识，联系日益密切。2018 年 6 月 1 日，《长三角地区一体化发展三年行动计划（2018—2020 年）》发布，长三角金融一体化作为 12 个合作专题之一正式提上议事日程，并明确未来合作的路线图和时间表。2019 年 3 月 12 日，三省一市地方金融监管局在沪召开长三角科创板企业金融服务一体化专题会。

2. **发挥金融市场服务功能，拓展域内企业融资渠道**。截至 2018 年底，三省一市上市公司数量达到 616 家，占上交所上市公司总数的 42.9%；市值规模合计 7.78 万亿元，占沪市总市值 26.9%；千亿市值以上的上市公司 12 家，占 28%。上交所还在苏浙皖沪四地建成 5 个资本市场服务基地（长三角基地、苏南基地、南京基地、杭州基地、宁波基地）和 1 个资本市场服务工作站（乐清工作站），开展各类培训活动 45 期，培训超 2 300 人次，更好地满足投

融资者的需求。

3. **依托自贸金融创新优势，共享区域金融改革成果**。上海积极推进自贸试验区金融开放创新新举措，不断优化自由贸易账户、跨境人民币结算、外汇资金集中运营管理等监管手段，相关改革措施已在长三角地区推广实施。江苏地方金融体系建设、浙江区域金融改革、安徽融资担保体系建设等成功经验也都在区域内相互借鉴。三省一市银监局按季召开长三角经济金融形势分析会，稳步推进长三角银行业监管交流与合作。

4. **注重顶层设计协调联动，防范化解区域金融风险**。2018年，三省一市金融办签署《长三角金融办防范区域金融风险合作协议》，明确"监管联手、风险联防、宣教联动"的"三联"原则。建立金融监管区域协调机制，加强打击违法违规金融活动、加快金融监管体制改革等联合协作；建立金融风险预警协作机制，加强金融风险监测、评估、预警等合作交流，及时发现跨区域、跨市场、跨行业、跨领域的风险点；建立金融风险宣教联动机制，共同开展金融风险宣传教育活动，共享优质宣传教育资源，进一步增强社会公众防范金融风险意识。

5. **创新多项金融服务机制，优化金融资源配置平台**。建立长三角城商行联席会议制度，形成长三角农村金融座谈会工作机制。2018年，三省一市在上交所债券融资约6 667亿元。中债长三角区域系列债券指数编制并试运行。上海保险交易所开展保险扶贫招投标项目，支持太保产险承接安徽精准扶贫保险项目。

6. **提升金融机构服务力度，鼓励开展综合金融服务**。推动总部型金融机构在长三角地区加大布局力度。海通证券、国泰君安、申万宏源三家在沪券商参与发起总额近100亿元的纾困基金。国家开发银行上海分行通过银团贷款等方式带动其他银行支持大飞机产业长三角发展布局等项目。国际集团牵头发起设立了长三角协同优势产业基金，目标管理规模1 000亿元。海通证券和安徽省投资集团共同发起设立长三角上市公司高质量发展基金。

二、长三角金融一体化面临的主要问题

1. **长三角金融一体化发展的法治环境尚未形成。**同一金融法规在各省市的监管实施细则的差异非常明显，有些还存在监管盲区或漏洞，甚至还会相互矛盾，使完善金融服务、防范金融风险、协调金融执法和统一金融服务标准和信息互联互通等重点工作的协同推进造成困难，不利于推动长三角一体化金融业的高质量发展。

2. **长三角金融一体化发展的监管限制尚未打破。**不同地方对金融监管要求、金融监管标准和执法尺度上还未能统一监管标准，存在一定差异，给金融机构开展异地经营带来不便，更会导致经营成本的增加。

3. **长三角一体化金融发展的服务标准及功能尚未统一。**长三角三省一市的经济发展规划、产业结构布局、金融资本、金融业务、金融产品、金融配套服务和金融改革创新等都存在相当大的差别，需要尽快建立长三角统一的金融服务标准及金融管理。

4. **长三角金融一体化发展的信息系统及认证体系尚未完成。**各地区、各类金融机构已经根据各自条线的服务管理要求，分别建立了客户信息系统、信用认证系统、风险监测防控系统，各类信用信息资源分段割裂、互不联通、互不共享，不利于实现跨市场、跨行业、跨区域的金融风险监管，无法形成安全高效的金融风险监测预警协作机制。

三、长三角金融一体化高质量发展的建议

1. **发挥各地优势，营造一体化的长三角金融环境。**打造功能互补、优势叠加、特色明显的长三角一体化金融生态集聚圈。**一是**上海市作为国际金融中心，在人才优势和监管经验等方面发挥积极作用，积极探索建立标准统一的区域性地方金融监管细则，如已正式列入市人大 2019 年度立法计划的预备

项目的《上海市地方金融条例》等。**二是**江苏、浙江两省利用上海的人才、资金优势，鼓励地区性商业银行，在上海设立理财子公司、金融市场、资金运营等机构（目前在上海设立子公司和部门需要银保监会批准同意）。**三是**安徽省利用在通讯、数据、智能等领域的前沿科技，积极发挥土地资源及劳动力优势，协同上海的金融机构建设各类灾备中心、数据中心及信息中心等相关设施与后台机构。

2. **积极探索建立长三角一体化金融改革示范区**。在现有长三角一体化发展基金的基础上，创设长三角一体化公共事业服务基金平台、产业引导及并购基金、区域性股权交易市场、独董选聘及薪酬机制平台等新思路、新模式，进一步推动区域金融改革创新联动，提升长三角地区金融发展水平。积极争取国家各金融管理部门将更多的金融改革创新政策放在长三角地区试点，推动有条件的创新成果跨区域市场化推广应用。例如，在长三角一体化示范区试点部分金融业务的税收优惠（如航运保险等，可以更好地支持航运中心建设）。

3. **共同挖掘和培育优质上市备选企业**。把握科创板注册制试点的有利时机，对照科创板上市企业的具体要求，注重企业的科创性、规范性和成长性，深入做好长三角区域优质科创型企业的挖掘和培育。重点支持符合国家发展战略，市场认可度高，成长空间大的优质科技企业，在企业提交上市材料审核前，积极引入行业专家予以辅导，全面审核揭示企业风险并意见反馈，帮助拟上市企业全面提升上市审材料核的合规率，并全力推荐符合要求的优质企业在上交所科创板上市。同时监管部门保留一票否决权，以最大限度保护投资者的知情权。

4. **构建长三角多层次资本市场合作新机制**。进一步增强上海资本市场对长三角区域经济建设的辐射力度，市场服务和推介力度。大胆尝试长三角多层次资本市场有序合作的新模式，积极探索银行、证券、保险、基金和保理等金融机构在资本市场的功能定位及协同配合。充分发挥多样化债券市场功能，通过支持发行专项建设债券、自贸区债券、绿色债券、资产证券化等服务区域发展的融资需求。同时，鼓励长三角区域性股权市场及上交所，在人员、技术、培训等方面的合作交流，健全长三角区域多层次资本市场全面合作机制，更好地服务长三角区域中小微企业。

5. **构建风险联防联控一体化监管体制机制。**积极贯彻落实全国金融工作会议精神，加强长三角区域地方金融监管体制建设的交流合作，加强长三角三省一市人民银行、银保监局、证监局的沟通协调，梳理并整合区域内存在差异的相关政策制度，加强区域内金融监管协调，在国家金融管理部门的支持下统筹出台金融政策。

首先，争取得到长三角区域金融管理部门的支持，允许符合条件的总行、总公司在长三角地区设立更高级别的分行，统一协调长三角业务和机构。推动金融机构降低区域内跨省市划转资金收费标准，真正实现资金跨地区划转的类同城化。允许长三角区域内优质的城商行突破现有监管要求限制，在长三角区域金融管理部门的指导下跨省市开设分行经营，切实支持区域实体经济发展。争取中央支持，允许长三角区域参照京津冀一体化的相关措施，放开保险专业代理机构在长三角跨区域经营采取备案的形式。

其次，积极落实对非法金融机构及活动的风险处置职责，尽快改变相关市场监管、地方金融监管等行政部门在查处取缔非法金融活动的过程中，面临行政主体不适格的情况。加快建设区域金融风险监测防控体系，探索建立金融风险监测预警协作机制，实现跨市场、跨行业、跨区域的风险监管。推动三省一市监管联动，在监管要求、监管标准和尺度上保持一致性。

6. **规范长三角金融服务标准及功能一体化。**支持金融机构开展资本、业务和管理等方面的全面深入合作，丰富金融服务产品，积极打造金融产品超市，制定区域金融产品及服务标准，为区域基础设施建设、科技创新发展、社保服务功能提升等提供规范的配套金融服务。完善长三角城商行联席会议制度，支持长三角城商行全面加强合作。发挥城商行资金清算中心作用，进一步提高城商行之间资金清算效率。探索建立长三角区域现代农业保险联动机制，发挥开发性、政策性金融机构作用，为区域发展提供长期资金支持。

7. **创新设立长三角合资银行融资的新平台**。积极尝试设立长三角区域的中外合资银行，有条件地放松合资银行的融资限制，扩充合资银行的资本补充渠道，制定合理的经营和管理规则，逐步允许业务指标健康、合法合规的中外合资银行通过上市等途径，制定核心一级资本补充计划。放松设立区域网点的审批条件，逐步放开境内人民币业务的申请，改为二线后台的业务指标监督。为有条件的中资企业提供境外发债、上市、并购、融资等金融服务便利，打造长三角区域合资银行融资的新平台，更好地满足长三角地区中小微企业的融资需求。充分调动区域内的商业保理公司参与中小企业融资的积极性，激发实体经济市场活力，推动金融供给侧改革。

8. **加快推进信用认证及信息资源共享进程**。建立健全打击洗钱和反恐怖融资体系，加强金融情报机构和部门建设，提高情报信息的分析、交流和运用。充分利用中国人民银行征信中心的优势，结合长三角各类金融机构和监管机构现有的数据信息系统，打通地区和部门的数据信息藩篱，建设一套全新的长三角区域一体化"金融信用认证系统"，加快打造"信用长三角"的步伐。创建"上海银行业合规管理示范区"，努力实现"主动合规、全员合规和价值合规"的银行业管理规范。加强金融智力合作，支持长三角金融人才的双向培养、培训和流动。

9. **普及防范金融风险及知识教育的新模式**。创立"金融消费保护和宣传教育平台"，可以发挥三个层面的作用：一是作为长三角区域各类正规金融产品的展示和交流平台，二是作为消费者丰富金融知识和防范金融风险的普及教育平台，三是进行金融消费者保护监测，发布金融机构保护金融消费者权益的执行情况，分析金融消费者保护存在的问题，以及消费者金融产品和服务的特征、成本、收益和风险等金融研究报告。

关于长三角港口一体化发展的研究

港口作为重要的交通运输枢纽，是物流、商流、资金流、技术流、信息流的聚集点，在现代物流体系尤其是国际物流中扮演着重要的角色。长三角地区由于地域邻近，文化相融，人员交流和经济往来密切，产业协作基础较好，具备了港口间联动的现实基础。同时，长三角各城市间产业发展呈现梯次分布、优势互补的格局，对于推动城市间产业联动发展创造了条件。

一、长三角港口一体化发展的背景和意义

长江流域和长三角作为我国最主要的经济区域之一，地区间各经济体的协同合作，特别是港口间的联动就显得尤为重要，有助于进一步提升区域的综合竞争力。此外，目前航运业企业间联盟加强，班轮行业集中度提高，船舶向大型化发展等趋势也对港口的吞吐能力、营运能力有了更高的要求，港口间可以通过合作进一步优化资源要素配置，提升港口服务水平。

在长三角一体化国家战略背景下，基础设施互联互通是一体化的前提，而港口是实现最基本有形互联互通的重要载体，同时，长三角港口一体化有利于实现区域内港口合理分工，构建层次化、网络化的港口体系，满足经贸发展对物流提高时效和控制成本不断提升的需求。长三角港口一体化有利于增强上海国际航运中心资源配置能力，推进港口协同发展，加快以港口为核心的多式联运发展。

因此，在长三角一体化背景下，研究港口群的协调发展及有效治理机制，

对于长三角地区港口可持续发展、加快长三角一体化进程具有重要的理论与实践意义。

二、长三角港口一体化发展的现状及瓶颈

从长三角区域内港口自身情况而言，长三角港口整体呈现差异化发展。凭借上海在金融服务、科技创新上的优势以及其国际化的视野，上海港在航运金融、航运保险、海事仲裁等高端服务业上较长三角其他港口有较大的优势，但上海港目前缺乏港口深水岸线资源，港口硬件水平不足；相比上海港，浙江拥有丰富的深水港口及航道资源，全省的海岸线长度居全国首位，但浙江高端航运服务业发展相对缓慢；江苏港口基础设施建设相对完善，但国际航运不够发达，航运服务水平也相对欠佳。

客观来看，除腹地经济体量较小的安徽港口（芜湖、安庆、马鞍山、合肥）外，长三角各省市的港口各有所长：江苏是港口大省，全年货物吞吐量26亿吨，包括货物吞吐量在内，港口货物通过能力、万吨级以上泊位数、亿吨大港数等多项指标全国第一；上海港年货物吞吐量7亿吨，集装箱吞吐量全球第一，达4 200万标箱；浙江全省港口年货物吞吐量17亿吨，主要集中在宁波和舟山，油散集相对均衡，也具有相当的优势。然而，从三地均组建的国资控股港口集团所占市场份额来看，差异也不小。江苏省港口集团年货物吞吐量4亿吨，占全省港口吞吐量比例约16%；上海国际港务（集团）股份有限公司在沪年货物吞吐量5.6亿吨，占上海港吞吐量比例约75%；浙江海港集团年货物吞吐量8亿吨，占浙江全省港口吞吐量的近一半。

绝大多数港口的基本功能定位应该是服务腹地经济和贸易发展派生的港航物流需求，但是从长三角全局看，港口一体化一直发展面临资源分散，功能定位欠清晰的问题。究其根本，主要体现在规划不一致，信息交流贫乏，业务协同不足，以及资本合作不够深入等方面。

三、长三角港口一体化发展的对策和思路

所谓一体化发展，就是要解决一个有序发展、共同发展的问题。站在国家经贸可持续发展的层面，港口一体化发展的目标是为经贸提供安全、高效和更具成本优势的物流服务。在交通港航物流层面，港口一体化发展的目标是按照市场发展的需求，按照高质量发展的总体目标，使长三角港口资源能够通过相互配合、相互融合、相互交叉，形成一种有序竞争的局面，对内为腹地经贸发展提供支持，对外吸引集聚更多的中转、联运业务，发展航运服务体系，争取在国际港航市场上更多的话语权。

1. **统筹规划长三角港口功能定位**。根据《全国沿海港口布局规划（2006）》《上海港总体规划（2009）》《2035 上海城市总体规划》《宁波—舟山港总体规划（2014—2030 年）》《江苏省内河港口布局规划（2017—2035 年）》《苏州港总体规划（2011—2030）》《南通港通州湾港区总体规划（2017—2030 年）》，以及嘉兴、南京、南通、芜湖等港口的规划，我们梳理了苏浙沪主要港口的规划定位（见表 1）和长三角主要港口吞吐量（见表 2）：

表 1 苏浙沪主要港口发展定位

上　海	宁波舟山	苏　州
上海国际航运中心	上海国际航运中心 舟山江海联运服务中心	上海国际航运中心
集装箱干线港	集装箱干线港	集装箱干线港
国际集装箱中转	大宗能源中转储存	江海转运
水水中转	原材料中转储存	铁矿石
集疏运体系	大宗品交易	木材钢材
航运服务	海事服务	
邮轮母港	江海联运	

表 2　长三角主要港口规划的吞吐量　（单位：万吨／万 TEU）

预测年份	2020		2030	
港口	吞吐量	集装箱	吞吐量	集装箱
上海		4 200		4 500（2035 年）
宁波舟山	117 000	2 800	144 000	3 500
嘉兴	10 000	200	18 000	500
南京	26 000（2025 年）		27 500（2035 年）	
苏州	60 000		75 000	
南通	11 000			
芜湖	17 000	120	26 000	225
马鞍山	14 000	90	19 000	150

与目前各港实际吞吐量相比，很多港口的定位和规划均体现了发展货物转运功能和大幅度提升吞吐量。实际上，若这些规划在地方政府的激励、推动、考核之下陆续落地，对于港口这种需要形成规模经济才能取得良性发展的产业来说，即使在长期内无能力富余，也必将在中短期内导致竞争失序。

因此，要明确长三角港口的定位是"建设更具影响力的世界级港口群"，致力于交通改善、经济交流，以此为指导来统一规划、推进长三角港口一体化发展。

一是尽快联合制定长三角港口群发展规划，以市场化运作方式统筹开发海洋资源，特别是码头、泊位资源的有效分配和岸线资源开发利用。

二是全面梳理长三角现有的新、老港口的定位，均衡区域、货类的港口物流供需，严控大幅超前建设，快速提高港口的运营效率，注重设施设备高效率的调度和利用。加强各港口之间技术交流，以节约、实用、高效、先进为原则，提出切实可行的港口设备管控一体化系统建设方案，实现先进港口领跑，带动后进港口共同发展。

三是加强长三角地区内河航道网建设，大力发展水水中转，优化集疏运体系，兼顾海铁联运，以市场为导向，从成本最优、效率最高为出发点，实现各种运输方式融合发展，并构建无缝对接的系统运行机制。

2. 促进港口群内业务协同。根据《上海洋山深水港区港政航政管理办法》经验，制定长三角跨行政区域的港政航政统一管理机制，规范长三角港口、航运经营行为，维护港口、航运经营秩序，保障长三角港区的安全运营。推动长三角各港区的港政、航政、海事、海关等各方面功能的协调一致和统一管理。

促进干支结合和物流业务协同。长江三角洲地区港口群集装箱运输布局应以上海、宁波为主枢纽，分别辐射沿江纵深腹地和浙赣闽区域，共同开发东北亚市场，包括太仓、南京、南通、镇江等长江下游港口共同组成的长三角港口群集装箱集疏运系统，相应布局连云港、嘉兴、温州、台州等支线和喂给港口，实现"干支结合"。构建港口物流业务协同运作模式，一是强化港口物流企业，打造港口物流综合服务商，鼓励探索物流企业联盟网络化运营的新机制和新模式，建立跨区域中小物流企业联盟，实现仓储、运输、配送等主要物流活动的网络化协作；二是优化物流协同网络，进一步推进长三角港口与东部沿海、长江沿线港口的合作，继续拓展"无水港"网络，形成覆盖整个长三角港口经济圈的港口合作网络。

3. 形成信息共享机制。实现长三角地区港口一体化发展，需要形成更加紧密的信息共享和沟通协商机制。各省市港口企业和管理机构应从大局出发，按照互利互惠、共同发展的原则，加快信息资源整合，对已开发成功的信息子平台要加强联合，实现信息资源互补、共享和对接；对尚未开发的地区，要开展联合开发，实现长三角区域港口的统一。并且以"互联网+"的创新思维，打造长江集装箱多式联运综合服务平台，创新长三角多式联运的运营模式。

加快长三角单一窗口建设，完善跨区申报功能，进一步扩大试点范围；持续推进信息共享，不断汇集长三角各类港航物流信息，拓展单一窗口"通关＋物流"功能；推进长三角各地单一窗口功能融合；推进长三角单一窗口与交通、铁路、港口、航运等部门的长三角信息平台对接，推进更大范畴的信息共享，使港航物流系统的运转更加透明、高效。

除交流口岸和物流业务信息外，长三角港口还可以通过形成设施设备供需信息交流机制，形成联合采购和有效调剂的互动模式，提升港口群核心竞争力，共同提高经营效益。此外，长三角港口还可以发挥各自优势，加大培训交流，互认各类作业证件，制定作业标准，在更大程度上和范围内共享所持专利，形成共同发展、可持续发展的良好局面。

4. 推动港口资本合作。 要形成长三角港口一体化的有序发展，应推动核心港口企业以市场化方式，以资本合作、资产融合等为主要纽带进行适度整合，使港口融合发展，走向良性竞合。可以创建独立管理机构—交叉持股混合模式，提升港口群综合竞争力。

早在 1997 年，在中央交通部的统一部署下，苏浙沪三地参与的上海组合港管理委员会成立，试图突破长三角港口群的行政壁垒，实现港口群合作共赢。由于分属不同行政区划和地方保护主义，管理委员会成立至今发挥的作用微乎其微，港口一体化应当注重发挥国家机构和地方机构的协调指导作用。

相比组建长三角港口集团，交叉持股模式是把各港口的利益捆绑在一起，形成了利益相关的协同激励机制，有利于港口间的协调，也尊重各港进行合理分工和协调的客观事实，尽量避免重复建设和恶性竞争。在交叉持股模式下，资本可以促进生产要素资源在港口群内的自由流动，发挥港口群的集群效应。但考虑到各港口行政管理隶属不一致，可能受到各地方政府的干预和阻挠。因此，良好的竞合模式应是既考虑了各地方政府协调问题，同时也建立了各港口进行竞合的激励机制。

5. 协同建设绿色港口。 随着我国经济发展进入新常态，港口随之转型升级，绿色发展成为趋势。为实现长三角地区港口一体化可持续发展，更需要形成协同建设绿色港口机制。

从降低船舶污染物排放，港口基础设施、装卸运输设备改造，全自动化系统应用，清洁能源利用，加大岸基供电设备的投入力度等几方面实现船舶在港"零排放"。

同时，还应加强港区 LED 绿色照明技术、港口机械节能减排技术和 LNG 清洁能源应用与智能调度系统等技术的推广，让生态文明建设融入港口发展的各个方面。

统筹推进长三角绿色港口建设，制定长三角协同的港口绿色安全运营制度。制定船舶排放控制区监管标准，构建长三角绿色航运缓冲区以及船舶排放标准体系。进一步细化长三角船舶港航环保规定，形成安全监管、搜寻救助和船舶污染防治三位一体的区域法规体系。以此促进长三角港口规划可持续发展。

6. **大力发展集装箱多式联运**。为满足港口的功能定位要求，更好地服务腹地经济，长三角地区应积极推进构建集约高效的综合交通运输体系，大力推进江海直达、水水中转、海铁联运等多式联运。

一是在长三角经济圈建立一个大的铁路交通环线，将各大城市用铁路和高速公路串起来，形成一个长三角快速交通圈，推行大型港口铁路进港，加快大宗货物铁路疏港运输，实现"公转铁"，缩短长三角地区的时空距离，这有助于采用海铁联运加强沿海城市与内陆城市的合作，利用沿海城市的港口优势为内陆城市提供物流服务，同时内陆城市也为港口提供更多的货源。

二是发挥长三角港口的水深优势和航线优势，优化配套服务，提升水水中转的吸引力。"水水中转"作为一种现代化的集疏运方式，能有效实现物流的经济性，增强多种运输方式的深度融合，并有助于解决公路中转造成的城市交通拥堵和环境污染问题。长三角地区应利用河网密集优势，加强内河码头建设、提升技术管理水平以及物流服务能力，完善多式联运运输体系。

7. **建立自贸区共享机制**。上海自由贸易区的设立，已然发挥了上海港国际航运中心的优势，有效带动长三角地区国际贸易、现代服务等产业的发展。目前，中国上海自贸区和自由贸易港区建设的国家战略，以及"一带一路"倡议是推进长三角港口一体化的新机遇，上海自贸区应利用这些战略所提供的机遇上尽快形成联动、共享和合作机制，获得外溢效应，加快推动长三角港口一体化进程。长三角城市应主动对接，合作支持自贸区建设，争取自贸区改革创新经验尽快在长三角港口城市有条件地复制推广。并充分利用临近自贸区的区位优势，使长三角地区率先成为上海自贸区发挥示范带动作用的直接受益者，在更高层次上借力发展。

综上，长三角港口一体化发展是开放、包容的，我们期待，在国家和各省市的指导、协调之下，长三角港口运以市场化为导向，将取得更多的发展和进步，进一步降低贸易物流成本，提高口岸服务效率，促进经济繁荣发展，形成更具行业影响力的国际航运中心。

关于构建长三角一体化高质量发展示范区的研究

2018 年 11 月 5 日，习近平主席在上海进博会上宣布将长三角一体化发展上升为国家战略。这一具有方向标作用和里程碑意义的重大决策，将极大地完善并优化新一轮中国改革开放空间布局。本文将对构建长三角一体化发展示范区的相关重要问题进行研究，希冀对长三角的一体化高质量发展提供参考。

一、长三角一体化发展示范区的战略定位

1. **改革开放空间布局的新标杆**。目前我国改革开放空间布局的顶层设计已经基本部署完毕。北有京津冀，东有长三角、南有粤港澳，中有长江经济带、往西有"一带一路"。在国家东西南北中空间战略布局中，长三角区域经济活跃、开放程度高、科技创新能力强、产业体系较为完备。长三角三省一市应立足服务国家战略，充分利用得天独厚的资源禀赋条件和区位优势，树立新标杆，打造新时代改革开放新高地，以更高起点的深化改革和更高层次的对外开放推动高质量发展、提升国际竞争力，从而将长三角地区建设成为全国贯彻新发展理念的引领示范区、全球资源配置的亚太门户、具有全球竞争力的世界级城市群。

2. **长三角一体化的战略突破口**。长期以来，由于行政区划分割和地方利益保护，长三角区域的三省一市，在其市场准入规则、监管体系、行业标准、资质认证、社会福利、公共服务等诸多方面都存在行政壁垒、市场壁垒和体制机制障碍。这些壁垒和障碍严重影响和制约着长三角一体化发展进程中的

资源利用、要素配置和流通的效率和效果。示范区就是要打破壁垒，突破障碍，按照市场化要求共同建立有机统一的区域大市场，在更大范围内推动资源整合、一体化共享及要素自由有序流动，促进资源要素的优化配置和产业功能的整合联动，形成优势互补、协同发展、互利共赢的区域协调发展新格局。需要强调的是，示范区既是战略突破口，也是一体化高质量发展的试验田。示范区先行探索，核心区率先复制，全域集成推进，既有效地进行风险防控，也确保一体化进程更加科学有序。

3. 上海深化改革开放的核心承载区。增设上海自贸区新片区、在上交所设立科创板并试点注册制、实施长三角区域一体化发展国家战略，是中央交给上海的三项新的重大任务，从而为上海"东西两翼"协同发展提供了制度保障和顶层设计。上海既是我国改革开放的排头兵，也是长三角一体化高质量发展的领头羊。示范区是上海对内开放平台打造的战略支撑，在强有力的经济基础和一系列先进的制度安排和管理经验的驱动下，示范区将为上海、长三角以及我国经济社会发展承载更重要的历史使命。

二、构建长三角一体化高质量发展示范区的总体思路

1. **重大经济、民生及生态环境工程项目要集中落地。**例如**交通**方面，打通省际断头路，取消省际高速公路收费站，区域城际铁路网络建设等；**信息**方面，5G协同布局先行先试，特别是华为青浦基地的建设，广域量子通信保密干线网建设，工业互联网联合行动等；**人社**方面，推进重点领域跨区域信用联合奖惩，异地就医直接结算合作，区域养老服务协作共建等；**科创**方面，科技成果转移转化，国家级双创示范基地等；**产业**方面，集成电路，新能源＋智能网联汽车，机器人、船舶等装备，民用航空，智能制造，人工智能，生物医药及高端医疗器械，世界级新零售网络等；**生态环境**方面，重点水利工程建设，大气污染协同防治，区域环境协同监管，区域生态补偿等一系列涉及区域经济发展、社会民生及生态环境领域的重大项目和工程要统筹规划，

集中落地。

2. **体制机制壁垒和障碍要率先突破**。关键要解决好五个方面的问题。**一是政治治理**，示范区的建设，原来的行政执法边界需要率先打破，实行跨区域协同连动的综合治理新格局，要从原来的合作办公室迅速成立"政联体"，在上海"五个中心"的战略布局和标准规范下进行治理体制机制变革，例如示范区财税分享、财政共摊、税收共享；**二是经济**，要实现经济要素的自由流动，特别是产业差异化布局及产城融合，要协调清除各区域在经济贸易等市场规则的制度性障碍；**三是社会**，涉及区域社会发展及百姓福祉的教育、医疗、养老、社保等重要方面所存在制度壁垒及机制障碍要坚决打通；**四是文创**，示范区需要通盘考虑，在鼓励文创事业差异性发展的同时，支持示范区在文创建设方面有新突破，例如江南文化的汇集、传承和发扬；**五是生态环境**，原来由于行政边界的存在，人为机械的把完整的生态系统割裂了，不论是流域治理、还是污染防控、乃至生态监测，示范区要通过资源环境综合管理大数据集成应用平台缝合原有的生态伤疤，进行跨区域、跨部门协同治理。

3. **改革举措要统筹规划和系统集成**。要站在长三角一体化发展的国家战略高处，率先科学编制国土空间规划，统筹规划需要集中落地的一系列重大经济、民生及生态环境工程项目，及需要率先突破的各方面体制机制壁垒和障碍。系统集成重点抓好大数据集成应用平台，根据不同方面的聚焦重点和核心诉求，构建相应的大数据管理平台，各部门协同联动，数据信息动态更新和实时共享，大幅度降低政府、企业、民众之间的沟通成本，提高示范区治理成效。

三、构建长三角一体化高质量发展示范区的对策建议

1. **统筹规划创新示范要做好"加减乘除"**。**加：人、财、物。**人就是示范区亟需的人才，高质量、阶梯式引进和双向流动。财就是相应的资金支持，

这里除了政府基本的财政配套外，关键是要借力社会资本，让市场扮演更加重要的角色，例如 PPP 项目。物就是基础设施建设，示范区的基础设施建设和相关公共服务配套在前期规划和示范区运行过程中都要不断完善，从而实现人、财、物等关键要素的合理流动。**减：减成本、提效率**。减少时间成本、交易成本、治理成本，提升资源的使用效率，降低资源消耗和对环境的影响。长三角一体化进程中，各种成本的居高不下是阻碍区域高质量发展的重要原因。因此，从政府治理到企业生产，再到生活消费，示范区要思考如何不断减少各类成本，提高效率。**乘：产业聚集、产城融合、多元化融资、平台集成应用等**。示范区的发展，一方面需要稳步推进，但是另一方面，要有乘数效应的思维，通过产业聚集、多元化融资等渠道让示范区在一些关键领域的发展呈现几何数增长。产业集群大数据平台、资源环境综合治理大数据平台、公共服务大数据平台等数据信息的集成应用，将会为示范区的发展提供倍数级提升效应。**除：消除一系列体制机制壁垒和障碍**。将原来长三角推进一体化发展过程中要素流动的一系列体制机制壁垒和障碍在示范区都进行消除。例如，取消高速公路省界收费站，医保异地结算，政府企业财税分享等。

2. **改革思路创新示范要打破陈规**。建议制定示范区"负面清单"和"免罚清单"等激励措施，大胆试、大胆闯、自主改，打造示范区核心竞争力。可借鉴在上海自贸区建设中"负面清单"的成功经验，以及上海在细化完善市场主体行政处罚裁量权及营造优化营商环境的重要举措，构建示范区的"负面清单"和"免罚清单"，并给予法律及制度保障，最大限度地激活示范区的创新发展活力，让想做事、敢做事、能做事的企业和个人都无后顾之忧。

3. **产业布局创新示范要"点线联网"**。**"点"：沪苏浙交界处的热点区县**。涉及行政区域包括上海市青浦区、松江区与金山区；江苏省苏州市吴江区、昆山市与太仓市；以及浙江省嘉兴市嘉善县、平湖市等。**"线"：三省一市联合打造的"四条走廊"**。一是 G60 科技创新走廊，从上海浦东新区张江科学城出发，经漕河泾、闵行、松江、金山，与浙江嘉兴、杭州对接，形成科创资源集聚、科创人才汇集、科创平台多元、科技产业集群发展的态势；二是

G50 绿色发展走廊，从上海青浦、经江苏吴江、浙江湖州，一直延伸到皖南地区，发展绿色休闲产业，建设特色小镇，成为"两山"理论的实践示范区；三是 G42 高端智能制造走廊，从上海普陀、嘉定，江苏苏州、无锡、常州、镇江、南京，一直延伸到安徽，与长江经济带以及皖江经济带相衔接，着力发展高端制造和智能制造；四是临海临港战略性新兴产业走廊，从浙江温州、台州、舟山、宁波，经上海到江苏南通、盐城、连云港，结合沿海铁路和上海组合港建设以及海洋强国战略，建设成为一条沿海发展轴。**"网"：将"点""线"打通联网，扩大示范区的辐射范围。**要充分发挥三省一市的国家级及地方经开区、高新区、产业园区的经济带动和辐射作用，建构以示范区为核心，连接所有经济开发区和产业园区的立体式经济交互关系网络，要打造示范区的造血功能和毛细血管网络。示范区要和这些经开区、高新区形成有效互动的立体式合作网络，并结合区域特点实现产城融合，在科技创新、经济技术合作、创新创业方面做出独具特色的品牌。

4. **构建示范区生态资源综合管理大数据平台。**在聚焦长三角自然资源管理和生态环境保护的重点领域和任务的基础上，示范社区可以率先大胆创新实践，构建一个示范区资源环境综合管理大数据平台，实现资源环境大数据动态追踪与实时分析、跨部门协同联动与信息共享、生态环境监测与生态安全预警，自然资本及自然资源资产负债核算，生态补偿量化协同，绿色金融及生态投资，生态环境项目预测与决策模拟功能于一体的大数据集成应用平台，实现生态文明建设重大关切"多规合一"的战略部署，提供可视化、可量化、可预测的系统化解决方案，为我国生态文明建设创新示范提供新思路，新抓手。

5. **协同抓好水资源保护及环境基础设施建设。**水资源的保护及流域治理是生态环境协同治理的重中之重。例如，目前"青嘉吴"在生态环境污染监测中，取样的标准、监测布点方式及数据误差矫正等方面的标准不一，污染控制指标及其因子分析也有所不同，这给区域生态环境综合治理带来很大的障碍。此外，涉及生活污水、工业废水处理，城市污泥及排污管道网络建设等重点生态环境基础设施建设标准质量都参差不齐。为此，在考虑当地实际情况的前提下，对标现行国际标准及行业准则，应制定一套符合国际标准的本土化游戏规则，确保不同区域及上下游在协同治理的过程中能够用一套标准、一套规则、一套方法、一套体系。

6. **加强"示范区标准"建设。**示范区的管理需要国际化、标准化，对标"纽约、伦敦、东京、巴黎"等国际城市管理标准，但是也要接地气。所谓的标准化管理不是机械照搬国际标准，而是要以它为参照，通过适应性调整，制定出符合示范区特色的行业标准及管理规范。在此基础上，示范区也要积极参与和探索相关国际标准的制定，要让"示范区标准"成为"中国标准"和"国际标准"，不仅要引领长三角，更要代表国家，走向世界。

7. **安徽宣城部分地区以"飞地"形式加入示范区。**可借鉴"飞地"概念，选择安徽省宣城市部分地区，例如广德县或者郎溪县加入"青嘉吴"示范区。**一是**从地理空间分布看，宣城市地处皖苏浙三省汇集之处，区位战略优势非常显著。往西衔接安徽芜湖及合肥，北临江苏溧阳和宜兴，东临浙江湖州，往南直达杭州。广德县又处在这个战略中心位置，人口 52 万，区域面积 2 165 平方公里。如果同时考虑广德以北的郎溪县，其人口 35 万，区域面积 1 104.8 平方公里。两县人口 87 万，总面积 3 269.8 平方公里。从区域面积而言，"青嘉吴"三地总面积为 2 360.36 平方公里（青浦：676；嘉善：507.68；吴江：1 176.68，单位：平方公里），和宣城市、广德县基本保持平衡。**二是**从经济发展水平看，2018 年，广德县经济体量超过了 260 亿元，郎溪县 147.8 亿元，在安徽所有区县经济体量排名中，广德在 21 位，年均增速 13%。郎溪排在 49 位，年均增速为 10.6%。广德县是全国十佳生态休闲旅游城市、中国生态旅游经济百强县，2018 年第三产业增加值近 100 亿元，又是"中国竹子之乡""中国板栗之乡"，经济基础相对较好。

关于长三角医联体一体化高质量发展的研究

长三角医联体，是将在长三角区域内相对同一管理体制下不同级别、不同性质或不同管理体制、不同隶属关系的医疗机构以及不同专业领域的医生优化整合，进行集团化、团队化管理、经营；又基于发达信息技术，打破传统医疗机构局限于物时空藩篱，重新定义医疗机构及团队边界所形成的医疗联合体（下称"医联体"）。

推动长三角医联体更高质量发展不仅可在现有体制下优化医疗资源分配，提升监管能力，提升长三角区域间异地分级诊疗，促进医疗资源均质化发展，也可以专科领域医联体、医生集团建设为抓手，促进区域内优势学科互补，提升整体医疗水平，最大限度释放优质医疗资源效能。

简言之，就是患者从看病难走向看病便，医生从执业难走向执业易，总体医疗资源从分配不均走向分配平衡。

一、长三角医联体的现状和问题

据统计，目前国内医联体数量已超过 10 000 个，形成了**五种主要的医联体模式：一是**以市级以上城市公立医院牵头为主的城市医联体。如 2016 年成立的"长三角城市医院协同发展战略联盟"。**二是**以县级医院牵头，县乡合作为主的医共体。即"下沉上转"的流动机制，为专科领域异地就诊，医疗资源"同质化"提供了宝贵的经验。**三是**以区域专科优势相互衔接为主的专科医联体。**四是**以优秀公立医院向医疗资源薄弱地区通过远程医疗输送医疗资源的远程协作网络。**五是**以数位或多位各专业领域优秀医生相互结合为医疗集团，集团成员共享收入，共担损失，共用设施设备，形成一个执业团队——医生集团。对长三角区域医疗联合体发展而言，主要遇到以下问题。

1. **无法跨医疗机构共享患者信息、数据，优质医疗资源难以发挥集成放大效应。**目前，医联体内牵头医院专家与协作单位医生进行业务沟通时，仍主要沿用口头汇报、查阅纸质病历文书等传统方式，信息化程度亟待提高。牵头（医院）医生无法做到同时对异地医院多位患者作出医疗决策。牵头（医院）对协作单位临床诊疗服务的评价仍停留在数量统计和定性评价层面。优质医生资源过度集中在三级医院，造成三级医院专家门诊就诊病患单次平均诊疗时间大都只有几分钟，疑难杂症的诊疗质量难以保证。

2. **卫健委对医生集团的监管存在监管空白。**由顶尖专家组成的医生集团在盘活优质医疗资源方面发挥着关键作用，医生集团所提供的诊疗服务更是直接关系到公民的生命、健康。目前，出于所提供诊疗服务的高度公益性和专业性，公立及民办医疗机构都归属各级卫健委管理，但医生集团却归工商管理部门或市场监管部门管理。同属医疗机构、医务人员，卫健委对医生集团的监管存在监管空白。且至今未出台关于医生集团性质的明确、权威的定位、定性规定。

3. **公立医院成为具有垄断地位的医疗机构，其他形式的医疗机构、团队发展缓慢、艰难。**目前在国内，公立医院是行业内的绝对老大，无论是资源、政策支持、病患、优质医生等要素资源无一不是过度集中在公立医院。同样是取得国家医生资格的医生，公立、民办医疗机构在职医生都或可取得编制，或享受各项政策、待遇，但体制外医生集团，尤其是独立后的医生集团成员则无法享受上述任何政策、待遇。

4. **医生难以开展多点执业。**首先，根据《医生执业注册管理办法》的规定，执业地点的范围限于同一省级行政区划，如需增加跨域执业地点，每增加一个执业地点都要向卫生主管部门提出申请，则程序繁琐、过程冗长。其次，主要医疗机构往往不同意注册医生多点执业，公立医院对医生的职业发展规划在客观上形成阻碍，如不能专心于本院工作，则在晋升、待遇增加等方面都会面临不利。再次，大多数公立医院医生的时间和精力难以做到"多点"灵活、合理分配，疲于应付行政事务、教学交流、学术研究。

5. **优质医卫人才的执业付出与其所获报酬对价不合理**。医生异地执业或者加入医生集团执业时，因目前市场上并不存在规范的收费标准，导致医生"走穴"收费、价格高低不一，乱象丛生，不利于优质医卫资源的优化配置。

6. **医康割裂**。目前的医疗重治疗轻预防，重医疗轻康养（医养结合），硬件水平发展迅速但软件水平发展滞后。目前长三角三省一市在医疗信息化、数据化方面的基础相对薄弱，且对预防保健的重视普遍尚显不足。

二、长三角医联体一体化高质量发展的目标思路

以重视预防和保健为原则，从源头缓解长三角地区三级医疗机构就医负担重、病患过度集中问题，缓解医疗资源错配等矛盾。基本思路是，以上海为龙头，带动长三角地区同步提高，通过有机融合治疗医学与预防医学（包括康养、中西医结合等），配合预防网络建设，建立功能化、网络化、信息化、数据化的监控和诊疗网络；以人为本，处理好人的因素，疏通纵横、整合五流；通过医康结合、纵横联通与五流一体、三维融通的体系性整合，彻底实现从治疗医学向预防医学及康养结合的转换，最终实现长三角医联体一体化高质量发展。

三、推动长三角医联体一体化高质量发展的对策建议

1. **制定出台长三角一体化高质量分级诊疗方案**。在长三角区域进一步大胆探索高质量分级诊疗：通过配药绿色通道（初级医疗点），社区医院（一级医疗机构），区级医院（二级医疗机构），三甲（三专）医院（三级医疗机构）以及康养医院（终极医疗点）等医疗机构五级体系，避免资源浪费，小病大

看，降低医疗支出。各层级间可双向转诊，建议至少提供两家机构供患者选择，也可对开具转诊单的医生资质作一定限制。患者如需跨层级诊疗，则医保不负担其超支部分。配药绿色通道负责向需要长期配药患者提供服务，其可快速开配处方药和非处方药。康养医院应主要负责提高病人生活质量，提供各种护理及进行精神护理，乃至提供临终关怀等服务。

2. **规整医生集团行政定位，促进医生多点执业落地执行。一是**尽快制订、出台《医生集团管理办法》，将医生集团划归本行政区划内的卫健委管理。首先，医生集团应在各级卫健委办理登记手续后方能开始执业。其次，对于新办法出台前已在工商管理部门或市场监管部门办理注册手续的医生集团，卫健委应配合其办理注销、转移登记等必要手续。再次，医生集团的专业技术职称与科研工作等方面与公立医疗机构（体制内）医务人员享受相同政策、待遇。此外，医生考评机制中可增加各级医疗机构轮岗经历为评价指标，同时可对转诊率及地域支援提供财政支持，以充分调动其积极性。**二是**简化跨域执业审批程序。协调长三角区域各省级卫健委加强合作，即实现在长三角区域都市圈（初期在示范区）范围内确保医生即使跨省执业，也仅需办理备案手续，而无需单独审批。另如该医生为某一医生集团成员，则如其在医生集团所属的医疗机构执业，无需再重复按《医生执业注册管理办法》备案，最大程度简化报备程序。**三是**协调医生与主执业机构的关系。医生跨域自由选择多个执业机构执业，无需获得主执业机构同意，但前提是必须选定一个为其主执业机构、明确其为主执业机构服务的工时及应完成工作量等。关于报备、多点执业工时等相关要求应在长三角地区另行统一制定相关规定、办法。

3. **建立互联互通的医联体数据库，充分利用智慧诊疗模式。**数据以病人为中心进行整合：各医疗机构内部，相关病人的信息储存相互打通，消除信息孤岛（数据壁垒）现象。区域健康医疗数据平台应采取无纸化、信息化、大数据化等现代化数据收集方式进行数据汇集。在将所汇集数据按域（例如诊断、用药、检查、费用等）整合后，尤其应在语义层面实现标准化。将临床信息存储在结构化字段之中，便利区域数据中心根据相关数据量级，对文本进行解读和信息抽取。在长三角域内以数据完全共享为前提，充分利用远程会诊系统及未来将建立的远程查房系统，实现医生（专家）病人之间的远程"面对面"视频交互诊疗，对病人病历、X光片、CT、B超、心电图、血氧数据等资料进行共享。

4. **优化医保结算机制**。建议在长三角域内利用互联网技术，通过实时监测各医疗机构及各专业科室的医保资金使用情况，在长三角域内实现医保资源再分配。加快推进长三角医保异地结算。建议域内各省级人社局和卫健委通过加强对电子社保卡的管理，逐步消除地域隔离。在推进医保结算机制改革过程中尤其应注意对敏感、隐私信息、数据的保护。为此建议通过开放在线通道和医院的应用等数据和架构的技术途径促进域内医保联网和相关制度一体化衔接。

5. **着力推进全过程健康管理和未病诊疗**。建议在三省一市域内建立健康信息大数据中心，构建家庭—社区—医院三维管理体系，推进居民全过程健康管理。全过程健康不仅应有信息技术支撑，还应充分发挥大数据和云计算的作用，在域内有关机构和居民个人之间共享健康档案和电子病历。居民个人切实提高健康管理意识，及时提供个人健康相关信息，社区机构做好健康信息采集和监测，医院要对居民健康信息进行综合评估，指导社区对居民健康进行管理，从而实现全过程健康管理。

6. **跨区域医疗资源与患者资源共享**。建议在三省一市域内重点扶持若干关键医疗信息技术平台企业，通过信息平台的数据和架构打通数据孤岛和信息壁垒，促使长三角医疗资源及患者资源实现深度共享和高度一体化。根据患者数据，可在线进行医疗机构甚至是医生资源再分配，从而有效降低医疗支出，大幅提高医疗支出效益。此外，建议为每一位患者建立统一且即时更新的电子病历，不论患者在长三角三省一市域内何处就医，其电子病历随时可在线查阅、共享，也可适当保留后就诊医疗机构复查权。最终，待时机成熟，考虑设立监管层及更高、监管职能更强的机构，如长三角医疗卫生监督管理委员会（乃至长三角卫健委），在全域内，对人、财、物、术、患五大诊疗基本要素进行集中统一监管、布局。

7. **优化改进"药占比"指标，探索医药分离制度，真正落实国家医改精神。**为此，应注意两种适度豁免情形。其一是不可替代的进口特效药，由于引进价格较高，如纳入药占比考核指标会致引进受限，不利于病人救治和新型药物临床样本数据收集；其二是对转诊病人，如需对其进行考核，建议在三省一市域内对治疗的全周期进行药占比考核，由转诊前后两家医院共同接受同一考核，这就真正克服了相互扯皮，延误治疗的痼疾。

8. **增加关键领域研发投入和扶持，促进医疗设备小型化和低成本化，以利长三角域内移动诊疗。**充分增加医疗领域研发投入，尤其是在研发投入与医疗成本负相关领域。具体应优先支持健康管理产业发展及相关技术研究。小型低成本医疗设备的研发、引进和临床使用，有助于降低医疗支出。移动医疗要一分为二。第一类是基于移动沟通服务。增加医患间线上沟通渠道；第二类是小型化低成本化的医疗设备。为此建议国家重点支持小型化低成本化医疗设备研发企业，以利于在域内促进医师走出去，即鼓励医师携带技术先进、便于携带的小型医疗设备异地执业。

9. **保障优质医卫人才获得合理报酬、晋升机会。**（1）制定、出台合理报酬政府指导价。建议参考律师收费政府指导价标准，由长三角区域省级卫健委、发改委等部门联合出台浮动性收费指导价。（2）行业组织及主管部门为医卫人才争取合法权益。医疗协会、医师协会等作为行业组织，在医生加入医生集团、多点执业为非主要执业机构提供兼职诊疗服务时，可扮演类似于"工会"角色，为医生个人争取符合市场公平价的服务（劳动）报酬；同时各级卫健委应确保多点执业医生向公立医院争取同等晋升机会、福利待遇等。

10. **提高疾病预防水平，普遍设立基础医疗网点（村／居委级卫生所）和普及医疗预防穿戴设备。**通过预防疾控入社区及信息采集后的互通，进而促进医疗的分析和对症、缓解病人人数压力、提前应对，使医联体一体化形成良性循环。而对各类病症的数据采集，则在最新数据技术和信息化网络化平台基础上，进一步大力推广软件与穿戴设备。这样既能减轻社区医务压力，又可实时监控病患情况，进而为建立全覆盖型居民医疗数据库提供第一手资源。

11. **逐步构建全民医康知识体系，将康养认知度与医保支付率挂钩**。在建立信息库的基础上，根据个体年龄、历年体检情况、慢性病史等信息，在长三角区域定期向居民推送个性化疾病预防方案及预防和康养方面知识。此类信息内容须经严格审核，可采用康养结合方案与已病就诊多维度成本对比（比如费用维度、就诊时长维度、就诊难度维度、治愈率维度等），使不具备专业知识的普通居民一目了然，使其可通过正规渠道远程获取健康知识，有选择地自主判断是否采纳复诊建议，大大降低了自行搜寻相关信息而导致病情误判及遭遇医托等情况。

如能在此类信息中附上相关复诊机构各科室平均就诊时间，则可进而使医保等信息更有利于医疗机构和居民的高效就诊，提升匹配度。

此外，可逐步试点在长三角地区科学采集居民对所推送康养信息的接受度，及每个自然年推送信息学习情况等数据并进行统计，将综合指标"康养结合认知度"纳入康养结合成效的一个参数指标。其中的遵医嘱程度可作为决定医疗方案的一个参考指标，对统计结果判定为基本不遵守医嘱或疏于预防的，可考虑在治疗同时建议其服用数字药物以确保其按医嘱接受治疗，并将其个人康养结合认知度与医保支付比例挂钩，医保支付比例与康养结合认知度正向关联，从而引导居民逐渐形成预防医学及康养结合意识。

关于长三角高质量一体化城际交通网络建设的建议

长三角城际交通网络建设是长三角一体化高质量发展的物质基础，对于推动跨区产业融合发展、上海落实新一轮城市总体规划等具有重要意义。长三角一体化高质量发展，要求要素资源的一体化供给和调配，一体化高效的交通网络是要素资源高效流动的基础。上海作为都市圈中心城市要发挥辐射带动作用——依托交通运输网络，推动 90 分钟通勤范围内、与上海在产业分工及文化认同等方面关系紧密的近沪地区及周边区域协同形成同城化都市圈格局。

一、长三角城际交通网络建设现状

1. **高速公路为主体的交通设施网络**。长三角地区高速公路发展迅猛。上海与长三角地区的公路已经形成网络化和多通道的格局；铁路发展相对滞后，沪宁高铁、沪昆客运专线沪杭段在上海与长三角的铁路城际交通中发挥了主导作用（占上海与长三角之间铁路客流达 70%）。地铁 11 号线江苏花桥段是目前唯一一条跨省轨道交通，主要承接花桥地区与上海市区之间的出行。

2. **公路主导的城际交通出行**。进出上海的陆路交通方式中，铁路客运约占 32%，公路客运约占 65%（其中小客车约 46%）。地铁 11 号线江苏花桥段从开通时的约 2 万人次增长至现在的近 5.5 万人次，其中近 80% 客流要进出上海中心城区。

二、长三角城际交通网络建设存在的问题

1. **交通路网资源布局不尽均衡，骨干交通网络有待完善**。长三角区域受地理条件限制，规划中的"一体两翼"无法实现全面联动，导致国际上最典型城市群发展模式——海洋型发展模式（"湾区"）在长三角地区始终没有成为主流。从地理空间看，"两翼"对上海及长三角整体发展更具战略价值，应该成为一体化发展的核心区域。长三角东部沿海地带有很大的产业布局空间，这一区域内的港口、客运交通枢纽、大型装备制造业、航空制造业、石油化工产业、养老/休闲娱乐度假产业、生鲜与海产品深加工产业，因受长江、杭州湾地理环境条件的限制，无法串联并形成产业带。

2. **都市圈城际间缺乏快速便捷的通勤化交通方式**。第一，"地铁化"和"高铁化"的"两级"轨道交通发展模式与都市圈交通出行需求并不适应，表现为铁路路网布局不完整，城际交通服务能力有限，常规城市轨道交通延伸服务或换乘出行速度慢、时间长。第二，以长途客运主导的城际间公共客运模式难以适应都市圈日常城际间通勤的要求，长途客运站网点分布稀少，长途客运班车运行服务间隔长，市内交通换乘出行时间长。第三，公路主导的城际交通给进出中心城主要通道带来压力，沪嘉高速、京沪高速、沪渝高速、沪昆高速等的出入城段常态化拥堵。第四，各种交通工具之间的换乘不方便。高铁在城际间出行所带来的时间优势，在到站后因换乘其他市内交通工具的大量耗时而被抵消殆尽。

3. **上海作为航空枢纽，与长三角城市之间的城际交通服务欠缺，无法实现国际客流向长三角区域内的高效集散**。服务上海都市圈的虹桥机场所提供的服务长三角的公共客运体系服务有限；而服务整个长三角地区的浦东国际机场与长三角城市群其他城市之间基本无城际公共客运服务。通过长途客运或公共交通换乘从虹桥机场至毗邻城市之间时耗约1—2小时，浦东国际机场则高达2—3.5小时。

4. **跨行政区的交通一体化、高质量的运营还未起步**。高质量的一体化不是交通运营体系的简单对接，所提供的城际交通客运服务要高效舒适、高水平，让群众充分感受"同城效应"。目前，上海各级功能区（含新城、新市镇等）与长三角各级城市、城镇和功能区之间缺乏"面对面""多点对多点"的全方位联系，交通可达性还有很大提升空间。

5. **交通信息服务缺乏"一站式、全过程、多方式"服务**。智慧出行服务尚处在初级阶段，存在信息不完整、不及时、不精准、不可靠、不一致等问题。部分城市开展了智慧出行信息平台的建设，但离广大群众的出行信息服务个性化、精准化、便利化的服务要求相去甚远。互联网企业运营效率高，但也面临商业模式不可持续、发展不稳健等弊端。

三、长三角高质量一体化城际交通网络建设的总体思路

以打造"一体化""高质量"的长三角城际交通网络为最终目标，提供世界级城市群和国际大都市圈高效舒适便捷的城际客运交通服务。包括以下子目标：

1. **多样性与灵活性**。客运方面，应对都市圈内日常城际间通勤交通的响应、对区域内外旅游出行人群的集散服务、节假日城际间大客流迁移的响应与快速分流、老年人群的异地养老出行需求的满足等，实现城际轨道通达人口规模 10 万以上的所有城镇和重点旅游景区。物流方面，着重于冷鲜产品运输、以长三角为基地的高精尖电子元器件产品的全球物流体系的构建。

2. **稳定性与可靠性**。一是交通网络能经受住通勤高峰、春运、小长假以及突发意外情况等各种场景和极限环境下的压力测试；二是出行耗用的时间和成本的可控或可预期性。

3. **便利性和经济性**。主要体现在三个方面：交通网络的一体化高效运营；人员出行"同城效应"的便利性——实现距上海市中心 150 公里范围内的主要城镇 60 分钟可通达上海市中心或副中心（区域中心）；人员出行成本、货

物物流成本的经济性。

4. **绿色与安全性**。绿色体现在绿色出行交通方式，客运交通运输体系以公共交通等集约化交通出行方式为本，货运交通运输系统则更多以水运、铁路为主，注重发展水水中转、海铁联运等多式联运，低碳减排的绿色交通工具充分使用；安全则从规划设计、项目建设层面就要以安全为前提，依靠智能化管理手段进行精细化管理，注重运输系统的各环节的安全性。

四、长三角高质量一体化城际交通网络建设的具体建议

以交通规划融合衔接为引领，以交通基础设施互联互通为抓手，以管理协作、执法联动、信息共享、标准共建、政策协调为保障，全面推动长三角交通发展的质量变革、效率变革和动力变革，率先建立起安全便捷、经济高效、绿色智慧、开放融合的现代化综合交通运输网络体系。

1. **"健全骨骼"——构筑完善长三角交通网络高质量一体化的骨架**。推进干线铁路、城际铁路、市域铁路、城市轨交、高速公路、航运网络等多网络融合建设。

一是打造东部沿海高速通道，完善长三角区域内骨干路网的布局。加速推进长三角东部沿海通道（高速加高铁，宁波—舟山—洋山—临港—外高桥—崇明—启东—连云港）建设。把宁波港、舟山港、洋山港、外高桥港、南通港直至连云港（欧亚大陆桥起点）几大港区和自贸区互联互通起来。将崇明、宝山国际邮轮码头、浦东机场、国际度假区、临港、舟山几个旅游资源打通，形成具有长三角区域特色同城化都市圈格局。长三角东部沿海通道可以把区域内港口、客运交通枢纽、大型装备制造业与航空制造业、石油化工产业、养老/休闲娱乐度假产业、生鲜与海产品深加工产业都串联起来，形成产业带。如：连接 C919 的总装基地和波音在舟山的 737 的内装基地的商用航空产业走廊；舟山和吕四的海鲜物流通道等。

借助长三角区域东部沿海高速通道建设，可同时加强上海东部交通资源

布局，把上海骨干路网布局由放射形状转向"井"字化网络布局发展，提升上海东部的交通资源密度。在现有 G2（G42）/G50/G60 东西向通路之外，形成上海东部南北向的进出上海通道，串联起国际邮轮码头、浦东国际机场、浦东高铁站等人流集散节点，把上海南北两翼（启东、崇明、宁波、舟山）原先需要经过绕经上海西部进出的人流引向东海通道集散，从南北两方向为浦东引入流动人口。

二是加强内河航运与江海联运、空海联运的建设。统筹协调长三角港航资源，深入推进港口群、机场群联动发展，携手打造具有全球航运资源配置能力和定价权的国际航运中心及其功能腹地，共同深化自贸试验区航运制度创新，协同推进自由贸易港建设，主动服务好"一带一路"建设、长江经济带建设。

2."**打通经络**"——**大力发展都市圈轨道交通（市域铁路）。**按照服务功能区分，强调面对各种不同需求，有针对性的推进高速铁路、市域铁路和轨道交通的规划建设和相互衔接，重点是补上"市域铁路"的短板。

一是打造以上海为中心城市的都市圈轨道交通。针对商务、旅游、通勤、老人、学生等客运上不同出行场景和出行频率的需求，打造以上海为中心城市的 1 小时通勤圈，实现距离上海市中心 150 公里范围内的主要城镇 60 分钟可通达上海市中心或副中心（区域中心）。铁路客站作为枢纽优先组织轨道交通、中运量系统和地面常规公交等方式与铁路客流进行衔接，部分线路可依据互联互通要求研究过轨、共轨等运输组织。

二是加快上海与苏锡常都市快线的衔接建设。2019 年 1 月 2 日，国家发改委批复了江苏省沿江城市群城际铁路建设规划（2019—2025 年），全长 188 千米，可以和高铁站、地铁站进行换乘，其功能将直接服务于都市圈通勤、商务、休闲、旅游等。目前苏锡常都市快线在江苏段的走向基本确定，建议尽快确定上海与该线的有机衔接与市区内的走向。

三是有序推进沪嘉（嘉兴）城际的建设。目前的规划方案均为联系到上海外围的青浦、松江、金山等地，难以真正实现上海主城区对嘉兴及整个

G60 科创走廊的快速联系与服务，建议加快研究沪嘉城际与现有（或规划）的铁路系统的互联互通的可行性，研究线路直接与上海城区内主要交通枢纽连接的可能，以促成 G60 科创走廊沿线的通勤、商务出行的需要。

四是着手上海与崇明的城际线路的前期研究与准备。无论是已经获批的上海地铁崇明线，还是规划中的北沿江铁路或是沪崇启铁路，面对崇明本岛及苏北启东海门地区到达上海的快速通勤需求，都还有很大的差距。建议着手研究东西横贯全崇明岛为主线的城际线路可行性，并考虑和地铁、高铁规划线路的互联互通，以形成沪崇启快速通勤圈。

3. "协调神经"——通过长三角交通信息整合，打造区域一体化智能交通体系，推动交通网络运营的一体化。

一是建立长三角智慧交通一体化推进领导小组、推进机制及推进平台。三省一市交通部门组建智慧交通一体化推进领导小组，常设规划、运营、技术与标准等专项工作组，推进落实一体化进程，督查和交流工作进展和绩效评估。由四地政府部门会同国家相关部委、大型交通公共服务类、大型互联网企业等，共同出资设立长三角智慧交通投资公司，选择带有全局性、基础性、公共服务类的长三角智慧交通项目进行投资建设，组建一体化运营平台。

二是加强各交通工具换乘节点之间的衔接，打造长三角出行的"同城效应"。做好各交通运输工具间的运营协调工作及换乘站点的换乘衔接工作。积极探索高铁站点和市内轨道交通、大容量公交运输系统换乘对接的运营方式创新。并进一步探索从体制上创新，如考虑把换乘枢纽站点从原有单一交通模式（轨道交通或高铁）运营体系中剥离出来，成为相对独立的运营主体和专注服务于多交通模式下的节点平台。

三是打造一体化智慧交通，联合推进区域性智慧出行服务系统的建设和市场化运营。开展基于大数据的协同联动和"一网通办"试点，实现区域内交通事项服务"一网通办""一网打尽"。在长三角交通信息共享平台的基础上，探讨建设长三角智慧出行公众服务平台，提供集出行信息整合、出行解决方案提供和支付为一体的智慧出行服务产品，打造长三角区域公众出行的入口平台，采用互联网运营模式，兼具政府公共服务和商业增值服务。

四是尝试交通一体化运营的体制突破，成立长三角高速公路集团。以"改革开放再出发"的魄力，打破行政区划对交通资源的人为割裂，以循序渐进、谨慎稳妥的方式，在协调各方利益的基础上，参照日本阪神高速路网的运营组织模式，推行设立"长三角高速公路集团"，取代长三角区域内按省级行政区划各自建设运营的四家高速道路经营企业。在长三角区域全面取消人工收费站，部署高速公路不停车收费系统，实现高速路网运营一体化。

高质量建设上海都市圈，推进长三角一体化

党的十九大提出建立更加有效的区域协调发展新机制，"以城市群为主体构建大中小城市和小城镇协调发展的城镇格局，加快农业转移人口市民化"。同时，长三角城市群和粤港澳大湾区建设已经上升为国家战略。2019 年伊始，国家发改委又公布了《关于培育发展现代化都市圈的指导意见》。这一系列战略实施，预示着中国城市发展进入了以核心大城市为中心的都市圈和城市群引领发展的新阶段。

国家发改委在"指导意见"的开篇就指出，"城市群是新型城镇化主体形态，是支撑全国经济增长、促进区域协调发展、参与国际竞争合作的重要平台。都市圈是城市群内部以超大特大城市或辐射带动功能强的大城市为中心、以 1 小时通勤圈为基本范围的城镇化空间形态。"本报告提出，为了更好地推进长三角一体化战略，核心的举措是建设大约半径在 50—60 公里的上海都市圈，并且以日前公布的长三角一体化示范区建设为重点，在体制机制、基础设施、土地规划等方面率先突破，形成都市圈建设和区域经济一体化发展的可推广可复制的经验。

一、上海都市圈建设的重要意义

1. **以大城市为核心的都市圈发展是全球趋势**。在全球快速城市化的进程中，都市圈是城市发展到成熟阶段的一种空间组织形式，是以中心城市为核心、向周围辐射构成的城市集合。从经济发展层面上讲，都市圈是一个集社

会、经济、技术为一体的网络化经济空间。它建立在区域市场整合的基础上，也是产业集聚与扩散共同作用的产物。世界上最著名的都市圈为纽约、伦敦、东京、巴黎等大都市圈，范围超过了中心城市行政管辖的边界，并且用网络状的轨道交通线路将自己与周边其他中小城市几乎"无缝"连接在一起。其中，同处于亚洲，并且人地关系同样较紧张的日本经验更值得引起重视。东京都市圈大概占全国人口 27%；国内生产总值占到日本全国的 1/3。以大城市为核心的都市圈是新阶段经济发展的最重要趋势之一，也是中国参与国际竞争最重要的手段之一。

2. **都市圈建设将引领中国城市化的新时代。**中国的城市化和城市发展大概有两个阶段。在第一个阶段，由于决定城市发展的地理条件和规模经济效应没有得到充分的认识，因此，在政策导向上，比较强调不同地区、不同规模的城市要"均衡"发展。而实际上，这不是真正的均衡发展，而是人口和资源的"均匀"分布。由于忽视了大城市的经济集聚效应，均匀发展的模式既损失了资源配置效率，限制了核心大城市的辐射带动作用，同时对于中小城市和农村地区来讲，与实际需求不符的投资最后引发的是巨额的债务。

近些年以来，城市群和中心城市的重要性正在得到越来越强的重视。决策层已经明确，需要在城市群内部形成大中小城市之间的协调发展，其中，中心城市将发挥引领作用。都市圈是城市群内部中心城市发展的未来方向，围绕着核心大城市建设的都市圈进一步发挥经济资源的集聚效应，成为区域经济增长极，并且更好带动城市群内部其他中小城市发展。

3. **上海都市圈建设将有力推进长三角一体化进程。**当前长三角一体化已经上升为国家战略，在这一进程中，上海都市圈建设将发挥两方面的积极意义。第一，在上海及周边中小城市形成上海都市圈，重点克服在此范围之内的一体化障碍，有利于形成上海和周边城市发展双赢的格局。第二，上海都市圈的建设可以和建设长三角一体化示范区相结合，形成推进长三角一体化的可推广模式，更好地发挥引领长三角经济社会发展的作用。

二、上海都市圈建设的挑战

相比之下，我国以大城市为核心的都市圈的规划和建设迟迟落后于纽约、东京、伦敦等一线全球城市为核心的都市圈。大城市与周边中小城市的一体化进程仍然受到行政管辖边界的阻碍，这使得周边中小城市未能充分享受到核心大城市的辐射和带动作用，潜在的大都市圈对城市群内部大中小城市的一体化和协调发展的带动作用未能充分发挥。上述问题的具体原因有以下几个方面：

1. **社会各界未能科学认识都市圈内部核心大城市与周边中小城市的关系。**社会普遍误认为核心城市的发展将产生对于周边的虹吸效应，相互之间的竞争大于合作。而事实上，只要核心大城市在市场引导下实现集聚，集聚越发展，越能产生对于周边中小城市的联动作用，实现双赢。以珠三角城市群为例，广州和深圳在 GDP 和人口中所占的份额持续上升，但是，珠三角城市群内部城市之间的人均 GDP 却呈现出趋同的态势，显现出了"在集聚中走向平衡"的规律。

2. **按城市的行政管辖范围制定的人口规划难以适应都市圈发展需要。**我国传统上是按城市的行政管辖范围来做人口规划，而在大城市周围更适合于在都市圈范围内做人口规划，以免人口规划脱离实际。举例来说，如果按照国际一流的都市圈来建设，上海都市圈可比照的是东京都市圈，而东京都市圈连成片的建成区半径超过 50 公里，人口规模超过 3 700 万。相比之下，如果把相邻的一些中小城市纳入潜在的"上海都市圈"的统计，人口大约也只有 3 000 万左右，[①] 都市圈范围之内的人口仍然有增长空间。国际较为公认的标准是，周围中小城市大约 15% 以上的人口跨城市通勤，则可纳入围绕核心大城市的都市圈范围，如果以这一标准，不仅上海和周边其他城市的一体化

---

① 编者注：该数据有多种不同统计口径，作者的具体统计数据见附件表 1。

水平很低，恐怕上海部分郊区都没有与上海中心城区形成事实上的都市圈。

3. **在大城市和周边中小城市之间有严格的行政边界，阻碍了资源跨行政区的配置。**由于缺乏跨省市的协调机制，基础设施网络化和连通性不够，公共服务和社会保障未一体化，人口跨地区流动仍然不够充分。土地资源更是在行政管辖边界之内进行规划和配置，在核心大城市辖区内划定城市建成区边界，反而在大城市和周边中小城市间形成了"隔离带"，而且在大城市的郊区（例如上海的青浦）形成了发展的洼地。

4. **上海都市圈核心大城市与周边中小城市之间的联系紧密度不高。**在发达国家，围绕着大城市所形成的都市圈是一种"八爪鱼"形态（参见图1）。在核心大城市扩张的过程中，中心城市通过轨道交通和公路形成了与周边中小城市的紧密连接。然后，在放射状的和蛛网状的轨道交通和公路的沿线开发建设城市，形成了从中心城市出发，沿着轨道交通的人口密度梯度下降的格局。相比之下，中国的地级市和直辖市更加像"太阳系"，也就是说，中心城市与周边若干县级市、小城镇之间虽然有公路等基础设施连接，有些甚至有轨道交通连接，但是之间的联系紧密度并不高，相互之间仍然有大量的农田或者绿化带。

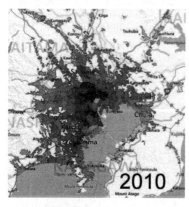

注：左图为东京都市圈的人口密度梯度，颜色越深人口密度越高。右图为"八爪鱼"式的都市圈示意图，中间是中心城市，线条表示轨道交通线，椭圆为连接中心城市的建成区。

图1 "八爪鱼"式的都市圈

注：左图为上海及周边城市的建成区分布，灰色表示建成区。右图为"太阳系"式的城市示意图，中间是中心城市（城区），线条表示轨道交通线，小圆为外围中小城市，往往隶属于大城市的管辖范围。

图2 "太阳系"式的中国城市

三、关于上海都市圈建设的总体思路和政策建议

总体思路：上海都市圈建设应以中央城市工作会议精神为指导，尊重城市发展规律，总结全球城市发展经验，明确以核心大都市圈带动城市群发展的战略在引领国家发展和赢得全球竞争中的重大意义。建设以半径50—60公里范围为重点，以长三角一体示范区为抓手，以体制机制、基础设施和土地规划一体化为突破，促进各城市之间的劳动力和资本的自由流动，以及土地资源的合理高效配置，在经济和人口向核心大城市和都市圈进一步集聚的同时，迈向城市之间人均GDP和生活质量的平衡发展，以及产业的分工协调发展。具体建议如下：

1. **成立高级别的都市圈发展战略规划办公室。**领导和协调跨行政管辖边界的都市圈规划。甚至可以考虑建成跨行政管辖边界的更高一级类政府机构，负责都市圈层面的一体化建设。围绕核心大城市的中心城区，制定建成区半径至少在50—60公里左右的都市圈发展规划，覆盖到周边的县市。近期，可

选择在青浦、吴江、嘉兴等地建设的长三角一体化示范区为重点，率先推进一体化。

2. **加快户籍制度改革，推进公共服务一体化**。随着跨行政边界的就业人口比重逐渐增加，在核心大城市将有越来越多的人在本地就业，但是却在周边其他城市居住和生活。如何为这部分居民提供均等化的公共服务，应有前瞻性的制度设计。户籍制度改革应在都市圈范围内有突破，加快社会保障和公共服务一体化和均等化的进程。廉租房、公租房应逐步覆盖到低收入的外来人口。大幅度提高居住年限和社保缴纳年限在落户标准中的权重，加快有稳定工作的外来人口市民化的可能性。

3. **加强人口统计、行业标准、税收、司法、市场监管一体化机制的建设**。首先，突破地域局限，加强都市圈范围内的统计指标建设。特别值得一提的是，在核心大城市中心城区，逐渐形成日间人口和夜间人口的统计指标，逐渐淡化在行政管辖边界范围之内的常住人口统计指标。其次，在都市圈内统一制定行业操作标准，营造统一的税收环境，加强一体化的司法建设和市场监督管理。

4. **加快建设以铁路和高速公路为主的都市圈大交通**。上海大都市圈范围内有多个重要的铁路交通枢纽，网络整体均衡性和沿线车站利用率均不足；高速铁路、城际铁路车站与城市空间的耦合关系不佳；现有的铁路交通枢纽利用需要由传统的"之"字形通道向网络化发展转变。目前长三角地区高速公路方面主要城市快速路系统基本形成网络，主干路达到较高水平，但次干路、支路网密度相对低，两者融合的短板明显；由大城市单中心辐射周边的中心节点加分布式的交通网络融合亟须推进。

5. **加快建设轨道交通等都市圈小交通**。小交通建设首推速度快运力大的轨道交通建设，需要在圈内构建城市群级别的高效轨交网络，有效引导城市群走集约化发展模式；另外也要着力发展沿线城市"P+R"模式、汽车分时租赁、共享用车等方式。提升整合公共交通系统，进一步明确不同层次公共交通系统的功能和设施服务标准，强化主要走廊的服务时效性，织补局域地区的公共交通网络化服务；重视城际交通和城市交通的一体化衔接，完善轨道交通与公共汽（电）车、公共自行车系统的无缝衔接；优化整合快速路、干路和本地化路网；创新整合传统物流和城市配送体系。加强共享交通的顶层设计，积极应用新技术建立交通大数据互联互通平台，整合多方数据，实行分等级、分地区的差别化交通管理，构建城市级的智能交通管理系统，加强智能控制、实时诱导、智能停车等子系统建设。

6. **减少对土地开发强度的过分控制，动态调整上海的土地开发强度。**当前城市发展规划中，存在过度强调对土地开发强度（建设用地规模／行政区域面积）进行控制的倾向。事实上，所谓30%的土地开发强度国际警戒线并不存在。以上海市的土地开发强度和伦敦、巴黎国际都市圈进行比较是不合理的。伦敦都市圈和巴黎都市圈都比较小，纽约都市圈的面积又比较大，地处人口大国的上海都市圈适合的比较对象是东京都市圈。[1] 如果以与东京圈大致相同的范围来作对比，按不同统计范围计算的"上海都市圈"的范围内，土地开发强度指标不超过30%，仍低于东京圈33.56%的土地开发强度。[2] 上海市作为上海都市圈的核心城市，可以把土地开发强度作为动态可调整的指标。在短期内可以通过调整都市圈内部土地利用类型，增加住宅用地比例，实施工业用地转住宅用地、增加容积率等措施提高都市圈内部的土地利用效率。在中长期，适当增加土地开发强度，适应上海市作为上海都市圈核心城市的定位和发展需要。同时，还建议加强沿交通基础设施展开的土地开发利用，特别是提高上海市郊区沿轨道交通线的周边地区开发强度。

---

[1] 编者注：该数据有多种不同统计口径，作者的具体数据统计见附件表2。
[2] 编者注：该数据有多种不同统计口径，作者的具体数据统计见附件表3。

附件

表1　上海及周边市（县）的人口分布

苏州市	全　市	市　区	姑苏区	吴中区	相城区	高新区、虎丘区	
2017	1 068.36	553.15	95.39	112.95	73.51	59.61	
		工业园区	吴江区	常　熟	张家港	昆山	太仓
		81.3	130.39	151.61	125.78	166.24	71.58
嘉兴市	全市	市区	南湖区	秀洲区	嘉善县	平湖市	海宁市
2018	472.6	128.87	66.87	62	58.69	69.59	85.85
			海盐县	桐乡市			
			44.79	84.81			
南通市	全市	崇川区	港闸区	开发区	通州区	海安县	
2018	731.00	71.89	28.98	22.02	114.17	86.45	
		如东县	启东市	如皋市	海门市		
		97.85	95.00	124.17	90.47		
上海市	全市	浦东新区	黄浦区	徐汇区	长宁区	静安区	普陀区
2017	2 418.33	552.84	65.48	108.83	69.37	106.62	128.47
		虹口区	杨浦区	闵行区	宝山区	金山区	松江区
		79.90	131.34	253.43	203.08	80.14	175.13
		青浦区	奉贤区	崇明区			
		120.53	115.53	69.46			

注：以上表中数据为各市统计年鉴中的常住人口。加粗的地区为上海市及周边紧临县（市）大约50—70公里半径的范围，其总人口为2 914万人。

表 2　核心区和都市圈的土地开发强度国际比较

都市圈	构　成	行政面积（km²）	建成区（km²）	开发强度
东京都市圈	东京都中心区域	626.79	569.6	90.9%
	东京都：中心区＋市部	1 410.99	1 019.96	72.3%
	东京都	2 190.93	1 071.8	48.90%
	东京圈总计	13 373	4 489.29	33.56%
上海都市圈	上　海	6 340.5	3 071	48%
	苏　州	8 657	458（市辖区）	—
	上海都市圈总计	14 997.5	3 529	23.50%
巴黎都市圈	巴黎市	105.42	94.82	89.94%
	巴黎市＋近郊三省	762.68	657.17	86.17%
伦敦都市圈	伦敦市	3.346	2.33	69.64%
	内伦敦	328.54	207.88	63.27%
	大伦敦	1 596.24	820.36	51.39%
纽约都市圈	纽约市	1 536.05	984.34	64.08%
	纽约都市圈总计	21 478	7 478.52	34.82%

注：a. 东京都市圈包括东京都及周围神奈川县、千叶县、琦玉县三县。巴黎都市圈包括巴黎市和 3 个近郊省。伦敦都市圈包括伦敦城和内伦敦、外伦敦的 32 个区。纽约都市圈是指纽约—纽瓦克—泽西市大都市统计区（NY-NJ-PA MSA）。上海都市圈包括上海市和周围的县市组成，从数据可得性上以上海＋苏州代替。

　　b. 东京都建成区数据来自 2017 东京都统计年鉴，其中建成区面积包括宅地、公园和道路用地。东京圈建成区面积来自 http: //www.atlasofurbanexpansion.org。巴黎都市圈建成区数据来自 2012 年大巴黎土地利用数据集 https: //geoweb.iau-idf.fr/agsmap1/rest/service，其中建成区面积是指不包括森林、半自然地理、农业区和水域面积的其他土地利用类型总面积。伦敦建成区数据来自 Land Use Generalised Land Use Database 2005，其中建成区包括住宅、花园、非住宅建筑、公路、铁路以及小路面积。纽约市建成区面积来自 2010 年纽约市土地利用统计，http: //www.nyc.gov/html/dcp/html/landusefacts/landusefactshome.shtml，其中，建成区面积是不包括开放空间、停车场、空地以及未利用地的其他土地利用类型总面积。纽约都市圈建成区数据来自 http: //www.atlasofurbanexpansion.org。上海市建成区面积来自《上海市城市总体规划（2017—2035）》，苏州市建成区面积来自《2016 苏州统计年鉴》。

表3 各种统计口径之下的"上海都市圈"范围的土地开发强度（单位：km²）

	分子：建成区面积	分母：总面积	开发强度（%）
1	上海＋苏州市区	上海＋苏州全市	
	3 529.29	14 997.5	23.53
2	上海＋苏州全市	上海＋苏州全市	
	3 818.84	14 997.5	25.46
3	上海＋苏州市区＋昆山＋太仓	上海＋苏州全市	
	3 651.19	14 997.5	24.35
4	上海＋周边（吴江、嘉善、平湖、启东、昆山、太仓）	上海＋周边	
	3 383.1	11 569.88	29.24
5	上海＋苏州市区＋昆山＋太仓	上海＋苏州市区＋昆山＋太仓	
	3 651.19	12 734.28	28.67
6	上海＋苏州全市	东京圈面积	
	3 818.84	13 373	28.56
7	上海＋周边（吴江、嘉善、平湖、启东、昆山、太仓）	东京圈面积	
	3 383.1	13 373	25.30
8	上海＋苏州市区＋昆山＋太仓	东京圈面积	
	3 651.19	13 373	27.30

关于长三角食品安全监管一体化建设的研究

"民以食为天"，食品安全关乎百姓生计，更关乎社会稳定。一方面，长三角区域民众具有较好的经济基础和较高的消费追求，市民更加注重食品安全和品质，对食品安全问题的关注度更高，也更为敏感；另一方面，长三角三省一市在食品产销环节上相互依赖度高，食品流通环节交错频繁。为此，在长三角区域进一步深化食品安全合作协调机制，推进长三角食品安全市场与监管一体化建设，对于保障人民群众"舌尖上的安全"，助力长三角一体化高质量发展具有重要意义。

一、长三角食品安全监管存在的主要问题

长三角区域在食品产销环节上互相依赖度非常高，一地出现问题，极有可能波及相邻省市。例如长江上漂流的病死猪事件、安徽的辣条事件等，都表明长三角区域食品安全息息相关，休戚与共。政府层面也高度重视长三角区域食品安全合作，先后签署了《长三角地区共同推进食品安全合作协议》《长三角食品安全区域合作三年行动计划（2018—2020年）》等文件，提出要进一步推动长三角区域食品安全一体化建设，构建信息互通、监管互动、抽检互认、执法互助的大食品安全工作格局。但是，在实践中，仍存在以下问题：

1. **食品安全监管主管部门职责交叉、分工不明。**我国的食品安全监管实行分段管理，以生产销售食品过程中的各阶段环节区分，涉及农业、渔业、质监、工商、卫生等许多部门，不同部门负责监管不同阶段。表面上看，这

种主辅相协调的以分段监管为主的食品安全监管体制覆盖面广，似乎是无缝隙的监管体制。但在实践中由于监管部门众多，职能相互交叉，在没有强有力的协调机构进行协调时，就容易发生疏漏，降低监管的有效性，导致食品质量低下，更让不法厂商有可乘之机，导致食品安全问题持续发生。

2. **统一的食品安全信息追溯体系尚未建立。**食品安全可追溯是解决食品安全问题的有效途径之一，一旦发生质量安全事件，可以通过记录或标识进行追溯，及时召回问题产品，降低危害程度。目前，长三角各省市都在建立自己的食品安全追溯平台，上海还出台了《上海市食品安全信息追溯管理办法》，但仍存在问题。一是各省市的追溯平台各自为政，无论从规范依据的周延性、科学性、前瞻性，还是追溯平台系统的实用性、人机友好性来说大相径庭，难以实现全过程、全链条的统一管理。二是食品安全追溯的技术体系仍在探索中，很多技术仍在以"创新"的形式、摸索开展研究和相关工作，由政府推动试点使用，成本较高，也难以普遍推广。三是市场主体参与意愿不高，追溯信息完整性、真实性不足。分散的主体和经营，对采集全面完整的食品追溯信息带来了巨大挑战。追溯数据的录入、跟踪，主要是凭借市场主体的自觉自律，质量难以保证。

3. **食品检验机构重复设置、标准不一、结果互不认同。**在食品流通环节，质量检验检测极为重要。首先，各省市对检测机构和人员资质的理论考试、现场操作和盲样检测等准入环节的要求各不相同，管理制度各异，没有一个统一的市场准入机制，导致检验检测机构数量繁多、硬件配置雷同、检测水平偏低、检验项目重复，很难有效地保障食品的安全质量。其次，各省市食品地方标准的发布主体不统一，名目繁多，食品安全地方标准审评委员会、省市质监局、市场监管局乃至行业协会、农业局都可能对相关食品作出检测标准的设定，国标与地标的冲突未能有效协调。《食品安全法》规定，食品生产者只有按批次主动向当地的质检部门报批报检，由产地的检验机构按国家颁布的标准实施检验，符合标准的，由当地市场监督部门发放检验合格证明，方可进入市场流通，符合资质的食品检验机构出具的检验报告具有同等效力。

但在实践中，基于地方利益保护、检验技术方法的差异和对企业可能出具虚假报告的担忧等原因，市场监管部门往往只认可本地区检验机构出具的检验报告，由此形成食品在长三角地区跨区域流通时质量检验证书的互认、互通和互信障碍。第三，互认互信共识在基层落实困难。虽然三省一市的市场监督局为此成立了长三角区域合作办公室，专门就长三角各地食品检测检验出证的互认、互信问题进行协调，但由于各省市政府对各自辖区基层向下通达程度存在差异，因此此举只能是在长三角三省一市政府间的协调沟通，真正落实到基层并具有可操作性，还有待时日。

二、国外食品安全监管经验借鉴

1. **欧盟**。欧盟作为由多个主权国家结盟而成的共同体，其在食品安全领域所做的努力和推动，很多做法都可以为长三角一体化建设借鉴。**一是成立欧盟食品安全局**，统一负责欧盟境内所有食品的相关事宜，负责监督整个食品链安全运行。其主要任务有：与会员国主管机构密切合作，促进风险评估、风险管理和风险沟通职能之间的有效协调；对食品安全法案和政策提供科学意见及技术支持；制订统一的风险评估方法；搜索、收集、整理、分析和总结各领域的科学和技术数据查明和确定新出现的危险；提供科学和技术援助以改进共同体、申请国、国际组织和第三国在食品安全领域的合作等。**二是制定有关法律，强制实行可追溯制度**。2000年7月，颁布《新牛肉标识法规》(第1760/2000号法令)，要求欧盟成员国上市销售的牛肉产品必须具备可追溯性，从法律的角度提出牛肉产品可追溯性要求。2002年1月，欧盟颁布《通用食品法》(第178/2002号法令)，要求强制实行可追溯制度，并明确提出禁止进口非追溯产品。2006年1月，欧盟出台并实施《欧盟食品及饲料安全管理法规》，突出强调了食品从农场到餐桌的全过程控制管理和可追溯性。**三是积极加强与消费者的沟通，建立了及时快捷的信息发布制度**。信息经过认真审核和合理评估，以诚实负责的态度向消费者说明情况，并告之欧盟所采取的与风险规模相适应的措施，提醒消费者注意加强自我保护。信息交流方面积极欢迎非政府组织和普通公众的参与互动。

"全球食品最安全的国家之一"
——爱尔兰的食品可追溯系统的开发关键步骤

步骤 1：确定可追溯性系统的范围。 1.供应商可追溯性：食品和包装供应商对食品经营者的可追溯性。供应商可追溯性是所有食品企业的法律要求。2.过程可追溯性：由食品经营者建立，无论是否生产新产品，都可以追溯食品和包装。3.客户可追溯性：跟踪食品业务运营商建立的食品给接收它的直接客户。客户可追溯性是所有食品企业的法定要求，除非食品仅直接销售给最终消费者。

步骤 2：确定最佳批量大小。 更大的批次可以简化可追溯系统，但是大批量的选择可能意味着如果发生食品事故，就必须撤回或召回更多的食品。必须在可追溯性系统的复杂性和可操作性与最小可行批量之间取得平衡。

步骤 3：确定所需的可追溯性信息。 根据法律规定，参与企业对企业贸易的每个食品企业经营者必须确保离开企业控制的食品可追溯到直接客户。通过文件或其他信息，市场上必须标记出可以通过商品获取的可靠性。建议受 SI 第 747 号规定的食品经营者以及所有其他食品经营者保留下列信息：1.法律要求的信息：①食品经营者及其目的地的食品发送记录，②直接客户的姓名，地址和联系方式，③运输公司的名称，地址和联系方式（如适用），④集装箱代码（如适用），⑤交货日期或交易日期；2.所交付产品的综合清单：①产品名称，性质和描述，②产品批次代码，③案件数量，④每箱的包装数量，⑤必要时供应商详细信息（仅限批发，进口和零售业务）；3.处理退货：退回食品的性质，退回食品的客户的姓名和详细信息，退货日期和退货原因。同样，可追溯系统应记录食品经营者处理的退回食品的全部细节。

步骤4：记录保存和检索。食品经营者必须至少保持所有食品的可追溯性记录，直至可以合理地假设食品已经消费为止。对于可追溯性信息，每天必须更新。它必须清楚明确地提供给食品经营者，并由食品经营者提供给下一级。食品企业经营者根据2009年第SI号第432号（通常是加工商，制造商和冷藏商店处理动物源食品，包括海鲜），在所有情况下必须保持3年的记录。

步骤5：建立审查和测试可追溯性系统的程序。应至少每年对可追溯系统进行一次审查，以确保其提供所需的可追溯性水平，并能在短时间内（不超过一个工作日）生成准确的可追溯性记录。审查程序应包括在可追溯系统的文件中。

步骤6：记录食品可追溯系统。建议所有食品企业经营者应记录可追溯系统，并包括上述所有要素的详细信息，以及员工在系统运行，维护和维护中的角色和职责。此类文档可用于多种用途，包括管理评审和新员工培训。

2. **日本**。**一是实行可追溯管理**，通过立法对牛肉实施从养殖场到零售的可追溯性，在其他产品上，日本食品生产企业都将自己的食品信息输入官方指定的信息管理系统，每一种食品都有对应的条形码，在产品的前端，主要通过农协对农户卖出的农产品建立电子档案，将电子号码与农产品上的条形码相对应，为农产品确定了身份，确保了产品的可追溯；**二是信息交流机制**，日本非常注重信息交流，专门有针对消费者的食品安全教育以及信息交流渠道，例如农林水产省主页专门增设了"消费者部屋"专栏，食品和农业投入品检查中心设置了食品安全放心信息交流专栏，分门别类向消费者公布检查信息和结果，并全面接受公众和媒体的监督；**三是严厉的处罚制度**，日本对于食品安全违法违规的处罚非常严厉，不仅有经济罚款和刑法处罚，更多是来自社会的强大压力，一旦企业故意违法违规，就会进入社会道德体系黑名单，企业就会彻底垮台，这是日本食品安全得以维护的重要原因。

三、推动长三角食品安全监管一体化建设的建议

长三角三省一市要加强共治共管，通过建立常设的联席机构，协调各地监管职能，在全国率先构建区域联动的食品安全信息追溯体系和"标准统一、资源优化、一口出证、结果互认"的食品检验机制，助力长三角食品安全市场与监管一体化的实现。

1. **建立长三角食品安全联席机构**。机构设置：该联席机构应是常设的，有实体的办公机构和办事人员。该联席机构可设执行主任，由长三角三省一市派员轮值担任，办公经费开支也可轮值承担。**主要职能**：政策制定、规则协调、执法协调、技术支持、日常调研、课题研究、维护平台、及时发布食品安全信息（如食品安全质量标准、执法检查结果、食品安全黑名单等）。当一地的监管部门对存在食品安全隐患和问题的生产者、销售者实施属地管辖的同时，必须将有关信息上报长三角食品安全联席机构，让其他长三角兄弟省市了解处罚情况，形成执法联动，从而堵住不良商贩跨区流动，堵住有毒、有害食品的流通渠道，在区域内不留监管盲区。明确监管职责，强化监管合作，完善责任追究制度，提高执法效率。

2. **建设统一的食品安全追溯体系**。**一是出台长三角食品安全信息追溯方面的法律法规**。可参考《上海市食品安全信息追溯管理办法》，明确长三角食品安全信息追溯的对象、信息、环节、主体、法律责任等相关内容，将食品安全可追溯的要求提升到法律层面。同时，明确法律责任，加大对提供虚假信息行为的惩处力度，保障追溯信息的准确性和可靠性。**二是制定区域内食品安全信息追溯统一技术标准**。探索应用物联网、大数据、云计算、区块链、二维码等现代科技，在食品安全信息追溯数据采集、共享、分析及应用等领域内建设示范项目，带动区域内食品安全信息追溯科技水平的整体提升。充分发挥长三角地区的各类食品龙头企业的引领示范作用，将企业食品安全信

息追溯技术标准提升到区域内行业统一标准，并逐步作为追溯平台监管的标准依据推广建立。**三是加快构建长三角食品安全追溯信息平台。**长三角食品监管部门要开放各自的食品安全追溯系统，加强系统兼容，并加快构建统一的长三角食品安全追溯信息平台，共同维护应用，使食品安全信息数据能够在长三角地区实时共享、共用。**四是建立区域食品产业发展信用体系。**建立长三角地区食品生产、销售、运输企业数据库，形成长三角食品安全领域统一的信用信息"应用清单"和联动奖惩机制，并与长三角食品追溯平台对接，发布食品安全"红黑名单"和食品类企业信用评价，建立长三角区域内食品安全信息追溯主体责任信用体系。**五是广泛开展宣传，加强公众监督。**利用各种媒体开展公益宣传，普及追溯食品安全知识，正确引导公众消费，保证参与追溯企业的利润；另一方面，要对统一食品安全信息追溯平台的"投诉界面"进行升级改造，引导更多的公众参与食品安全监督中来，有利于实现社会共治。

3. 建设统一的食品检验体系。一是统一标准、整合资源。要摒弃检验标准设定各自为政的传统，加强区域内检验机构技术环节的培训和交流，做到检验技术的对等化，并逐步建立统一的检验参数和分析方法。食品检验机构的资质认定标准的统一是长三角食品安全共治的必然要求。通过检验机构的能力评价制度，着手对各省市固有的检验机构检验能力进行摸底比对，统一检验资质的理论考试、现场操作和盲样检验等环节，对机构设置进行重新规划、整合和授权，实现区域内检验机构的检验能力和检验技术对等化和机构间的认同性。**二是统一检验报告出口。**依靠日趋成熟的政府云技术，在长三角试行检验报告一口出证，即所有食品安全检验报告试行由一个部门出证。长三角各地检验机构将检验结果数据实及时上传，同时给到申报人一个唯一的申报码，保证出证结果具有权威性可追溯性。经统一的出证部门审核后，在线形成审核结果。以此避免各地方部门利益和虚假信息导致的互信、互通难题。**三是食品安全抽检信息共享。**关于食品抽检批次、方法、结果，可通过长三角一体化网络实现长三角地区监管部门、企业、消费者共享。**四是打**

破地域限制和地方封锁，拓宽食品检验机构受托检验范围。允许经过授权的检验机构跨省市接受食品安全检测委托，实现检验机构跨省域的受托业务资源共享和优势互补。**五是鼓励更多的民营企业进入食品检验领域。**鼓励和支持社会力量兴办第三方食品检验检测机构，逐步形成政府检测机构与民间检测力量相互补充的食品安全检验检测技术支撑体系。强化食品检验行业协会的作用，通过市场化方式，鼓励食品检验机构持续研发新技术、新方法，推动食品安全检验技术的不断升级。

关于推进长三角地区公共服务便利化的研究

为贯彻落实习近平总书记关于"支持长江三角洲区域一体化发展并上升为国家战略"指示精神。民建上海市委高度重视、积极作为，专项课题组围绕如何推进长三角地区公共服务便利化进行深入调查研究。专项课题组赴上海全球城市研究院和长三角区域合作办公室调研，邀请苏浙皖民建组织来沪参加"沪苏浙皖民建组织推进长三角一体化高质量发展课题研讨会"，并多次召集组内成员举行专题讨论会。

本专项课题**聚焦基本公共服务领域**，特别是与人民群众日常生活关系最密切、不便利程度呼声最高的方面，坚持问题导向、需求导向、发展导向，对标国际最高标准、世界最好水平，为长三角区域更高质量一体化发展建言献策。

一、长三角地区公共服务便利化的成效和问题

（一）发展和成效

长三角城市群作为我国最具活力、开放度最高、创新能力最强的区域，与京津冀、粤港澳大湾区南北呼应，共同成为拉动中国新经济增长的"三驾马车"，也是中国经济参与全球竞争合作的"超级巨轮"。

从 1992 年建立长三角 15 个城市经济协作办主任联席会议制度算起，长三角的合作机制已走过 27 年。2018 年，长三角区域合作办公室成立，意味着我国经济最具活力的区域之一正式实现联合办公，形成"三级运作"的新机制。

在不改变现行行政区划和属地管辖人、财、物的前提下，通过市场和行政力量的合力推进，长三角一体化发展不仅取得了明显进展，而且综合竞争力显著提升。**就政府公共服务平台来说**，三省一市推行的"一网通办""最多跑一次""不见面审批"等改革实践，本地居民办理各类公共服务预约、证明、审批事项较以往已便利不少。自 2015 年起，三省一市已陆续将非紧急公共服务电话整合进 12345 热线，便于居民记忆和使用。**以公交"一卡通"为例**，上海现发行的紫色普通交通卡以及卡号以字母"U"开头的纪念卡、异型卡可在金华、宁波、绍兴、湖州、台州、淮安、无锡、南通、泰州、舟山、嘉兴、温州 12 个地级市和太仓、常熟、昆山、江阴、宜兴、启东、长兴、义乌 8 个县级市乘坐公交车使用。上海、杭州、宁波三地共 526 座城轨车站，约 1 万余台地铁闸机已完成互联改造，正式为乘客提供"手机扫码"互联服务。**从医保异地结算来看**，到 2017 年底，基本实现在全国范围内基本医疗保险跨省异地就医住院医疗费用直接结算。**在异地养老方面**，去年，沪苏浙皖民政部门发表有关"推进长三角区域养老合作与发展"的上海共识，明确三省一市将本着"资源互补、市场共享、务实合作、协同发展"的原则，合作推进"一体化战略下长三角区域的社会养老服务业"，实现高品质养老服务的共享发展。**在公共文化服务方面**，省市内图书馆间图书通借通还服务已逐步打通。各省市公共文化服务四级配送体系已形成"需求对接、市区联动、举手申报、点单采购、绩效评估"五大工作机制。**在人才培养方面**，三省一市正依托各自产业链优势和资源禀赋，进行差异化发展。上海长期以来涉外程度较高，与国际化接轨走在全国前列，在高端专业服务方面具有天然优势，以律师为例，截至去年底上海合计执业律师 32 531 位，占全国 10% 左右。杭州互联网信息产业发达，10 个租客里有近 4 个是互联网从业人员，占比全国最高。

（二）问题与不足

总体来说，长三角地区公共服务便利化程度逐年提升，成绩喜人。但与党中央、国务院赋予三省一市的历史使命和任务还存在不小差距，较长三角一体化高质量发展这一目标还有进步空间，同人民群众对美好生活的向往这一奋斗目标还有不少距离。

1. **公交"一卡通"可使用地域和适用范围过窄**。"长三角一体化"的概念刚提出时，"公交卡互通"就是首批摆上议事日程的事项，然而，十几年过去，"一卡通"却至今难通。上海紫色普通交通卡在长三角区域至少还有 28 个地级市还未互通，特别是杭州、南京、合肥等省会城市也无法使用，无法体现一卡在手，出行无忧的便利。

2. **各类基本公共服务电话依然过多，不便于居民记忆和使用**。如高速公路救援电话 12122，食品药品监督投诉电话 12331，消费者投诉电话 12315，环境保护投诉热线 12369，劳动者维权热线 12333 等。在调研过程中，居民仍表示，如此众多专线电话，不知道要打哪个电话才好。

3. **医保异地结算备案流程不够人性化，适用范围依然太小**。"先备案，选定点，持卡就医"是目前跨省就医的必备流程，参保人员跨省就医之前，需要在参保地的经办机构备案（现仅异地安置退休人员、异地长期居住人员、常驻异地工作人员、异地转诊人员着四类人群适用）。随着长三角一体化发展，异地就业人数将持续扩大，常住地更换日趋频繁，一定要回到参保地备案对居民来说十分不便利。此外，医保卡在城市群内医保定点药店的使用门槛还太高。

4. **公共文化服务领域堵点还有待进一步疏通**。图书馆作为最受群众欢迎的公共文化服务设施，在三省一市间的图书"通借通还"尚未打通，给热爱阅读的居民带来不便利。各类博物馆、纪念馆、红色旅游景点等公共文化设施还存在"免费不免票"的现象，造成场所领票口和入口排队拥堵，出游不便利。跟随子女异地居住的老年人逐渐增多，他们在居住地参与社区文化活动和终身教育需求很迫切，可现在长三角无法体现"人人皆学、时时能学、处处可学"的终身教育优势。

5. **培训标准、从业资格门槛不一致导致基础人才异地互认困难**。目前高端人才的流动在长三角各地都很活跃，但基础人才，如家政、护理、卫生、建筑等与老百姓生活息息相关的职业人才，无论是从业标准，服务标准还是资格取得和认定各省市都存在较大差距，异地互认困难，人才流动无序，提供的服务差异大，为需要享受这些服务的居民造成不便。

二、长三角地区公共服务便利化的目标、思路和借鉴

习近平主席在首届进博会开幕式上指出，支持长江三角洲区域一体化发展并上升为国家战略，着力落实新发展理念，构建现代化经济体系，推进更高起点的深化改革和更高层次的对外开放，同"一带一路"建设、京津冀协同发展、长江经济带发展、粤港澳大湾区建设相互配合，完善中国改革开放空间布局。

按照《长三角地区一体化发展三年行动计划（2018—2020）》制定的目标，长三角要建设成为"全国贯彻新发展理念的引领示范区，成为全球资源配置的亚太门户，成为具有全球竞争力的世界级城市群"。其中"公共服务普惠便利"是 7 个重点领域之一。

长三角一体化，不是一样化。高质量的发展，也必然要求每个城市应突显其独有的资源禀赋和独特的气质文化。但在基本公共服务方面，我们的理念是，实现基本公共服务的规范化、标准化、便利化，即长三角区域居民无论身处长三角何处，其享受到的基本公共服务的内容、标准、质量和服务平台等简明、便利、有同城感。

以日本公共交通为例，由 JR 东日本发起、各主要铁路公司参与发起成立的交通 IC 卡相互利用中心，宣布实现日本全国铁路和公交系统的 142 家运营商交通 IC 卡相互兼容服务。纳入兼容服务范围主要有 JR 东日本的 Suica 卡、JR 东海的 TOICA 卡、JR 西日本的 ICOCA 卡、JR 九州的 SUGOCA 卡和东京民营铁路公司的 PASMO 卡等 10 个种类，覆盖日本主要城市铁路和公交的 8 198 万张 IC 卡。乘客只要持兼容的交通卡就能在日本通行，可以从北海道畅行至南部的九州，支付 52 家铁路公司以及 96 家公交公司的交通费。目前，日本交通 IC 卡已实现新干线、公交、地铁、停车场、超市、出租车等领域的

覆盖。

由此，我们的总目标是，长三角区域居民畅享各类优质公共服务，实现"一卡通"/"一机通"。

为了实现这一总目标，长三角区域三省一市应具备超前规划意识，统一各方思想，打通各项公共服务堵点。基于目前5G网络、人脸（指纹）生物识别、大数据智能分析等高新技术发展，让逐步实现区域内公共服务标准的同质提升、均衡发展成为可能。现阶段，可以将各项基本公共服务按客观情况和居民需求迫切程度，分阶段归纳到"一卡通""一号通""一网通""一票通""一门通""一证通"等更加便利化的手段上来，逐步推进，成熟一项上线一项，最终达到"一张卡"的目标。

三、长三角地区公共服务便利化的对策建议

1. **公共交通"一卡通"/"一机通"**。一是尽快推进长三角各省市的公共交通卡互通互认，首先在公交、地铁、出租车、轮渡等基础公共交通服务上率先打通，远期同高铁进一步对接，实现互联互通。方便居民出行。**二是**实体卡和虚拟卡相互依存、互为补充，遵循"设备不改造、渠道本地化、优惠本地化、账户票款保障、应用共享共建"等原则，逐步丰富完善交通卡的使用场景，提供更加多样化的支付手段。**三是**统一扫码支付虚拟卡的技术标准，加大信息隐私保护力度，并建立监督机制加强对人民群众财产和信息安全保护。

2. **公共服务"一号通"**。一是紧急类（如警务、医疗、火灾）求助电话由全国统一，非紧急类公共服务热线开设长三角"一号通"，便于居民区分和记忆。**二是**鉴于长三角基本都开通了"12345"热线，建议完善并统一各城市的服务功能、服务标准和响应机制，实现长三角区域内使用这个号码提供物业维修、交通、环保、消费者权益保护、食药品安全和政府一网通办等基本公共服务的全覆盖，并更加注重长三角跨属地的办事需求协调处理。

3. **异地综合服务"一门通"**。除了电话热线、网上办理，建议在长三角建立统一的异地综合服务窗口，提供一门式线下面对面服务，为需要的居民提供诸如异地社保、医保、教育、养老等基本公共服务。

4. **医保结算"一网通"**。**一是**要持续扩大医保异地结算特别是直接结算的使用范围，包括住院和门急诊，推动网上直接结算，方便居民异地就医。**二是**要在长三角医保定点零售药店实现异地结算的全覆盖，方便居民头疼脑热随时购药。**三是**实现参保地备案、就医地备案双轨制，为跨省通勤人员和异地居住、就业、商务、旅游等人员解除后顾之忧。

5. **公共文化"一票通"**。**一是**抓紧打通长三角区域图书馆"通借通还""随借随还"功能，方便居民出行随时享受公共文化服务。**二是**整体提升长三角区域红色旅游资源、公共文化设施的服务水准，在购票、导览等方面提供更为便利化的服务。可以推出长三角统一的实体或虚拟"参观票"，减少现场排队领票。**三是**以游学作为开展终身教育的有效载体和手段，整合长三角历史人文资源，建立相对统一标准的游学课程，并辅之以其他保障措施，有序引导广大市民跨省市游学，有效丰富广大市民的精神生活，提升市民的综合素养。

6. **从业资格"一证通"**。**一是**加大对紧缺人才职业培训支持力度，鼓励农村转移劳动力、城镇就业困难人员等从事紧缺行业，如对养老护理员进行免费的职业培训和职业技能鉴定。**二是**在国务院已取消 70% 职业资格许可和认定事项的现状下，可由长三角地区行业协会联合形成行业内认可的资格，做到在长三角范围内统一标准、资格互认、促进从业。**三是**长三角提供统一的"公共服务包"，对居家养老、老年食堂、老年大学等服务统一标准，让从业人员明明白白服务，让居民明明白白享有。

关于长三角技术交易市场一体化建设的研究

技术交易市场的一体化建设是长三角一体化建设的重要组成部分，是构建长三角区域现代化经济体系，推进深化改革与对外开放的重要着力点。党的十九大报告指出，我国经济已由高速增长阶段转向高质量发展阶段，正处在转变发展方式、优化经济结构、转换增长动力的攻关期。高质量发展首先是实体经济高质量发展，其中关键是制造业升级，从"组装模式"转型到"中高端制造模式"，提升产业链。"组装模式"下的技术及技术能力的获取更多通过合资企业转让、国际并购等方式，然而近年来发达国家全面收紧中国传统获得技术渠道，增加了中国获取国外技术的难度。目前，长三角区域制造业升级遇到"低端产业在转移、高端产业上不去、尖端技术买不来、自主创新跟不上"等困难。如何在创新拓宽国际技术转移渠道的同时，通过长三角技术交易市场一体化建设，进一步优化区域内以企业为主体的市场化的科技成果转化机制，做好科技成果转移转化，形成优质创新生态，实现技术向现实生产力的转换，已经成为当务之急。

一、长三角区域技术交易市场现状

《国家技术转移体系建设方案》（国发〔2017〕44号）将"加快发展技术市场，培育发展若干功能完善、辐射作用强的全国性技术交易市场，健全与全国技术交易网络联通的区域性、行业性技术交易市场"作为我国现阶段重点工作。总体而言，长三角区域技术交易市场一体化建设具有良好的基础，能持续带动全国技术交易的发展。2018 年，以长三角区域为代表的东部地区输出与吸纳技术合同成交额占全国技术合同成交总额的比重最高，分别为 63.80% 与 52.90%。（表 1）

在 2018 年的全国技术合同成交总额统计中，以长三角区域为代表的东部地区输出与吸纳技术合同成交额所占比重最高，分别为 63.80% 与 52.90%。

表 1　2018 年长三角和全国前三技术合同交易情况对比

地　区	输出技术			吸纳技术		
	合同数 / 项	成交额 / 亿元	排名	合同数 / 项	成交额 / 亿元	排名
北　京	81 311	4 486.89	1	55 944	1 887.52	1
湖　北	24 444	1 033.08	2	15 736	677.74	5
广　东	17 178	937.08	3	27 507	1 451.40	2
上　海	21 223	810.62	5	22 661	712.14	4
江　苏	37 258	773.99	6	38 911	919.55	3
浙　江	13 704	324.73	11	18 444	469.87	9
安　徽	18 211	249.57	12	17 953	270.68	13

长三角区域聚集优势明显，随着沪苏浙皖科技与经济合作进一步深入，长三角区域技术交易额稳步增长，有力地带动了东部地区经济增长。2018 年长三角区域共输出技术合同 92 532 项，成交额为 2 230.65 亿元，同比增长 19.63%；吸纳技术合同 100 148 项，成交额为 2 456.05 亿元，占全国技术合同成交总额的 29.50%。从输出技术情况来看，上海输出技术合同成交额 810.62 亿元，位居第一；江苏、浙江、安徽输出技术合同成交额增速较快，分别为 21.77%、63.67%、28.75%。吸纳技术方面，江苏吸纳技术合同成交额为 919.55 亿元，居长三角区域吸纳技术合同成交额首位。上海、浙江、安徽吸纳技术成交额增幅分别为 64.85%、62.98%、30.96%。（表 2）（图 1）

表 2　2016—2018 年长三角区域技术交易情况

年份	地区	输出技术			吸纳技术		
		合同数（项）	成交金额（亿元）	排名	合同数（项）	成交金额（亿元）	排名
2016	合计	78 866	1 552.17		87 306	1 929.97	
	上海	22 119	663.8	1	22 689	510.1	2
	江苏	32 508	572.9	2	36 607	1 016.3	1
	浙江	11 273	98.1	4	14 999	201.9	3
	安徽	12 966	217.37	3	13 011	201.67	4
2017	合计	83 292	1 864.57		86 032	1 896.58	
	上海	20 843	781.0	1	22 589	432.0	2
	江苏	29 430	635.6	2	27 370	905.6	1
	浙江	14 808	198.4	3	18 120	288.3	3
	安徽	18 211	249.57		17 953	270.68	
2018	合计	92 532	2 230.65		100 148	2 456.05	
	上海	21 223	810.62	1	22 661	712.14	2
	江苏	37 258	773.99	2	38 911	919.55	1
	浙江	13 704	324.73	3	18 444	469.87	3
	安徽	20 347	321.31	4	20 132	354.49	4

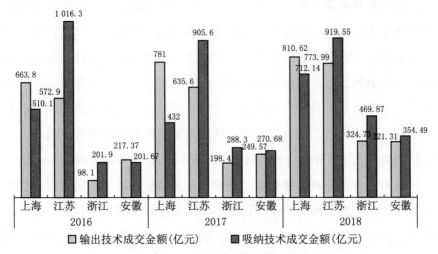

图 1　2016—2018 年长三角区域技术交易情况

221

二、长三角区域技术交易市场一体化建设所面临的问题

通过以上对沪苏浙皖三省一市技术交易市场现状的分析可以看出，四地各自技术交易市场的发展方兴未艾，但是仍面临着大量亟待解决的问题。

这些问题分为两个层面，一是长三角区域内各地区技术交易市场自身发展的问题；二是区域内各技术交易市场之间协同发展、形成一体化的问题。这两个层面的问题相互联动，应同步解决。

（一）长三角区域内各地区技术交易市场自身发展的问题

1. **沪苏浙皖同省内各地区发展不均衡**。以安徽为例，省内大部分地区技术交易对省内经济促进能力有限。部分地区由于经济发展较弱，技术成果需求较低，因此技术成果对经济提升能力较差。除合肥、芜湖、蚌埠三地外的13地市，吸纳合同占全省技术合同比值约为40%，输出合同占全省技术合同比值仅为25%。可见省内地区差异的巨大性，全省发展龙头是合肥市，占比过半，固然有经济发展的差距、高校科研院所分布不平衡的因素，但是当地的重视发展程度也有较大的导向性。

2. **技术转移效率偏低**。技术转移效率偏低主要原因在于技术成果转化率较低，产业化程度偏低，技术交易市场不够成熟，使得科技转化为生产力的效率比较低。一方面，由于技术市场有显著的信息不对称特性，技术转移中卖方、中介机构、买方定位不明。创新动力不足，缺乏投融资渠道，中介服务的不当竞争扰乱了交易市场秩序。另一方面政府交易平台不完善，技术产权交易立法有待完善。同时，由于区域内高校科研机构更多关注研发，忽视成果转化和产业化，导致高校科研机构的技术转移比例尤其偏低。

3. **技术交易制度尚不健全**。已登记技术交易合同在全部实际发生技术交易合同中的比重还不高，企业登记的主动性不够强，滞后性较大，报送体系不健全，缺乏对数据质量的有效控制，缺少技术交易数据的实时监测、深度分析。同时相关技术交易法规对交易实施驱动力不足。

4. **技术交易市场服务意识较差，专业人才不足**。技术交易市场服务意识较差主要表现为，一是技术服务能力有所欠缺，技术交易项目对接成本较高，成功率较低。二是技术交易中对知识产权保护意识较低。三是正规经营且有能力的技术转移机构不能满足技术交易需求，技术转移专业人才缺乏。

（二）长三角区域技术交易市场形成一体化的问题

在一体化建设方面，长三角区域远未达到《国家技术转移体系建设方案》（国发〔2017〕44号）所提出的"加快发展技术市场，培育发展若干功能完善、辐射作用强的全国性技术交易市场，健全与全国技术交易网络联通的区域性、行业性技术交易市场"的要求。

造成这一现状的根本原因是：由于长三角区域三省一市的经济、科技发展水平较为均衡，政府间存在竞争均势，因此在合作中，各地政府部门不可避免地为本地的科技发展留有保护余地，从而形成对深化合作的阻力。在长三角区域三省一市之间，上海的经济、科技发展水平虽然稍为领先，但是与北京在京津冀区域及广东在泛珠三角区中的地位不同。由于北京与广东在京津冀区域及广东在泛珠三角区中具有绝对优势，它们可以作为龙头引领本区域的合作发展。而长三角区域三省一市尤其是沪苏浙的经济、科技发展水平均位于全国前列，政府间的良性竞争使本区域内各地区政策相通性较弱，从而导致长三角区域科技合作政策深度不足、执行力度较弱。

由于以上根本原因，导致长三角技术交易市场一体化建设面临以下四个具体问题：

1. **区域内现有各技术交易市场协同性不强**。长三角区域各地现有的各技术交易市场之间更多停留在"点对点"的合作，未形成技术交易市场的网络化分布，存在后期执行的地域分割、行政分割。在合作机制的设计上，区域各政府间合作分工不明，合作动力不足，整合能力不强，当争议产生时也缺乏必要的协调方式。

2. **区域内技术交易信息资源共享平台建设滞后**。长三角区域内虽然已协商建立技术交易信息资源共享平台，也已取得了一定成果，如已开通技术文献共享系统，但是现有平台的信息更新、维护都存在一定问题。共享的前提是区域内各地相关政府部门完全开放接口，但由于缺乏制度保障，造成技术交易信息资源无法完全共享。

3. **区域内与技术交易市场建设相关的要素流动性不足**。与技术交易市场建设相关的要素包括：技术交易市场建设与运营人才、交易技术、交易设备等。这些要素无法自由流动的主要原因，一是区域现有各技术交易市场本身协同性不强；二是为地区的发展利益考虑，各地区出于本身发展与竞争原因，在要素流动方面态度消极。

4. **区域内缺乏统一的技术成果价值评估机制**。技术成果是技术交易的主要标的。由于被交易的技术成果往往尚未投入实施，因此其价值的评估本身就比一般的商品困难。在自为战的现状下，长三角区域内现有的各交易平台可能会对同一技术成果给出不同的估价。这将导致区域内技术交易的混乱，不利于长三角区域科学技术的协同发展。

三、对长三角技术交易市场一体化建设的建议

（一）针对长三角区域内各地区技术交易市场自身发展的建议

1. **注重地区发展平衡，因地制宜引进技术**。针对长三角区域各省技术交易的分布极不平衡的现状，在后续的技术交易发展中应注意协同发展，建立相应联动机制，注重技术转移的梯度性，做好省内先进地区的龙头引领作用。同时要因地制宜引进技术，依托原有优势产业，做好相关技术转移工作。

2. **提升技术交易转换率，尤其是高校研究机构**。一是完善科技成果寻找捕捉机制，组织开展科技成果展示对接。二是强化原始创新能力，提升高校研究机构技术交易转换率，促使高校院所、企业、技术转移机构、科技成果孵化器的深度融合，打造技术交易转换一体化。三是加大实施高层次科技人才团队扶持计划，支持领军企业联合高校院所建设集研发和转化为一体的新型研发机构。四是强化技术交易转换基金支持，吸引天使投资、风险投资，

建立技术专利质押融资模式。

3. **完善技术交易机制，提高技术交易制度落实性**。一是完善技术交易机制，修订相关文件或出台专项文件，明晰技术交易中三方的地位与职责，促使交易的顺利进行。二是进一步理清技术交易服务业的管理机制。出台技术交易中介服务持续健康发展的规范政策，建立技术交易中介机构之间的共享与协同机制，努力提升技术交易服务的质量和效率，营造良好的技术交易生态环境。三是完善与技术交易市场有关的增值税、所得税和奖酬金政策体系，保证技术交易中监管的有效性，提升技术交易的成功率。

4. **加大技术交易专有人才培养，提升技术市场服务意识**。一是加强技术交易专有人才队伍建设。借鉴先进地区经验，大力培育技术交易专有人才。筹建相应技术交易培训机构，系统培养技术交易方面人才。对技术交易专有人才开展职业资格认证和注册制度，建立培训体系和备案制度。二是技术交易专有人才培养中，注重以技术市场需求为导向，努力提升其对技术市场的服务意识。

（二）针对长三角区域技术交易市场形成一体化的建议

造成长三角区域技术交易市场一体化建设迟滞的根本原因是各地区发展水平均衡、上海龙头地位不显著，从而在合作中都为本地发展留有余地，因此长三角区域技术交易市场一体化建设的核心关键在于上海如何更高效地发挥龙头作用。因此，建议：**上海应按照国务院《长江三角洲城市群发展规划》的要求，充分利用长三角地区主要领导座谈会、长三角区域合作办公室等协作平台，更积极地承担领导长三角区域技术交易市场一体化建设的责任，并发挥中心城市的辐射带动作用，更主动地为苏浙皖提供相关服务。**

1. **加强区域内现有各技术交易市场协同性**。对此，上海应率先改变现有的"点对点"的合作模式，充分利用长三角区域合作办公室等协作平台发展技术交易市场的网络化建设，真正实现技术交易市场在地域与行政上的一体化，明确区域各政府间的分工，整合资源，分享一体化建设的红利，从而实现共赢。

2. **积极建设区域内技术交易信息资源共享平台**。长三角区域合作办公室应协调区域内各地相关政府部门完全开放信息接口，由上海发挥自身的技术优势、人才优势，牵头建立本区域技术交易信息资源共享平台，并设专人专岗负责维护平台的信息更新，从而实现技术交易信息资源的完全共享。

3. **激励区域内与技术交易市场建设相关的要素自由流动**。长三角区域合作办公室应协调制定具体的、可操作性强的规则鼓励技术交易市场建设与运营人才、交易技术、交易设备等要素在区域内自由流动，尤其需要关注流出地区的平衡补偿，从而实现资源的最高效配置。值得一提的是，关于市场建设与运营人才，除鼓励现有人才的自由流动外，上海应发挥其教育优势，积极为本区域培养相关人才。

4. **积极建立区域内统一的技术成果价值评估机制**。可以由国家级权威部门发布评估细则，由长三角区域合作办公室协调建立中立的第三方评估机构，由第三方参照评估细则进行评估，为交易双方提供一个相对准确的评估结果。在此过程中，上海应发挥其国际化程度高的区位优势，引领建设第三方评估机构的工作，打造具有国际公信力的第三方评估机构。同时，上海也应发挥其教育优势，由高校培训专业化的评估人员，提高评估人员的专业素质，解决目前评估难的情况。

长三角一体化战略下构建互联网专业法院的建议

为了适应近年来"互联网＋"经济所带来的技术迭代与纠纷网络化趋势，最高人民法院自 2017 年以来相继在杭州、北京、广州三地设立专门的互联网法院，并于 2018 年 9 月 6 日颁布《关于互联网法院审理案件若干问题的规定》(以下简称"司法解释")，加强人民法院互联网审判的专业化能力成为司法改革的重要目标。

上海作为司法改革的先行者，2018 年初即在长宁区人民法院内设互联网审判庭，并在线上诉讼平台建设和互联网诉讼规则建构方面进行了有益的探索，但除此之外在互联网案件的集中管辖和专业化审判领域探索较少，故提升上海法院的互联网审判专业化水平是当务之急。有鉴于此，本文以上海互联网专业法院的建设为切入点，以长三角互联网审判一体化为目标，提出近期、中期、远期三阶段的实施方案与建议。

一、近期目标：提升上海法院互联网审判专业化水平

1. **构建数据系统全流通的支持平台**。实现互联网审判的一项前提，是必须建立一个连接法院、当事人和其他诉讼参与人的诉讼服务平台。就上海目前的情况而言，虽然长宁区人民法院在 2019 年初率先启动了互联网诉讼平台，但与其他互联网法院的支持平台相较，仍需在以下三方面加大力度：**第一**，在现有的互联网诉讼平台基础上，继续增加软硬件投入、研发新型模块、升级数据安全措施，为当事人与其他诉讼参与人营造更便利、更全面、更安

全的支持平台；**第二**，进一步研发数据互通平台，实现内外部数据共享，通过从政府职能部门、司法机构调取数据的方式，减轻当事人举证压力；**第三**，对接电子商务平台经营者、网络服务提供商的电子数据，法院直接从平台方提取当事人交易信息、物流信息及聊天记录等全过程电子数据并转化为电子证据，防止电子数据伪造、篡改等情况。

2. **建立与审判高度融合的科技应用体系**。互联网审判必须借助于高新科技的支持，科技应用体系应贯穿于整个案件的审理过程，故建议上海法院加强以下方面的研发与运用：**第一**，加强语音识别、人脸识别以及在线庭审等技术在审判环节的应用，将其适用于当事人身份鉴别、案件关联、庭审记录等环节，提高审判效率；**第二**，探索完善电子送达系统，一方面扩大电子送达的地址范围，对合同签订及履行过程中当事人披露的邮箱、微信、微博、QQ、手机号等均可采取电子送达方式，另一方面，各类诉讼材料均可通过电子送达系统向当事人发送，同时可以采用"扫码签收 / 查看"或自动抓取送达平台数据等方式，确保送达效果；**第三**，充分利用大数据预测功能，通过系统平台对后台数据的计算与分析，为承办法官提供类案的适法标准，提高审判效率和科学性。

3. **制定高效便捷的线上审理诉讼规则**。在符合《民事诉讼法》等基本法律的基础上，互联网审判必须制定一套有别于线下审理的诉讼规则。虽然2018 年最高人民法院的司法解释暂时无法适用于上海，但不妨碍上海法院对表、借鉴甚至创设线上审理的诉讼规则：**第一**，明确互联网案件以"线上审理"为原则，只有当涉及当事人隐私、商业秘密、国家安全等特别情况，或者存在确需当庭查明身份、核对原件、查验实物等特殊情形时，才可开展线下审理；**第二**，互联网案件的证据提交、证据交换、证据质证等程序原则上在线上诉讼平台进行，当事人对电子数据或电子化证据的真实性提出异议的，人民法院应当通过线下核对原件、实质审查电子数据以及借助专家辅助人、鉴定人等多种形式，确保证据认定的科学性和合法性；**第三**，在线庭审的过程中，除经查明确属网络故障、设备损坏、电力中断或者不可抗力等原因外，当事人不按时参加在线庭审的，视为"拒不到庭"，庭审中擅自退出的，视为

"中途退庭"，需要承担"视为撤诉"或"缺席审判"等法律后果；**第四**，在线庭审案件出现调解协议、笔录、电子送达凭证及其他诉讼材料需要由诉讼参与人"签名"时，可以通过在线确认、电子签章等在线方式进行。

4. **打造动态化的互联网审判延伸机制**。互联网审判专业化的提升不仅仅限于案件审判阶段，案结事了之后的司法服务也应当予以体现：**第一**，人民法院应当利用诉讼平台随案同步生成电子卷宗与电子档案，并以电子档案代替纸质档案进行案件移送和案卷归档；**第二**，除依法不公开的案件或案件档案外，在裁判文书生效后应借助平台对接功能，即时向社会公开公布相关司法文书与庭审录像；**第三**，将司法建议功能纳入互联网诉讼平台，与相关部门通过电子渠道建立及时、常态、高效的沟通反馈平台，帮助相关部门优化监管措施，共同提升互联网空间的法治化水平。

二、中期目标：在上海建立互联网案件集中管辖机制

针对互联网案件采取"专门法院、集中管辖"的顶层设计，集中管辖特定类型涉互联网案件，提升审判质效，促进适法统一，并能够适时回应长江三角洲区域一体化的国家战略。故建议上海尽快开展、渐次推进互联网案件的集中管辖制度，为建立独立的互联网法院奠定良好的基础。

1. **循序渐进打造专业化审判机构**。在上海建立互联网案件集中管辖机制，必须首先解决基础性的载体问题，即如何设立一个独立服务于互联网案件的专门性审判组织。笔者认为这一专业化审判机构的打造应当与集中管辖试点的开展同频共振，具体可分"三步走"：**第一步**，建议以长宁区人民法院为试点，首先从内设建制上剥离出真正独立的"互联网法庭"；**第二步**，在设立独立的互联网法庭后，可以试点跨上海部分行政区域的集中管辖，建议上海市高级人民法院选取部分上海市区县并规定这些区县法院审理的互联网案件集中由长宁区人民法院管辖；**第三步**，在集中管辖试点成熟并向全市推广的阶段，建议仿效北京互联网法院的做法，由最高人民法院设立上海互联网法院，

集中管辖上海市内应当由基层人民法院受理的第一审互联网案件。

2. **科学合理厘清互联网案件围界**。实施互联网案件集中管辖的另一个前提，就是确定"互联网案件"的司法认定标准。这一标准的提出既要反映互联网案件的特色，也要契合司法解释的规定，更要充分考虑上海的司法地情，为此建议：**第一**，在"涉互联网"的判断标准方面，应当避免"沾网即属"的过度认定方式，而将"涉案主要法律事实是否在互联网上发生"和"主要证据是否通过互联网产生"两项标准作为管辖的基本依据；**第二**，在"案件"的涵盖领域方面，现有长宁区人民法院互联网审判庭的受理范围仅为商事案件，未来在独立的互联网审判机构建立后，可以尝试探索互联网商事、知识产权、行政案件三合一的审理模式；**第三**，在案件的具体类型方面，建议参考司法解释的归类方法并按照上海的实际调整，主要应当包括："互联网购物、服务合同纠纷，互联网金融借款、小额借款合同纠纷，互联网著作权权属和侵权纠纷，互联网域名纠纷，互联网侵权责任纠纷，互联网购物产品责任纠纷，检察机关提起的互联网公益诉讼案件，因对互联网进行行政管理引发的行政纠纷，上级人民法院指定管辖的其他互联网民事、行政案件。"

3. **张弛有度实施互联网案件集中管辖**。对上海互联网案件的集中管辖，应当在坚持最高人民法院领导、上海市高级人民法院实施的基础上逐步推进，在实施过程中应注意以下方面：**一是**坚持依法管辖原则，要明确集中管辖并非专属管辖，不得抵触《民事诉讼法》中有关地域管辖、协议管辖、专属管辖等基本规定。**二是**坚持基层法院管辖原则，无论专门法庭还是专门法院均属于基层法院级别。二审互联网案件区分不同的类型，商事案件由上海市第一或第二中级人民法院管辖，知识产权案件由上海知识产权法院管辖，行政案件由上海市第三中级人民法院管辖。**三是**坚持"由分散到集中"的管辖原则，在设立专门法院前，可以选取3—4家基层法院作为试点，分别集中管辖部分区县的案件。上海互联网法院设立后，再将上述基层法院的管辖权予以集中。

4. **因时柔性实现司法解释"为沪所用"**。"重大改革须于法有据"，上海要实现互联网案件的集中管辖和专业化审判，必须具有相关的上位法依据。从现有的情况来看，最高人民法院的司法解释应当成为重要依据。但该司法解释的适用范围仅为北京、广州、杭州三家互联网法院，因此在上海建立互联网专门法院之前，如何适用司法解释是一个不可回避的问题。建议在不与上位法相抵触的前提下，上海市高级人民法院可以将司法解释中有关诉讼平台建设、在线审理、电子送达、电子证据认定等具有普遍适用性的规则"转化"为相应的规范性文件或实施意见，在上海基层法院的互联网法庭率先先行先试。

三、远期目标：构建长三角地区互联网审判协同机制

从长远来看，构建长三角地区互联网审判的协同机制是人民法院推动互联网司法改革之必然路径，是党中央、国务院网络强国战略和长三角区域一体化战略的耦合，是人民司法回应国家战略的重点场域。

1. **互联网审判数据的共享互通**。从现有的互联网专业审判机构来看，电子送达、电子证据、网上庭审等司法行为均以互联网的底层数据和技术为基础，而长三角地区法院在数据利用问题上"各自为政"的现状有待从三方面共享互通：**一是**长三角各地政府政务信息的司法共享，一方面强调政府归集数据的接口尽可能地对人民法院开放，另一方面渐次推进长三角电子政务信息的门户合围和一口登录；**二是**互联网平台企业的数据共享，各地法院在各自辖区内均不同程度地对接互联网龙头企业的大数据，如杭州互联网法院对接阿里系。但这些数据仅在本辖区内"有限利用"的情况，显然不利于实现长三角司法效率的最大化目标，故在确保数据安全、尊重企业意愿的前提下，应当逐步开放平台数据的跨区域司法共享；**三是**长三角互联网审判数据的共享，尝试建立跨区域人民法院互联网数据库和沟通平台，不论专门法院抑或普通法院，均可将涉互联网案件的文书等司法数据进行传输与分享。

2. **互联网服诉讼务平台的无缝对接**。互联网专业审判的打造，在很大程度上依赖于方便快捷、功能多样的网上诉讼服务平台，但必须注意到的是，各地法院不同媒介、不同程序、不同内容的网上平台开发，不仅不利于当事

人跨区互联网诉讼之便利，而且也存在平台重复开发、浪费财政资源的后果。因此以长三角互联网服务平台一体化为目标，建议：**一是**在本省市内尝试统一各互联网诉讼平台的应用程序和内容设置，以各省市高级人民法院为领导，统一开发网上诉讼平台，首先实现省（市）内平台的统一化目标；**二是**在各省市法院的线上诉讼平台之上，设置长三角互联网诉讼服务总平台，以便利当事人的信息归集与诉讼需求检索；**三是**以试点法院的创新制度为引导，统一推动各类创新网上诉讼平台在长三角区域内的辐射推广，如推广浙江省宁波市法院的"移动微法院"。

3. **互联网诉讼规则的适法统一**。长三角地区位于"包邮区"，互联网案件的高度同质性和商业化意味着纠纷的处理必须体现适法统一之标准，互联网审判绝不能出现"地方保护主义"的倾向。因此在长三角地区互联网司法规则统一方面，提出以下建议：**一是**在网上诉讼的程序法规则方面，2018年最高院的司法解释仅适用于杭州、北京、广州三家互联网法院，应当扩张其适用范围至长三角涉互联网案件的诉讼程序；**二是**在互联网案件的管辖规则方面，必须统一长三角各地互联网案件的管辖围界，以有利于裁判尺度统一、集约化审理，方便执行保全的原则合理划定管辖边界，尽力防止管辖冲突情势；**三是**在实体裁判统一性的促进方面，最高人民法院应当适时发布指导性案例、参考性案例、典型案例、公报案例等，而长三角各省市法院应当结合案例库建设、案例强制检索制度、专业法官会议等具体措施，共同推动互联网疑难、新型案件的裁判统一。

4. **互联网司法协同的体制保障**。上述三项协同机制的实现，必须依赖于司法体制方面的突破与探索，因此提出以下三项建议：**一是**在现有"长三角地区人民法院司法协作工作会议"的基础上，尝试设立"长三角地区互联网司法工作会议"作为年度、非常态的沟通机制；**二是**借鉴在上海设立的"长三角区域合作办公室"模式，在上海高级人民法院设立"长三角区域互联网司法合作办公室"，常态化地推进各省市互联网专业法官经验交流、诉讼平台对接、司法数据互通等合作项目；**三是**探索长三角互联网审判人才交流机制，通过挂职、借调、对调等方式，实现专业法官在长三角领域内的流动性和均衡性。

关于促进上海自贸区临港新片区
高质量发展的研究

关于促进上海自贸区临港新片区高质量发展的研究

核心建议

1. 深入推进投资管理制度改革，加快服务业进一步扩大开放。完善外商投资安全审查机制防火墙功能，争取服务业核心领域开放实质性落地，建立数字产业负面清单管理制度，全面推行行政服务标准化和规范化，清理并创新"边境内"措施。

2. 稳步完善智慧海关监管体系，积极发展数字、离岸、服务贸易等新型国际贸易模式。建设上海"数字贸易国际枢纽港"，参与制定跨境数字贸易的产业标准。加快建设全球奢侈品集散基地，允许使用人民币结算。放宽国际航行船舶的保税燃油加注、保税航运工具融资租赁、价值评估等高端生产性服务贸易限制。建立海关审查 GIS 全息 3D 模型和无人机立体空间巡视可视化，实现群智物联网对流动要素的精细化监管。

3. 大力促进高能级金融要素集聚辐射，率先打造全国金融开放先行区。按照优先级对临港新片区财资中心实行税收优惠政策，培育"财资＋平台"。鼓励新片区内和境外主体在新片区离岸发行以人民币计价的金融产品。试点设立综合性国际金融资产交易所，搭建以银行信贷资产作为交易标的物的金融资产交易平台，以高规格设立统一的金融行政监管机构。

4. 强化高能级全球航运枢纽功能，培育具有国际竞争力的航运发展软环境。允许部分国外资本控制的航运企业从事沿海捎带业务，先行先试外贸集装箱沿海运输业务，争取第五航权开放试点，先行构建和完善洋山陆域公共集拼平台和中转集拼信息平台运作。

5. 对标国际化创新高层次人才服务管理模式,建设高端人才集聚高地。试行"临港新片区特别签证",建立临港企业直聘外籍中层骨干人才制度,打造国际顶尖科学家社区,减少区内住房限购。

6. 探索数据跨境流动便利化的制度保障,抢占全球数字化治理主战场。建立"白名单"制度和事中事后监管制度,放宽跨境商务、高科技产业和科技研发领域的跨境数据流动管控,对一般性政府及行业数据的跨境流动采取审查许可、登记备案等措施,允许临港新片区内的跨国企业经安全评估或经申报批准后进行跨境数据转移。配合国家层面参与多边和双边谈判,积极推进我国加入 APEC 跨境隐私规则体系。

7. 提升自贸试验区立法位阶,通过综合授权制度保障临港新片区大胆试、自主改的权利空间。单独制定新片区地方性法规,加快构建分领域、分类别的自贸区专项法律法规,尤其是《数据安全管理办法》《个人信息和重要数据出境评估办法》《数据资源安全共享管理办法》,跨境证券、期货和融资方面的专项规定,电子合同推广立法等。在新片区设立较高层级的法院或法庭,提升涉外司法能力。

8. 对标最高标准自由贸易园区的税制安排,实施具有国际竞争力的税收制度。优化税种、简化税目、降低税率,完善税收立法。试行进出口环节税收机制创新,试行国内制造、贸易和服务领域增值税机制创新,试行企业所得税和个人所得税机制创新。

9. 优化基于开放创新的风险防控体系,实现风险压力测试的真正破题。积极争取国家支持组建自贸试验区地方金融管理局,成立金融风险防控中心、互联网金融安全技术中心等依托金融监管部门的专门机构,常设外商投资安全审查委员会,统一负责外国投资审查制度建设,促进临港新片区与国际机构的"监管互认机制"。

10. 发挥对长三角辐射带动效应,实现临港新片区与长三角一体化发展示范区的高效联动。强化新片区金融辐射服务功能,协同推进贸易平台共建与互通，带动长三角口岸互联互通，依托新片区打造长三角经贸服务中心，引领推进长三角产业创新协同，发挥新片区开放型产业创新高地效应。

正文

中国（上海）自由贸易试验区临港新片区的高质量发展，应以习近平总书记"五个重要"为目标，探索特殊经济功能，对标国际公认的竞争力最强自由贸易园区，实施一批面向全球、面向未来，具有突破性、引领性，差异化的重大改革创新举措，为国家建设更高水平开放型经济新体制贡献上海智慧、提供临港样本。

一、临港新片区高质量发展的主要目标

1. 打造创新活力最强的全球资源配置枢纽。要建立开放型制度体系，集聚全球高层次合作交流平台、高能级机构和高端人才。要建设高品质、国际化的城市功能体系，打造人才向往的活力之城。要发挥好资本在筛选培育创新型企业、分散创新风险、激励创新行为、提供融资服务、优化资源配置、强化要素集成等方面对创新发展的重要作用。要加快探索数据信息自由流动和网络安全的解决方案，破解数据跨境流动壁垒。

2. 打造产业能级最高的特殊经济功能区。要重点打造关键技术产业集群，特别强调"建立以关键核心技术为突破口的前沿产业集群"。要和临港新片区金融开放形成联动发展新态势。要建设最体现产城融合的新城建设典范。

3. 打造自由程度最大的对外开放门户。要进一步提升投资便利化程度，在电信、教育、医疗、文化等重点领域开放上有所突破。要建立与高水平开放相匹配的风险防控体系。要构建资金、技术、人员、信息自由流动的全新管理机制，推动实现投资贸易从"便利化"向"自由化"的跨越式突破。

4. 打造引领作用强化的长三角一体化核心承载平台。要在长三角新一轮

对外开放进程中，放大辐射带动示范效应。要加强与长三角一体化示范区的联动，形成东西两个扇面、内外两个维度的开放格局。要推动与长三角沿海城市的协同，打造东部沿海一体化发展廊道，推动临港新片区成为面向亚太的国际枢纽城市。

二、临港新片区高质量发展的基本思路

1. 促进核心制度创新，提升改革开放的新高度。一是对标"零关税、零贸易壁垒、零政府补贴"的公平贸易新标准，加大改革试验与压力测试力度。二是形成与国际接轨的投资管理制度，给予外国投资者在企业设立、取得、扩大等阶段不低于给予本国投资者及其投资的民事权利待遇，支持离岸、跨境等先进商业模式。三是打造海关特殊监管区域升级版，在"一线"实行高标准自由化，创新国际贸易新模式和新业态。四是全面建立市场主体自律、业界自治、社会监督、政府监管"四位一体"的综合监管体系。五是坚持人才引进的高端导向、人才配置的市场导向、人才发展的国际导向、人才服务的精准导向，形成对全球高峰人才的"磁吸效应"。

2. 聚焦高端产业技术，培育参与国际竞争的新优势。一是加速创新要素跨境自由流动，加快发展创新经济，提升自贸试验区在全球价值链中的能级。二是加速智能制造与数字服务融合趋势，积极发展数字经济，为跨国公司供应链创新提供产业支撑。三是加速服务业开放与产业融合，大力发展新型国际贸易、跨境金融服务、前沿科技研发、高端国际航运等先进服务经济。四是超前布局未来前沿产业，推动产业链、创新链、价值链升级，集聚一批具有技术引领性、价值链控制力强、高智能化等特征的先进制造业，形成若干具有世界级影响力的产业集群。

3. 发挥集聚辐射作用，建设开放合作的新平台。一是立足上海国际金融中心优势，打造面向全球的资金融通枢纽。二是立足自贸试验区和科创中心联动优势，打造领先全球的科技创新平台。三是立足上海国际贸易中心优

势，构建国际投资贸易网络。四是立足上海建设卓越全球城市优势，推动跨国公司全球总部和功能性机构集聚，构建真正与国际高标准接轨的营商新高地。

4. 引领长三角一体化，形成区域协同发展的新高地。一是强化制度创新层面和产业层面的辐射功能，打造推动长三角更高质量一体化发展的新高地。二是将投资管理、贸易便利化、金融开放创新、政府服务管理、事中事后监管等领域的最新改革成果率先在长三角地区实施。三是充分发挥临港新片区高端产业辐射源功能，提升长三角在全球创新网络中的层级。

三、临港新片区高质量发展面临的问题与挑战

1. 服务业关键领域对外投资开放仍待实质性突破。一是服务业负面清单仍需进一步缩减。二是服务业准入后限制仍需进一步自由化。三是"边境内"措施与国际标准仍有距离。四是服务业开放监管体系仍需进一步健全。五是服务业开放的安全观念有待与时俱进。

2. 国际贸易业务和监管模式的创新仍待摸索与完善。一是传统贸易监管模式不能适应新需求。二是数字贸易产业尚未形成规范化体系。三是开展国际高端服务贸易的水平有限。四是传统的海关监管模式受到明显挑战。五是跨境电商贸易流程便利化程度不高。六是缺乏港口物流税收制度支持。

3. 人才创新创业的活力效能仍待全面激发。一是重点行业人才不足。二是人才政策不够精准。三是人才管理服务不完善。四是人才环境客观现状影响人才保障效用。

4. 金融开放创新高地建设受到前期金融改革不深入的制约。一是自由贸易账户在推动金融开放方面力度有限。二是人民币资本项目可兑换试点力度有限。三是金融科技等金融创新业态发展还处于起步阶段。四是与金融科技相关限制性授权、监管豁免、免强制执行函等新型监管措施还在探索中。

四、促进临港新片区高质量发展的若干建议

1. 加快服务业进一步扩大开放，深入推进投资管理制度改革。一是分类放宽服务业准入限制，选择体现国家战略需要、国际市场需求大、对开放度要求高的重点领域，授予临港新片区管委会对新兴行业、新型商业模式、新型业态制定相应改革管理措施的权限，完善外商投资安全审查机制防火墙功能。二是全面推行行政服务标准化和规范化，降低企业办事的随机性与不确定性，尤其重视明确外资企业和民营企业参与政府项目的渠道和流程，加快消除对非国有经济的市场监管壁垒，在 PPP 建设、医药、法律服务、金融服务等领域率先放开。三是清理并创新"边境内"措施，根据产业发展制定出有利于服务业进一步开放并对服务业开放风险进行有效预警和监管的法律法规。四是优先争取服务业核心领域开放实质性落地，包括信息、通信和网络服务业，探索建立临港新片区的数字产业负面清单管理制度，以地方性法规的形式，确立数据共享、数据权属及数据交易定价等；医疗卫生行业修订《医疗机构基本标准》，申请将引进国外医疗器械的审批权限下放到自贸试验区；文化产业优先探索和有序开放外商投资音像制品制作业务领域；建筑设计行业在工程及设计行业领域、外资设计企业员工的雇用及居住限制、项目管理等方面进一步放开限制等。

2. 积极探索数字、离岸、服务贸易等新型国际贸易业态，稳步推进智慧海关监管体系。一是加快 5G 国际通信基础设施建设，重点发展云服务、数字内容、数字服务与跨境电子商务等数字贸易产业；培育估值超过百亿美元的数字贸易龙头企业；积极建设上海"数字贸易国际枢纽港"，参与制定跨境数字贸易的产业标准、隐私保护、数据跨境流动、知识产权保护等相关制度。二是加快建设全球奢侈品集散基地，允许使用人民币结算；试行外籍人士或外籍船员在临港新片区商务旅行，享受 6 天免签入境；放宽国际航行船舶的保税燃油加注、生活物资补给、船舶零件维修、保养和更换的供应限制；尽

快批准保税航运工具融资租赁、装备供应、维修、验收、价值评估、退租、转租或转让等高端生产性服务贸易。三是实施国际贸易创新的税收优惠政策，允许航空航天、新能源汽车、智能制造装备头部企业，以及从事资金结算、研发、国际船舶运输等总部型跨国企业的企业所得税按 10% 征收。四是构建全要素多层次智慧海关监管体系，利用区块链技术破解数据监管难题，建立 GIS 全息 3D 模型和无人机立体空间巡视可视化，运用射频识别仓库货物，智能安全锁全时空监管集装箱，实现群智物联网对流动要素的精细化监管。

3. 大力促进高能级金融要素集聚辐射，率先打造全国金融开放先行区。一是积极引进建设跨境财资管理中心，划分"优先级、重点发展级、培养扶持级"，实行税收优惠政策，促进"财资＋平台"的外包服务。二是积极推动离岸人民币市场发展，鼓励离岸发行以人民币计价的金融产品，针对离岸人民币债券二级市场交易和回购交易进行做市报价，推动以人民币定价的离岸金融衍生品市场发展，例如人民币计价的航空煤油、成品油等，进一步发展货币类、利率类、商品类场外离岸人民币衍生产品。三是在临港新片区试点设立综合性国际金融资产交易所，在交易所试点人民币股票国际版；搭建以银行信贷资产作为交易标的物的金融资产交易平台。四是在临港新片区内以高规格设立统一的金融行政监管机构，以确保行政监管的独立、专业及高效性。

4. 强化高能级全球航运枢纽功能，建设具有国际竞争力的航运发展软环境。一是允许部分国外资本控制的航运企业在各自境内沿海港口之间从事沿海捎带业务；在洋山深水港区与我国沿海各个建有保税港区、自由贸易试验区的港口之间，先行先试外贸集装箱沿海运输业务；争取第五航权开放试点，打造航空转运枢纽。二是完善港口集疏运体系，构建芦潮集并站，以深水港物流为载体基础，先行构建和完善洋山陆域公共集拼平台（中心）运作，建设洋山岛域国际中转集拼公共服务平台。三是加强海铁联运发展专项补贴政策扶持力度，积极研究将海铁联运模式纳入启运港退税范围；加强海铁联运信息化建设，优化海铁联运港口、铁路、场站间信息交互标准化，实现货物全程跟踪。

5. 对标国际化创新高层次人才服务管理模式，建设高端人才集聚高地。一是完善外籍人才自由出入许可制度，调整外籍高层次人才的入沪签证政策，发放"临港新片区特别签证"；建立临港企业直聘外籍中层骨干人才制度。二是打造国际顶尖科学家社区，定期举办顶尖科学家论坛，形成顶尖科学家社区效应，重点引入四大重点产业的顶尖科学家。三是强化住房供给保障，减少临港新片区购房的限购约束，建立购房款分期返还制度，提供"先租后售"的公共租赁房源。

6. 率先探索数据跨境流动便利化的制度保障，抢占全球数字化治理主战场。一是建立"白名单"制度，在临港新片区内放宽跨境商务、高科技产业和科技研发领域的跨境数据流动管控，如生物医药、人工智能、跨境电商等产业数据，保留社交网络和在线视频、音乐、出版等跨境数据流动管控；对一般性政府及行业数据的跨境流动采取审查许可、登记备案等措施，对不涉及国家机密或国计民生的数据采用约束性公司原则，允许新片区内的跨国企业经安全评估或经申报批准后进行跨境数据转移。二是积极参与跨境数据流动国际合作，推动形成针对数字产品和服务的生产、交付、使用等环节的数字贸易规则；配合国家层面参与多边和双边谈判，积极推进我国加入 APEC 跨境隐私规则体系。三是探索数据跨境流动个案案例指导机制，鼓励产业界、行业协会、学术界及其他自律组织参与安全评估和治理体系。

7. 提升自贸试验区立法位阶，通过综合授权制度保障临港新片区大胆试、自主改的权利空间。一是根据实践需要、结合《总体方案》逐级提出立法需求，单独制定临港新片区的地方性法规，依法设计临港新片区地方性法规的架构。二是加快构建分领域、分类别的自贸区专项法律法规，包括：《数据安全管理办法》《个人信息和重要数据出境评估办法》《数据资源安全共享管理办法》，制定跨境证券、期货和融资方面的专项规定；促进电子合同推广立法；试点实行家庭为单位的税收制度；在新片区设立较高层级的法院或法庭，设立检察院分院或者独立的检察派出机构；允许新片区法院与他国法院签署法院间承认判决的指导备忘录并加大各国法院间信息共享力度；完善国际商事仲裁体系建设，制定案件受理的负面清单。

8. 对标最高标准自由贸易园区的税制安排，实施具有国际竞争力的税收制度。一是制定临港新片区重点发展产业"白名单"，增值税减按 10% 或 4% 征收；企业申请发票由审批制改为备案制，完善增值税专用发票开票端的数据共享。二是对新片区内开展离岸业务的企业专门设置"离岸账户"和"离岸业务税务登记证号"；对有境外股权投资的企业允许境外盈利弥补境内亏损，适当放宽间接抵免适用范围。三是对在新片区投资创办科创类企业的个人，5 年内在新片区实际缴纳的个人所得税予以全额返还。

9. 优化基于开放创新的风险防控体系，实现风险压力测试的真正破题。一是成立金融风险防控中心、互联网金融安全技术中心等专门机构，共享各部门系统资源，共建集成系统，形成动态摸底、全面监测、及时预警、联动化解的科技化风险防控闭环体系。二是考虑常设外商投资安全审查委员会，由其统一负责外国投资审查的制度建设，其组成可包括发改委、国家安全局、财政局、商务委、科委、司法局、经信委、金融办等部门；设立事前咨询程序和救济性程序，建立外商投资后的跟踪、监测、实施与报告机制，相关部门定期或不定期地开展追踪、监测、评估，以确保外商投资符合国家安全和公共安全等要求。三是加强国际和地区间的监管互认与合作，适当采用国际已经运作成熟的通行惯例与规则；适时启动和完善"监管互认机制"，做好数据交换、结果互认、工作协调、执法互动；做好相关领域采用国际监管标准和监管互认的风险评估工作。四是加强跨境知识产权维权服务，开展以知识产权为由发起的贸易保护措施的产业影响评估和企业应对服务；持续开展国际经贸领域知识产权海外维权人才培训；加大支持建设自贸试验区版权服务中心，增强中国（浦东）知识产权保护中心功能。

10. 发挥对长三角辐射带动效应，实现临港新片区与长三角一体化发展示范区的高效联动。一是强化新片区金融辐射服务功能，将自由贸易账户复制推广至长三角地区，推动上海证券交易所服务基地建设，支持优质创新型企业进入科创板或发行债券，积极引导"PE＋上市公司＋政府产业引导基金"产融发展新模式。二是协同推进贸易平台共建与互通，如上海自贸区期货交易平台和浙江自贸区大宗商品贸易，依托中国（浙江）大宗商品交易中心，集聚境内外原油贸易商做强现货交易；申请在上海洋山港和外高桥海关特殊监管区域设立国际大宗商品交割仓库，提升期货交割贸易便利化水平。三是引领推进长三角区域国际贸易"单一窗口"互联互通，全面实现"一点进入、一次申报、一窗反馈"；将长三角区域港航物流信息接入单一窗口，实现上海电子口岸"国际海港通"和"长江集装箱江海联运综合服务平台"对接，逐步扩大到空港航运信息交换；推进长三角海关特殊监管区、保税物流中心卡口系统和口岸物流监控系统有机联动。四是引领推进长三角产业创新协同，加强上海国际技术市场、浙江科技大市场、江苏省技术产权交易市场与安徽省科技研究开发中心等四方联动和资源共享；率先建设重点领域国家实验室，联手打造长三角关键技术协同创新联盟；合力打造以上海为核心节点，连接杭州湾、扬子江、皖江三大城市群的科技创新网络，利用好上海证券交易所设立科创板并试点注册制的机遇，强化上海创新策源地的地位。

关于立法保障上海自贸区临港新片区高质量发展的建议

核心建议

一、临港新片区立法体系构建的整体建议

1. 采取单行法的方式制定临港新片区的地方性法规。

2. 依法设计临港新片区地方性法规的架构。

3. 妥善处理临港新片区地方性法规与《自贸区条例》的关系，既要防止叠床架屋，更要对两个条例之间的适用关系作出回应。

4. 根据临港新片区的实践主动提出综合性的授权立法或部门立法的需求。

二、临港新片区授权立法需求的具体建议

1. 在引入第三方对数据保护能力认证机制、完善数据出境安全评估的审查、建立数据跨境流动的国际合作等方面，加快数据跨境传输立法。

2. 出台《临港新片区数据资源安全共享管理办法》，就政务信息共享、公共信息共享等进行完善。

3. 制定相关政策，允许境内外证券、期货和融资方面公司在临港新片区内设立分支机构。

4. 促进电子合同推广立法，在商事登记相关规范中将电子签名列为公司设立时的必备事项之一，建立和规范统一的电子签名联网认证体系。

5. 在临港新片区试点实行家庭为单位的税收制度，加大减税力度，扩大扣除范围。

6. 探索有中国特色的外国人居留管理制度，建立外国人居留积分制和动态管理机制，加强对非法滞留者的严格管控。

7. 在临港新片区设立较高层级的法院或法庭，设立检察院分院或独立的检察派出机构。

8. 允许临港新片区法院与他国法院签署法院间承认判决的指导备忘录并加大各国法院间信息共享力度，新片区内不再对域外形成的证据进行强制双认证。

9. 明确境外的仲裁机构属于我国仲裁法所指的仲裁委员会，有权受理与临港新片区有关的仲裁案件。

正文

上海自贸区临港新片区的制度创新重在开展差别化探索的特殊经济功能区，因而此前适用于上海自贸区的立法体系自然也就无法全面适应临港新片区的改革需要。换言之，上海自贸区临港新片区需要打造一套量身定制的立法保障体系。

截至目前，从中央到地方专门针对临港新片区的法律法规和规范性文件主要有三个：一是 2019 年 7 月 27 日国务院发布的《中国（上海）自由贸易试验区临港新片区总体方案》（简称：《总体方案》）；二是 8 月 20 日实施的上海市人民政府《中国（上海）自由贸易试验区临港新片区管理办法》（简称：《管理办法》）；三是 9 月 1 日实施的中共上海市委、上海市人民政府《关于促进中国（上海）自由贸易试验区临港新片区高质量发展实施特殊支持政策的若干意见》。

虽然上述三个文件构成了临港新片区创立初始的立法依据，但与立法保障体系的建构仍有不小的差距：中央立法层面，《总体方案》提出"新片区参照经济特区管理"的要求如何落地，新片区改革举措的授权如何依法进行，这些问题均有待实践检验；地方立法层面，上海市人民政府制定的《管理办法》立法位阶较低，因而以临港新片区为规制对象的地方性法规亟待出台。

一、临港新片区立法体系构建的整体建议

临港新片区的高质量发展离不开央地立法的同频共振，因此从构建临港新片区立法保障体系的目标入手，提出如下总体建议：临港新片区的立法保障既要体现央地立法共进，也要实现新旧法律之间的耦合。上海市人大应当及时制定以新片区为独立规制对象的地方性法规，也要处理好与既有的《中国（上海）自由贸易试验区管理条例》的关系。与此同时，临港新片区应当根据实践需要、结合《总体方案》逐级提出立法需求，形成新片区授权立法的新突破。

（一）单独制定临港新片区的地方性法规

上海自贸区新片区提出之时，关于如何为新片区提供地方立法支撑有两个不同的路径：一是扩充既有的《中国（上海）自由贸易试验区管理条例》（以下简称:《自贸区条例》)，将新片区的制度专章规范于其中；二是另起炉灶，采取单行法的方式制定新片区的地方性法规。但随着临港新片区的落地，后一种路径即单独制定临港新片区的地方性法规，无疑应当成为应有之路。理由有三点：第一，如前所述，临港新片区的功能定位与既有的上海自贸区相异，这意味着其制度内涵无法为既有《自贸区条例》所涵盖；第二，从上述三个临港新片区法律文件的内容可以看出，新片区需要深化改革的内容不仅独创性显著，而且内容不菲，足以支撑独立地方性法规之容量；第三，从立法规律来看，既然政府规章已经将临港新片区分而治之，那么自然就需要有独立的地方性法规予以支持。

（二）依法设计临港新片区地方性法规的架构

既然临港新片区需要单独制定地方性法规，那么就意味着必须为其设计

完备的法规体例和内容。在这一问题上必须辩证地看待：一方面应当汲取上海自贸区此前的立法经验，即地方性法规的主体内容应当体现地方政府规章的体例；另一方面，地方性法规作为位阶更高的法律依据，在补足地方政府规章效力的同时也应有自身的特色。因此，建议参考既往经验和上海市政府对临港新片区的《管理办法》，将临港新片区的地方性法规作出以下体例安排：

《中国（上海）自由贸易试验区临港新片区管理条例》（拟定）

第一章　总则

第二章　管理体制

第三章　投资开放

第四章　贸易便利

第五章　金融服务

第六章　国际运输

第七条　人才引进

第八条　税收管理

第九章　综合监管

第十章　法治环境

第十一章　附则

（三）妥善处理临港新片区地方性法规与《自贸区条例》的关系

单独制定临港新片区地方性法规，不等于在新片区地方性法规中完全忽略或者重复规定既有《自贸区条例》的规定。尽管上海自贸区之前的定位与新片区不相一致，但不能否定临港新片区是在之前自贸区制度创新基础上的再起宏图。因而在立法技术上既要防止叠床架屋，更要对两个条例之间的适用关系作出回应。故建议在未来临港新片区的地方性法规中单独规定："《中国（上海）自由贸易试验区管理条例》中有关制度创新的规定，适用于中国（上海）自由贸易试验区临港新片区。如与本条例规定不一致的，适用本条例。"

（四）适时提出临港新片区制度创新的立法需求

根据《立法法》第8条的规定，临港新片区《总体方案》中涉及的不少事项属于中央事权，需要通过授权立法的方式下放事权或部委规章的方式作出特别规定。现有不少意见认为，根据《总体方案》"新片区参照经济特区管理"的要求，中央立法应当采取《立法法》第74条"经济特区法规"的规定实现一揽子授权或者整体授权。事实上，这种观点混淆了"经济特区管理"和"经济特区立法"的区别，不具有可行性。因此，正确的方式应当是依据《立法法》第13条"暂时调整或者暂时停止法律部分适用"等规定由下至上，根据临港新片区的实践主动提出综合性的授权立法或部门立法的需求。

二、临港新片区授权立法需求的具体建议

（一）加快数据跨境传输立法

在国家层面，尽快在《网络安全法》确立的框架下，推动《数据安全管理办法》《个人信息和重要数据出境评估办法》等各项法规政策的出台，为临港新片区制定片区内数据跨境流动的政策提供指引；上海市应将临港新片区作为开展数据跨境流动合规的试点区域，在制定相关政策时，应充分利用自身优势，联合各行业的部门或组织加快开展符合各行业特点和实际情况的配套立法设施。具体可包括：引入第三方对数据保护能力认证机制、完善数据出境安全评估的审查、建立数据跨境流动的国际合作等。

（二）打造信息共享机制

建议出台《临港新区数据资源安全共享管理办法》，就政务信息共享、公共信息共享等进行完善。而关于相关法规文件，建议包含以下内容：政务信息共享机制、管委会与各园区间信息共享交换机制、企业数据分享机制、数据分析整合机制和信息安全保护机制。

（三）制定跨境证券、期货和融资方面的专项规定

1. 国家可以在临港新片区内，制定新的政策，允许境内外证券公司在临港新片区内设立分支机构或者允许设立专门的证券代理中介机构，"直接"从事跨境证券投资业务（包括投资证券衍生品业务）。

2. 与跨境证券业务相比，考虑到期货业务高杠杆，高风险的特点，建议政府允许境内外期货公司（注：不允许中介或者代理机构）在临港新片区内设立的分支机构，"直接"从事跨境期货或者期货类产品的投资业务。

3. 参照小贷公司和互联网金融平台的模式，就跨境融资事项制定新的规则，允许国外金融机构、财务公司等以放贷、转贷为主要业务的公司在临港新片区设立全资或者控股的子公司，专门从事放贷业务。

（四）促进电子合同推广立法

建议自贸区能充分利用自身优势，在以下立法方面推进电子合同的发展：

1. 在商事登记相关规范中将电子签名作为和印章并列的公司设立时的必备事项之一。

2. 通过法规的形式，建立和规范统一的电子签名联网认证体系，即各企业注册的电子签名应该进入联网认证体系备案。

3. 在电子合同推广初期，自贸区应建立由政府出资建立的电子合同订立系统服务商、电子签名认证服务提供商及电子合同第三方存储服务商，以降低相关服务的价格，利于电子合同的推广。

（五）实行"家庭课税"制度探索

临港新片区在税收立法方面要与国际相对接轨，为此建议实行"家庭课税"制度：

1. 在临港新片区进行税法上的突破，试点实行家庭为单位的税收制度。建议通过全国人大授权立法可以获得新片区的特别立法权进行税法上的突破。在临港新片区试行以家庭为单位的纳税模式，对于工作以及居住在临港的家庭，根据家庭情况可以自由选择以整个家庭为单位计税还是以个人为单位计税。实行国际通行的个人所得税制度，在个人所得税方面与国际接轨，不仅有利于减轻家庭养育与抚养的负担，而且有利于各种人才集聚，吸引人才到临港来工作和居住，对临港新片区的发展具有一定的促进作用。

2. 加大减税力度，扩大扣除范围。2019 年 1 月 1 日起，实施个税六项专项附加扣除，其中在子女教育方面的规定为："纳税人的子女接受全日制学历教育（义务教育、高中阶段教育、高等教育，另外还包括年满 3 岁至小学入学前教育阶段参照学历教育）的相关支出，按照每个子女每月 1 000 元的标准定额扣除。"但是，在子女教育费专项附加扣除方面，未包括 0—3 岁早期教育及托育支出扣除。然而目前大多数家长日益认识到早期教育的重要性，家长普遍选择对孩子进行早期教育的投入，况且目前双职工的家庭也需要将 3 岁以下的婴幼儿送托育机构，这也需要一笔费用，0—3 岁的早期教育及托育支出对每个家庭来讲费用也是相当可观，占家庭总收入的比重较大。因此建议在专项附加扣除中增加早教支出的费用，缓解家庭育儿的压力。

（六）探索有中国特色的外国人居留管理制度

对符合条件的外国人颁发永久居留证，既要遵循国际惯例也要考虑中国国情，建立富有中国特色的外国人居留管理制度。

1. 建立居留积分制。按居住条例叙述，"国家移民管理部门会同科技、人力资源社会保障部门适时制定积分评估制度"，这很有必要。将合法入境的外国人在中国居留期间的表现积分化，比如遵守法律情况、征信情况、纳税情况、社会贡献情况等都纳入积分范畴，只有达到一定的积分，才有资格申请长期居留。

2. 建立居留证分级动态管理机制。不宜都给予外国人永久居留权，可以根据合法入境的外国人在中国的现实表现，结合居留积分，给予不同年限的居留权。比如 1 年、3 年、5 年、10 年、20 年到永久居留。中国公民的居民身份证都有有效期，外国人居留证也应该如此，且只有先获得短期的居留证才能申领长期的居留证，只有在中国的合法居留到了一定的期限，才能获得永久居留权。在中国合法居留期间，对居留证要定期进行审核，凡是有违法犯罪记录、失信记录、逃税现象等，都要扣居留积分。扣分达到一定程度，对居留证予以降级或注销。

3. 对非法滞留者进行严格管控。对居留中国的外籍人员，打击非法，保护合法。杜绝外籍人员所谓的超国民待遇现象。对外国人的管理应该一视同仁。对非法滞留的外籍人员，要依法进行处置。

（七）设置独立司法系统

临港新片区尽管在行政区划上属于上海市属市管，但是却被赋予较高的立法权限，具有一定的特殊性。在此情况下，在新片区建立单独的司法系统具有可行性。因此，建议在新片区设立较高层级的法院或法庭，设立检察院分院或者独立的检察派出机构。在案件办理和审判过程中，建议建立案例指导或类案指导制度，实现制度创新、于法有据、适法统一的目标。

（八）提升涉外司法能力

为了在临港新片区内达到司法改革创新的目的，需要在不违反现有法律制度总体设计框架的基础上，本着宽松、开放和实践的原则，对现行的相关法律制度进行调整，并在临港新片区内予以特别实施。由于涉外法律制度范围广泛，故先仅从民商事领域加强与外国法院判决互认以及优化域外取证程序两个方面来进行建议：

1. 在外国法院判决承认与执行层面，建议在临港新片区内适用推定互惠原则，允许新片区法院与他国法院签署法院间承认判决的指导备忘录并加大各国法院间信息共享力度。

2. 在优化域外取证程序方面，建议在临港新片区内不再对域外形成的证据进行强制双认证，同时在域外取证中重视网络技术等高科技技术的作用。

（九）完善国际商事仲裁体系建设

中国（上海）自由贸易试验区虽然规定了境外仲裁机构可以入驻，但对其法律地位以及是否可以受理仲裁业务并无具体规定。为了真正提高商事纠纷仲裁国际化程度，建议明确境外的仲裁机构属于我国仲裁法所指的仲裁委员会，有权受理与临港新片区有关的仲裁案件。当然对于境外仲裁机构的进入可以设定市场准入条件，制定案件受理的负面清单。基于我国国内仲裁与国际仲裁存在较大的差距，具体措施上可以考虑在设定的条件上作出特别要求，比如符合准入条件的境外仲裁机构与我国境内仲裁机构合作期限届满两年的，则可以开展与临港新片区有关的仲裁业务。

关于促进上海自贸区临港新片区投资自由的建议

核心建议

1. 授予临港新片区管委会对新兴行业、新型商业模式、新型业态制定相应改革管理措施的权限。

2. 探索树立市场管理的"竞争中立性原则"和"优先合理保护"原则，加快消除对非国有经济的市场监管壁垒。

3. 清理并创新"边境内"措施，根据产业发展制定出有利于服务业进一步开放并有效对服务业开放风险进行预警和监管的法律法规。

4. 聚焦推动业务处理程序化、审核计量智能化、政务公开标准化等方面改革，着力提升政务事项处理的稳定性和透明性，尽量减少办事过程中的自由裁量权。

5. 培育和建立一批具有创新活力的市场中介组织，支持中介服务组织运用市场化手段扩大经营规模，鼓励国内外知名中介服务组织来沪发展，加强行业自律。

6. 改善外汇管理方式，允许合格的境内外资金在新片区自由设立银行和非银行金融机构；允许符合条件的外国投资者自由转移其投资收益；允许新片区企业利润和资本自由调拨回国，探索离岸金融业务；允许符合条件的机构从事离岸金融业务。

7. 进一步凸显重点领域开放度：

（1）信息、通信和网络服务业：探索建立临港新片区的数字产业负面清单管理制度；以地方性法规的形式，确立数据共享、数据权属及数据交易定价等相关规则，探索开展"先行先试"。

（2）医疗卫生行业：修订《医疗机构基本标准》；扩大高端医疗服务领域的进一步开放；争取在新药的临床实验和引进方面取得实质性突破，申请将引进国外医疗器械的审批权限下放到自贸试验区。

（3）文化产业：积极吸引文化跨国公司投资；优先探索和有序开放外商投资音像制品制作业务领域；探索在外资从事文物拍卖经营领域先行先试。

（4）教育行业：推广应用承诺制；放宽课程、教材的设计自主权；推进教师制度改革，进一步引入外资参与办学等。

（5）建筑设计行业：在工程及设计行业领域、外资设计企业的雇用及居住限制、项目管理方面等方面进一步放开限制。

（6）物流服务业：推动智能通关，完善出入境检验检疫部门 E-CIQ 系统，建立全国统一的单一窗口解决方案。

（7）银行金融业：对自贸区内的小型外资银行提供业务支持，带动外资银行资产规模的增长，在金融安全网建设、监管体制、国际银行业通行标准等方面与国际接轨。

正文

上海自贸区临港新片区建设是党中央在新形势下推进全方位高水平对外开放的重大战略举措，在对标国际上公认的竞争力最强的自由贸易园区的定位下，需要进一步提升投资便利化程度，聚焦新兴产业和国际市场的发展新态势，尤其是要在电信、教育、医疗、文化等重点领域探索更加有效的开放举措，显著提升上海在全球资源配置中的影响力和竞争力，树立国家服务业开放的新标杆。

一、现阶段上海自贸区服务业开放存在的突出问题

（一）服务业负面清单准入仍需进一步扩大

负面清单有待实质性缩减，限制条目的合并项数多、取消项数少；负面清单开放有所变动和反复，金融业和文化体育娱乐业自 2015 年起新增限制项目，增幅分别为 160% 和 75%，负面清单调整的反复不利于我国稳定的投资环境的营造以及投资者权益的保障；负面清单准入程度的确定存在一定主观性，虽然以《外商投资产业指导目录》作为指南，但在市场准入程度方面依旧由政府来决定。

（二）服务业准入后限制仍需进一步放宽

服务业领域对外资企业的股比限制仍有调整、替代、完善的空间，在通用航空服务、电信、部分互联网服务、资本市场服务、保险、法律、市场调查、教育、医疗和文化等领域仍存在股比限制，许多还必须控股。服务业领域服务业对外资企业的经营模式、牌照、业务范围、经营条件、业务许可上有改进改革的必要，如金融服务领域外资企业在存贷款比率、单一贷款集中度限制、贷款限额以及获取资本市场牌照等方面需要遵循严格的标准，实际上带来了一些不便。服务业开放模式过于单一，以放宽股权为主，和放宽股权相比，自然人流动和资质认可方式更为有效，而上海自贸试验区在这两方面很少涉及；部分服务业开放措施操作细则有待健全，部分开放措施尚未发布实施细则，部分细则没有明确服务范围和服务半径。

（三）"边境内"措施与国际标准仍有距离

部分服务业"边境内"措施长期为外资企业所诟病，尤其是模糊不清的法律法规、行政审批问题、自由裁量执法、牌照发放要求不公平不透明、网络安全规定等；高标准投资规则的压力测试不充分，目前上海自贸试验区制度创新重点集中在投资一般领域，对最新议题特别是边界内措施缺乏深入跟踪和研判分析。

（四）服务业开放监管体系仍需进一步健全

事中事后监管的法律体系不够完备，外商投资法作为外资基础性法律，虽被学界给予高度期望，但仍未明确提出建立事中事后监管体系，尽管部分条款为事中事后监管指明方向，远不到系统化、科学化的程度；自贸区制度创新和立法上仍存在一定矛盾，由于自贸区的不少制度创新，立法存在相对滞后，产生风险和制度不一致的矛盾；事中事后监管模式的效率有待提升，自贸区总体上仍采取单一行政机关监管模式，行业协会、企业参与度不强，第三方协作和社会成员参与监管的政策尚未成为制度化措施；内外资监管尚未协同，如何妥善处理国家发改委和商务部《市场准入负面清单草案（试点版）》和自贸区负面清单两个清单之间的关系，使内外资监管得以协同，是当前上海自贸试验区所面临的又一大难题。

（五）服务业开放的安全观念有待与时俱进

我国对某些行业的安全定义不够科学和准确，指向不够精准，范围泛化，未能有效区分国家安全与商业安全，因而导致对安全风险的担忧使有些领域的开放踟蹰不前。

二、临港新片区服务业进一步扩大开放的总体要求

（一）扩大服务业开放要突出引领国际新规则

一方面，要对接国际最高标准投资贸易规则。在国际贸易投资规则重构的风向下，积极研究国际法律动向、对接国际最高标准是作为发展中国家的中国上海自贸试验区"负面清单"管理模式完善的必由之路。另一方面，要探索适合发展中国家的"适度标准"，为国家在欧美等发达经济体的 BIT 和 FTA 谈判中增强议题设置能力和问题解决的思路。

（二）重视保持对内开放和对外开放的一致性

一方面，推动服务业进一步对外开放需要加强对垄断性服务业的改革，通过建立完善而统一的对内对外开放制度来维持服务业市场的有序竞争，让

市场得以稳定和谐地发展，维持服务业市场的有序竞争。另一方面，推动服务业进一步对外开放需要把对内开放和对外开放有机结合起来，加快构建统一公平、竞争有序的大市场，重视以对内开放提升民企竞争力，避免对外开放加大后外资企业对我国服务业造成更大冲击。

（三）推动制造业与生产性服务业的协同发展

一方面，重视生产性服务业在扩大开放中的重要作用，注重发挥生产性服务业的产业协同效应，关注服务要素在制造业生产环节中的作用。另一方面，重视服务业开放对制造业的协同发展及带动作用，在临港新片区通过服务业开放来提升制造业竞争力，进而推进制造业产业迈向全球价值链中高端，打造浦东乃至上海制造业高质量发展推动器。

三、临港新片区服务业进一步扩大开放的几点建议

（一）分类放宽服务业准入限制，继续精简负面清单

对现有负面清单服务业开放领域进行延续、深化和拓展，选择体现国家战略需要、国际市场需求大、对开放度要求高的重点领域，授予新片区管委会对新兴行业、新型商业模式、新型业态制定相应改革管理措施的权限。充分发挥外商投资安全审查机制的防火墙功能，细化审查对象，对安全审查标准进一步具体化，完善安全审查机构，建立外商投资后的跟踪、监测、实施与报告机制。

（二）建设公平公正服务业市场，确保竞争机会均等

着力提升各种所有制经济平等参与服务业市场竞争的平等性，提高政策、法规、制度执行的一致性，全面推行行政服务标准化和规范化，降低企业办事的随机性与不确定性，尤其重视明确外资企业和民营企业参与政府项目的渠道和流程。探索树立市场管理的"竞争中立性原则"和"优先合理保护"原则，对于国企与非国企在一般竞争性市场中，政府作为监管者和所有者代表应持竞争中立立场，加快消除对非国有经济的市场监管壁垒，扭转在市场

准入与注册方面等方面的不平等待遇，尤其是在 PPP 建设、医药、法律服务、金融服务等领域率先放开。

（三）清理并创新"边境内"措施，以改革推动开放

除极少数需作为安全措施加以保留外，大部分应进行梳理分析，看哪些符合国情仍然行之有效，哪些科学性差，效果不好，需要进行革新，需要学习别国的先进做法，使之现代化。同时根据产业发展制定出有利于服务业进一步开放并有效对服务业开放风险进行预警和监管的法律法规。

（四）优化服务监管手段，完善服务业开放法制保障

提高政务事项的稳定性和透明性，加快电子政务能力提升，聚焦推动业务处理程序化、审核计量智能化、政务公开标准化等方面改革，着力提升政务事项稳定性和透明性，尽量减少办事过程中的自由裁量权。加强监管中对服务业新经济、新问题的前瞻研究，及时预判并解决经济和产业转型升级中，以及政府简政放权改革中发生的新情况、新现象、新趋势和新问题，采取适应性策略，预判创新可能的方向和潜在的风险，对服务、监管的模式和政策进行前瞻性的制度设计。探索和完善社会中介组织建设，发挥多元化服务、监管作用，培育和建立一批创新活力的市场中介组织，支持中介服务组织运用市场化手段扩大经营规模，提升服务质量，加强行业自律，鼓励国内外知名中介服务组织来沪发展，加大对中介服务业奖励扶持力度，鼓励规模较大、业绩突出、具有一定知名度的会计评估、金融服务、产权交易、法律服务、专业技术服务和咨询服务等中介组织兼并重组。

（五）创新对外开放方式，提升服务业国际竞争力

推进临港新片区金融创新开放，打造"一带一路"金融服务桥头堡，改善外汇管理方式，允许合格的境内外资金在新片区自由设立银行和非银行金融机构，允许符合条件的外国投资者自由转移其投资收益，允许新片区企业利润和资本自由调拨回国，探索离岸金融业务，允许符合条件的机构从事离岸金融业务。大力开放并发展嫁接新技术新模式的现代服务业，针对上海服务业模式"过老"的问题，在临港新片区以服务业嫁接新技术、开创新模式

为核心，积极推动现代服务业的能级提升。搭建服务业对外开放的信息平台和中介服务平台，建立完善服务业对外开放信息数据库，汇总我国服务业对外开放的总体情况、行业发展报告、国内外市场需求情况等内容，建立服务行业中介协会，建立完善协会网站和数据库，汇总服务业对外开放相关政策法规、主管部门、国内外市场信息、服务业市场舆情等，便利企业进行市场分析和内外部投资活动。探索建立全国自贸试验区服务业开放的互联互通机制，率先构建全国性自贸试验区的信息平台，推动在国家层面进行自贸试验区的统一立法，如《中国自由贸易试验区法》《外国投资法》等，推动全国人大常委会出台授权性决定，允许自由贸易试验区在法无明文禁止的情况下开展先行先试、改革创新活动。

四、临港新片区服务业进一步扩大开放的重点领域

（一）信息、通信和网络服务业

可借鉴欧盟与日本签署的自贸区协定模式，探索建立临港新片区的数字产业负面清单管理制度，包括：将新闻、试听服务两个通过数字提供的产业列入例外；根据国家安全、产业保护和个人隐私保护的需要，建立制造业和服务业领域涉及数字服务的负面清单制度。为政府提供数字服务的负面清单制度。同时，临港新片区需要以地方性法规的形式，确立数据共享、数据权属及数据交易定价等相关规则，探索开展"先行先试"。

（二）医疗卫生行业

修订《医疗机构基本标准》，进一步放宽民营医院、私人诊所、特色诊所等医疗机构设立许可，并对医疗机构设立由现行的事前监管为主转向事中事后监管为主，加大力度吸引众多国际医疗和培训服务机构、国际商业医疗保险机构进驻。扩大高端医疗服务领域的进一步开放，通过引进国际先进的医疗设备与技术来提升健康服务业的服务水平。争取在新药的临床实验和引进方面取得实质性突破，对在国外研发且具有重大意义的新药项目，经国家食

品药品监督管理总局批准后，允许其在临港新片区开展相关的临床试验，申请将引进国外医疗器械的审批权限下放到自贸试验区，简化我国外资办医审批程序，缩短审批时间，争取突破《药品管理法》规定，在区内实现"中外药品同步使用"。

（三）文化产业

积极吸引文化跨国公司投资，着眼于加大版权的输出、国内外企业合作制作影视广电节目海外落地的集成播出、广电对外工程的承包、工艺美术商品的创意设计服务与海外文化企业的新设、并购与合作等。优先探索和有序开放外商投资音像制品制作业务领域，可借鉴北京出台的服务业新一轮开放措施，如，允许外商在区内投资音像制品制作业务；允许外商投资设立演出场所经营单位、娱乐场所，不设投资比例限制；依托选择文化娱乐业聚集的特定区域开展合作，且中方应掌握经营主导权和内容终审权；探索在外资从事文物拍卖经营领域先行先试，吸引苏富比、佳士得等外资公司设立拍卖企业并从事拍卖业务。

（四）教育行业

逐步取消培训教育、职业教育等特殊教育方式的事前核准制度，推广应用承诺制。进一步放宽培训教育、职业教育乃至中学教育在部分课程、教材的设计自主权。深入推进教师制度改革，在职称评定、科研奖励、荣誉授予、社会保障等方面赋予公立学校和私立学校教师平等待遇。引进国外一流大学在临港新片区设立分校。开放学前教育机构投资，考虑到义务教育阶段的负面清单禁止性规定，鼓励投资开放应当侧重学前教育方面。随着引进人才的快速流入，托儿所、幼儿园有可能出现一定程度的资源缺口。应当鼓励规范下的外资参与投入，进行新设机构的兴办。

（五）建筑设计行业

在工程及设计行业领域，向更多外资设计企业开放甲级资质认证，允许外资设计企业直接申请甲级设计资质，而无需先获得乙级资质。明确外资合伙企业申请设计资质的规则要求，界定清楚到底是合伙企业的全体合伙人均必须是在中国获得认证的专业人士（例如，注册建筑师），还是外国设计企业等其他投资者也可成为合伙人。放宽外资设计企业的雇用及居住限制的规定。在建筑领域，完善关于外资建筑企业资本金和人员配备要求的法规。改变对外资建筑企业只能参与外资工程项目或外资为主的工程项目的传统规定。在项目管理方面，解决不同相关主管部门关于项目管理资质相互冲突的规定，明确项目管理资质。

（六）物流服务业

在海关方面，应有效落实《贸易便利化协定》，进一步探索推动智能通关，完善经认证的经营者计划，建立全国统一的单一窗口解决方案，改善自愿披露流程，就特许权使用费和转移定价相关法规的解释实施提供明确的指导。在出入境检验检疫方面，应完善出入境检验检疫部门 E-CIQ 系统，简化强制性产品认证和二手设备进口的要求和流程。

（七）银行金融业

目前中国对外资银行在国内的业务开展仍有较多限制，例如要求外资银行吸收中国境内公民定期存款的金额下限为每笔不少于 50 万元人民币。外资银行吸储的门槛较高会使银行运营的资金来源受到较大的制约，这提升了小型外资银行在国内开展资金类业务的难度。如果能够对注册在临港新片区内的小型外资银行提供一定的业务支持，那么外资银行将会加大资本投入和提高运营管理标准，从而带动外资银行资产规模的增长。具体措施建议包括以下内容：利用自贸区产业引导基金等政府资金平台与愿意从事指定业务类型（如供应链金融、区内企业商业保理等）的小型外资银行合作，前期重点为临港新片区内企业服务；促进区内小型外资银行与内资商业银行的合作，为外资银行降低开展指定类型业务时的资金成本提供帮助；设置银行业务范围的分类许可制度，把小型外资银行在国内的经营表现和经营品德作为申请高级别银行业务的重点考虑因素；尽快推动国内监管机制与国际接轨，在金融安全网建设、监管体制、国际银行业通行标准的制定上，尽快与国外保持一致。

关于临港新片区实现跨境资金自由流动的建议

核心建议

1. 提升跨境零售业金融服务能力。鼓励国内金融机构在临港新片区设立"海外支付业务主体"。鼓励大型商业银行建立多货币、多机构、多语言、多时区、全天候运行的支付指令统一集中处理平台。

2. 大力推动新型贸易发展。积极应用区块链加密、物联网监控、电子认证等新互联网技术，推动临港新片区企业开展跨境数字贸易。

3. 积极引进跨国公司财资中心。允许其从事集团企业内部关联企业的资金结算管理、流动性管理、外汇交易与风险控制、融资管理与银行关系管理等。

4. 积极推动离岸人民币市场发展。大力开发人民币计价的资产和工具，发行多种人民币计价的金融产品，为离岸人民币提供充足流动性及风险对冲手段。

5. 设立综合金融交易所和信贷资产交易平台。在交易所试点人民币股票国际版。

6. 试点本外币一体化账户体系。实施跨境资金集中运营管理，推进实施本外币资金池统筹管理，通过宏观审慎管理来进行总额控制，为额度内资金调拨提供便利。

7. 构建完善的金融交易及监管法律制度。建立适用自由贸易试验区的金融交易和监管法律的"基本法"及"配套法"。

8. 设立统一金融监管机构。参照国际通行做法，在临港新片区内以高规格设立统一的金融行政监管机构。

正文

2019年11月，习近平总书记在上海考察工作时对临港新片区提出"五个重要"的指示，要求临港新片区要进行更深层次、更宽领域、更大力度的全方位高水平开放，要成为统筹发展在岸业务和离岸业务的重要枢纽，成为更好利用两个市场两种资源的重要通道。

统筹发展在岸和离岸业务、利用两个市场两种资源都离不开跨境资金的自由流动。探索临港新片区跨境资金自由流动，在路径上，应将增强跨境及离岸金融服务供给能力作为临港新片区建设的优选方向，聚焦发展跨境零售、新型贸易、跨国公司财资管理、离岸人民币业务、国际金融交易平台等。此外，临港新片区要在探索跨境资金自由流动领域取得进展，离不开相应的法制保障，为此要对标国际最高标准，研究相应的法律供给。

一、提升跨境零售业金融服务能力

在临港新片区增强跨境零售业金融服务，可以与香港离岸人民币市场形成互补，走出一条差异化之路。

（一）提升跨境零售企业支付结算金融服务能力

服务贸易型跨境零售企业与合作伙伴的结算呈现小额、高频、全球化、多币种的特点。鼓励国内金融机构参考支付宝、微信支付的模式，在临港新片区设立"海外支付业务主体"，零售企业自境外收款后涉及的兑换、汇款、提现、结汇均通过位于临港新片区的"海外支付业务主体"办理。同时简化业务流程，与网银同步，也可以对接银联，收付一体，一站式完成兑换、汇款、提现、结汇。

（二）鼓励大型商业银行建立多货币、多机构、多语言、多时区、全天候运行的支付指令统一集中处理平台

对内连接银行国际结算、资金结算、网银等支付相关系统，对外打通全

球各主要货币清算系统，形成一体化支付系统架构，实现全球本外币支付清算业务高效率、低成本运营。

（三）创新保险服务，利用跨境电商互联网大数据，为跨境电商出口提供融资

通过与出口信用保险、外贸综合服务平台合作，为跨境电商海外仓出口业务提供金融支持。同时，加速发展区块链技术，借助区块链技术摒弃中转银行，实现点到点快速、成本低廉的跨境支付。

二、大力推动新型贸易发展

（一）发展建立离岸新型贸易

借鉴世界四大离岸贸易中心（新加坡、迪拜、鹿特丹、中国香港）的开放贸易政策，依托"一带一路"经贸合作，打造具有自身特色的离岸贸易中心。

（二）应用互联网技术，推动跨境数字贸易

为进一步推进离岸贸易高质量发展，临港新片区应积极应用区块链加密、物联网监控、电子认证等新互联网技术，推动临港新片区企业开展跨境数字贸易。

（三）建立财资＋平台的外包服务

结合金融科技建设，围绕生态圈、产业链，打破企业集团的边界，串联产业链上下游，整合供给和需求，建立财资＋平台的外包服务，帮助境内企业进行跨国、跨地区、跨币种的资金管理和结算服务。

三、积极引进跨国公司财资中心

财资中心是服务于相关企业跨境财资管理的法人实体或集团企业内部结算中心或财务公司。主要职能：集团企业内部关联企业的资金结算管理、流动性管理、外汇交易与风险控制、融资管理与银行关系管理等。临港新片区应参考香港与新加坡的经验，积极引进跨国公司财资中心。

（一）对财资中心实施分级管理

临港新片区建设跨境财资管理中心的重点是吸引具有跨境资金管理需求的境内大型企业集团和境外跨国公司，吸引具有人民币融资与管理需求的"一带一路"国家企业。建议将临港新片区内财资中心按企业规模、经营方向等标准分为：优先级、重点发展级、以及培养扶持级，不同级别给予不同扶持策略。

1. 优先级。主要包括世界 500 强企业，以及非世界 500 强但主营对外贸易型企业且年营业额达百亿元（人民币）以上的跨国贸易型企业。对于优先级企业，给与大力支持尽可能促成财资中心的设立与后续金融活动的展开。

2. 重点发展级。主要包括资金密集型与实体企业，如生物医药、智能科技企业等。对于重点发展级企业，密切关注此类企业的发展，根据企业的发展需求，可先扶持并促成此类企业的跨境资金池的设立及后续业务的开展，为企业在未来设立财资中心打下基础。

3. 培育扶持级。主要包括符合国家"一带一路"建设发展的企业、"一带一路"范围内与中国有贸易或投资需求的企业。对于培育扶持级企业，可先向此类企业提供自由贸易结算或本外币境外融资等服务，更好地帮助此类企业走出去，之后再考虑促成跨境资金池、财资中心的设立。

（二）对临港新片区财资中心实行税收优惠政策

1. 给予企业所得税优惠。参照中国香港或新加坡财资中心适用的税率水平，对于临港新片区的合格财资中心给予 8% 的适用税率，具体可采取先征后返的操作方式实现。

2. 给予印花税优惠。财资中心签署的资金合同量比较大，也比较频繁，建议给予财资中心与内部关联企业签署的借款合同免予征收印花税的政策。

3. 给予预提所得税优惠。中国香港和新加坡之间比较，中国香港的双边税收协定少于新加坡，导致香港在财资中心的竞争中处于一定的不利地位。临港新片区在此方面应充分利用中国政府已经签订的双边税收协定，尽可能地免征或减征跨境利息地预提所得税。同时要争取与全部"一带一路"沿线国家签署双边税收协定。

4. 给予增值税优惠。香港不存在增值税税种，而增值税对频繁进行资金划拨的财资中心税负影响较大，建议参照国内银行间市场资金拆借交易免增值税的政策，给予财资中心集团内资金拆借利息收入免予征收增值税的政策。

四、积极推动离岸人民币市场发展

临港新片区可借鉴中国香港、伦敦、新加坡等离岸人民币市场的经验，大力开发人民币计价的资产和工具，发行多种人民币计价的金融产品，为离岸人民币提供充足流动性及风险对冲手段。

1. 鼓励区内和境外主体在临港新片区离岸发行以人民币计价的金融产品。

2. 推动临港新片区离岸人民币债券二级交易市场发展。目前离岸人民币债券投资超一半以上是持有到期，没有上市交易。为此，可在临港新片区设立相应的交易平台，鼓励境内、外金融机构针对离岸人民币债券二级市场交易和回购交易进行做市报价，推动临港新片区离岸人民币债券二级市场发展。

3. 推动以人民币定价的离岸金融衍生品市场发展。除了上海期货交易所上海国际能源交易中心已挂牌上市的原油期货，可试点推出以人民币计价的航空煤油、成品油等其他石油化工产品期权产品。鼓励银行进一步发展货币类、利率类、商品类场外离岸人民币衍生产品，满足临港新片区企业、境外机构在贸易中的风险对冲需求。鼓励新区企业通过参与人民币计价的离岸衍生品交易，对跨境贸易中涉及的汇率风险、利率风险、商品价格风险进行对冲。

五、设立综合金融交易所和信贷资产交易平台

（一）设立综合金融交易所

建议由上海市政府报请国务院同意，经"一行两会一局"批准，在临港新片区试点设立综合性国际金融资产交易所。交易所按照公司法组建法人实

体公司，发起股东可包括各大交易所及金融机构，同时吸收一定比例的民营资本。

对综合交易所设施综合监管，监管部门按照国际规则对市场的信息披露、投资者保护、防止内部交易、宣传教育等实施监管，确保市场的公平公正。

交易所对交易产品、境内外合格参与者认定等运营活动享有充分自主权，但需事前报备"一行两会一局"。

在交易所试点人民币股票国际板。

交易所将与国际接轨，创新交易制度和规则，形成具有示范性的"临港模式"。例如：实施人民币跨境结算账户免税试点，探索建立收取交易保证金和抵押品、成立共同清算基金、扩充资本金规模等多层次风险防范机制等。

（二）探索建立信贷及绿色金融资产交易平台

借鉴已设立的上海国际能源交易中心、上海国际黄金交易中心等面向国际市场的金融交易平台经验，在临港新片区适时考虑搭建以银行信贷资产作为交易标的物的金融资产交易平台。

在信贷资产的基础上，进一步将交易标的扩展到绿色金融资产，重点交易航空航运资产、融资租赁资产、商业保理资产等业务。

平台交易以人民币计价结算，参与主体包括区内及境外交易主体。

六、试点本外币一体化账户体系

在临港新片区构建以人民币账户体系为基础，业务规则统一，管理政策一致，数据采集集中的本外币一体化账户体系，实施更加自由便利的跨境资金管理制度，实现资金跨境流动更加顺畅便利。

在坚持"本币优先"的基础上，统筹协调本外币跨境政策，降低跨币种套利风险，临港新片区企业跨境交易实行本外币全口径国际收支统计申报。

以财资中心为突破口，开展本外币一体化账户管理试点。对于在临港新片区设立财资中心的跨国集团，可在其选定金融机构为集团成员统一开立本外币一体化账户，提供集通、融、兑、存于一体的跨境综合金融服务。实施跨境资金集中运营管理，推进实施本外币资金池统筹管理，通过宏观审慎管理来进行总额控制，为额度内资金调拨提供便利。

七、构建完善的金融交易及监管法律制度

从根本上讲，要深入全面进行临港新片区资金自由的创新探索，应自顶层设计临港新片区的法律和制度框架，建立适用自由贸易试验区的金融交易和监管法律的"基本法"及"配套法"，突出与其他片区的不同，要立足"独特性"而非"可推广可复制"的属性，在立法层面形成自上而下的完整体系。

1. 建立自由贸易区基本法。在国家层面，制定自由贸易区金融交易和监管基本法，从法律上厘清市场与监管的界限、地方与中央的界限、离岸与在岸的界限。基本法应着重解决一系列权责不明、政策不清的问题，在监管机构、金融执法、税收、交易规则、法律争议解决、资金流动、人员流动、居住及签证政策、与不同市场间的法律政策衔接等各方面均需要有明确的规定。在执法层面，辅以各相关部门解释及指导。一方面，可提高该基本法的效力，搭建好顶层结构；另一方面，能确保法律及政策的实际落地，指导企业及金融机构有序开展业务，进而有效避免洗钱、漏税等违法行为。

2. 制定自由贸易试验区配套法。在建立基本法的同时，应针对外汇管理、税收优惠、反洗钱三个领域的特殊性，制定可操作性更强的下位法作为配套补充。

3. 建立多元化争议解决机制。可考虑引入中国香港、新加坡等仲裁机构设立分支机构，采纳国际通行的争议解决方式。允许境外律师事务所、会计师事务所等中介机构直接在临港新片区内有条件执业，建立跨境执业资格互认机制。专设具有国际审判能力的国际商事一、二审法院，聘请国际商事金融法律专家作为法院的专家顾问，为愿意选择适用中国法并以中国法院作为管辖机构的国际商事和金融市场主体，提供更多更完备的争议解决机制。

八、设立统一金融监管机构

目前，我国的金融监管机构较多，"一行两会一局"均有权对金融业务进行监管，容易产生权责不清效率低下和行政干预过多。统一高效的监管机构是一个金融中心的"标配"。建议可参照国际通行做法，在临港新片区内以高规格设立统一的金融行政监管机构，以确保行政监管的独立、专业及高效性，同时依据金融业务的不同，在该金融监管机构下分别设立专门委员会，实行分类监管。

关于促进上海自贸区临港新片区人才从业自由的建议

核心建议

1. 高层次人才实行短期入沪一键式免签，精简长期入沪办签程序。

2. 建立临港新片区企业直聘外籍中层骨干人才制度，适当放宽外籍管理人才的录用条件。

3. 定期举办顶尖科学家论坛；形成顶尖科学家社区效应；重点引入四大重点产业的顶尖科学家。

4. 紧缺型高层次人才直接落户；适当降低已被临港新片区大型企事业单位录用的中层骨干人才和基层人才的落户条件；完善临港新片区居住证专项加分政策。

5. 以配套完善的科研项目吸引人才，可采取诸如引进国内外名校建设临港校区；加大科研设备设施投入；提高科研课题支持力度；增强科研成果产业化扶持等措施。

6. 为高层次人才和中层骨干人才提供充足的直接房源，为基层人才提供住房保障。

正文

中国（上海）自由贸易试验区临港新片区（以下简称"临港新片区"）建设，需要大批国内外优秀人才的加入。因此，制定长期吸引、大批凝聚海内外高端人才的政策和制度，探索实践国际通行的人才自由出入便利化措施，是临港新片区建设和发展的重要课题。

一、临港新片区经济发展面临的人才方面挑战

调研发现，临港新片区产业发展环境还有待进一步优化升级。产业结构的人才分布规模呈现以下特征：从企业人数规模看，临港小企业较多；从新增企业人数看，多为小微型企业；从不同类型的单位人数看，私营企业人数占比最高；从人员类型分布看，技能人员约占一半；从人员特征分布看，45岁以下中青年占大多数；从学历分布看，高学历人员较少；从职称分布看，高级职称人员较少；从技能等级分布看，高技能人数较少；从区域人员分布看，重装备区人员最多；从产业人员分布看，其他制造业占比最高；从行业人员分布看，现代服务业占比较低。具体而言，存在以下问题：

（一）重点行业人才不足，影响地区产业高速发展

一是重点产业人才结构不尽合理。重点产业诸如智能制造业，其大学本科学历人员数仅占总人数的二成，研究生只占5%，高级职称只占3%，高级技师、技师、高级工等高技能人员只占16%。智能制造业等重点行业人才，已难以有效支撑新一轮高速发展。

二是企业高层次人才、高技能人才储备不充分。企业各类高层次人才总量较少，专业技术人员总体学历层次不高，高级职称的专业技术人员不到一成。

三是人才国际化程度明显不足。目前在临港企业工作的港澳台人员和外籍人员不到300人，留学归国人员不到200人，与国际智能制造中心的目标距离较大。

四是部分现代服务业人才规模不足。临港地区的金融服务、文化创意、旅游休闲等生产性和生活性服务业未形成人才集聚态势，各类现代服务业的人才规模不足，高层次人才匮乏，制约了临港新片区的发展。

（二）人才政策不够精准，影响人才吸纳聚集效应

一是人才政策对企业和人才惠及面不广。人才政策预测有效性不足，临

港企业对高层次人才政策落实的满意度较低，认为高层次人才政策不完全适用企业实际，影响了人才的吸引和保留。一些大型国有企业，并非三地均在临港本地，导致不在人才政策惠及范围内。

二是人才政策宣传深度不足。临港地区有一半企业对高层次人才和留学生引进政策、临港企业科技和技能人才集聚计划、高层次人才相关落实政策和职业技能人才培训政策不甚了解，迫切需要人才政策宣传的服务。

三是人才政策执行与优化效果不够。临港企业对人才政策的总体评价一般，尤其对双限房政策不够满意，对临港人才落户政策的长效性认可度不高，对相关人才政策及时优化不足。

（三）人才管理服务不精准，影响人才开发工作质量

一是人才服务机构及企业自身的人才服务能力略显不足。相当一部分临港企业认为人才服务不能很好满足企业需要，地区的管理服务主体与企业的沟通不够，企业人才与服务需求难以直达上级部门。企业的人力资源管理前瞻性不足，对未来人才需求缺乏有效规划，高层次人才需求意愿不强。人力资源服务机构数量、规模和专业人员较少，知名服务机构缺乏，服务内容不够丰富，人力资源服务体系尚未形成，市场配置人才作用尚显不足。

二是各级各类人才引进效果有所欠缺。临港地区大部分企业认为人才招聘较难，同时人才流失对企业工作影响较大。从企业需求来看，近五成企业的人才数量不能满足工作需求，近三分之二企业不能成功招到人才。其中，专业技术人员招聘难度最大，技能人才供需最为突出。生活环境与交通问题、引进政策吸引力不足，成为招聘难的主要问题。

三是高技能人才培养平台利用不够广泛。各类企业的培养资源共享不足，临港超过半数企业没有自己的培训平台，大部分企业没有创新平台，影响了重点产业的创新成果对科创中心主体承载区的支撑度。

（四）人才环境客观现状，影响人才保障效用

一是地理位置相对偏远，交通不够便捷。临港离市区较远，交通资源不丰富，地区内外通行的交通资源比较紧缺，对日常工作出行造成不便，影响了人才的工作长久性和地区的聚才效应。

二是环境配套设施不全，生活服务不够完善。临港地区生活配套不够丰富，餐饮、娱乐、商业、社交等较为单一，休闲生活相对单调，工作与生活一体化功能区域有待完善。

三是教育资源不够丰富，家属就业机会不多。临港地区基础教育资源较少，优质教育资源更为稀缺，影响了落户员工的子女入学选择。高级人才配偶的就业机会少，区域内缺少相关就业资源的协调，一定程度上影响了各类人才的稳定性。

二、临港新片区人才政策的总体思路

研究上海、深圳、杭州以及世界各地自贸区建设的成功经验，总结归纳了临港新片区高质量发展中的人才共性问题，建议在制定临港新片区人才政策时采取以下总体思路：

（一）长远性和总体性的人才配置发展规划

目前，临港辖区内人口仅为65万。要实现国家、市对新片区的发展定位，即在2035年实现1万亿元的GDP总量目标，需有至少300万—350万人口作为支撑。综合自贸区可持续发展和自贸区总体环境结构发展，高端国际人才的引进、国内大批年轻优秀人才的吸引等，还没有明确的配置规划。

（二）系统性和规范化的人才政策激励措施

初步研究，目前临港新片区人才政策在上海市级层面上稍显优势，但是在国内各城市人才竞争态势下，新片区人才政策优势并不明显，一定程度上甚至有所落后。因此，需要在人才国际竞争的大环境下，系统性研究、规范化制定新片区吸引和激励人才政策，进一步提升人才政策的绝对优势。

（三）竞争性和吸引性的人才居留发展环境

纵观临港新片区的人才环境，除了有相对宽松的土地资源和环境空间之外，不具先天优势，即使与最近的上海中心城区相比，也缺乏很多必须的优质社会公共资源配置，比如：学校、医疗、居住等等，更无法与旧金山、纽约、东京、伦敦等国际先进城市相比。因此，新片区人才居留和发展的环境建设任重而道远。

（四）规模化和聚集性的上下游产业供应链

调研发现，临港新片区还缺乏世界 500 强企业落户引领示范效应，缺乏与之配套的产业供应链和聚集度。因此，人才居留和集聚还缺乏硬件条件。

（五）动力源和策源地的人才自由创新高地

以人工智能科技创新为引领，作为经济发展的动力源泉和技术策源地，将是临港新片区产业发展的方向。未来新片区的发展，必然以科创产业为主体，传统的加工服务、转口贸易等产业将成为辅助。因此，全球化科创成果的落地转化和向全球推广普及最新科创成果，将成为新片区的主导产业。

三、促进临港新片区人才自由从业的建议

（一）完善外籍人才自由出入许可制度

一要调整外籍高层次人才的入沪签证政策。建议由国家人社部授权临港新片区对外籍高层次人才进行甄别认证，发放"临港新片区特别签证"。按照重点领域关注和分类，建立国际高层次人才推荐名单，建立和维护国际高端人才数据库。为人才库中的外籍高层次人才提供短期入沪一键式免签，即高层次人才短期（不超过 3 个月）进入临港新片区参加学术研讨或参与项目工作的，可直接开通绿色免签通道。并精简长期入沪办签程序。为拟在临港新片区长期工作的外籍高层次人才安排专门通道，统一办理长期工作签，减少办签环节，缩短出签时间。

二是完善外籍中层骨干人才自由出入许可制度。建立临港企业直聘外籍中层骨干人才制度。为临港重点扶持企业搭建直聘外籍管理人才的平台，在双向选择的基础上，给予临港新片区政策倾向，优先将人才引进临港新片区，并赋予临港新片区重点企业优先选择权。适当放宽外籍管理人才的录用条件。

对应聘的外籍管理人才进行工作技能、工作经验以及教育背景等方面的综合评价，具备特殊技能或有特长的外籍管理人才，可酌情降低其工作经验要求或教育背景要求，降低外籍管理人才进入临港新片区工作的难度。

（二）打造国际顶尖科学家社区

一是定期举办顶尖科学家论坛。每年至少举办一次顶尖科学家论坛。通过论坛吸引不同学科、不同领域的高层次人才聚集临港新片区，进行跨学科交流，推动全方位、宽领域交叉学科的研究落地，为高层次人才、中层骨干人才开拓交流和沟通的渠道。邀请中层骨干人才参与顶尖科学家论坛。谨防人才断层，注重培养中层骨干人才，搭建"高层次人才＋中层骨干人才"的合作培养模式。

二是形成顶尖科学家社区效应。加强顶尖科学家社区医疗、教育等公共基础设施建设，为顶尖科学家们提供住房保障，如配备人才公寓，免去顶尖科学家及其团队的后顾之忧。将临港新片区打造成顶尖科学家社区的后盾。开通临港新片区人才、住房、交通网络建设、产业聚集、税收、城市综合服务等功能，助力顶尖科学家社区的资源优化，提高顶尖科学家社区生活与工作条件，促进产城融合。

三是重点引入四大重点产业的顶尖科学家。配合临港新片区的产业发展，打造集成电路、人工智能、生物医药和航空航天四大重点产业实验室，引进相关产业的世界顶级科学家，构建集基础科学研究、临床科学研究、产业应用科学研究于一体的闭环式科研链。

（三）拓宽临港新片区人才自由落户准入标准

一是特殊人才直接落户政策。临港新片区引进的紧缺型高层次人才可直接落户，紧缺人才由临港新片区管理机构自行认定。重点行业如集成电路、人工智能、生物医药和航空航天等高层次人才经聘用企业推荐，通过审核后亦可申请直接落户。直接落户的特殊人才应承诺最短服务期，临港新片区管理机构有权无条件收回服务期未满的特殊人才上海户籍。

二是适当放宽中层骨干人才和基层人才的落户条件。首先，酌情减少满足计分落户条件人才的计分要求。例如应届毕业生落户，上海市其他片区的计分要求需满足 72 分，则临港新片区已被国有企业、事业单位、大型外资企业录用的人才的计分可考虑降低到 70 分。其次，除"居转户"外，为在临港新片区长期工作的中层骨干人才和基层人才开通快速落户通道。相关人才在临港新片区服务满 2 年后可申请落户考核，临港新片区管理机构对满足服务年限的中层骨干人才和基层人才进行打分。每年给予分数排名前十的中层骨干人才和基层人才落户资格，成功落户的人才应当承诺继续服务不少于 3 年。服务期内，每年对已落户的人才进行两次考核，考核不通过的人才将会被收回上海户籍且至少 2 年内无法通过快速通道打分落户。

三是完善临港新片区居住证专项加分政策。对在临港新片区长期工作、生活且持上海居住证的人才，可根据其工作年限予以专项加分，酌情缩短临港新片区"居转户"年限。如中层骨干人才每服务一年加 3 分，基层人才每服务一年加 2 分。对已经为临港新片区服务 3 年且承诺至少继续服务 2 年以上的人才，其"居转户"年限可适当缩短。如中层骨干人才的居转户年限缩短为 4 年，基层人才的居转户年限缩短为 5 年。

（四）打造科研人才学习创业的良好环境

一是引进国内外名校建设临港校区。营造良好的学习和学术研究氛围，吸引各类高校在临港新片区选址落地。支持国内 985、211 大学在临港新片区建立分校区或研究中心，划分高校建设专区，为高校在临港新片区建分校、研究基地提供便利。与世界名校共建科研基地，定期组织临港新片区优秀人才前往世界名校交流，也为其他人才提供进入临港重点企业参观、实习的机会。为国内外高校提供就业平台，鼓励国内外优秀在校生前往临港新片区实习，吸引优质储备人才。

二是加大科研设备设施投入。建立国家重点实验室、重点行业研究室，进口先进实验器材，保障科研设备设施的供应。支持申报国家级重点实验室、工程研究中心和企业研究中心，优先保障集成电路、人工智能、生物医药和航空航天四大重点产业实验室的设备供应，定期更新各大实验室设备设施。

三是提高科研课题支持力度。支持科研人才申请各项国家级研究课题，临港新片区为科研人才提供课题申报的帮扶，帮助科研人才挑选课题并提供课题申报专人辅导。向成功申报课题的科研人员发放课题研究补助金，支持课题的深化研究与研究成果的落地转化。

四是增强科研成果产业化扶持。鼓励高层次人才、中层骨干人才自行实施科研成果转化，加大科研成果落地转化的政策支持，自带科技成果、研究项目到临港新片区创办企业的各层次人才，其自主创办企业取得的股息红利收入在不超过一定额度的情况下予以免缴个人所得税，对其所设立的高科技企业（科研成果落地后）实施力度更大的企业所得税减免。

（五）强化住房供给保障

一是为高层次人才和中层骨干人才提供充足的直接房源。首先，在临港新片区制定单独的人才保障房配售制度。减少高层次人才和中层骨干人才在临港新片区购房的限购约束，保障高层次人才和中层骨干人才每户一套适居住房，取消首付款限制。给予高层次人才和中层骨干人才购房价格优惠，提供银行贷款支持，减少贷款办理实现，简化放贷手续，降低还款利息。其次，建立购房款分期返还制度。高层次人才和中层骨干人才在临港新片区购房后，承诺将为临港新片区服务一定的期限，临港新片区将在服务期内每满一年，以住房补贴或补助的形式分期返还人才已支付的购房款。如服务期内离开，则收回补贴和前期优惠的措施。

二是为基层人才提供住房保障。首先，配备充足的公共租赁房源。完善基层人才住房保障制度，为基层人才提供"先租后售"的公共租赁房源，在约定的服务期限内，优惠收取租房租金，或向其发放租房补贴。其次，出台和完善先租后售的进一步保障措施。在基层人才满足约定的服务期限后，参照全国成熟的先租后售保障房制度，给予其直接买卖前期已租房源的选择权。

关于推进临港新片区运输自由化，
加快上海自贸区建设的建议

核心建议

1. 研究对等开放，允许部分国外资本控制的航运企业或船籍注册其地的船舶从事在各自境内沿海港口之间从事沿海捎带业务。

2. 争取第五航权开放试点，优化浦东机场航线布局，打造航空转运枢纽。

3. 优化负面清单管理，修订出台自贸区管理条例，减少外商投资限制，进一步完善吸引跨国公司总部或重大项目在上海落地的制度支持平台。

4. 加强流程环节梳理和对比，促进实现整个通关流程的无纸化作业。建立国际中转集拼信息平台，实现自贸区海关信息化监管系统与以仓单管理为基础的码头业务之间的有效信息对接。

5. 研究开展统一组织集装箱运输的集港模式；研究将海铁联运模式纳入启运港退税范围；推进构建海铁联运公共服务平台与信息平台，优化海铁联运港口、铁路、场站间信息交互标准化，实现货物全程跟踪。

6. 优化穿梭巴士转运衔接监管，放宽或减少转运装船前置条件，促进口岸手续与港口操作并联。提升洋山岛域查验能力，加大移动查验设施配置。

7. 推进监管流程的探索优化和业务的规模化培育，实现不同业态的拼箱货物在一个平台下的管理和操作。

8. 构建专业冷链多功能服务中心，加强港口与社会冷链场地资源的信息联动，完善冷链物流服务功能。

9. 加强与其他自贸区的对接，优化多式联运转关监管模式，发挥沿江自贸区省市货物集聚功能，推进长江支线"港—航—货"全流程信息平台建设。

10. 拓展班列覆盖，加强海铁联运对接。加强海空联运建设，完善上海"海—陆—空"综合物流服务体系。

正文

2019 年 8 月 6 日，《中国（上海）自由贸易试验区临港新片区总体方案》公布，明确提出以投资自由、贸易自由、资金自由、运输自由、人员从业自由等为重点，推进投资贸易自由化、便利化。

本文围绕推进临港新片区运输自由化的五项重点内容，结合工作实践和调研论证，提出相关政策建议：

一、开放市场准入，在风险可控的前提下充分增强市场活力

所谓市场准入（Market Access），是指一国允许外国的货物、劳务与资本参与国内市场的程度。放宽资质审批，实现更高程度的市场准入，是各国自贸区的通行做法。

（一）研究对等开放，解除沿海捎带经营主体的限制

洋山深水港区是临港新片区对外贸易的核心作业区。洋山港区现已建成运营的码头岸线全长 5.6 公里，是东北亚最重要的转运枢纽。适度开放、先行先试外贸集装箱货物在洋山深水港区与我国其他沿海港口之间的沿海运输意义重大，影响深远。

建议在上海自由贸易试验区临港新片区相关政策框架内，进一步放开沿海捎带，允许部分国外资本控制的航运企业或船籍注册其地的船舶从事在各自境内沿海港口之间从事沿海捎带业务；在洋山深水港区与我国沿海各个建有保税港区、自由贸易试验区的港口之间，制定有针对性的监管方案和业务

操作流程，先行先试外贸集装箱沿海运输业务。

在临港新片区洋山深水港区先行先试沿海运输，是贯彻落实党的十九大精神，进一步加大改革开放力度，践行先行先试的重要举措，将有助于推动干线班轮公司优化航线布局，降低我国对外贸易综合物流成本，促进实体经济发展，建议加快政策研究，尽快落地实施。

（二）争取第五航权开放试点，打造航空转运枢纽

航空业务方面，第五航权相当于允许他国飞机还可以获得本国与第三国之间的航线客源与货源，让本国航空公司飞往第三国的航线客源与货源受到了分流与竞争。2019 年，我国的中、外航空公司国际航班总量每周约 1 万班，但第五业务权班次 285 班，占比不及 3%。浦东机场有条件在对外航权谈判中更多争取第五航权，利用好先行先试的政策红利，在平等互利的基础上允许外国航空公司承载经中国上海至第三国的客货业务，建议新片区管委会积极向国外航空公司推荐并引导申请进入中国市场的国外航空公司执飞浦东机场，优化航线布局，打造航空转运枢纽，为区内企业提供更加便捷的客货空运服务通道。

二、推行"境内关外"，先行先试提高贸易自由化程度

以本次临港新片区设立的洋山特殊综合保税为物理区域载体，对标国际最高标准最好水平，为推进"境内关外、来去自由、风险可控"，提供了极佳的政策创新、瓶颈突破和业态发展的探索平台。

（一）优化负面清单管理，提升进出口贸易的活性和主导性

2013 年上海自贸试验区成立以来，《外商投资准入特别管理措施（负面清单）》经过多轮精简，但仍有改善空间，尤其是在商业数据和信息开放开发和使用方面，限制了一大批有创新能力和意愿的高科技企业进入国内市场。建议根据最新版本的《外商投资法》《中华人民共和国外商投资法实施条例》，以及 2019 年 7 月颁布的《上海市鼓励跨国公司设立地区总部的规定》，尽快

修订出台自贸区管理条例，减少外商投资限制，进一步完善吸引跨国公司总部或重大项目在上海落地的制度支持平台，加大上海制造产业的升级，进一步激发和提升进出口贸易的活性和主导性。

（二）推动监管优化与操作便利化，完善中转集拼功能

拼箱业务主要分为本地、出口集拼、本地进口分拨、国内中转集拼和国际中转集拼四种方式。目前，上海口岸每年国际中转集拼不足 10 票，其根本问题仍在操作成本和海关监管流程复杂两方面，导致国际中转集拼实际操作性不高，通关效率低，业务规模化程度低，主要表现在如下几点：

1. 上海港航线分布在两大港区，鉴于港区航道、水深资源和航线船型作业条件匹配的原因，外高桥港区主要靠泊近洋航线，洋山港区靠泊远洋航线，转运增加了作业成本。

2. 由于外高桥和洋山分属不同的关区，海关系统对中转拼箱货物跨洋山关区和外高桥关区之间的操作流程还不能有效实现。

3. 中转货物与口岸货物的监管方式分离，通关流程复杂。2018 年根据海关第 120 号公告对海运中转集拼货物的监管新规，将现行的模式由最初的基于保税区的保税模式，改为当前基于进口分拨的国际中转集拼模式，对进境备案流程上进行了优化。但是，该模式当前处于业务培育阶段，业务量几乎为零。

4. 多种业态的拼箱操作场地分散，上海口岸本地出口拼箱仓库、海关监管进口分拨仓库、国内中转拼箱海关集中监管仓库、国际中转拼箱平台等不同业态的拼箱操作场地分散，且海关监管各自相对独立。

因此，建议进一步发挥临港新片区"境内关外"优势，对标新加坡、釜山等集拼枢纽港的成熟经验，及国内其他港区操作模式，对上海口岸现有的拼箱操作模式进行创新突破，研究更加便利的监管方式，优化流程：

一是简化通关流程。加强流程环节梳理和对比，促进实现整个通关流程的无纸化作业，将通关时效进一步压缩至 1—2 天，不断缩小与新加坡和釜山的差距。

二是建立国际中转集拼信息平台，实现自贸区海关信息化监管系统与以仓单管理为基础的码头业务之间的有效信息对接。实现由企业自行申报、海关自动审核放行及异常情况人工干预。

三是以目前已设立的洋山深水港物流仓库，叠加洋山岛域物流产业规划，形成临港新片区陆岛联动的集中公共集拼平台（中心），实现和普通的出口、转关、进口分拨等多种拼箱业态进行一次性拼拆箱操作。

三、完善港口集疏运体系，提高物流保障能力和资源配置能力

随着近年来航运业船舶大型化趋势，以及港区整体航线规划调整，洋山港区必将是未来上海国际航运中心集装箱吞吐量的增长高地。而与之相对的，洋山港区集疏运体系仍存在较为明显短板，主要体现在：

1. 洋山码头陆路上岛通道单一，箱量增长下"主通道"东海大桥面临流量峰谷不均压力。

2. 与区域物流对接的集疏运体系短板明显，铁路"短脚"明显。

3. 外高桥—洋山两大港区间衔接能力有待增强。

4. 配套物流功能尚待完善，集拼、冷链等物流服务尚未成熟。

针对此问题有如下几点建议：

（一）全力发挥芦潮港中心站的铁路与场地资源，构建芦潮集并站

1. 积极利用铁路中心站的场地资源，融入芦潮港"水、公、铁"综合集并中心建设体系当中。在一揽子统筹规划下，发挥海铁联运和堆存配套两方面效用，研究开展统一组织集装箱运输的集港模式，以规模优势降低铁路至港区的短驳成本，同时均衡东海大桥进出港区运输流量。

2. 进一步加强海铁联运发展专项补贴政策扶持力度，尤其要注重确保补贴政策的延续性。积极推动启运港退税政策的覆盖范围扩大，目前启运港退税仅适用于船舶运输，建议积极研究将海铁联运模式纳入启运港退税范围。

3. 加强海铁联运信息化建设。海铁联运涉及公、水、铁运输及各个节点的装卸、仓储，实际经营人涉及货代、船公司、铁路、港口等多方主体。因

此建议推进构建海铁联运公共服务平台与信息平台，优化海铁联运港口、铁路、场站间信息交互标准化，实现货物全程跟踪。

（二）优化监管，完善穿梭巴士转运衔接

1. 优化穿梭巴士转运衔接监管，放宽或减少转运装船前置条件，促进口岸手续与港口操作并联。

2. 提升洋山岛域查验能力，加大移动查验设施配置，为木材、化工品、汽配等江浙两地进出口货量比重较高的货种，提高中转查验作业的便捷。

（三）补完功能，建设综合集拼分拨中心

1. 在芦潮港地区尽快打造公共集拼平台（中心）。目前，在洋山地区，同盛物流下属深水港物流同时具备进口分拨和出口拼箱监管资质，已具备开展国际中转集拼业务的条件。建议以深水港物流为载体基础，先行构建和完善洋山陆域公共集拼平台（中心）运作，推进监管流程的探索优化和业务的规模化培育，实现不同业态的拼箱货物在一个平台下的管理和操作。

2. 加大政策和优惠力度，吸引国际货源的全球货代公司的参与。对进口拼箱分拨业务，以及包含国际中转货物（境外转口货物）的给予优惠扶持。

3. 配合洋山岛域产业规划，研究建设洋山岛屿设立国际中转集拼公共服务平台。一是可以借鉴新加坡自由港或马来西亚 TPP 港口模式，开展不拆箱堆存与分拨作业，全球商品以海运方式发往洋山深水港区，等待订单确认后，根据订单目的地再以海运方式配送至不同国家或者不同区域。二是根据进口分拨箱中国际中转货物，以及水路运抵洋山岛上开展国内二次集拼业务的发展情况，形成岛上岛下的联动。

（四）扩容能力，构建冷链服务中心

1. 积极利用洋山岛上资源，构建专业冷链多功能服务中心，提供冷藏箱堆场堆存、冷库仓储、冷箱修理等综合服务功能。

2. 完善冷链查验配套，提升冷链查扣一体化查验的能力。

3. 加强港口与社会冷链场地资源的信息联动，形成有效的资源整合利用机制。

4. 开展岛上岛下联动，完善冷链物流服务功能，大力吸引保税电商、仓储加工、运输配送等冷链优势企业，开展国际采购、物流分拨、增值加工、冷链配送等 B to C 冷链服务。

四、加强与其他自贸区的对接，扩大临港新片区政策辐射面

2019 年 8 月国务院批准新设江苏、山东、广西、河北、云南、黑龙江 6 个自贸试验区，全国自贸区增至 18 个，必将强力激发相关省市产业要素迅速富集，外贸物流动能大增。建议紧抓自贸区设新扩量机遇，强化与各省市自贸区的多层次对接。

（一）强化与浙江、江苏、湖北、重庆、四川五省自由贸易试验区的对接联动，提升长江沿线—上海洋山的内支线服务能级

1. 优化多式联运转关监管模式。一是改变目前支线船运抵洋山港区后要在母船码头方可运抵申报，导致赶不上大船发生改配，增加客户成本的情况，建议支线船运抵洋山港区任意码头即可运抵申报；二是加强两端自贸区海关监管合作，提高整体通关时效。

2. 完善启运港退税政策，进一步扩大启运港范围。以目前上海港"九江—洋山"支线联盟航线为例，九江本地区箱源不足，为提高船舶装载率和运营效率，各船公司城西港始发班轮都经停芜湖港，而目前芜湖港尚未纳入启运港退税政策中途停靠港口，从而导致九江港始发的点对点联盟支线出口货物不符合启运港退税政策要求。

3. 发挥沿江自贸区省市货物集聚功能，积极引导促进长江集并，提高长江支线经营人运能的规模效益，促进航线服务班期加密。借鉴当前已有穿巴、快行的定航线、准班期、固运力、保时效的服务与运营模式，利用沿江各自贸区港口集并优势，进一步扩大点对点支线服务航线。

4. 加强信息化建设，推进长江支线"港—航—货"全流程信息平台建设，提高全程物流跟踪能力，规范和提升长江支线船舶及航线的运营效率。

（二）拓展班列覆盖，加强海铁联运对接

1. 结合公路集疏运量重点生成区及铁路沿线车站布点，推进"无水港"建设。加强对腹地的物流辐射衔接网络，提升定线定班的空箱支持配套和船公司舱位保障。

2. 提高与沿线自贸区及产业园区的对接合作，加强与腹地企业的货源"精准对接"服务。以大客户、大项目为切入点，共同开展物流方案设计。

3. 提升跨区域铁路局段间合作，优化铁路运输组织，提高价格优惠支持。加强铁路运价优惠支持力度，对所有空箱回程运费给予优惠。研究扩大启运港退税范围，在水路运输方式的基础上，进一步将海铁联运也纳入到启运港退税的政策范围内。

4. 加强海铁联运信息化对接。提高海铁联运单证和传输的标准化、电子化水平，实现水路铁路货物信息全程跟踪。

（三）促进"无纸化"与全程物流信息化合作，助力区域跨境贸易营商环境提升

1. 促进与沿江省市政府间的合作，扩大上海口岸通关及港口物流单证无纸化、流程电子化的技术项目合作，全面助力长江支线通关物流的便利性、时效性和成本性提升。

2. 打造集装箱江海联运综合服务平台。加快吸引沿江码头、支线船公司、干线船公司上平台，同时加强海关、海事部门监管信息对接。通过构建面向沿江"港口、干支线经营人、物流、货主"的综合服务信息平台，实现实时动态查询跟踪和全程可视化，拓展交易结算等功能。

（四）加强海空联运建设，完善上海"海—陆—空"综合物流服务体系

1. 积极把握京津冀一体化、长江经济带战略、"一带一路"建设等，利用好新的国际航权开放和时刻分配，加密航班频次和航线网络，灵活利用第五航权，支持远程国际航线和货运航线发展，强化浦东机场的全球航空货运枢纽地位。

2. 进一步依托上海的腹地市场以及上海港强大的货运吞吐能力，开展海空集拼联运运营模式创新，吸引更多国际顶级企业将产品通过上海进行贸易中转。

关于探索临港新片区税收制度创新的建议

核心建议

1. 优化税种、简化税目。保留关税、增值税、企业所得税、个人所得税、环境保护税、资源税、房地产税等，对其他税种一律免收。

2. 实施税务"白名单"制度，实施低税率，增值税减为 10% 或 4%，企业所得税在 5—10 年内减按 15% 的税率征税。

3. 通过《自由贸易试验区税收条例》或修订专项税法的方式确立临港新片区税收制度创新权限。

4. 设立海关特殊监管区，运用电子围网方式对临港新片区企业的进出口业务和保税进行管理，建立海关、税务部门和企业三方参与的预约定价安排机制。

5. 创新企业所得税机制，对临港新片区内开展离岸业务的企业专门设置"离岸账户"和"离岸业务税务登记证号"，对其离岸业务的企业所得税减按 15% 征收，鼓励新片区企业境外投资和开展跨境金融业务。

6. 创新个人所得税机制，投资创办科创类企业的个人，5 年内个人所得税全额返还；外商投资企业自然人利润分配再投资，免征投资人个人所得税。

7. 对临港新片区内企业间订立的合同，免征双方印花税；境内制造船舶在"中国洋山港"登记从事国际运输视同出口，给予出口退税；符合条件的孵化器、科创园免征房产税。

8. 加强税收监管与风险防范，完善反避税制度，建立临港新片区税费告知清单制度，充分利用现代化科技打造税收征管新平台和税务数据分析平台。

9. 在洋山特殊综合保税区率先实行特殊的税收政策。试点对洋山特殊综合保税区内进口货物及区内企业之间销售货物、提供运输、仓储、报关、劳务、加工等服务的收入全部免征增值税，对区内企业的企业所得税全部减按15%征收。对区内企业之间订立的购销、加工承揽、财产租赁、货物运输、仓储保管、技术服务合同全部免征印花税。

正文

一、税收制度的创新与突破是临港新片区高质量发展的重要基础

目前，《中国（上海）自由贸易试验区临港新片区总体方案》（简称《总体方案》）在税收政策上有所突破，明确了对重点发展产业的企业所得税、境外人才个人所得税实施优惠政策，并提出对综合保税区围网内的交易与服务、境外投资、离岸业务、自由贸易账户等领域进行税收政策创新探索。但对标国际最高标准、最好水平自由贸易园区，临港新片区《总体方案》在税收机制的创新与突破仍呈现零散性和一定局限性，竞争力与吸引力有待进一步加强。探索税收制度的创新与突破，实施具有国际竞争力的税收制度和政策，有助于把临港新片区打造成更具国际市场影响力和竞争力的特殊经济功能区。

二、国内外最高标准自由贸易园区税收制度研究

（一）新加坡税收制度研究

新加坡是全球著名的国际贸易中心和国际航运中心，是继纽约、伦敦、中国香港之后的全球第四大金融中心城市。其税制具体特点如下：

1. 税种较少，税制结构简明，企业税负很轻。新加坡现行主要税种包括公司所得税、个人所得税、关税和国内货物税、消费税、印花税、外国劳工

税、预扣税及其他税收。

2. 关税政策相对宽松。全球超过 90% 的货物可以自由进出新加坡而不需要缴纳关税，只有酒类、烟草（含卷烟）、石油产品、机动车等需要缴纳关税。

3. 增值税方面，新加坡对进口产品征收 7% 增值税。国际运输服务与进出口相关的运输服务，以及与进出口有关的货物装卸、搬运、保险等服务都适用零税率。

4. 公司税方面，自 2010 年起新加坡公司所得税税率为 17%，且所有企业可享受前 30 万新元应税所得部分免税待遇。

（二）香港税收制度研究

香港是闻名世界的自由港，也是国际贸易中心、国际金融中心。其税制特点如下：

1. 实行典型的零关税政策。一般的进出口货物均无须缴付任何关税，除了酒类、烟草、碳氢油类及甲醇等四种商品之外。

2. 实行简单低税制模式，税种少，只设三种直接税：利得税、薪俸税和物业税。利得税为 16.5% 或 15%。薪俸税实行 2% 到 17% 的累进税率。物业税率为租金减去维修及保养免税额 20% 后的 15%。

3. 税务管理上力求规范和透明，并针对当前国际经济环境进行税改，以增加税制的吸引力。

（三）阿联酋（迪拜）自由贸易区税收制度研究

迪拜自由贸易港区于 1985 年建立，是阿联酋乃至整个中东地区最大的自由贸易区，其税制特点如下：

1. 为低税国家，境内无企业所得税、个人所得税、印花税等税种。自 2018 年 1 月 1 日起开始征收 5% 的增值税。

2. 对一般商品征收 5% 的进口关税，部分农产品和药品免税，但对奢侈品征重税，如烟草税为 50%—70%。

3. 不征收公司所得税、营业税、消费税等。仅对油气勘探生产及石化类公司和外资银行分支机构征收所得税。

4. 无个人所得税，但大部分酋长国会征收市政税，具体税率为餐厅出售的食品 5%—10%，商业房产出租 10%，住宅用房产出租 5% 等。

5. 货物自贸区内存储、贸易、加工制造均不征收关税及其他税，进入阿联酋关税区时再征税。

（四）纽约自由贸易区税收制度研究

美国纽约港是全美面积最大的自由贸易区之一，港口对外排名位居北美第三、东海岸第一。其税制特点如下：

1. 通过关税豁免、关税延迟和倒置关税，减轻进口商品在自贸区中流通的税收负担。

2. 企业所得税率 21%；企业海外回流利润的所得税率为 15.5%。个人所得税的税率为 10%、12%、22%、24%、32%、35% 和 37%。海外利润将只需在利润产生的国家缴税，无需向美国政府缴税。

3. 其他税费优惠，包括：（1）在自贸区内存储、混合、加工等形态改变，都免征州和当地的从价税。（2）对企业所得税、个人所得税等给予一般性抵免和限定区内企业抵免。

（五）韩国自由贸易区税收制度研究

韩国自由贸易区包括产业园区型和港湾空港型，其税制特点如下：

1. 实行境内关外，对外国进口商品免税。对于从韩国申报运入自贸区后直接出口或用于出口产品的韩国国内产品免征关税或先征后退。

2. 申报运入自贸区后直接出口或用于出口产品的韩国国内产品，以及入驻企业间相互提供的外国产品和服务，均适用附加税零税率。

3. 对特殊企业施行税收优惠，购置税、综合所得税（登录税）15 年全免，法人税、所得税，三免两减半。

通过对新加坡、中国香港、迪拜、纽约、韩国等自贸区税收制度的研究发现，自贸区的税收制度各具特色，但也有一定的规律性和共性，主要包括：

1. 税种较少，结构简单。比如，香港只有三种直接税：利得税、薪俸税和物业税；迪拜没有企业所得税和个人所得税、增值税、印花税等税种。

2. 税率低、税收优惠范围广。新加坡的企业所得税率为17%，总税负仅为20.3%；中国香港的利得税为16.5%或15%。迪拜自由贸易区不征收个人所得税、进出口关税，50年不征收公司税；韩国的购置税、综合所得税15年全免，增值税税率仅为2%。

3. 征税机制相对简单。中国香港、新加坡等都坚持收入来源地原则进行征税，仅对来源于自由贸易港内的各类收入实施征税管辖权。在征收程序上，新加坡开发了软件，在手机上进行报税和上传资料。

4. 税收政策法制化。新加坡1969年制定了《自由贸易法》，美国1993年建立了《对外贸易区法案》，韩国2003年通过了《关于经济自由区域的指定及运营的法规》。

三、临港新片区税收制度创新探索

（一）临港新片区税收制度创新总体思路

自2013年9月29日中国（上海）自由贸易试验区正式挂牌成立以来，自贸区关于税收制度的创新与探索，已有超过30项成果。虽然其税收创新在促进了贸易转型发展和推动征管改革等方面发挥了积极作用，然而对标最高标准和最好水平，自贸区税收制度创新上仍存在不足：（1）制度创新偏保守，距离国际化、市场化、法治化的高标准还有差距；（2）系统体系未形成，自贸区税收创新的点和面较多，但是偏重局部领域的突破，在系统性、完整性方面还有所欠缺；（3）缺乏港口物流税收制度支持，受保税功能定位制约，对于国际上常见的转口货物、集拼货物等方面，没有相应税收制度创新。

为了探索建设更具国际市场影响力和竞争力的特殊经济功能区，对临港新片区在税制创新与改革方面建议如下：

1. 优化税种、简化税目

目前，我国共有18个税种，税种较多、税目复杂。世界上最先进的自贸区（港），一般都遵循简单税制，税种较少。建议对临港新片区的税种、税目进行梳理，保留关税、增值税、企业所得税、个人所得税、环境保护税、资源税、房地产税等，对其他税种一律免收。

2. 降低税率

进一步降低临港新片区税率，一是在新片区实施税务"白名单"制度，即建立鼓励发展的行业清单，对列入"白名单"，实施低税率，增值税减为10%或4%，企业所得税减为15%，二是对使用鼓励发展新技术或符合绿色制造并经过审核的企业，企业所得税在5—10年内减按15%的税率征税。

3. 完善税收立法

通过顶层设计，由中央授权、统筹制定总体方案，并通过《自由贸易试验区税收条例》或修订专项税法的方式确立临港新片区税收制度创新权限。在增值税、关税等税种立法时，应当留有自贸区制度创新的弹性空间或授权条款。

4. 在洋山特殊综合保税区率先实行特殊的税收政策，对临港新片区各项税收机制创新进行试验和探索

对洋山特殊综合保税区内进口货物及区内企业之间销售货物、提供运输、仓储、报关、劳务、加工等服务的收入全部免征增值税。对区内企业的企业所得税全部减按15%征收，对区内企业之间订立的购销、加工承揽、财产租赁、货物运输、仓储保管、技术服务合同全部免征印花税。

（二）进出口环节税收机制创新

1. 打破现有海关特殊监管区物理围网的限制，将整个临港新片区确立为海关特殊监管区，运用电子围网方式对新片区的企业的进出口业务和保税进行管理。在新片区内实行统一的关税政策，不再区分区内区外。

2. 在临港新片区一线实行海关手续"撤两单、并一单"，即：取消报关单和备案清单，将国际通行的运输工具载货凭证——舱单并作申报单证，舱单只需载明货物六位税号编码，在启运后通过联网系统提出。只有在确定缴税后，再补充报关单和备案清单申报手续。

3. 创新港口物流税收制度，减少转口贸易、中转集拼货物业务的关税审批手续，对转口贸易、中转集拼货物全部实行零关税，促进转口货物、集拼货物业务发展，提升临港新片区国际要素资源聚集与配置的税收吸引力。

4. 进一步创新进出口环节产品的海关估价机制，引入外部第三方独立的专业机构，配合海关对进口产品进行定价，解决目前存在较多的海关估价与转让定价之间的矛盾。建立海关、税务部门和企业三方参与的预约定价安排机制，完善协商程序，提高海关估价与定价效率。

（三）国内制造、贸易和服务领域增值税机制创新

1. 扶持临港新片区重点发展的关键产业和关键技术列入重点发展产业"白名单"，对"白名单"企业，增值税减按 10% 或 4% 征收。

2. 对临港新片区内的企业申请发票由审批制改为备案制，由企业根据自己的业务发展提交备案资料，即可申请所需的发票数量、发票类型。试行电子增值税专用发票，完善增值税专用发票开票端的数据共享，使电子增值税专用发票的抵扣申报更加便利。

（四）企业所得税机制创新

1. 对"白名单"企业，企业所得税减按 15% 征收，对使用鼓励的新技术或绿色制造标准的企业，审核后其企业所得税在 5—10 年内减按 15% 征收。

2. 对临港新片区内开展离岸业务的企业专门设置"离岸账户"和"离岸业务税务登记证号"，对其离岸业务的企业所得税减按 15% 征收。

3. 鼓励临港新片区的企业境外投资和开展跨境金融业务，具体：（1）新片区内有境外股权投资的企业允许境外盈利弥补境内亏损，试点境外亏损向前结转弥补、境外超限抵免额向前结转；（2）适当放宽间接抵免适用范围，将税收饶让抵免的适用范围扩大至未签订税收协定的国家；（3）推行建立海外投资风险储备金制度，允许依法计提的储备金在计算应纳税所得额时作为费用扣减。

（五）个人所得税机制创新

1. 对在临港新片区投资创办科创类企业的个人，5 年内在新片区实际缴纳

的个人所得税予以全额返还，以鼓励科技创新人才增加科研投资。

2. 对临港新片区内的外商投资企业自然人投资者通过在新片区内取得的分配再投资，或者将外商投资企业的资本公积、未分配利润转增实收资本，免征投资人的个人所得税。

（六）其他税费机制创新

1. 创新印花税优惠机制，对临港新片区内企业间订立的合同，免征双方的印花税。

2. 全面放开船舶法定检验和登记制度，鼓励原境内制造、已在境外登记注册的船舶回归洋山港登记并悬挂中国旗，对境内制造船舶在"中国洋山港"登记从事国际运输的，无论是新船还是旧船，均可视同出口，给予出口退税。

3. 对临港新片区内专门从事孵化器、科创园业务且营业收入来源主要为房产租赁和物业服务，且已经缴纳了所得税的企业，免征房产税。

4. 对在临港新片区拿地开发普通商品住宅房产的收益，如在 24 个月内完成销售并申报缴纳土地增值税的，减按 70% 的税率进行征税；对在临港新片区内开发工业厂房并 24 个月内转让给新片区鼓励发展的产业企业的增值部分，对其土地增值税减按 50% 征收。

四、临港新片区税收监管与风险防范机制

（一）税收征管机制创新

1. 建立临港新片区税费告知清单制度。由新片区税务机关定期编制入区企业和个人税费清单，并向社会公示和更新。

2. 探索"纳税人全程自主缴税为主，征税部门风险管理为辅"的全新征税方式。结合社会诚信体系建设，给予纳税人认证评级，给予诚信对象征税便利，税务和海关摆脱对纳税单证审核的惯性依赖，将重点转为税收风险的全过程防控，集中力量防控重大漏税风险。

3. 充分利用现代化科技打造税收征管新平台。在临港新片区封闭式场景

内，探索公有链、私有链、联盟链的"区块链＋税收"应用模式。建立区块链电子底账，税务、海关作为征管部门入链，与物流方、服务方、外贸企业、平台经营商、纳税人共同组成区块链，实现链上公开作业、信息实时互见、纳税人自行办税、征管部门后续追溯。

（二）风险防范机制

1. 完善税收相关法律制度。从国家层面进行顶层设计，完善相关法律制度，强化法治保障。第一，完善电子政务法律法规，对电子身份的认证方式、内容以及法律责任等内容进行明确，以满足互联网时代税收管理模式的需要；第二，完善政府信息公开及信息保护等法律法规，对纳税人的知情权、隐私权、知识产权等进一步明确；第三，修订现行税收征管法，适应"互联网＋"背景的新型经营主体和交易模式，如电子缴税、第三方支付以及网络银行等的法律制度。

2. 完善反避税制度。从国际"自由区"实践来看，避税是临港新片区的最大风险。建议完善临港新片区双边税收协定和避免双重征税协定的功能，便于开展国际通用的反避税措施，综合运用诚信激励和失信惩戒手段，建立预先定价协议机制，维护我国和国际的正常税收秩序。

3. 打造涉税数据安保体系。尽快构建税收大数据安全保障系统。采取数字签名技术、VPN 等安全技术对纳税人的各类信息进行加密处理，提升信息安全程度。加大财政资金投入，支持网络基础设施建设、网络安全软件的开发等。

4. 构建税务数据分析平台。设立涉税数据共享交换试点机制，实现税务、海关、工商、银行、公安等部门乃至淘宝、京东等第三方涉税信息部门高效的数据交换和共享，更好地监控重点税源，有效杜绝偷逃税收行为，减少税收流失。

关于探索贸易创新及建设全球数字经济新地标的建议

核心建议

1. 填补国际贸易创新的法律体系真空，提请全国人大批准予以一揽子授权，批准临港新片区对各项法律空白予以单独立法，制定跨境数据安全管理规范、流通评估标准和风险管控政策，采用国际通行英美商法作为纠纷解决机制。

2. 实施国际贸易创新的税收优惠政策，允许总部型跨国企业的企业所得税按 10% 征收，实施多种不同的综合抵免方式，按照 FOB 净价核算完税价格，从境外进入围网区域货物免征进口关税和进口环节税，围网内企业间货物交易和服务免征增值税，围网区企业产品内销免征或减征增值税。

3. 加快建设 5G 国际通信基础设施，提高 5G 设备覆盖范围，优先发展云服务、数字内容、数字服务与跨境电商等数字经济产业，形成数字经济开放创新体系和产业集聚、展示、交易一体化的跨境交互的"数字贸易国际枢纽港"。

4. 积极参与数字贸易治理体系并制定规则，制定跨境数字产业标准、隐私保护、数据跨境流动、知识产权保护制度，将我国的统计数据分类归属纳入数字贸易的统计指标体系，健全我国数字贸易规则体系。

5. 加快建设全球奢侈品集散基地，并在临港新片区开设真正意义的免税店，吸引全球消费者前来购买奢侈品，允许使用人民币结算，实现外汇不外流，外籍人士或船员享受 6 天入境免签政策。

6. 放宽国际船舶保税燃油加注、生活物资补给、船舶零件维修、保养和更换的供应限制，扩大保税服务贸易的交易规模；降低外资国际船舶企业设立门槛，简化经营许可审批流程，推出优惠的船籍登记制度，给予税费优惠。

7. 批准临港新片区内企业免税提供境外多种金融和保险跨境服务试点，开展保税航运工具融资租赁、验收、价值评估、装备供应、维修、退租、转租或转让等高端生产性服务贸易；开展航运金融、海事法律服务、国际航运保险、航运经纪业和第五航权航线安排等航运配套服务。

8. 注重顶层设计，建立多层次全要素完整的数据系统监管链、终端设备链的智慧海关监管技术总体架构，建设跨境数据交换枢纽和跨境数据公共服务平台等国际信息通信基础设施，建立跨境数据安全管理体系，稳步推进智慧海关监管体系。

9. 利用智能语义识别网络信息，利用区块链技术破解数据监管难题，建立 GIS 的 3D 模型和无人机巡视监管可视化，运用射频识别仓库货物，智能安全锁监管集装箱，全面采用电子围网、新型人体安检仪、车辆快检与智能卡口系统等装备。

正文

一、临港新片区的发展建设情况概述

2019 年工业总产值完成 1 198 亿元，全社会固定资产投资完成 389 亿元，同比增长 17.1%，其中产业投资完成 200 亿元，同比增长 65.8%；税收收入完成 110 亿元。高效低碳燃气轮机试验装置、中科院微小卫星二期、中航商发二期、中移动 IDC 产业基地项目开工建设；特斯拉新能源汽车研发与整车制造项目正式投产；华大半导体积塔项目实现厂房封顶。不断培育科技创新平台，建设国家海底观测网数据中心，启用 GE 航空（中国）智能制造与再制造创新中心，清华大学智慧天网创新工程、国家工业互联网创新中心已落户，完成无人驾驶示范基地 4.2 公里封闭测试道路和 26.1 公里开放测试道路。

已签约落地项目 168 个，总投资超 821.9 亿元。全年注册企业 7 518 户，新增注册资本 951.91 亿元人民币，外商直接投资合同金额 4.8 亿美元，实到金额 2.4 亿美元。形成政府投资类工程建设"一张表格""一个流程"的优化方案。实现"特斯拉项目审批模式"代表性做法常态化、制度化，"新奥能源项目"产业地块仅 5 天时间实现"四证联发"。

推动跨国公司地区总部、贸易型总部、民营企业总部等功能机构集聚。加快国际贸易基地、澳洲知名五金商品零售商 Total Tools 亚太分拨中心、南非 MOTUS 汽车零配件分拨中心、博逻科技跨境电商新型数字贸易基地、掌麒供应链进口奶粉分拨中心、上海市报关协会跨境贸易服务分会落户；德国宝马零配件亚洲配送中心项目、巴斯夫国际贸易项目落地。确保 2020 年 8 月底前芦潮港围网区域、小洋山岛围网区域和浦东机场南部围网区域共计 25.31 平方公里区域具备封关验收条件。开发建设洋山特殊综合保税区公共信息服务平台，拓展洋山保税港区船用备件分拨中心功能，推动国际中转集拼、跨境进出口电商业务，推动航运金融、海事法律服务、国际航运保险、航运经纪业等配套航运服务业发展。

二、临港新片区贸易发展现状及面临的问题

中央设立临港新片区是着眼于推动新一轮经济全球化，具备最大开放力度、最优开放环境、最好开放设施、最新开放制度等一系列特征。临港新片区的贸易发展存在以下问题：

（一）传统贸易监管模式不能适应新需求

目前临港新片区负面清单的项目仍然较多，已经取消配额和许可证管理的商品并未放开各种限制。如：我国仍禁止二手汽车发动机、自动变速箱、高端医疗器械等高端装备进口再制造，导致部分国内外跨国企业的亚太再制造基地无法落户。

（二）数字贸易产业尚未形成规范化体系

尽快弥补发展数字贸易产业存在短板：法律环境不够安全，头部企业参与不足，基础设施仍不完善，统计方式未统一，监管模式需要创新，人才培养任重道远，网络安全挑战巨大。

（三）跨境电商贸易流程便利化程度不高

由于监管主体不明确，跨境电商退换货难题多，涉及不同国家地区、汇率风险、清关障碍，导致成本增长，甚至给跨境电商的监管带来困难。跨境电商的法律纠纷，主要涉及商品质量的监督和维权，由于法律体系和纠纷解决机制不健全，及网络欺诈和假冒伪劣的出现，极大地损害消费者的跨境消费权益，严重影响我国跨境电商的声誉。

（四）开展国际高端服务贸易的水平有限

临港新片区在很多业务领域，如：保税航运工具融资租赁、装备供应、维修、验收、价值评估、退租、转租或转让等高端生产性服务贸易，及航运金融、海事法律服务、国际航运保险、航运经纪业等航运配套服务业等都尚未很好开展。

（五）传统的海关监管模式受到明显挑战

海关对临港新片区内企业实行电子账册监管和计算机联网管理，集拼作业实行分类稽查，口岸货物实施账册管理，虽然目前"二线"监管模式未发生系统性风险。但随着国际贸易量大幅增加，贸易创新不断涌现，临港新片区内生产生活共存现象随处可见，对海关监管手段的精准性、复杂性和科学性，以及监管装备的技术升级，智能装备的优化配置提出更新更高的要求和标准。

三、临港新片区贸易模式创新发展的相关建议

临港新片区应积极探索贸易创新、数字经济、服务贸易等数字经济产业的发展，持续提升跨境数据交易和智慧数据监管的技术装备性能，大力引进

国际先进的生产性服务业和高端航运配套服务业，打造全面提升我国开放型经济治理体系和治理能力的新引擎。现就临港新片区高质量发展提出如下建议：

（一）尽快填补国际贸易创新的法律体系真空

对照全国经济特区在法制、税制等方面的特殊政策，提请全国人大批准予以一揽子授权，加快临港新片区各项空白法律的单独立法，保障新片区各项改革创新于法有据，建立健全新片区独特的法治体系，提升和完善临港新片区治理体制和治理能力。

现行的《电子商务法》无法满足数字贸易的实际需求，对产品版权、防盗软件、源代码开放、数据流通、信息保护、数字交易、不正当竞争、保守商业秘密和数字化产品税收等行为没有详细而明确的规范要求。因此，建议尽快制定《临港新片区数据跨境流动安全评估办法和操作细则》，完善适应国际数字经济和数字贸易创新需求的国际经贸新规则。

在纠纷解决机制建设方面，引进伦敦海事仲裁，采用国际通行的英美商法作为纠纷处理原则，减少各类贸易诉讼和仲裁的不便或损失，突破现有《仲裁法》规定的"临时仲裁"尝试，探索我国仲裁发展的新路径。

（二）实施国际贸易创新的税收优惠政策

允许航空航天、新能源汽车、智能制造装备头部企业，和从事资金结算、研发、国际船舶运输等总部型跨国企业的企业所得税按 10% 征收。调整完善对外投资所得税收抵免方式，实施多种不同的综合抵免方式，只要避免利润转移和税基侵蚀，应试行适应离岸业务发展的税收优惠政策。

从境外进入围网区域的货物不征进口关税和进口环节税，围网区域内企业间的货物交易和服务免征增值税，临港新片区内产品内销免征或减征增值税。临港新片区内企业生产加工《国家鼓励进口技术和产品目录》产品，内销时免征进口关税，区内加工的增值部分免征增值税，鼓励区内企业提升附加值。在区内试行加工成本以 FOB 净价核算完税价格，推进区内加工制造产业升级。

（三）打造数字贸易和数字经济发展新地标

加快 5G 国际通信基础设施建设，提高 5G 设备覆盖范围，重点发展云服务、数字内容、数字服务与跨境电子商务等数字贸易产业。打造几家估值超过百亿美元的数字贸易龙头企业，建立数字贸易行业的企业群和"朋友圈"，加快形成数字贸易开放创新体系。积极打造上海"数字贸易国际枢纽港"，引领国际数字经济和数字贸易的方向。

中国应积极融入全球数字贸易治理体系，积极探索适用全球的数字贸易规则，参与制定跨境数字贸易的产业标准、隐私保护、数据跨境流动、知识产权保护等相关制度，将我国跨境电商的统计数据分类标准纳入统计指标体系，探索跨境数字产品税收征收规则，完善跨境电商外汇管理，建立数字贸易规则体系。

（四）建设全球高端服务贸易的配套产业

加快建设全球奢侈品集散基地，允许特殊综合保税区开设真正意义的免税店。吸引全球消费者前来购买奢侈品，允许使用人民币结算，实现外汇不外流。外籍人士或外籍船员在新片区商务旅行，享受 6 天免签入境。放宽国际航行船舶的保税燃油加注、生活物资补给、船舶零件维修、保养和更换的供应限制；扩大保税服务贸易的交易规模；降低外商独资国际船舶管理企业的设立门槛；简化国际船舶运输经营许可流程；推出有吸引力的船籍登记制度并给予税费优惠。

批准临港新片区内企业直接免税向境外企业提供贷款等收费金融和保险等跨境服务试点。尽快批准保税航运工具融资租赁、装备供应、维修、验收、价值评估、退租、转租或转让等高端生产性服务贸易，及航运金融、海事法律服务、国际航运保险、航运经纪业和第五航权航线安排等航运配套服务，为生产型服务贸易的长远发展奠定坚实基础。

（五）构建全要素多层次智慧海关监管体系

智慧海关监管是系统工程要注重顶层设计，应尽快建立多层次全要素完整的数据系统监管链和终端设备链的监管技术总体架构。由政府牵头建设智慧监管的大数据平台，制定联动处置应急预案，稳步推进智慧海关监管体系。

利用智能语义识别网络信息，用区块链技术破解数据监管难题，加快货物审查放行。建立 GIS 全息 3D 模型和无人机立体空间巡视可视化，运用射频识别仓库货物，智能安全锁全时空监管集装箱，实现群智物联网对流动要素的精细化监管，采用智能传感监控危险品运输，智能视频识别感知人员流动。全面采用电子围网、新型人体安检仪、车辆快检与智能卡口系统等智能装备，实现临港新片区全边界智慧海关监管体系。

（六）积极拓展国际航行船舶的船供服务贸易

国际航行船舶提供保税燃油加注，带动船舶保税生活物资补给、船舶零部件保养、供应、维修，及保税燃油期货交割等高端周边产业发展。同步享受 2020 年 1 月 22 日，财政部、税务总局、海关总署联合发布《关于对国际航行船舶加注燃料油实行出口退税政策的公告》的政策优惠，开展国际航行船舶保税船供燃油供应和加注的服务贸易。

1. 我国船供燃油市场规模潜力巨大。过去我国燃油含关税、增值税、消费税等，价格比国际油价高，几乎所有的国际航行船舶都去新加坡和中国香港等地加注燃油，当前我国内地保税船供油量大约 1 200 万吨，新加坡接近 5 000 万吨。

2. 我国船供燃油调和质量可控性好。新加坡从全球各地采购原料，质量参差不齐，增加不兼容的风险。而我国中石油、中石化等一体化炼油系统，整合油品资源调和可控性高，成品燃油质量更高。

3. 我国船供燃油炼厂低硫油产能高。我国炼厂低硫油产能比新加坡高，利用国际原油期货和现货交易中心的有利优势，吸引国际航行船舶来临港新片区加注燃油，大力发展保税船供燃油及周边相关产业的发展。

关于推动临港新片区信息快捷联通的建议

核心建议

1. 构建数据跨境安全有序流动的顶层设计。一是全面梳理数据跨境突破现行规制的一批问题，提交国家综合授权；二是界定"重要数据"范围，建立行业数据分级分类制度；三是制定临港新片区行业数据出境负面清单制；四是建立健全突发事件应急处置机制。

2. 加快建设国际互联网交换中心等国际通信设施。在临港新片区建设国际互联网交换中心，提升新片区城域网的节点层级，该中心作为互联网重要基础设施独立运营。

3. 构建临港新片区数据自由港和数据海关等功能区域。包括形成数据跨境流动自由特区、探索建设国际数据中心枢纽、开放国际数据中心业务经营；数据海关以跨部门和平台化的方式，建立自动化监管流程，对跨境数据流动活动进行实时的风险评估和梯度管理。

4. 推动制定数据跨境流动的国际管理规则。一是建立白名单机制，与相关国家构建共同的跨境数据流动机制；二是探索 WTO 规则框架下的跨境服务监管体系。

5. 建立行业的数据保护自律机制，以企业促行业加强与国内外监管机构的合作。发挥产业界优势，鼓励龙头企业积极探索跨境数据流动的实践，利用市场化机制提升跨境流动管理效率。共同研究行业级的跨境数据流动安全管理规范，在集成电路、人工智能、生物医药、总部经济、云服务等领域率先推动行业跨境数据流动标准出台。

正文

在上海自由贸易试验区临港新片区内实现国际互联网数据跨境安全有序的流动战略意义重大。当前，临港新片区在发展跨境数据流动等信息快捷联通的过程中存在诸多难点、痛点问题，这将影响更具国际市场影响力和竞争力的特殊经济功能区建设，阻碍临港新片区相关产业的发展。为此，本课题组从我国及现行自贸区跨境数据流动现状调研和问题分析着手，研究了美国、欧盟、日本和俄罗斯等国家和地区跨境数据流动的实施、政策及其经验教训，提出了临港新片区信息快捷联通体系建设的对策建议。

一、临港新片区跨境数据流动所面临的问题

临港新片区"信息快捷联通"的核心是"国际互联网数据跨境安全有序流动"。所谓数据跨境流动广义上可以定义为数据在国家之间的电子移动。根据数据承载内容不同，数据可以分为个人数据、商业数据、技术数据和组织（公共）数据。归纳各国对数据跨境流动的定义，其共同特征在于：其一，数据必须具有可识别性，能够被存储、处理；其二，数据流动范围突破了传统意义层面的地理国界，在不同国家或地区间流动。

当前临港新片区在跨境数据流动方面受制于以下四类问题。

（一）关键国际通信设施的建设

跨境数据要求建设关键的国际通信设施，如国际互联网数据专用通道、提升临港新片区城域网的节点层级等，我国目前的互联网是通过三家电信运营商进行数据交换并通过国家互联网出口实现跨境数据交换，针对如视频会议、远程医疗、工业控制、协同创新等跨境实时应用存在丢包率高、时延长等技术缺陷，制约了临港新片区中外企业跨境业务及生产和研发创新等活动的开展。

（二）各行业在信息快捷联通方面遇到瓶颈

经过调研发现，跨境数据的流动涉及传输、技术、法律、安全和政策等诸方面的问题，归纳如下：一是数据跨境流动通信设施的制约。目前的跨境通信方式的选择、带宽、质量和成本等制约其业务活动的开展。二是数据跨境流动的管制限制。数据信息跨境传输，涉及不同国家或地区，在法律适用和管辖权等诸多方面存在不确定性，数据存在出不去和进不来的困境。三是对临港新片区建设的不利影响。由于数据跨境流动带来的相关问题、将对临港新片区在吸引国际、国内一流企业、人才和投资等方面带来负面影响。

（三）数据保护体系制度与现行法规的制约

重要数据保护和个人数据的体系制度设计与法律法规建设存在制约。跨境数据流动的发展可能涉及国家安全与公共安全，也将个人的隐私置于网络空间中，容易导致个人权利受到侵害。此外还包括在临港新片区工作和生活的特定人群的跨境通信等，需要解决现行的《网络安全法》等信息安全框架下的适用范围及其与之相关的政策法规落地，否则针对跨境数据流动的规制条款难以真正实施。

（四）国际政治格局对我国跨境数据流动的阻碍

从地缘政治层面来看，通过"斯诺登事件"推动了各国将数据跨境流动纳入政治议题，与国家安全、网络安全和隐私保护等政策紧密挂钩，加剧了各国政府在网络空间的战略博弈与数据资源争夺。网络领域的国家安全对国际贸易体系规则产生不利影响：如数据本地化政策、网络安全审查，以及自主可控等理念在全球范围开始蔓延；如境外国家以"国家安全"关切为核心的"重要敏感数据"也成为跨境流动限制重心。

二、全球主要国家应对跨境数据流动的经验借鉴

数据资源在当今世界的诸多领域地位日益凸显，数据跨境流动带来的风险不断增强，从世界范围看不同国家和国际组织对跨境数据流动都进行了一

定的限制，对跨境数据流动的限制或保护力度有差异，在建立健全相应的法律、应对政策和机制时会根据国情选择不同的规制路径。

（一）限制数据跨境传输的国际规制差异

目前在国际上存在几种主流的规制模式，反映了近年来世界范围内对跨境数据流动中数据储存在本国境内的限制保护情况。

数据本地化要求	国家（地区）
【强制要求】明确要求数据必须储存在境内服务器上	文莱、中国大陆、印度尼西亚、尼日利亚、俄罗斯、越南
【事实要求】相关法律对数据传输的要求相当于数据本地化	欧盟
【部分要求】诸多措施要求在跨境传输前征得数据主体的同意	白俄罗斯、印度、哈萨克斯坦、马来西亚、韩国
【轻微要求】在某些条件下限制跨境传输	阿根廷、巴西、哥伦比亚、秘鲁、乌拉圭
【领域要求】仅在特定领域如医疗、电信、金融及国家安全领域限制	澳大利亚、加拿大、新西兰、中国台湾、土耳其、委内瑞拉
【暂无规定】没有已知的数据本地化法律要求，有重要技术数据出口和外国投资限制	美国等其他国家

目前虽然不是所有国家都要求所有的数据都本地化存储，但是基本上都对某一类数据有本地化的要求，综合各类有代表性的观点，随着时间的推移越来越多的国家和地区将采取数据本地化或管制数据跨境流动的政策。

（二）主要国家的跨境数据流动规制分析

1. 美国——以维护产业竞争优势为主旨，构建数据跨境流动与限制政策。

（1）美国在信息通信产业和数字经济上具有全球领先优势，这一点是其主导全球跨境数据流向的前提，同时主张个人数据跨境自由流动，利用数字产业全球领导优势主导数据流向。

（2）通过限制重要技术数据出口和特定数据领域的外国投资，遏制战略竞争对手发展，确保美国在科技领域的全球领导地位。

（3）制定受控非秘信息清单，界定"重要数据"范围。

（4）通过"长臂管辖"扩大国内法域外适用的范围，以满足新形势下跨境调取数据的执法需要。

2. 欧盟——统一规则实施欧盟数字化单一市场战略，以数据保护高标准引导全球重建数据保护规则体系。

（1）通过《数字化单一市场战略》《一般数据保护条例》和《非个人数据在欧盟境内自由流动框架条例》，分别消除欧盟境内数据自由流动障碍、成员国数据保护规则的差异性、各成员国的数据本地化要求，实施欧盟数字化单一市场战略。

（2）通过"充分性认定"确定数据跨境自由流动白名单国家，推广欧盟数据保护立法的全球影响力。

（3）在遵守适当保障措施的条件下，提供多样化的个人数据跨境流动方式。

（4）积极推进犯罪数据的境外调取。

3. 日本——同时与欧盟、APEC 等机制对接，积极推动构建跨境数据自由流动规则。

（1）日本国内立法形式上参考欧盟，但通过弹性化解释推动数据跨境自由流动。

（2）积极参与多边和双边数据跨境协定谈判，推动数据跨境自由流动规则的构建。

4. 俄罗斯——通过数据本地化政策要求数据回流，以保护主义政策推动数字经济发展。

（1）数据本地化政策主要基于经济动机和执法动机。

（2）划定数据自由流动范围，允许自由流向"108 号公约"（《关于个人数据自动处理方面保护个人公约》）缔约国和白名单国家。

三、探索临港新片区信息快捷联通体系建设对策建议

临港新片区实现"信息快捷联通"的具体要求为：一是实施国际互联网

数据跨境安全有序流动。建设完备的国际通信设施，加快 5G、IPv6、云计算、物联网、车联网等新一代信息基础设施建设，提升临港新片区内宽带接入能力、网络服务质量和应用水平，构建安全便利的国际互联网数据专用通道。二是支持临港新片区聚焦集成电路、人工智能、生物医药、总部经济等关键领域，试点开展数据跨境流动的安全评估，建立数据保护能力认证、数据流通备份审查、跨境数据流通和交易风险评估等数据安全管理机制。三是开展国际合作规则试点，加大对专利、版权、企业商业秘密等权利及数据的保护力度，主动参与引领全球数字经济交流合作。

我国现有跨境数据流动管理政策总体是出于国家安全、执法便利等考虑，临港新片区要从建立一个安全、开放、透明且可操作的跨境数据流动体系，从新体系、新机制和新路径等方面积极探索跨境数据流动的中国方案。为此，提出以下对策建议。

（一）构建数据跨境安全有序流动的顶层设计

数据跨境传输需求与数据保护或限制的平衡是顶层设计和政策制定的核心内容，构建涉及数据主权、隐私保护、法律适用与管辖和国际贸易规则的数据跨境安全有序流动的制度体系，建立数据保护能力认证、数据流通备份审查、跨境数据流通和交易风险评估等数据安全管理机制。为此，临港新片区选择重点领域，试点开展数据跨境流动，并建立完整的数据安全管理机制，对促进数字经济的发展，合理把握数据流动与信息安全的关系，具有重要的探索意义。

1. 全面梳理数据跨境突破现行规制的一批问题，提交国家综合授权

我国目前尚没有一部专门规制数据跨境传输的法律，有关数据跨境传输的规定散见于《网络安全法》《保守国家秘密法》《国家安全法》《档案法》《出入境管理法》《刑法》等，以及《数据出境安全评估指南》国家标准。对数据跨境传输进行界定尚不清晰，对数据跨境传输的规制未系统化，数据保护的片面性较强。建议临港新片区由专门机构牵头，各相关部门协同参与，梳理出在信息数据跨境传输方面深层次、突破现行的网络安全和数据安全管理规

制的一批问题，试点制定完善数据跨境传输、利用、保护和流转等方面规则体系，提交国家综合授权和支持的事项。在顶层设计和法治基石上确立跨境数据流动管理的基本原则和制度，保障临港新片区建立有国际影响力的标准体系和运行机制，为我国在全球开展互认的数据跨境流动规则奠定基础。

2. 界定"重要数据"范围，建立行业数据分级分类制度

制定在能源、电力、制造、通信、金融和交通等重点行业数据出境使用规范和安全保障，涉及国家各部委统筹的事项，可通过建立相关工作机制联合制定相应监管政策和措施，保证跨境数据流动的合法性、正当性和必要性。

3. 制定临港新片区行业数据出境负面清单制

划定关系国家安全、网络安全的和用户隐私"红线"，形成管控数据列表、廓清限制流动的数据范围，明确监管部门、行业主管部门和企业等的责任和义务，授权临港新片区监管机构建立数据跨境流动安全协议限制和跨境数据流动风险评估机制等配套监管制度，构建涵盖数据生产者、使用者等主体权责分明的安全责任体系。

4. 建立健全突发事件应急处置机制

应用大数据、人工智能和区块链等新一代信息技术对跨境数据流动可知可控的监管能力，如在现有的"临港新片区一体化信息管理服务平台"的升级版扩展相关功能，创新监管方式，实现数据实时监管和风险监测，并建立动态预警结合、联防联控协同联动和突发事件应急处置机制，避免发生系统性风险。

（二）加快建设国际互联网交换中心等国际通信设施

我国目前的互联网是通过三家电信运营商进行数据交换并通过国家互联网出口实现跨境数据交换，存在丢包率高和时延长等技术缺陷，而互联网交换中心是国际主流的流量交换模式，具有"一点接入、多方互通"的特点，数据交换将不再通过运营商绕转，直接实现网间互联互通，是未来发展的趋势。

临港新片区建设国际互联网交换中心，提升临港新片区城域网的节点层

级，该中心作为互联网重要基础设施独立运营。通过该中心与我国国际互联网出入口之间建立起专门的直联链路，既避免或减少了公网业务与企业国际访问争夺带宽资源，又减少了企业国际访问在国内的绕转和层层汇聚，是疏通企业国际互联网业务需求，提升企业国际通信质量的重要手段。

（三）构建临港数据自由港和数据海关等功能区域

在临港新片区建立国际数据自由港形成数据跨境流动自由特区，探索建设国际数据中心枢纽作为各国各地区数据监管认可的中立机构，以跨国数据流作为服务对象。同时，开放国际数据中心业务经营，开展国际数据业务服务、可控的互联网内容业务、IDC业务和呼叫中心业务。配套建设开放、透明且可操作的跨境数据流动监管体系，从技术和政策等方面完善跨境数据流动的解决方案，通过探索监管经验，实现开放水平与监管能力的匹配。

数据海关以跨部门和平台化的方式开展工作，根据数据分类分级监管体系，并充分运用大数据、人工智能等技术手段建立自动化监管流程，对跨境数据流动进行实时的风险评估和梯度管理。

（四）推动制定数据跨境流动的国际管理规则

1.建立白名单机制，与相关国家构建共同的跨境数据流动机制

通过经济、法律、技术、管理化和国际规则等多种手段，建立健全数据跨境取证、域外管辖等国际协调机制，如建立白名单机制，根据信息保护状况及对等措施，将部分地区纳入可自由流动的国家与地区，与这些国家构建共同的跨境数据流动机制。由于短期内各国无法形成相互协调的数据流动规则和政策体系，因此数据跨境流动政策将深度嵌入双/多边的贸易投资谈判，形成多样和灵活的不同解决方案，降低规则差异给跨境数据流动管理带来的风险和成本。如与欧盟、俄罗斯、韩国、日本和印度等实施跨境流动限制国家或地区的沟通与合作，争取这些国家的支持。

2.探索WTO规则框架下的跨境服务监管体系

我国在部分领域实施跨境数据流动的限制，其他国家会提出这种限制与WTO承诺不符的质疑。建议探索制定WTO规则框架下的跨境服务管理规

则，在确保安全的前提下降低壁垒，引导境外企业在境内开展服务。

（五）建立行业的数据保护的自律机制，以企业促行业加强与国内外监管机构的合作

发挥产业界优势，鼓励龙头企业积极探索跨境数据流动的实践，利用市场化机制提升跨境流动管理效率。共同研究行业级的跨境数据流动安全管理规范，在集成电路、人工智能、生物医药、总部经济、云服务等领域率先推动行业跨境数据流动标准出台，比如借鉴欧盟 GDPR 条款，企业设置数据安全官，负责与监管部门的对接，通过第三方机构实施数据跨境流动认证评估，以此带动整个行业的数据保护和数据流动，并推动我国的行业标准成为国际或区域性的标准。

关于促进上海自贸区临港新片区高质量发展，推动长三角一体化的研究

核心建议

1. 借助临港新片区聚焦高端制造与高能级生产性服务业的契机，引领长三角产业协同发展。打造以上海，尤其是临港新片区为引领的"多极均衡"科技创新空间格局，建设具有较高关联度的制造业产业链。

2. 借助临港新片区打造金融开放创新新高地的契机，加快推进长三角地区金融领域协同改革和创新。探索普惠金融、反洗钱、智慧风控、等领域的应用，探索数字货币研究与移动支付等创新应用。加大长三角科技创新和G60科创走廊建设的金融支持。先行先试外汇管理改革措施并适时在长三角其他地区复制推广。依托临港新片区建设上海国际绿色金融中心。探索建立长三角地区联合防范金融风险机制。

3. 借助临港新片区探索数据开放及自由流动的契机，共同建设长三角一体化数据中心与市场主体信用体系。探索制定长三角区域数据共享目录、统一数据标准，建立共享交换平台和一体化数据库。统筹规划统一的长三角区域市场主体信用体系共享平台。

正文

上海自由贸易试验区临港新片区，是对标国际最高标准和最好水平，打

造具有国际影响力和竞争力的自由贸易园区。在长三角一体化上升为国家重大战略背景下,临港新片区的诞生不仅是上海发展的机遇,更是长三角一体化发展的机遇。一方面,根据《整体方案》要求,上海临港新片区要主动服务和融入长三角一体化建设,在长三角新一轮对外开放进程中,加强与长三角协同创新发展,放大辐射带动效应,使长三角成为我国经济最具活力、开放程度最高、创新能力最强的区域。另一方面,江苏、浙江、安徽理应紧抓这一历史性新机遇,主动对接上海临港新片区建设,不做旁观者,而做参与者,借助新片区这一制度创新的平台载体,吸引、集聚和整合全球高端生产要素和创新资源,在高质量对外开放和区域协调发展中实现经济产业转型升级和全球价值链的攀升。

一、三大原则

在服务和融入长三角一体化发展战略方面,临港新片区建设应突出"三大原则":

(一)实现有机衔接

长三角是我国经济发展最活跃、开放程度最高、创新能力最强的区域之一,在全国经济中具有举足轻重的地位。这次临港新片区的总体方案制定过程中,商务部、上海市政府会同有关部门,深入学习贯彻中央关于长三角一体化发展的战略部署,从指导思想、试点内容、推进实施等多方面做好总体方案与长三角一体化发展规划纲要的有机衔接。

(二)突出协同创新

在临港新片区试点过程中,将实现与长三角地区相互联动、协同发展,因此在建设具有国际市场竞争力的开放型产业体系方面,总体方案明确,支持境内外投资者在新片区设立联合创新专项资金,允许相关资金在长三角地区自由使用;总体方案还支持境内投资者在境外发起的私募基金,参与新片区创新型科技企业的融资,凡符合条件的可在长三角地区投资等。

（三）强化带动引领

在长三角新一轮改革开放进程中，临港新片区要发挥带动和引领作用。总体方案明确，支持临港新片区优势产业向长三角地区拓展形成产业集群；定期总结评估新片区在投资管理、贸易监管、金融开放、人才流动等方面的制度经验，制定推广清单，有序推广实施；加强新片区与海关特殊监管区域、经济技术开发区联动，放大辐射带动效应。所以，这次临港新片区的总体方案特别强调服务和融入长三角发展战略。

二、六大途径

课题组基于调研认为，临港新片区与长三角一体化联动，可通过以下"六大途径"全面展开：

一是战略理念的联动。长三角一体化高质量发展与临港新片区建设的理念是相通的。因此，长三角新一轮开放需要适应新形势、把握新特点，率先转向规则等制度型开放，主动对标临港新片区高水平贸易投资规则，通过法制、税制和管制三大制度创新，大力提升贸易便利化水平，全面改善外资投资环境，完善对外投资事中事后监管体系建设，强化知识产权保护，打造开放层次更高、营商环境更优、辐射作用更强的开放新高地。

二是交通设施的联动。江苏、浙江、安徽三省可注重从空间规划、交通联络、港口发展等方面加强同上海的沟通与协调。例如，建设中的沪通铁路将于2020年通车，沪通铁路一期连接苏中、苏北和上海，二期连接上海临港新片区，建成后有利于加强上海临港对江苏的辐射功能，使江苏沿海大开发进入快车道。临港地区南接全球最大的集装箱码头——洋山深水港，将太仓港、南通港融入未来上海自贸港组合港建设方案，以多式联运为突破口，努力打造长三角全球领先的国际综合枢纽港口群。

三是产业项目的联动。世界级先进产业集群不是一个封闭的产业组织，而是一个具有强大包容性的开放系统，其发展超越了传统的地理边界和行政边界。在长三角"三省一市"中,江苏能够与临港新片区协同打造世界级的先进制造业集群:江苏 2018 年提出要重点培育 13 个先进制造业集群,其中,集成电路、人工智能、生物医药都是临港新片区聚焦的重点产业。作为全国制造业大省,江苏制造业集聚、集群化发展具备一定基础,下一步可依托上海自贸区特殊经济功能区的政策优势,强化产业协作和内引外联,共同打造以人工智能、集成电路、大数据为代表的世界级数字经济产业集群。

四是资本金融的联动。临港新片区拥有投融资贸易自由化的优先政策,有更多资金入境和出境的政策优势。总体方案明确,支持境内外投资者在新片区设立联合创新专项资金,允许相关资金在长三角地区自由使用;境内投资者在境外发起的私募基金,参与新片区创新型科技企业的融资,凡符合条件的可在长三角地区投资等。江苏、浙江和安徽科创企业可利用这一政策优势,引进海外风险资本,实现金融资本、产业资本和创新科技的有效对接,提升科技成果转化效率,长三角金融企业也可成立长三角天使投资、风险投资、私募基金到德国、爱尔兰、以色列等国参与科技孵化器的投资,从海外引进风险投资的先进理念。

五是人才技术的联动。长三角的高质量开放,离不开良好的引才引智政策。应进一步复制推广上海外籍人才工作经验,积极争取在长三角地区先行先试区域一体化的人才政策,在集成电路、人工智能、生物医药等重点领域,逐步推进高级专业技术人才和高技能人才的资格、职称互认,为区域高层次人才合理流动创造条件。

六是"示范区"和"新片区"联动。长三角生态绿色一体化发展示范区和上海自由贸易试验区临港新片区的总体方案已经公布实施。示范区率先探索将生态优势转化为经济社会发展优势、从项目协同走向区域一体化制度创新,示范引领长三角一体化发展。新片区以投资自由、贸易自由、资金自由、运输自由、人员从业自由等为重点,打造与国际通行规则相衔接、更具国际市场影响力和竞争力的特殊经济功能区,引领长三角新一轮改革开放。

三、重点领域

围绕临港新片区在产业引领、金融创新、数字经济方面的主要发展方向，课题组认为新片区可在以下重点领域有所作为，推动长三角一体化发展：

（一）借助临港新片区聚焦高端制造与高能级生产性服务业的契机，引领长三角产业协同发展

首先，以临港新片区为引领强化创新链，培育长三角增长新动能。新片区应充分发挥科技资源优势，形成区域自主创新能力的源头，同时利用好江苏的制造集群优势，浙江的市场驱动自主创新生态，安徽的梯度转移优势，形成依靠自主创新引领区域经济发展的新路径。打造以上海，尤其是临港新片区为引领的"多极均衡"科技创新空间格局，建设具有较高关联度的制造业产业链，形成丰富和完整的生产性服务业网络形态，建立覆盖传统工业品、设备和新兴制造等完整的供应链体系。

第二，以临港新片区为引领优化产业链，有效配置长三角产业要素。现阶段长三角城市群的新兴制造业态进入从技术研发到产业化的深化阶段，上海张江、苏南、杭州、合芜蚌四大国家自主创新示范区为核心载体，一批龙头企业通过联合技术开发、投资和服务配套的跨区合作，实现了上海的研发投入端和江苏、浙江与安徽的生产和配套链结合的价值链建设，构成以上海为龙头，南京、杭州、合肥为核心，苏州、无锡等地级市为节点与平台支撑，层次结构均衡的长三角创新型城市网络体系，长三角地区内的创新型城市分工格局初步形成。根据现有的制造业内新技术与新模式的业态发展，长三角的产业政策需要进一步聚焦重点领域、重点环节，选择重点突破的产业链环节，培育一批高成长性本土企业，提升战略性新兴产业关键资源的控制力和安全度。

第三，以临港新片区为引领提升价值链，推动长三角"制造—服务"深度融合。长三角地区实现价值链升级，需要区域内进一步的产业协同，需要发挥上海高端服务业的优势，而新片区在人才集聚和生产要素市场配置上具有高地和枢纽功能。伴随着江苏、浙江的产业升级和结构优化，相关地区的工业园区迅速形成制造业生产配套能力，与上海的一批"头部"企业构成总部与生产基地的关系，相关地区以相对低廉的劳动力成本和完整的中间品开发能力形成长三角新兴制造的"腹地"，支撑上海的研发、流动、行销和出口等"总部功能"，从而推动整个长三角地区制造价值链效率的整体提升。

（二）借助临港新片区打造金融开放创新新高地的契机，加快推进长三角地区金融领域协同改革和创新

首先，构建金融科技供应链体系。发挥长三角大数据、人工智能、云计算和区块链技术等优势，在临港新片区率先探索普惠金融、反洗钱、智慧风控、智能运营、供应链金融等领域的应用，探索数字货币研究与移动支付等创新应用，不断丰富金融科技应用场景，为区域经济社会一体化提供金融保障。同时，通过不断升级长三角区域协同金融产业服务平台，打造世界级数字经济金融产业集群；通过人货场等数字要素的重构，实现商品产地和目标市场低库存、低成本、高效率的直接对接；以5G、人工智能、大数据等核心产业为依托，利用电商平台、大数据核心技术与长三角制造网络等既有优势，通过数据双向传导，将新零售、新制造与数字金融通过智能骨干网进行全链接闭环，打造世界领先的金融等服务制造业网络，推动数字经济不断向智能化升级。

第二，加大长三角科技创新和G60科创走廊建设的金融支持。建议在临港新片区，由"三省一市"政府和民间资本共同发起设立定位准确、治理结构清晰、资本实力强大的科技专业银行。将长三角各地的股权交易中心挂牌企业的地域范围扩大到长三角地区全域，建立科创板与长三角地区股权交易中心的转板机制，或由各地股权交易中心向上交所推荐优质科创企业上市。支持长三角地区联合成立科创产业发展基金，加强长三角地区创业投资行业的联动发展。创设债券市场"科创板"和"一带一路板"。

第三，深化长三角地区外汇管理改革。建议在临港新片区先行先试部分外汇管理改革措施并适时在长三角其他地区复制推广。例如，企业办理经常和资本项目外汇收支时，除资金流向负面清单以外，由银行对交易单证的真实性及其与外汇收支的一致性进行合理审查；上年度本外币国际收支规模超过 5 000 万美元跨国公司总部型企业可开展跨国公司跨境资金集中运营；符合条件的民营小微企业办理小额资本项目收支时，银行无需事前、逐笔提交交易真实性证明材料；企业借入外债由银行进行合规性审核，无需到外汇局逐笔办理外债（变更）登记等。

第四，依托临港新片区建设上海国际绿色金融中心，服务长三角生态绿色一体化发展示范区发展。依托绿色技术银行、上海证券交易所和上海环境能源交易所三大平台机构推进临港新片区国际绿色金融机构集聚；允许国内机构在临港新片区面向国际投资者发行绿色金融债券；结合临港新片区上海绿色国际金融中心建设的特点，在临港新片区设立政策性的绿色银行；在临港新片区成立"一带一路"主题碳基金，投资"一带一路"建设中符合中国碳市场原则性规定的减排项目，让这些项目进入中国碳市场；由临港新片区联合绿色技术银行建立"一带一路"国别推荐技术清单；依托上海证券交易所、上海环境能源交易所和在沪主要金融机构，联合长江经济带覆盖的 11 个省（市）金融机构，发起设立绿色金融服务长江经济带战略联盟。

第五，建立长三角地区联合防范金融风险机制。搭建长三角金融风险信息共享平台，地方政府、金融监管部门通过平台实现各类金融风险信息的报送和共享；建立重大金融风险报告制度，交流金融风险处置经验；建立统一的风险监测评估、排查、会商制度。对长三角金融稳定状况进行分析评估，共享长三角地区年度金融稳定指数编撰方法及走势变动。加强金融风险的联防联控，互相通报苗头性事件和已发现的金融风险；对跨区经营的互联网金融机构开展联合整治；针对域外股东投资参股金融机构、跨区域的交叉性金融业务、非法集资等重点领域强化协作监管。

（三）借助临港新片区探索数据开放及自由流动的契机，共同建设长三角一体化数据中心与市场主体信用体系

一方面，探索制定长三角区域数据共享目录、统一数据标准，建立共享交换平台和一体化数据库，充分利用"三省一市"现有的大数据中心和数据共享交换基础，逐步建成"逻辑统一、物理分解、共享共用"的长三角数据中心，集成区域内的人才、科技、创新、市场、金融、生态等要素信息，为启动生产要素的跨域区流动提供信息支撑，消除信息不对称，实现生产力提升。

另一方面，统筹规划统一的长三角区域市场主体信用体系共享平台，探索建立长三角企业和重大项目的信息共享机制，推进沪苏浙皖三省一市区域内市场监管部门与其他政府部门间的涉企信息共享，有效归集和整理国家企业信用信息公示系统、省市场监管信息平台、市公共信用信息平台内的涉企信用信息，对企业及政府的失信行为进行双向监督。建立统一授信、失信行为认定标准及政策措施的互认机制，加强信用联合惩戒领域合作力度，商标评审、政府招投标等，要对有严重失信行为的企业实行一票否决，压缩失信企业的生存空间，营造诚信经营的商业环境。

关于促进上海自贸区临港新片区高质量
发展风险防范的研究

核心建议

1. 明确离岸区法域适用中国法规管辖。一是明确离岸法属于中国法，其性质为离岸区基本法；二是明确离岸法律与香港、澳门、台湾地区的法律相互独立；三是通过更严格的保密措施、更低的税率来吸引外资落户新片区。

2. 为新片区 OFCs 设立多重标准管辖解释权。对来自我国大陆法域、港澳台地区的资金流出到临港新片区 OFCs，其他国家资金流入到临港新片区 OFCs，以及最终受益者为与我国有贸易摩擦的国家或地区四种情况，分别设立四重标准管辖解释权。

3. 设定资本担保，强化国土安全监管。在选定离岸贸易区后，对于进出离岸贸易区的人员、货物、船只等仍需受到我国海关、检验检疫在国土安全方面的监管，且不宜过多甚至在条件尚未成熟的情况下仓促设立仓储区。

4. 配合国际组织设立协同防控机制，防范洗钱等犯罪行为。根据国际原则，评估相关监管体系是否符合国际标准，并评估反洗钱措施和反恐怖主义融资机制的有效性。

5. 建立受益所有人信息报送监管系统，在临港新片区首先推出受益所有人信息报送监管系统共享的试点工作。该项工作与客户开立基本户时，基本户银行需在将客户基本信息录入人行账户系统的模式类似。

6. 针对银行设立专项监管。在离岸金融中心采用适当的监管和监督标准。定期对临港新片区离岸金融中心所采用的交易监测标准进行评估，以确保这些标准是充分的。

7. 管控知识产权风险。一方面要明确海关对临港新片区法域的管辖权。另一方面要设立针对知识产权的争端解决机构与一站式服务运营中心。

正文

2019 年 9 月，临港新片区发布《临港新片区支持金融业创新发展的若干措施》指出，临港新片区将加大金融改革开放先行先试力度，对标国际最高标准、最好水平，把临港新片区打造成为我国新时代金融开放创新的新高地。随后上海自贸区也正式开启"离岸贸易"。管控自由贸易、离岸贸易中的金融、知识产权以及刑事等风险，有利于推动临港新片区、上海乃至全国经济的高质量发展，推动经济发展质量变革、效率变革、动力变革，有利于加大开放型经济的风险压力测试，打造更具国际市场影响力和竞争力的特殊经济功能区，主动服务和融入国家重大战略，更好服务对外开放总体战略布局。

现阶段，临港新片区高质量发展过程中，主要存在以下问题与风险：

一、市场与贸易风险

（一）投资安全与合规风险

投资风险包括外商投资与境外投资。在外商投资的过程中，若进一步开放离岸贸易，许多新型企业形式无疑将给国家安全带来新的考验，如在交通产业中通过隔离单元公司形式投资金融，以目前的标准无法穿透并实际掌控，可能给我国金融市场带来的风险；又如基金的投资后项目管理手段相对单一，仅通过被投资企业提供的报表作为投后管理资料，导致对被投资企业风险识别不充分或识别滞后，影响基金管理层决策。

在美国长臂管辖原则下，我国境外投资企业的回程投资将受到在美国更严但在我国更弱的监控和监管，由于离岸贸易新增了多个连接点（节点），我国的境外投资企业也将更易被美国以国家安全为名受到调查、起诉。

（二）国内市场存在因外资企业过度扩张而遭受破坏、占领乃至崩坏的风险

1. 货运代理行业可能被外国企业垄断。废止《外商投资国际货物运输代理企业管理办法》之后已出现外国大型运输企业在我国货代市场过度扩张，乃至垄断等情况；不仅如此，若持续大力开放、推进离岸贸易，这些外国企业将更为便利，乃至肆无忌惮地在离岸区域设立企业，将资金涌入我国内地，在纳税优惠以及我国货代行业保证金费用水平已然不高的背景下，对我国货代市场将造成不可预估的严重冲击。

2. 我国的沿海航运业存在被国外大型公司占领的风险。目前，我国对于外商投资国际海运的做法已全面放开，但若进一步推进、开放离岸贸易，外商将更为方便且更低成本地在我国离岸区开立公司，彼时大量外籍船舶将正当地停靠我国沿海港口，挤占港口运输与仓储资源、造成拥堵；还可能进一步压榨码头资源，涌现大量货主码头，公共码头的运作效率将大大降低。

二、金融与监管风险

（一）存在利用海关监督漏洞、程序不透明、信息不完善，洗钱、资助恐怖主义的金融风险

1. 临港新片区与国内其他地区适用不同反洗钱反恐融资条例。在新片区的一些跨境企业可能脱离国内的传统金融部门的管辖范围，不受国内法律和监管框架的管控，新片区内跨境大额资金交易反洗钱规则急需完善。新片区金融系统及法规条例具有相对独立性和不完备性，为新片区金融风险防控带来较大隐患。

2. 海关管制条例不明确，存在利用临港新片区系统商业欺诈的风险。海关现有干预力度仍有所不足，交易管控较为宽松，将直接导致资金监控过程的断链，新片区的许可程序和资金流动监督的实际效果仍需提高。管制新片区条例的不明确，也给海关管制过程中的权力实施和职能履行带来不便。

3. 公司隐藏真实受益人。临港新片区的公司设立体系与其他地区有所不同，公司设立往往不需要提供完整的所有权信息。因此，公司可能隐藏真正的受益人，降低商业交易和资金流通的透明度。内外有别的公司设立体系使对公司进行洗钱、逃税等犯罪活动调查产生阻碍，给执法带来困难。借助这一漏洞建立空壳公司，也可能产生发票造假，虚拟货物流通，交易查明难度上升的问题。

（二）长期资本流动带来负面影响，投机与套利风险丛生

长期资本流动的负面影响主要在于损己利人，不仅易导致本国资本过度外溢，财政紧张进而影响金融市场稳定，而且间接地将本国技术、管理等先进因素传导至国外，培养了国外市场。因此，过度扩张或收缩流动性均不利于国家经济安全。

此外，外在政策会在不经意间给投机与套利披上外衣。投机者往往认为，在新政策区域注册公司，即便没有实体机构经营，其价值也比其他地方的公司价值高，从而仅仅转让公司名称就可以盈利。再加上对非金融类企业简化企业申请程序（并鼓励扩张）的前期最低资本金要求已经放松或取消，套利机会将会大量出现并被利用。

（三）税务规划越发激进，离岸金融从业人员的道德风险较大

根据联合国贸发会议的报告，2015 年，全世界范围内从事离岸业务的公司通过向离岸金融中心和避税港转移 2 210 亿美元来避税，而 2014 年为 2 330 亿美元。国家边界逐渐模糊，高层管理者对股东负有诚信义务，但鉴于要为股东实现利润最大化，因此道德问题可能变成次要问题，乃至被忽视甚至无视。

三、知识产权风险

2017 年 1 月至 2019 年 8 月，浦东新区人民法院共受理各类临港新片区涉自贸案件 2 202 件，浦东新区人民法院受理的临港新片区内知识产权案呈现快速上升态势，商事、金融、知产案件比重持续增加。临港新片区内发生的知识产权纠纷难以在区内的仲裁机构中立裁决。

（一）产品的非法来源可能经伪装申报

临港新片区监管尚存漏洞的情况下，仿冒者可以在转运过程中对商品虚假申报，伪造商品从合法生产国转运的事实。自由贸易相关公司和国内相关产业受商品正常外观的蒙蔽，造假者往往又能提供合法途径持有的许可证，也可指示前述公司打印商标侵权的包装材料，使不知情的第三人成为造假者的"帮凶"。

（二）海关不参与临港新片区管辖或实际监管力度弱

基于《与贸易有关的知识产权协定》中对知识产权贸易的最低要求和现有自由贸易趋势、对合法贸易的保护立场，中国并未加入《反仿冒贸易协议》，这使得中国海关在数字环境、电子权利、防止假冒货物扩散方面的管辖权方面存在一定不足。

因此，建议：

一、关于管控离岸市场与贸易风险的主要措施

（一）法律制度设计先行，明确离岸区法域适用中国法规管

首先，应明确离岸法属于中国法，其性质为离岸区基本法。出于大陆市场国家安全与监管要求的考虑，离岸法律应当属于中国法，离岸贸易公司的设立、变更、经营均以离岸法律为准——但离岸区企业与中国大陆企业发生直接贸易关系则须遵守我国有关外商投资市场准入、监管等法律法规相关要求，除税收外不存在任何市场准入方面的便利，对国内拟在离岸区设立公司、以及境外投资后再回国设立离岸公司的企业而言上述做法同样适用。

其次，离岸法律与香港、澳门、台湾地区的法律相互独立。这意味着离岸贸易公司与我国港澳台地区企业发生的贸易关系可以不受大陆地区法律管

辖，而直接适用国际公约或离岸区与港澳台地区之间前述的双边／多边协议。

最后，建议通过更严格的保密措施、更低的税率来吸引外资落户临港新片区。离岸贸易的根本目的在于吸引外资。因此建议设定比目前国际上知名离岸区更低的税率、更低的管理费与更严格的保密法律（用于约束自己），以此展示诚意，以进一步鼓励、吸引投资。

（二）为临港新片区 OFCs 设立多重标准管辖解释权

借鉴发达国家经验，设立多重标准管辖解释权，包括：

第一重：对于来自我国大陆法域的资金流出到新片区 OFCs，我国将采取所有可能的措施防止使用洗钱计划，包括对外国政府施加压力。

第二重：对于来自我国港澳台地区的资金流出到新片区 OFCs，我国将监督或建议港澳台地区的金融监管机构积极行使针对金融犯罪的监管职能。

第三重：对于从其他国家的资金流入临港新片区 OFCs 的情形，我国区外政府有关部门不采取任何措施，由新片区即离岸金融区自行处理。

第四重：对于从最终受益者为美国或其他与我国有贸易摩擦的国家或地区，在不违反双边或多边协定的前提下，我国将针对国家安全行使专项监管措施。

法域内管辖是防控风险的第一步。因此对于激进的税务筹划，包括对税务中介机构注册及活动的控制，尤其当这些筹划可能对我国金融体系造成冲击时，建议采用"受控操作"原则，不仅要求披露，及时共享、交换信息，还应要求各企业与离岸区签署法定合规协议，并配以契约责任。

（三）设定资本担保，强化国土安全监管

在穿透式监管与追责方面，建议设立、设定一定的资本担保标准，如在离岸区实缴资本 500 万元人民币以下的公司需提供经济担保，否则不予颁发营业执照。而银监会应在目前自贸区安全审查经验的基础上实质、全面地把控每一家离岸公司的真实投资、经营目的与资金流向。

离岸区应受到我国海关、检验检疫最低限度的国土安全监管。与目前世界上大多数离岸贸易地均为小岛不同，我国的沿海各省份均位于极其重要的地理位置，几乎都位于水陆空各种运输方式的核心节点城市，临港新片区更是如此。因此，在选定离岸贸易区后，对于进出离岸贸易区的人员、货物、船只等仍需受到我国海关、检验检疫在国土安全方面的监管，且在条件尚未成熟的情况下不宜仓促设立仓储区。

（四）配合国际组织设立协同防控机制，防范洗钱等犯罪行为

根据 IMF 的 OFC 计划，设立我国的协同防控机制，主要内容包括：

1. 评估银行业、保险业和证券业的监管体系是否符合国际标准，并评估反洗钱措施和反恐怖主义融资机制的有效性。

2. 根据"巴塞尔有效银行监管核心原则"评估银行监管；根据国际保险监管协会的保险核心原则评估保险监管；根据国际证券交易委员会组织有关的证券监管的目标和原则评估证券监管。

3. 根据我国实际，对国内金融体系的风险和抗风险能力进行更全面的评估。

此外，在国际组织的支持下，协同防范临港新片区离岸金融中心风险的重要步骤还应包括：

1. 制订相关计划，打击税收最小化和利润分享，梳理出有助于确定不法税收行为的因素，包括：零税率或低税率，国家孤立，缺乏透明度和信息交流、人为的税基构成、拒绝遵守国际转让定价标准、源头免税、流转税费率规定、保密条款的可用性、避免双重征税条约等。

2. 通过避免双重征税示范公约。

3. 打击犯罪所得合法化。

二、管控金融与监管风险的主要措施

（一）建立受益所有人信息报送监管系统

金融机构应严格按照要求，完整报送本机构发生的大额数据。同时，应当定期对交易监测标准进行评估，并根据临港新区客户特征、交易特点完善交易监测标准。

在临港新片区首先推出受益所有人信息报送监管系统共享的试点工作。该项工作与客户开立基本户时，基本户银行需在将客户基本信息录入中国人民银行账户系统的模式类似：

在此系统中加开受益所有人信息的录入，基本户银行先将客户声明并经银行自身所调查的一致受益所有人信息录入系统。后续开立一般户的银行在开户时核对该项信息，如客户在本银行声明或者银行自身调查结果与系统信息不一致时，需要加强尽调以及要求客户请基本户银行修改信息。

或可借鉴公司客户做外汇业务申报前需要向银行提交的单位基本情况表。新开户的银行，根据表单核对监管系统中已存在的客户信息，相符则继续操作，不符需联系监管部门修改必要信息。

（二）针对银行设立专项监管

应当确保母国监管机构对银行的全部业务进行良好、统一的监管，并在离岸金融中心采用适当的监管和监督标准。有效的合并监管要求国内监管机构能够获得有关银行集团全球业务的信息；而当与海外监管机构的跨境合作和信息交流薄弱时，监管则会立即失效。

此外，由于金融机构越来越多地参与到国际金融的各个方面中，包括银行业、证券业和保险业，随着金融集团化程度的提高，综合监管变得更为复杂。当涉及不同法域和部门的几个监督机构时，合作和信息交流通常还要复杂得多。因此，需要对新片区离岸金融中心所采用的监管标准进行监控，以确保这些标准是充分的。

而要实现跨境证券化，应至少满足下列条件之一：

1. 主要债权人和特殊目的机构位于不同的法域；

2. 主要债权人和债务人位于不同的法域；

3. 货币债权的转让和特殊目的机构发行证券发生在不同的法域；

4. 货币债权转让和证券发行中的货币不同；

5. 有利于投资者的跨境支付。

三、管控知识产权风险的主要措施

（一）明确海关对临港新片区法域的管辖权

应赋予海关对临港新片区日常业务的管辖权，其性质应为国内立法管辖权。审查和执行国家知识产权立法，包括使立法适用于国家领土内所有货物，适用于所有海关制度，包括过境、入—过境和自由区制度。进一步向相关企业说明发现违禁品可能会受到民事和刑事处罚。为防范自由贸易风险的发生，应优化海关对临港新片区管控效果，应直接赋予海关对临港新片区法域的管辖权，使之有权进入和观察临港新片区内的商业活动，审计新片区内设立的公司账簿和交易记录，依国家授权检测货物状态，是否符合关税和非关税措施的要求。对在新片区内设立的公司，也应在准入过程中保障尽职调查的独立性，进一步追求交易人记录公开透明。

（二）设立针对知识产权的争端解决机构与一站式服务运营中心

基于近年来浦东新区人民法院办理的自由贸易区知识产权案件上升趋势，临港新片区内应设立知识产权的争端解决专门机构，根据《中国（上海）自由贸易试验区临港新片区总体方案》，允许境外知名仲裁及争议解决机构经上海市人民政府司法行政部门登记并报国务院司法行政部门备案。

此外，建议设立一站式知识产权服务运营中心，其职能包括：知识产权法律法规、申请授权程序以及法律状态、纠纷处理和诉讼咨询；提供知识产权侵权纠纷检验鉴定咨询意见；接收、处理新片区内单位或个人对知识产权侵权、知识产权违法案件的举报或投诉；组织协调有关机构部门，研究处理新片区内重大知识产权纠纷与争议合理解决方案；为新片区内企业提供知识产权业务咨询、导航、贯标、托管以及专利申报、转化运用培训等。

建设数字化城市，打造数字上海

关于建设数字化城市，打造数字上海的政策建议

核心建议

1. 城市数字化转型要以"四个初步建成和四个基本形成"为目标。四个初步建成：到 2030 年，初步建成国际领先的数字基础设施高地、世界一流的数字核心技术创新生态体系、领先全国的城市数字化治理体系和开放、有序、安全、可控的数字运用规制体系。四个基本形成：到 2030 年，基本形成一批具有国际竞争力的数字产业集群、一批面向未来的生活数字化转型示范项目、一批面向未来的生活数字化转型示范项目、一批产业数字化赋能转型的成功案例和一批产业数字化赋能转型的成功案例。

2. 打造数字上海的七大路径：夯实数字底座，加快数字基础设施超前部署；强化数字赋能，推动数字产业集群式跨越发展；深化两网建设，实现超大城市治理精细化；支持企业主体，探索数字转型市场化参与机制；坚持以人为本，丰富数字化"未来生活"内涵；聚焦共享开放，释放数据要素市场改革红利；深化制度创新，形成接轨国际的数字治理体系。

3. "1+2+3+4+5+100+N"的政策推进建议：以"科创板"为抓手，支持数字经济企业快速发展；以"两翼齐飞"为优势，尽快形成数字产业和技术高地；以"三大任务"为契机，提升数字经济规模能级；以"四大功能"为抓手，发挥数字经济引领带动作用；以"五大新城"为引领，打造数字城市上海样板；以"百家领军企业"为先导，嵌入前期规划和建设；以政策系统集成为指引，加快数字化转型要素保障。

正文

推动城市数字化转型，是上海全面提升各领域劳动生产率和全要素生产率，构建"数字竞争力"融汇放大既有优势和势能再铸传奇再造辉煌的必要途径；是顺应新趋势，引领生产生活生态全面创新转型的根本要求；是探索新规则，率先参与构建国际竞争合作新格局的重要路径；也是满足全面发展新需求，落实"人民城市为人民，人民城市人民建"理念的关键抓手。作为中国最大的经济中心城市，上海应勇于探索、奋力创新，以**"四个初步建成和四个基本形成"**为目标，到 2030 年，**初步建成**国际领先的数字基础设施高地；**初步建成**世界一流的数字核心技术创新生态体系；**初步建成**领先全国的城市数字化治理体系；**初步建成**开放、有序、安全、可控的数字运用规制体系；**基本形成**一批具有国际竞争力的数字产业集群；**基本形成**一批面向未来的生活数字化转型示范项目；**基本形成**一批面向未来的生活数字化转型示范项目；**基本形成**一批产业数字化赋能转型的成功案例和一批产业数字化赋能转型的成功案例。

一、打造数字上海的七大路径

（一）夯实数字底座，加快数字基础设施超前部署

促进长三角 5G 网络深度覆盖、设施开放共享，共同构建全国规模最大的 5G 物联试验网。推进骨干网、城域网、数据中心和支撑系统 IPv6 升级改造，推动以 5G 为代表的移动通信网络和高速无线局域网与长三角其他城市联动。探索建设全球数据枢纽港，拓宽国际通信出口带宽，促进直达链路高度汇聚、减少层级、降低时延、创新信息交换模式。加快国际海光缆在建项目和新建项目实施，不断扩大国际通信出口容量，促进国际访问感知领先全国。以上海亚太信息通信枢纽和南京、杭州等国家级互联网骨干直连点为基础，联合 5G 网络部署加快区域通信枢纽和骨干网建设，打造世界级信息通信枢纽。通

过规划引导长三角城市群建设基于物联、数联、智联的城域物联专网，部署物联传感"神经元系统"，推进长三角物联专网深度覆盖。推动长三角存算资源同城化，建立长三角计算加速器资源共建共享机制，协同开展边缘计算节点规划研究。加快完善数字信任制度规则，制定用户数字身份和设备数字标识相互识别验证和数据可信传输流通的管理办法、指导意见或标准规范。前瞻部署数字信任技术，加快推动区块链与电子认证技术的融合发展及生物特征识别在数字身份领域的应用；探索数据共享、数据流动和数据交易中数字信任关系构建，以及零信任环境的数字信任交互架构；加快密码法算法、商业密码应用的技术攻关，密切关注量子计算、量子加密的技术演进动态，培育壮大数字信任产业集群。建立统一信任中心和认证体系，围绕可信数字身份整合各种核验方式，为全市政务服务提供统一的身份认证，并对接国家统一身份认证系统，实现"一次登录、全国通办"。

（二）强化数字赋能，推动数字产业集群式跨越发展

加快下一代人工智能技术等关键数字技术研发，及早规划布局6G、星联网、量子通信等技术的预研。突出临港新片区制造业在数字化转型中的特殊地位，加快智能工厂、智慧园区、工业互联网基地等载体建设，建设数字供应链和产业链。打造长三角"虚拟产业园"和"虚拟产业集群"，推动长三角制造业竞争力提升。促进数字技术与制造技术和业务流程融合创新，引导企业开展以"设备换芯""生产换线""机器换人"为核心的技术改造。支持制造业企业充分利用互联网、智能传感、大数据挖掘分析等信息技术，发展在线实时监测、远程诊断与维护、全产业链追溯、客户满意度及产品改进方向大数据分析等增值服务，推动制造企业向"制造＋服务"转型升级。深化应用场景开放，推动5G、人工智能、大数据、区块链等新型数字技术应用场景的征集、开放与开发。

（三）深化两网建设，实现超大城市治理精细化

以建设"城市有机生命体城市云脑"和"一体化智能化公共数据平台"为抓手，将公共服务嵌入治理结构，再造政府治理结构。以高频事项流程为突破点，基于人口与企业数据库的大数据分析和机器学习，加大政府主动服务力度。建设以场景牵引的"云化治理"，实现数据汇聚的中心化、部门协同的扁平化和现场处置的自动化。

（四）支持企业主体，探索数字转型市场化参与机制

坚持三个平等原则，鼓励各类市场主体积极参与，建立和完善智慧城市合资合作、特许经营等法规制度，积极尝试和推进利用土地开发权、项目运营权、税收优惠政策等方式创新建设运营模式，加强政企合作推进项目落地，鼓励和支持公共机构探索公益性项目的利益聚合模式，进一步发挥市场的决定性作用，进一步优化市场环境，进一步完善市场规制力量，形成以"小企业铺天盖地"之基支撑"大企业顶天立地"之势的数字经济市场参与格局。创造市场主体参与数字化转型的友好便利环境，实行包容、审慎的监管，鼓励和支持城市便利服务发展共享经济、平台经济。

（五）坚持以人为本，丰富数字化"未来生活"内涵

构建"数字孪生城市"，加快城市公用设施、水电网、交通运输网的智能化升级进程，加快窄带物联网（NB-IoT）在智慧停车、智慧抄表、智慧照明、管网监测、电子车牌等领域的应用。加快推动车联网、无人机、无人驾驶、无人配送等场景试验和应用，依托上海浦东人工智能创新应用先导区建设，在世博园区打造无人驾驶的中国赛道，在临港地区打造陆、海、空无人系统综合示范区。用机器学习技术建立人工智能辅助诊断信息化应用、循证医学知识库、临床指南等规则库，开展基于 5G、AI 等技术提供远程医疗、在线问诊、智能康复和陪护服务。试点开展 5G 智慧旅游观光购物提升行动，在资讯、导览、交通、餐饮、票务等领域创新植入 5G 移动通信科技，通过地理标记的增强现实使用，新增虚拟试衣镜、智慧橱窗、智能储物柜等科技功能，提升城市旅游观光购物体验。推动"导盲智能机器人"和"导盲穿戴式设备"商业化、规模化生产，建设智能化无障碍社会。

（六）聚焦共享开放，释放数据要素市场改革红利

建立完善的"政—政"数据共享、"政—企"数据开放、"企—企"数据互通的数据要素流通平台体系，重点推动政府数据开放共享，推动政务数据跨地区、跨部门和跨层级整合。借助区块链技术搭建全社会数据授权存证、数据溯源和数据完整性检测平台。加快上海数据交易中心筹备建设，联动长三角，建设长三角城市群数据平台和融通机制，扩大数据市场交易的范围。借助区块链、人工智能等新技术优势，率先建立起数据隐私保护制度和以产业发展为导向的数据产权框架。开展数据生产要素统计核算试点，建立数据确权定价、准入监管、跨境流通、风险防范等方面基本框架。探索建立成本定价和收益定价、一次定价与长期定价相结合的数据流通定价机制。

（七）深化制度创新，形成接轨国际的数字治理体系

深化大数据、人工智能等数字技术在问题研判、政策设计、落地实施、政务服务中的应用，完善重数字服务政策的事前评估和事后评价制度。率先探索形成智能制造、智能电网、智慧城市、物联网、车联网等领域原创性行业应用标准、上海地方标准。全面落实《网络安全法》，推进防泄露、防窃取、匿名化等大数据保护技术研发和应用，探索建立上海安全态势感知中心。

二、围绕以上路径，建议采用"1+2+3+4+5+100+N"的政策推进

（一）以"科创板"为抓手，支持数字经济企业快速发展

支持技术含量略低却承载大数据、云计算的"软"科技企业申报科创板，尤其是对其他产业产出增长和效率提升具有拉动作用的互联网服务企业。广泛吸纳优质数字经济进入科创板企业培育库，设立上海数字经济产业投资基金，由上海证券交易所、上海市经信委、上海市地方金融监督管理局等牵头建设"科创板数字产业工作站"，围绕科创板为与数字经济关系密切的优质企业提供资本市场服务。构建适用于数字经济企业的价值判断体系，包括估值方法、变量统计体系、会计指标解读等。

（二）以"两翼齐飞"为优势，尽快形成数字产业和技术高地

临港新片区通过建设国际数据港、完善数据要素体系、打造数字企业矩

阵和数字产业高地三项主要任务，打响"数联智造"品牌，聚焦"信息飞鱼、东方芯港、生命蓝湾、大飞机园和海洋创新园"五大特色园区，打响"数联智造"品牌，努力将临港新片区打造成为上海"国际数字之都"的核心示范先行区。长三角生态绿色一体化发展示范区可谋划建设长三角数据中心等一批战略性数字基础设施，培育云计算、数字安防等一批世界级数字产业集群，推动长三角"城市大脑"集群等一批重点领域智慧应用，打造全国融合型数字经济创新高地。

（三）以"三大任务"为契机，提升数字经济规模能级

鼓励数字经济相关企业用好自贸区临港新片区优惠政策加快做大做强，支持数字经济相关企业在科创板上市融资。以数字经济产业链协同治理为抓手，以世界级数字经济产业集群为目标，高标准编制数字长三角建设方案。引导数字经济相关企业深度参与长三角一体化，拓展市场扩大影响力。

（四）以"四大功能"为抓手，发挥数字经济引领带动作用

大力培育和集聚电子商务、科技金融、智慧物流等领军企业，强化全球资源配置功能。充分运用人工智能、超级计算等信息科技工具，充分调动高校、科研院所、龙头企业等各方力量，激活科技人才的创新动力，发挥政府财政科技投入的带动杠杆作用，在集成电路装备、芯片设计与制造、基础软件、核心算法、网络通信、信息安全等数字经济核心产业关键领域，集中突破一批"卡脖子"关键技术，强化科技创新策源功能。进一步加快两化融合步伐，积极培育平台类、创新型龙头企业，尤其是临港新片区要加大工业人工智能产业集群发展力度，强化高端产业引领功能。不断提升电子口岸、智慧交通等数字治理水平，扩大数字内容影响力，加大网络宣传力度，强化开放枢纽门户功能。

（五）以"五个新城"为引领，打造数字城市上海样板

立足新城自身发展基础和特色，打造各具特色的数字产业名片。重点聚焦数字新基建、数字新产业、数字新治理、数字新场景四个关键词，推动新城发展呈现新面貌、强化新功能、激发新活力。嘉定新城重点聚焦汽车"新四化"（电动化、智能化、网联化、共享化）、智能传感器和物联网，打造千亿级产业集群。青浦新城积极联动青东、青西数字产业园区，大力发展人工智能、基础软件、工业互联网和信息安全等数字产业，打造"G50数字干线"。松江新城以智能制造装备为主导，进一步做大集成电路等新一代电子信息产业。奉贤新城以"东方美谷"和"未来空间"为双核，大力发展数字医美、智能网联汽车等新兴产业。南汇新城主打高端、开放牌，重点发展集成电路、人工智能、智能新能源汽车等前沿产业，同时在发展数字贸易、探索数据跨境流动等方面构筑新优势。"五个新城"建设要在城市数字化转型方面，尤其是数字产业集群和产业数字化发展方面走在前列。

（六）以"百家领军企业"为先导，嵌入前期规划和建设

组织实施数字经济"百强企业培育工程"，全面引导互联网、云计算、人工智能、大数据、集成电路、软件服务等数字核心产业，以及传统产业数字化改造方案提供商全面嵌入城市数字化转型的各个领域的规划和前期建设，在"边探索、边建设、边创新、边成长"过程中，"构建开发更多应用、建设更美城市、培育更优企业、塑造更强竞争力"相互促进的发展格局，形成上海城市数字化转型新模式。同时推进"一业一策""一企一策"精准服务，培育一批有龙头骨干企业和有发展前景企业。大力推动企业"上云用数赋智"，引导本市有基础、有条件的企业开展以设备换芯、生产换线、机器换人为核心的智能化改造，建设数字化车间、智能化工厂，打造一批数字化转型标杆企业，形成产业链上下游融合的数字化产业生态。

（七）以政策系统集成为指引，加快数字化转型要素保障

一是加强组织协调和顶层设计。充分发挥上海市信息化领导小组和大数据部门长效联动协调机制的作用，加强对全市数字经济发展的组织领导和统筹协调，研究数字经济发展重大政策，商议解决重大问题，统筹各部门力量，形成全市上下协同推进数字经济发展的良好格局。

二是建立专项资金扶持。统筹全市信息化、产业发展、科技发展等专项资金，并争取国家重大科技专项、科技支撑计划等专项资金支持，加大对数字经济发展重点领域、重大项目和应用示范的支持力度，对数字经济领域具有引领性的重大项目按照"一企一策"给予重点扶持。

三是坚持加强人才建设。探索数字经济产业人才"上海标准"，按人才层次建立金字塔式支持体系。探索跨界人才联合培养制度，鼓励高校和重点龙头企业共建实习实训基地，面向数字经济发展需求，发展订单制、现代学徒制等多元化人才培养模式，增强联合培养成效，培养应用型、技术技能型人才。

四是加强数字经济运行监测。积极参与数字经济分类国家和省级标准研究和制定，加快研究构建符合上海特点、反映数字经济发展变化的统计监测指标体系和运行监测分析机制，定期监测和收集重点企业生产经营情况和重大项目进展情况，研判数字经济运行态势，形成数字经济运行分析报告。

五是发挥数字经济集聚区标杆示范效应。积极争取国家在立法、准入、资金、政策等方面的支持，开展数字经济试点示范项目和示范基地建设。以上海自贸试验区临港新片区、虹桥商务区、长三角生态绿色一体化发展示范区、漕河泾产业园等为主要载体，打造数字经济示范性项目和基地建设，以完善产业链、提升产业能级、放大示范效应、优化发展环境为重点，推动数字经济特色产业集群规模和效益不断提升。

六是搭建数字产业联盟载体。成立数字经济产业联盟专家委员会，开展数字经济重大问题研究，举办数字经济学术研讨会和相关高端论坛，整合数字经济服务资源，为联盟单位提供包含数字经济相关人才培训交流、金融资源对接等相关服务或活动。

七是推动数字经济科普工作。围绕公众广泛关注的数字经济相关的技术、产品、应用、消费、安全等热点及焦点问题，推动科普内容丰富化、多元化，满足数字经济时代公众的知识需求。

关于构建数字化核心技术突破体系的建议

核心建议

1. 制定《上海市数字化核心技术专项突破计划》，框定数字化核心技术的范围边界，厘定数字化核心技术关键影响因子，确定数字化核心技术攻关路线图。

2. 成立"数字企业家百人团"，形成数字经济时代"独角兽企业"高原；建设"数字人才共享资源库"，促进数字人才按需流动。

3. 以量产极限、市场极限、智力极限为基点打破关键技术的全球封锁。

4. 由"驻校企业家""中小企业研发"与"大企业整合"组成三位一体创新生态链，建设集"科研、研发、量产、市场"的有机交互、多维融合系统。

5. 发挥上海全球金融中心和先进制造业本土优势，以金融创新为数字化核心技术突破创造更优环境。

6. 推动建设长三角数据自由流动、算力互联互通试验区，全力实现以中文为基础的算力平台及其配套软件开发。

正文

一、上海构建数字化核心技术突破体系的所面临的挑战

（一）外部环境严峻复杂，国产自主的窗口期异常紧迫

随着最新一轮产业革命的兴起，中国经济的迅猛崛起使得以美国为代表

的西方国家感受到了强大压力，贸易摩擦愈演愈烈，寻求对国外核心技术的国产替代方案已迫在眉睫。以芯片这一数字世界最核心基础设施为例，美国凭借其技术优势与国家政治力量在该产业链中占据了绝对优势地位。此外，自 2008 年金融危机后，去全球化呼声不断抬头，全球疫情的蔓延更是加速这一势头，这对长期以来严重依赖技术进口进行二次创新的我国而言，不得不投入大量时间、资源从事原始性创新。

（二）国内地方省市陷入零和博弈，同质化竞争加剧

多地政府出台了数字经济相关政策，阔步前进的同时，存在各自为政、产业布局同构、政策竞相模仿、低水平项目重复建设的窘境。这种脱离市场供需实际的盲目招商引资，缺乏因地制宜、错位发展的高起点战略谋划，造成了严重的无序竞争和资源错配。

二、上海构建数字化核心技术突破体系的主要瓶颈

（一）上海大企业的数字技术研发与创新能力落后于兄弟城市

《2019 数字经济创新企业 100 强》名单显示，100 名企业中，上海上榜企业数仅为 7 家，远远落后于北京、深圳和江苏等省市。另据《数字经济先锋：全球独角兽企业 500 强报告（2020）》内容显示，上海全球独角兽企业 500 强的数量为 43 家，位列全国第二，而北京以 76 家、高出上海 77% 的成绩居于榜首，两者差距明显。

（二）上海中小微企业创新能力偏低，为数字化核心技术突破助力有限

根据民建上海市委对上海中小微企业创新能力的调查结果显示，上海中小微企业在创新资源、创新投入、创新产出和创新环境方面的发展仍存在诸多问题，融资难、科技研发经费投入低、科研创新生态不健全、缺乏重大科研创新成果等现象依然普遍。

（三）上海核心技术顶尖人才紧缺，吸引人才压力巨大

根据《全球数字人才发展年度报告（2020）》数据显示，旧金山湾区，班加罗尔颠覆性技能的渗透率最高，而上海则处于第二梯队，仅在单个或少

数几个领域具有突出的人才优势。从全球数字人才吸引力来看，排在前五的城市依次是都柏林、柏林、新加坡、深圳、米兰，而上海则排在20名之外，险些成为净流出城市。

三、国际经验分析及借鉴

（一）美国：全球顶级、核心技术领军者

美国成功的关键是IT公司迭代能力极强，不断涌现的新IT公司取代其他公司成为领导者。市场规模巨大，顶级核心技术科研边际成本几乎为零，对于固定成本较高（如设计芯片）且边际成本较低的IT公司，这意味着进入更大的市场能够降低成本并将利润投资于下一代技术。与此同时，政府全力支持顶级科技移民。

（二）欧盟：着力打造全球金融科创中心

欧盟在不断升级部署数据基础设施、构建联合高性能计算生态系统的同时，稳步推进人工智能建设：创建欧洲数据空间，聚合整个欧洲的公共信息；开发欧洲通用算法库；与成员国共同投资于世界级的参考站点，关注人工智能在重要领域的应用；网站向欧洲所有参与者开放，与数字创新中心网络相连。同时，开展下沉至学生、应届毕业生和现有工人的高级数字技能人才培训。

（三）以色列：科技创新强国

政府主导搭建顶级核心技术"创新实验室"，加速数字化技术产品化；建设母语（即希伯来语）语料库，夯实本国研发基础；鼓励将政府代码作为开放源代码发布，鼓励开发人员审查即将发布的政府代码，依靠全球开发人员社区提出改进和提高效率的建议，并查明数据安全问题，向各部委报告。

四、对上海构建数字化核心技术突破体系的建议

（一）目标与原则

数字化核心技术的突破体系应服务于上海城市数字化转型大局，为生

产、生活及治理领域的全方位数字化提供强大科技驱动力量，并妥善处理好国产自主与对外开放、政府调控与市场配置、地方发展与全球格局的平衡关系。

（二）实施"123+321"计划的建议

"123+321"指"一划两智三极限"+"三创两融一区间"。具体如下：

1."一划"：《上海市数字化核心技术专项突破计划》

建议尽快制定《上海市数字化核心技术专项突破计划》，由市政府牵头，发改委、经信委、科委、人社局作为责任单位，对数字化核心技术做出精准识别、前瞻预判，聚焦核心技术关键领域，科学分配战略资源，制定全盘路线图与攻关策略。

首先，框定数字化核心技术的范围边界。根据数据流向将核心技术分为三大体系，分别是：前端的数据感知与获取，侧重于芯片设计、传感器设计、先进制程制造等；中端的数据存储与传输，侧重于5G通信、互联网、物联网、云存储等；后端的数据分析与应用，侧重于云计算、区块链、人工智能、大数据及数字化治理等。同时还有硬件和基础设施的支撑。

其次，厘定数字化核心技术关键影响因子。对于数字化核心技术，并非不分主次、不计轻重、不管急缓地同等对待，而是要精准、有效地分类别、分阶段予以攻关。有必要列明各项关键影响因子，包括但不限于：技术的自身发展水平；国内外发展现状；同行/同产业评价认可度；国产自主化程度；可替代性；对数字化生产、生活和生态的影响广度、力度与深度；攻关目标；攻关难度；人文伦理；数据安全；对城市综合竞争力的影响；国家主权安全；对大国国际地位的影响等。

最后，确定数字化核心技术攻关路线图。依托"十四五"规划和2035年远景目标纲要明确的技术范围，有必要进一步出台全景路线图，指明攻关战略定位、侧重领域、优先级、时间窗口期、具体目标及策略等，详见下表。

地 位	描 述	技术范围	主要领域	目 标
关键型	对数字化转型起决定性作用	人工智能、大数据、物联网、工业互联网	深度学习、虚拟现实、增强现实、数据加密、开源算法、传感器、网络切片、标识解析体系、数据库、统一标准等	3 年内实现国产替代
全局型	影响数字化建设全过程、多领域	芯片技术、集成电路、区块链、云计算、5G	专用芯片、工业软件、芯片设计工艺、超大规模分布式存储、弹性计算、通用处理器、智能合约、加密算法、跨链侧链等	3 至 10 年内集中资源重点投入，由"跟跑"变为"同跑"或"领跑"
前沿型	处于发展初期，不成熟，但可能改变竞争规则	量子信息、边缘计算、6G、脑科学与类脑研究	量子计算、量子通信、神经芯片、DNA 存储等	5 年内加紧部署，10 年后力争领先，防止降维打击
超前瞻型	前景还不明朗，但对人类发展影响重大	深空深地深海和极地探测	星际探测、地球深部探测、重型破冰船研制、极地立体监测平台等	长期密切跟踪，保持积累

2."两智（库）"：一个百人团、一个智力库

（1）成立"数字企业家百人团"，形成数字经济时代"独角兽企业"高原

应防范陷入对"招商引智"的理解误区。高校教授、科学家、院士的专长在于科学研究，将科研成果带出实验室，转化为技术应用的是既熟悉技术专业又理解商业规则的科技企业家。成立"数字企业家百人团"，重点从海外引进专门从事技术转化的"流水线"型企业家，提升科技创新效率，力求在数字经济时代呈现出"独角兽企业"百花齐放的盛景。

（2）建设"数字人才共享资源库"，促进数字人才按需流动

由市政府牵头，市人社局负责，联合其他省（市）政府或人社单位，成立数字人才共享工作组，统一数字人才标准，同步人才信息，建设"数字人才共享资源库"，明确数字人才的交流、交换、交接工作机制，避免各地政府、企业无序争抢人才，倡导"人地适配"，实现人才要素资源的价值最大化。

3."三极限"：以"三个极限"打破全球封锁

（1）量产极限。以设立国内官方机构或海外研究经费分配合作机构（简

称"机构")联合全球人才及研发单位为基点,广纳研发项目,追求关键技术在我国的量产极限,每年给予量产冠军减免超过30%的企业所得税等优惠措施。

(2)市场极限。以海外事务所为基点,收集、提供世界各地应对科技合作及战略性国际共同研究的信息,与海外机构合办研讨会,共同选定项目,对自身制造主业进行快速调整——若此类跨境方案输入带来的收入占该企业销售收入的50%以上,可进一步减少或免除跨境数据传输关税。

(3)智力极限。面向全球推出数字化核心技术领域的世界青少年交流专项方案。联合各国科技教育机构开展合作,从亚洲顶级中学选拔卓越青少年,建立人才库,与中国科研机构和企业交叉认证,既可将他们邀请至上海、北京等顶级研究机构与同辈中国青少年沟通交流,也能将其送到科技企业中去。

4."三创":由"驻校企业家""中小企业研发"与"大企业整合"组成三位一体创新生态链

完整的科技创新生态链不是资源要素的简单叠加,而是集"科研、研发、量产、市场"的有机交互、多维融合系统。

(1)驻校企业家:驻校企业家是科研成果进行技术转化的关键抓手。科研院所可定期向驻校企业家展示科研进度及最新成果,为其提供先进的技术解决方案;驻校企业家也可将市场需求信息共享给科研机构,为科学研究指引方向。

(2)中小企业研发:中小企业因管理机动灵活且面临较大生存压力,创新研发动力充分,往往更容易产出成果。应重新审视对创新企业的扶持补贴政策,摒弃唯营收论、规模论的偏见,加大支持创新政策向中小企业的倾斜力度。

(3)大企业整合:大型科技企业应充分利用产业和资金优势,在细分领域加强对中小企业的渗透,以控股、参股或收购等方式与研发型中小企业建立合作,相机整合并入自身版图以保持技术领先优势。同时发挥供应链量产及市场拓展实力,落地为商业应用。

5.“两融”：国产化与以制造力投资两种金融手段

发挥上海全球金融中心和先进制造业本土优势，以金融创新为数字化核心技术突破创造更优环境。

（1）探索关键核心技术领域投资机构国产化，确保技术主权

为进一步掌握对关键领域核心技术的国家主导权，建议将部分投资机构国产化，具体而言：以实现技术的产品化、人才的商业化为导向制定风险投资方案，根据不同需求创造多层次市场；聘请专家参与管理，对阶段性进展进行审查，对持续推进提出意见，灵活分配投资经费；关键技术投资公司将组成特别行业联盟，以国企内控、内审的标准对核心项目进行评价，包括研发成果的实际应用进度、技术援助以及高潜力的研发项目投资。

（2）开创“制造即投资”模式，以金融创新助力技术突破

推行“制造即投资”模式，将上海的综合制造业优势转化、输出为金融市场上的“资本”（价值），加入全球创新生态链条，吸引全球顶尖创新方案落地中国，并在该过程中分享经济收益。在合作过程中，不断追求实现在产业链地位的升级跃迁，强化科技成果转化能力，最终成为全球创新链条中无法取代的重要节点。

另外，建议所有由政府资助的研发项目产生的专利等知识产权成果，只要优先用于发展我国关键战略产业的，可直接将收益分配给发明人和科研单位；对受资助单位未保留的发明则由政府享有所有权。

6.“一区间”：长三角数据自由流动、算力互联互通试验区

在《长江三角洲区域一体化发展规划纲要》的政策引领下，推动建设长三角数据自由流动、算力互联互通试验区。同时全力实现以中文为基础的算力平台及其配套软件开发，设立全中文数据库、软件库，充分做好应对以美国及“五眼联盟”为首的母语英语国家与我彻底脱钩的准备。

建设“长三角数据自由流动试验区”，打造闭环的、本土化的数字经济数据链、产业链、生态圈。突破地区行政壁垒，共建数字基础设施、共设数据标准、共享数据资源、共行数据治理；建立“数据信任模型”，包含数据访

问、使用和管理，由具有受托责任的"受托人"小组做出数据治理决策；及时发现数据共享障碍，制定克服障碍的专项策略。

由长三角一体化发展领导小组牵头，在腾讯长三角人工智能超算中心的基础上，联合长三角区域内其他算力中心，成立"长三角世界级共享算力中心"，平衡区域内各省（市）算力需求，打破"算力孤岛"，实现跨地域、跨行政、跨单位的算力互联互通、分布式大规模协同，推动形成长三角超算一张网，提高算力资源利用率和算力效率，为核心技术的攻关研发提供夯实的超算网络基础。数字化城市的打造需要高效的司法保障体系，而智慧法院的建设亦成为数字化城市规划的重要基座。为顺应互联网经济和网络空间发展对司法诉讼提出的新需求，上海要以建设互联网专业法院的为切入点，围绕司法保障数字化城市目标，开展近期、中期、远期三阶段的实施路径。

关于全面提升政府数字化治理效能的对策与建议

核心建议

1. **数字化转型需要政府部门进行顶层设计**：成立由市委直接领导的上海市大数据发展与应用局，围绕民生服务突出问题布局物联感知设备，横向加强各地政府数据共享，纵向争取中央数据管理权限的试点下放，同时通过相关立法为迎接数字经济蓬勃发展扎牢制度底座。

2. **构建数据要素交易市场**：成立上海数据交易所，围绕数据清洗、交易流转等探索交易规则，鼓励政府和企事业单位通过交易所向市场购买数据或数字化解决方案。

3. **重塑政府与市场的关系**：构建企业法人数据库，运用"政策计算器"等加大政策透明化力度，针对数字经济发展的特点形成指标体系。

4. **构建共治共享的治理共同体**：调动市场主体、居民和社会组织的力量共同参与社会治理，以不同的思路、不同的方法、不同的工具更准确地发现问题，更低成本地解决问题。

5. **提升政府自身效能**：优化内部流程和机制，建设以场景牵引的"云化治理"，联合推进流程审计，建立公共服务数字化的标准与社会组织管理机制；加强干部队伍建设，加强干部的跨界交流，建立分层负责和动态授权的工作体系，完善相关考核机制。

6. **以数据引领长三角深度一体化**：利用区块链技术，推进"信用长三角"建设；高标准统筹智能效能与生态体系；以数据共享促进世界级产业集群培育；以人的流动需求为突破点，促进区域一体化发展。

正文

新兴的信息技术与科学变革叠加，一个以"人的连接"为核心的数字时代已然形成。数据作为生产要素直接参与生产过程，提升生产效率的同时，形成了基于网络和数据，不再受限于时空的新型模式，对传统治理提出了诸多挑战。

一、数据作为生产要素带来的监管挑战

数据直接参与生产生活导致的不确定性加深。数据改变我们生产生活方式的同时，作为生产要素直接产生经济价值，其在传播上具有更广的辐射半径和更快的传播速度；在价值方面通过流动和汇集有更强的增值性。在数据采集存储、分析挖掘、开放共享过程中存在脱敏技术不成熟涉及隐私泄漏的风险，同时由于数据追踪溯源技术所限，数据作为新的生产要素带来了一系列的不可预见问题。

公共数据开放与个人信息安全的不对等保护。政府部门作为基础数据的采集者，掌握大量公共数据，由于部门职责边界和数据标准、接口等问题，内部仍存在碎片化问题。我国的公共数据开放正处于起步阶段，政府部门对公共数据和政务数据安全性的意识比较强。与此相对应的是，个人数据的过度采集，个人隐私信息保护没有受到应有的重视。

传统治理惯性在数字化转型中表现不适应。一是科层制体系与"扁平化"趋势不适应。传统的治理模式依赖于科层制的行政体系，在此框架下成了纵向的责任传导机制。数字治理"纵强横弱"的现象明显，政务系统纵向部署普遍达到基层治理单元，在治理协同过程中横向协调合作问题越来越突出。以线下模式和思路设计线上流程将会产生诸多局限，政府面临全面"重塑"的命题。二是传统的 GDP 和行业统计不适应。GDP 采用生产法，只有支付价

格才能纳入统计。数字经济包罗万象，消费者也是数据的产生者，居民个人也可能成为数字内容的提供者，这些都在挑战 GDP 的核算体系。

二、现阶段存在的问题

（一）数字经济新问题的监管滞后

数字经济造就了一批"巨无霸"企业，数字经济如火如荼地发展，但目前国家统计局的行业统计口径仍按照传统标准，对于数字经济、人工智能等没有统一的行业统计标准，缺乏对口的研究和监督，更没有行业的标准和规范。针对问题比较突出和集中的领域，会采取"一刀切"和"运动式"简单治理，不利于产业的长期健康发展，也不利于优势产业参与国际规则的竞合。

（二）政府与市场数据缺乏联动

在治理数字化转型中，政府与市场的联动包括三方面：

一是数字化平台建设方面：与广东、浙江不同，上海的城市大脑建设采用了从政务管理需要出发，委托市场主体定制的路径。在此模式下，政府部门必须站在更高的层面进行整体规划，对系统目标、场景要求有更清晰的认识，并且在平台建设过程中有较强的掌控能力。

二是数据对接共享方面：目前超过 90% 的省级政府制定了政务数据资源共享管理办法，但政务数据和社会数据对接机制缺失，对接范围不广，对接数据不足等问题普遍存在。政企数据融合利用难成为政府数据与社会数据对接的焦点，政府数据有序开放和企业数据尤其是互联网企业海量数据有效治理是时代课题。

三是运用数据有效监管方面：数字技术应用，可以有效解决社区治理当中的信息缺失问题，实现社会全要素全时段全过程的信息留痕，但在确保数据安全的前提下挖掘数据价值仍是一个难题。数据的开放与安全是两个重大课题，在数据授权运营、有效监管和安全保护方面需要尽快出台可操作、可审核的制度体系。

（三）政务数据聚而不通

政务数据存在纵向与横向上不联通、难共享问题。数据共治共享中存在不足分为以下三类：一是需求响应较慢，上海大数据中心面对的政府层级和政府部门多，对于需求需要层层传递、多方评估，导致响应较慢，数据失去时效性；二是业务一致性较弱，各系统开发运营商各具特色，导致字段名称、字段类型、字段精度都各不相同，自然隔断各地区和部门业务的统一性，为公共业务统筹增加难度；三是服务协同性较差，各种应用系统割裂了服务的流畅性和协同度，往往需要通过人工进行统一调度，增加了基层工作的难度和负担。

三、相关建议

（一）治理数字化效能提升需要顶层设计

治理数字化效能提升关键在于数据是否准确、及时，"在线""活用""闭环"是提升用户体验的关键点。数字化转型需要政府部门进行顶层设计，将治理现代化的目标、技术和信息系统运用、治理制度和流程优化等问题进行统筹布局。建议如下：

1. 高能级的协调机制：成立由市委直接领导的上海市大数据发展与应用局，各层级各部门由"一把手"整体统筹政务数据、企业数据、社会数据的整合、开发与应用。

2. 高科技的数字底座：探索用户数字化，围绕民生服务突出问题高起点、高标准地布局物联感知设备，形成通过神经元建设让城市成为活的生命体。

3. 高协同的数据对接：对内围绕支撑数据流动的全过程："采—存—算—管—用"建立覆盖"数据—业务—管理"的标准体系，打造政务数据中台。横向通过成立联合试验室等方法，加强各地政府数据共享，以及政府与企业间的合作，避免齐头并进过程中产生新的数据孤岛和重复建设。纵向争取中央数据管理权限的试点下放，如税务、海关等垂直管理部门数据在省市一级的交互运用，完成更多应用场景的创新突破，以场景应用促转型发展。

4. 高标准制度底座：通过相关立法为迎接数字经济蓬勃发展扎牢制度底座。围绕数据分级分类保护、数据开放共享规则、数据采集标准要求等完善相关制度，建立数据追溯和共享机制。出台个人数据安全保护相关实施办法，保护个人隐私信息。率先研究制订网络规划和管理的地方立法。建议对成熟的运用场景中的工作流程进行适度固化，以进一步提升治理效能。研究出台数字经济统计口径和发展指标体系，加强精准分析与监管。

（二）构建数据要素交易市场

数据作为新的生产要素，目前权属界定和定价机制仍未破题，上海应率先在数据要素市场的培育方面进行积极探索。建议如下：

1. 建设数据交易所。成立上海数据交易市场，培育数据价值评估、数据交易中介等新型服务形式，探索数据的权属和定价机制。

2. 公共数据进场交易。由于公共数据不涉及定价机制，更容易推进，建议以公共数据开放使用为突破口，围绕数据清洗、交易流转等探索交易规则，不断建设完善各环节的标准规范。

3. 大数据相关产品交易。围绕大数据相关的算法、应用平台，以及相关平台的富余算力都可以作为交易商品，鼓励政府和企事业单位通过交易所向市场购买数据或数字化解决方案。

（三）重塑政府与市场的关系

政府应在以下几个方面用好数据，不断提升监管服务市场能力：一是准确地把握经济基本面；二是以数据应用消除对企业发展和创新的制度和管控束缚；三是加强前瞻性预判。建议如下：

1. 构建企业法人数据库。以企业法人为主体，汇集相关经济管理部门数据，形成多维的法人数据库。建设信用服务平台，通过信用模型和数据汇集，形成企业信用档案。

2. 加大政策透明化力度。运用类似"政策计算器"、政务机器人的做法，加大政策透明度，让企业应知尽知、应享尽享。数据可结合产业特点分级分类开放。

3. 数字经济发展指标研究。针对数字经济发展的特点形成指标体系，准确判断数经济发展情况。还可通过产业联盟的方式加大行业数据的共享和标准认证，推进产业数字化转型。

（四）构建共治共享的治理共同体

随着服务型政府建设推进，用开放、生态的方式建设数字政府成为重要途径，这就必须调动市场主体、居民和社会组织的力量共同参与社会治理，打造共建共治共享的社会治理格局。建议如下：

1. 社区作用重塑，适应未来转型需求。形成"以市民为主体，聚焦本社区存在问题，以商业化途径探索社区融合式发展"的新模式。让社区成为"自下而上"和"双向互动"的重要平台，以精准多样化服务化解数字化转型中的各类社会问题。

2. 以高频事项流程为突破点。对实施的流程和办理效果加大评估力度，多渠道反映实际运行情况，提供社会公众参与公共服务创新的新路径，构建开放的政务生态，形成政策的评估和反馈机制。

3. 形成以人民为中心的主动服务模式。基于人口与企业数据库的数据分析和规律研判，加大主动服务力度。一方面，对事关市民生活密切相关的信息，如个人重大疾病预防与警报、儿童预防接种、老年人慢性疾病预防和体检、自然人相关资质证书的定期备案等信息，主动精准推送；另一方面，通过大数据的统计和分析，总结市民的生产、生活、收入以及消费的基本规律和分布情况，提醒市民如纳税申报、消费退税、个税抵减等信息，实现个性化和智能化的精准行政服务。

（五）数据赋能政府自身的效能提升

1. 优化内部流程和机制，加强能力储备

一是建设以场景牵引的"云化治理"，促进管理扁平化。明确数据采集标准，实现最大集成，尽可能避免人工操作等方式，以场景牵引，政府部门通过数据服务平台与授权机制相结合，实现数据汇聚的中心化、部门协同的扁平化和现场处置的自动化，最大限度优化服务。二是联合推进流程审计。通过政府部门与相关领域专家、技术骨干联合的方式，对重点改革事项的流程进行专项审计评估，避免用线下思维设计线上流程。三是公共服务数字化的标准与社会组织管理机制。对数据管理、数据使用规则、公共服务数字化的标准体系统需要有系统的考虑和细化的办法。对数字服务外包、政府与市场、社会组织合作模式进一步探索。

2. 加强干部队伍建设，适应数字政府转型需要

一是加强干部的跨界交流。加强专业队伍招募、培养，加大政府部门与企业、科研机构人员交流培养力度。二是建立分层负责和动态授权的工作体系。建立分层的胜任力评价模式，对于符合岗位能力要求的人员，适当授予自主决策空间，提升决策的效率和主动性。三是完善考核机制。在考核指标中体现阶段工作重点，如事务网办率、数据共享率和流程优化情况等。健全干事创新的机制设计。鼓励干部坚持长时间深耕专业领域，对于"隐绩"应及时肯定并树立榜样。

（六）以数据引领长三角深度一体化

1. 利用区块链技术，推进"信用长三角"建设

在《长三角生态绿色一体化发展示范区总体方案》中，信用体系建设是重要的试点内容之一，可以按照去中心化、分布式记账的思路，利用区块链的技术，以上海为引领，推动长三角地区信用体系建设协同发展。

2. 高标准统筹智能效能与生态体系

空间协同是区域一体化的先导与基础。上海作为国际大都市，可以着手就交通与生态体系的高标准数字孪生进行系统规划建设，一是高标准部署感知设备，在路网、河流、管道部署感知神经元，用于数据采集、算法优化，通过拥堵指数、水质检测等数据分析实现精准管控；二是规范数据标准，对交通与生态数据可明确共享开放机制，赋能交通运输、生活服务等相关行业，并为长三角交通、生态一体化奠定基础；三是在探索过程中形成标准体系，为国家未来数字化转型提交上海样本。

3. 以数据共享促进世界级产业集群培育

统一新基建标准、统一数据交互标准、以公共数据充分共享为基础，最大限度减少行政壁垒造成的区域分割，共同构建长三角产业地图。发挥好长三角区域高校资源，通过互联网和共享模式，打通跨区域布局的行业核心产业链，促进设计—研发—生产协同的平台。客观地协调各成员的经济政策，通过设计合理的利益分享机制与利益补偿机制，协调各地区利益分配，实现协调、有序和可持续发展。

4. 以人的流动需求为突破点，促进区域一体化发展

城市一体化发展的基础是要素的自由流动，人的快速流动是重要的因素。围绕人的流动，需要将养老、医疗、教育等公共服务体系进行统筹。一方面，通过远程服务，让人是否在户籍所在地不再成为障碍；另一方面，通过地方政府间的数据交互、共享来完成居民基本服务的保障，并以此为突破口推动跨地区公共服务前台整合、后台融合，为治理体系现代化建设进行改革试点。

关于全面提升智慧城市治理效能的对策与政策建议

核心建议

1. 以建设"城市有机生命体城市云脑"和"一体化智能化公共数据平台"为抓手，将公共服务嵌入治理结构，再造政府治理结构。

2. 以数据治理能力体系化建设，增强政府的数据调控能力：强化政府数据治理的顶层设计、建立上海数据管理能力成熟度模型、加快出台数据治理标准体系文件，加强政府数据生态建设。

3. 升级"12345"热线为"社会互动平台"，解决分散化的市民需求，使城市数字治理系统保持高度的可扩展性和弹性，随时接纳并应用最新数字技术和政策供给。

4. 通过"智慧社区"建设提升城市治理效能。加强打通政府、企业和市民等各类信息系统的业务协同和数据联动。鼓励和吸纳社会力量加入应用场景开发，探索政府购买社会信息服务模式。

5. 引入社会资源解决城市治理处置力量不足。从物业服务与社会治理协同着手，探索全域化公共服务和"政府＋企业＋市民"三位一体，以服务促治理的新模式。

6. 厘清政企合作边界，以制度和法律为保障，防范信息安全风险。

7. 构建线上和线下两种监督路径的数字化生态治理的全民监督体系。

<h1 style="text-align:center">正文</h1>

数字化转型正在成为创新和治理的核心驱动力，上海作为超大城市，人口多、流量大、功能密，城市建设、发展、运行、治理各方面相互交织、错综复杂，如何将制度优势转化为治理效能、构建数据驱动的城市治理的基本框架、实现全方位赋能和革命性重塑等目标是城市全面数字化转型的关键要素。

<h2 style="text-align:center">一、上海数字化转型中影响治理效能的若干问题</h2>

1. 整体规划和顶层设计滞后，数据共享不足。城市运行需要大量的基础数据，但由于在建设初期未进行充分的整体规划和顶层设计，缺乏全面的数据标准体系，目前各部门的数据共享存在壁垒，难以快速、及时和完整地调用海量数据，影响指挥处置和联勤联动。此外，由于城市治理涉及大量政府、企业和个人的敏感数据，基于对信息安全的考虑，目前对市民信息的共享比较谨慎，尚未建立全市层面的市民用户中心。

2. 数字化手段工具与线下管理模式难以匹配。各条线独立开发的业务系统和应用场景，由于其数据标准和统计口径各异，在信息互通和协同应用等方面尚存在沟壑，在迁移至城运平台的过程中，急需建立适应数字化转型的体制机制，解决同步解决系统建设与业务流程、职能定位与运行流程等方面的整合。

3. 数字化转型中的基础保障不足。目前"一网统管"按照"三级平台、五级应用"的基本架构，区级平台作为承上启下的枢纽、支撑功能保障不足，例如，市级平台提供的数据资源、区域个性化应用的开发和叠加能力，市和区之间、区域之间、部门之间协同机制，以及街镇级平台在开展资源调度和处置力量等诸方面尚待完善。

4. "一网统管"缺乏市民深度参与。"一网统管"侧重于"管",作为城市管理的统一平台,主要是面向城市运行的决策者和管理者。人民参与和人民监督是城市治理的关键一环,目前"一网统管"平台的功能,尚缺乏人民群众参与城市治理的手段、城市治理中管理者与市民的互动以及市民对于城市治理效能的反馈。

5. 社会化服务购买程度不高。目前整个城市治理体系中,引入社会化服务力量程度不高,特别是各区城运中心,汇聚了各区所有城运、12345、网格等流程各异、量大而繁杂的工作,而部分区城运中心属于事业单位,不具备购买第三方服务的能力,导致处置工作的在及时响应和处置效果等方面不到位。

二、国内外代表性城市经验借鉴

通过梳理、总结和分析国内外代表性城市利用数字化转型提升治理效能的经验,从以下方面进行分析和借鉴:

(一)数字化转型提升治理效能的路径

我国不同城市和地区在将国家治理体系与新一代信息技术进行融合方面已经形成了有特色的治理实践。从省级的行政单位来看,目前上海、浙江提出了全局性、系统化的数字化转型方案和目标。广东省在全国率先开展数字政府改革建设工作,打造了数字政府的"广东样本",最近广东省数字政府标准化技术委员会正式成立,标志着数字政府标准化工作进入了新阶段。

国外方面,美国政府数字化转型以信息共享和数据获取为基础,以公共服务为导向,实现了由管制型政府向服务型政府的转变。从美国数字政府建设中可得到以下启示:一是要注重服务,建设服务型政府,满足企业和公民不断增长的公共需求;二是要以评促建,提高数字政府质量,美国政府为此专门成立了"数字政府研究中心";三是要完善机构法规,进一步保障数字政府高效、标准化运作,同时加强政府信息安全和隐私保护,做好移动互联网的信息安全保障工作。

(二)社会治理模式向数字化平台治理变革

北京、上海、浙江和深圳等城市通过数字化转型将传统社会治理模式向以数字化平台治理模式的变革,并以数字化重塑、柔性化治理两大核心优势构建高效的信息传递与沟通渠道。

国外方面,英国政府提出"数字政府即平台"的核心理念,即由政府建设统一、通用的共享公共服务平台设施,基于平台的统一数据,各部门或者企业和民众开发附加应用服务,继而推动以平台为基础、以服务为核心的政府数字化转型。

(三)构建数据治理能力是数字化转型的关键

2019 年 2 月,美国政府发布"美国开放政府行动计划"。在加快推动政府数据开放的同时,美国政府也在同步构建强大的数据治理能力,以寻求数据开放和数据安全之间的平衡。2019 年 12 月,美国政府发布《联邦数据战略与2020 年行动计划》,明确了将数据作为战略资源予以开发和使用的宗旨,并制定了在 2020 年相关机构和协会需要推进开发联邦数据资源库、成立联邦首席数据官委员会、设计数据伦理框架等 20 项关键措施。

(四)法治治理是数字化转型面对的治理新命题

新一代信息技术的快速发展使信息安全边界和伦理道德秩序发生了改变,法治治理必将面对数字化转型带来的治理新命题。西方发达国家十分注重运用法规制度体系来规范和保障政府数据治理行为,充分利用政策条文体现政府对数据应用和数据治理核心要义,从政策法规的角度强化政府数据的资产属性。此外,多元协同伙伴关系被西方国家视为政府数据资产价值开发的核心要素。

部分国家政府数据治理政策一览表

内容领域	国　家	政　策　名　称
数据标准管理	美　国	《法规遵从备忘录》(2011),《13642 总统令：将公开与机器可读作为政府信息的新标准（2013）》等
	英　国	《公共数据原则》(2012),《政府开放数据 5 星评分标准》(2012),《开放数据宪章》(2013),《政府开放标准指南》(2018 更新)
	澳大利亚	《澳大利亚政府信息互用性架构》(2006),《公共服务大数据战略》(2013),《澳大利亚政府公共数据政策声明》(2015),《澳大利亚政府机构共享数据指南》(2016)
	新西兰	《新西兰政府数据管理政策与标准》(2000),《新西兰统计局元数据与文档指南》(2012)
数据生命周期管理	美　国	《21 世纪数字政府：构建一个更好的为美国人民服务的平台》(2012)
	英　国	《抓住数据机遇：英国数据能力策略》(2013),《开放政府合作组织英国国家行动计划 2013—2015》(2013),（国家信息基础设施框架 NII）(2015)
	澳大利亚	《澳大利亚信息专员法案》(2010),《公共部门信息管理》(2015)
	新西兰	《新西兰数据及信息管理原则》(2011),《新西兰统计局数据管理与开放实践指南》(2012)
数据资产管理	美　国	《开放数据政策备忘录——管理数据资产》(2013)
	英　国	《政府许可框架》(UKGLF，2010),《简化英国公共部门信息的再利用：英国政务许可框架与政务公开许可》(2011) 等
	澳大利亚	《澳大利亚政府部门知识产权原则声明》(2010),《政府开放获取和许可框架》(2011),《开放公共部门信息原则》(2011)
	新西兰	《高价值公共数据再利用的优先级与开放——流程指南》(2012),《新西兰政府开放获取特许框架》(2014) 等
数据安全管理	美　国	1326 号总统令（2009），13556 号总统令（2010），《M-16-04 备忘录：联邦政府网络安全战略与实施计划》(2015),《网络安全国家行动计划》(2016)，13719 总统令（2016)
	英　国	《数据保护监管行动政策》(2013)
	澳大利亚	《澳大利亚政府信息安全管理协议》(2015)
	新西兰	《政府机构风险管理守则》(2009),《云计算：信息安全与隐私考虑》(2014),《风险评估流程——信息安全》(2014)

三、提升智慧城市治理效能的对策和建议

通过城市全面数字化转型，以撬动治理要素改革和方位赋能，推动数字化转型对城市治理的体制机制、组织架构、方式流程和手段工具等全方位赋能和革命性重塑是上海数字化转型的根本所在，为此，建议：

（一）以建设"城市有机生命体城市云脑"和"一体化智能化公共数据平台"为抓手，将公共服务嵌入治理结构，再造政府治理结构

1. 建设上海"城市云脑"。整合汇集政府、社会和企业数据，在城市治理领域进行融合计算，实现城市运行的生命体征感知、全局实时分析、公共资源配置、宏观决策指挥、事件预测预警和"城市病"治理等功能。通过"城市云脑"整合分散化的公共服务，再将公共服务嵌入到治理结构，围绕不同用户群以"端到端"的流程再造灵活而有弹性的政府治理结构。

2. 建设"一体化智能化公共数据平台"。解决目前运营中全域全量数据汇聚与深度运用的需求。在三级平台和五级应用架构的基础上，通过一体化平台整合城市治理各领域的信息数据、生产系统和物联系统等城市体征数据，真正实现一体统筹、集约高效，有力支撑各领域各方面重点应用互联互通的完整系统。

（二）以数据治理能力体系化建设，增强政府的数据调控能力

1. 强化政府数据治理的顶层设计。出台适合上海特点的制度和实施路径。在战略层面实现从"数据管理"向"数据作为战略资产"的转变，对政府数据治理体系化建设的战略目标、战略重点、主攻方向以及工作机制、推进方式等开展顶层设计，利用法规体现政府对数据应用和数据治理核心要义。

2. 建立上海数据管理能力成熟度模型（SDMM—Shanghai Data Management Maturity）。参考国际 CMMI 协会发布的用以评估和提升数据管理水平的模型，建立上海特色的数据管理模型，促进相关部门建立自己的数据管理成熟度指标和实施路线图。

3. 加快出台数据治理标准体系文件。建议从"数据标准与质量管理""数据生命周期管理""数据资产管理"和"数据安全与风险管理"四个维度出台具有可操作性的指导文件。例如，数据确权和资产化面临障碍，数据自由的流通受制于隐私保护和收益分配等规则不完善的短板。

4. 建立政府数据治理组织体系。除了数据治理的领导机构外，应更加强政府数据管理岗位的细分与专业化，对所有参与政府数据工作的人员进行精准的角色定位、能力规划，明确不同类别人员数据管理职责。建立数据治理组织机构间的业务协同与跨部门的工作和交流机制，以解决标准不一和数据割据等问题。

5. 加强政府数据生态建设。以传统的方式独立进行数据管理的做法已不能满足数字化转型的需要，数据治理需要跨组织边界的协同治理，以数据开放共享构建社会治理共同体。政府、企业、社会组织和公众等参与主体，推动政府数据与企业数据、社会数据的融合，形成治理主体的多元化、治理视角的多维化和治理方式的多样化，进而增强政府的数据调控能力。

（三）升级"12345"热线为"社会互动平台"，解决分散化的市民需求

数字化转型也将会引发新的治理问题，由于分布式系统不断扩展，去中介化态势加剧，要确保平台化模式中政府"点对点"连接无数分散化的市民需求作出及时性反应，规避虚拟网络的各种风险，使具有多个治理级别的复杂系统确保每个人对自己的行为负责，政府必须探索新的治理方法。目前12345热线承担了党和政府联系人民群众的纽带作用，已经成为市委市政府及时获取民情民意的重要渠道。进一步升级"12345"热线为"社会互动平台"，使城市数字治理系统保持高度的可扩展性和弹性，随时接纳并应用最新数字技术和政策供给。

（四）通过"智慧社区"建设提升城市治理效能

智慧社区作为智慧城市的神经元和最基础的单元是提升社会治理效能的关键突破口，从"老百姓最需要"以及"城市治理最突出"问题出发，以服务带动治理，制定应用场景和技术攻关清单，并向社会公开发布，优先构建符合最大公约数的新场景，满足市民对美好生活的向往，增加人民获得感，打造智能便捷的数字化公共服务体系。加强打通政府、企业和市民等各类信息系统的业务协同和数据联动。鼓励和吸纳社会力量加入应用场景开发，探索政府购买社会信息服务模式，避免同质化开发、重复性建设，切实满足社会治理对智数字化转型应用场景的需求。

（五）引入社会资源解决城市治理处置力量不足

根据一网统管数据统计显示，99%的社会治理事项需要在基层进行处置，解决城市治理处置力量不足，切实为基层增能减负是数字化转型中全方位赋能的关键，引入社会资源参与城市治理和全域化公共服务是行之有效的路径之一。建议从物业服务与社会治理协同着手，由于物业管理行业立足社会治理的最小单元，服务城镇、城市的最后一公里，探索全域化公共服务和"政府＋企业＋市民"三位一体，以服务促治理的新模式。

（六）厘清政企合作边界，防范信息安全风险

城市数字化全面转型在政府与企业的合作日益紧密同时，也造成边界模糊的担忧，尤其是对数据安全带来一定的风险和挑战。由于政府项目涉及大量国计民生和个人隐私数据等敏感信息，在产生数据安全风险时，权责不清将导致数据和系统安全风险，以及无法有效追责的情况。因此，厘清政企合作边界，以制度和法律为保障，确保不发生信息安全风险。

（七）构建数字化生态治理的全民监督体系

构建数字化转型的全民监督体系，不仅保证治理主体行为合法化，也能最大程度保证市民的权益安全化，建议打造线上和线下两种监督路径，主动将政府及其他治理主体的各项职权从权力授予、行使主体、运行流程、对应责任等一系列过程都纳入全民监督平台，从而实现各个执行环节的有效衔接，避免监督缺位。

关于大力拓展和提升数字化公共服务
能力的对策与政策建议

核心建议

1. 让市民作为公共服务的最终用户以共同创建的方式参与其中，创造出真正满足民众需求的服务，不断优化系统性能。

2. 对现有公共服务平台进行梳理、整合和统筹，统一各类数据档案标准与各系统接口标准，建立统一的数据库与共享平台，逐步在一网通办平台集成，形成公共服务的统一入口。

3. 建立服务资源全息地图，针对公共教育、交通服务、物流服务、医疗、养老与社区服务等行业，依托互联网、移动通信、物联网与大数据等技术，明确标注闲置资源、紧缺资源与热门资源，推动服务资源共建共享。

4. 加快公共平台的数据挖掘、创新和应用，建立规范统一的服务流程与标准；根据市民档案数据库与各类服务数据，进行分析与挖掘，提供精准服务。

5. 加快建立公共服务数字化转型所需要的法治、伦理、规则等制度供给和法治保障体系，出台上海市政府数据共享开放的地方性法规制度。加快推进与数字化相匹配的行业管理制度建设，出台相关管理制度和标准，实施包容性监管，推动公共服务数据治理。

6. 鼓励社会力量积极参与，加快数据汇聚、融通、应用，培育发展数据要素市场，鼓励公民、法人或者其他组织利用政府数据资源创新产品、技术和服务，培育数字经济新产业、新业态和新模式。

7. 借鉴"新零售"的基本理念，促进线上服务平台、服务资源与线下服务机构、服务资源的有效对接，成立公共服务客服中心，形成"全渠道"的新服务模式，实现线上线下服务有效对接，高效解决实际问题。

正文

公共服务作为一项重要的民生服务工程，其服务内容和形式包罗万象，涉及生活的方方面面。公共服务的数字化转型与升级对推动高质量发展和高品质生活具有重要的意义。

一、上海市公共服务数字化建设面临的主要问题

（一）缺乏系统顶层设计，信息平台各自为政
各行业都具有各类各层级不同的信息系统，彼此之间没有完全打通，未形成统一的信息管理与交易平台，造成用户重复登录、注册、交易等，服务效率低下，以及大量的资源浪费与成本高企。

（二）缺乏统一数据标准，信息壁垒问题凸显
各系统的数据没有统一标准，不同系统之间的接口缺乏标准格式，数据无法有效共享，仅仅起到部分信息传递的作用，不利于各系统之间的协同运营与管理。

（三）重系统轻软件开发，数据价值有待挖掘
在信息系统建设过程中，呈现出重硬件建设轻应用软件开发、重项目建设轻后续维护管理、重数据收集轻数据运用的"三重三轻"现象，系统中产生的数据主要用于呈现展示与记录等，数据价值尚未充分挖掘。

（四）数据监管存在盲区，信息安全隐患严重
针对大量的用户信息，目前还没有建立相关的数据资源开放保密审查和使用安全管理制度，数据安全监管存在盲区，对用户使用信息平台的积极性

造成负面影响，不利于各信息平台的推广使用。

（五）服务渠道存在割裂，线上线下服务尚未融合

目前，公共服务领域的服务渠道的线上线下未能真正有效融合。通过线上平台或手机应用，仅能实现资讯提供、信息收集、机构管理、向上级部门提供数据等功能，无法有效提供具体服务，服务的完成仍然需要线下渠道完成，影响服务效率。

（六）系统设计创意不足，平台使用体验效果不佳

相对于企业而言，政府部门对于数字和创新服务的想法较少，创意不足，需求精准度不高，致使其信息系统设计存在界面不够友好、功能不够完善等问题。

二、上海市公共服务数字化能力建设的关键影响因素

（一）宏观层面的影响因素

宏观因素如政策与法律法规等对公共服务具有很重要的影响，产生一定的导向性与约束性影响。

1. **在政策因素方面**，首先，公共服务参与主体较多，各主体的权责利尚未明确，导致服务流程重复、基础设施重复建设、信息系统功能重叠等资源浪费，并导致服务效率低下。其次，公共服务数字化建设需要投入大量的人力、物力和资金支持，但目前大都是各机构自行解决，是否开展信息化建设及如何建设完全取决于各机构，缺乏统一协调与规划。

2. **在法律法规方面**，一方面，我国目前尚无健全的法律依据保护隐私信息问题，造成用户参与度与积极性下降。另一方面，对政府相关管理部门而言，没有完善的政策法规会导致执法监管部门在执行公务时出现无法可依的尴尬局面。因此，必须从总体上考虑数据、系统、网络、产品、安全、法律以及伦理道德等标准体系建设。

（二）中微观层面的影响因素

中微观方面的影响因素主要涉及基础设施建设与技术水平、社会机构或

资本参与程度、信息素养与人才队伍建设等方面，这些因素对公共服务数字化能力建设提升、服务质量完善等具有重要作用。

1. **技术水平：标准缺失，创新不足，基础设施有待完善**。各种硬件软件、平台等技术标准缺乏，导致设备性能指标不一致、配置参数不统一等问题，极大地影响了数字化能力的提升与服务效率。此外，虽然我国的信息技术产业规模不断扩大，产业体系逐渐完善，但国产设备占有率低，核心设备差距明显，潜在的战略风险、数据泄漏风险和情报监控风险，严重威胁信息安全乃至国家安全。在此背景下，设备国产化成为降低数字化经济成本的重要突破口。

2. **支撑体系：行业标准缺失，数字生态有待完善**。从实践看，基层的公共服务标准化建设和公共基础设施标准化建设以及社会公共服务方面的标准化尚未实现。同时，公共服务数字化能力的提升有赖于完整的数字化生态体系的支撑，无论是智能设备、机器人还是云平台，都必须有专业、即时的人工服务体系作为配套，保证相关环节的无缝衔接、高效联动。

3. **信息化素养：难以跨越的"数字鸿沟"**。在科技飞速发展、更新迭代的同时，老年人身体机能下降，对新事物的学习和接受能力较低。现有数字化信息平台，大都功能繁杂、操作流程过多、使用不便等，非但没有解决老人的问题，反而使许多老人对于公共服务数字化产生了抵触情绪，进一步加剧了"数字鸿沟"。

4. **人才队伍建设：专业化水平有待提高**。公共服务的数字化建设需要专业的人才队伍，包括专业的服务人员与信息技术人员。以养老服务为例，相关专业人才包括养老护理人才、适老化产品研发人才、智慧养老服务平台研发人才等。由于社会对养老专业护理人才的社会认同感不高，缺乏有效的激励机制，在一定程度上降低了人才投身智慧养老事业的积极性。人才匮乏，逐步成为制约智慧养老发展的瓶颈。这种现象在医疗、社区服务、交通物流等行业同样存在。

三、上海市公共服务数字化能力提升的对策建议

综合上海公共服务数字化能力建设面临的主要问题及相关影响因素，提出以下建议。

（一）加强顶层设计，统筹规划，整合信息系统平台

一是立足系统全局，完善顶层设计。通过顶层设计来实现各类信息系统的整合，优化各类服务流程，完善信息支撑体系，进而实现不同层级不同机构的信息平台和各个功能模块的整合，删减重复性功能模块。

二是加强服务设计，优化系统性能。采用"以人为中心"和"共同设计"的核心原则，让市民作为公共服务的最终用户以共同创建的方式参与其中，不断优化系统性能、减少操作环节、提高界面间接性与友好性，从而创造出真正满足市民需求的服务，以应对不断涌现的复杂社会问题，满足市民期望的高品质、差异化需求。

三是推进行业系统整合，全面升级"一网通办"。对现有公共服务平台进行梳理、整合和统筹，逐步向一网通办平台迁移或集成，形成公共服务的统一入口。同时，建立身份证"一证通"机制，建立以居民身份证号码为索引的社区公共服务平台，实现市民身份证办事"一证通"。

（二）统一数据标准，全面实现数据与服务共建共享

一是建立信息技术标准，完善信息支撑体系。统一各类数据档案标准与各系统接口标准，包括全市范围内各类档案与表格数据格式的标准化，如数据命名、编码规则、名词解释等各种数据标识等；统一各级各类平台系统数据接口标准，形成规范、可扩展、兼容性强的数据标准。同时，建立信息共享机制，促进政府部门的业务系统与公共服务平台实现互联互通，实现跨部门业务协同。

二是建立服务资源全息地图，推动服务资源共建共享。针对公共教育、交通服务、物流服务、医疗、养老与社区服务等行业，依托互联网、移动通

信、物联网与大数据等信息技术，建立服务资源全息地图，明确标注闲置资源、紧缺资源与热门资源；同时，建立资源共享机制，推动服务资源的共建共享。

（三）充分挖掘数据价值，实现服务的智能化、标准化与精准化

一是基于各类公共服务流程中积累的大数据，加快数据挖掘、创新和应用，对医疗服务流程、养老服务流程与社区公共服务流程进行梳理与优化，建立规范统一的服务流程与标准，实现服务流程的标准化。

二是根据市民档案数据库与各类服务数据，进行分析与挖掘，提供精准的服务推荐，包括服务结构、服务者与服务案例的参考方案等。同时，结合人工智能技术进行研判与趋势分析，提醒市民需要服务的时间、类型、机构等信息，逐步实现服务的智能化。

（四）立法先行、技术赋能，加强数据治理与安全性建设

一是加强法治建设。加快建立公共服务数字化转型所需要的法治、伦理、规则等制度供给和法治保障体系。借鉴《贵州省政府数据共享开放条例》，在《上海市公共数据开放暂行办法》的基础上，出台上海市政府数据共享开放的地方性法规制度，推动政府数据共享开放，规划政府公共数据开放的任务书、时间表、路线图，推进开放数据制度化、规范化、程序化、法治化。落实数据共享机制，明确数据共享的权、责、利，根据"一数一源"原则保证数据的真实性、鲜活性、权威性。

二是制度与技术融合，加强数据治理与监管。加快推进与数字化相匹配的行业管理制度建设，出台相关管理制度和标准，实施包容性监管，推动公共服务数据治理；基于一网通办，建立各行业联动的数据治理机制。与此同时，迅速提升机关大数据系统的安全防卫能力，实现硬件、软件的升级换代、自主可控；同时提高安全预警、溯源和应急处置能力。

（五）建立行业服务标准，大力引导社会资本参与，构建数字生态

一是在服务质量标准建设、管理流程创新的基础上，基于市民档案与各项服务数据库，进行人工智能技术与大数据分析，提炼各项服务的具体标准与质量标准，形成统一的各行业相关标准。

二是在服务标准建设的基础上，增加研发投入，在核心技术、设备、系统平台建设与服务产品研发上，立足自主创新，推动场景建设。

三是规范市场秩序，引导社会资本参与，完善数字生态。通过大数据监管，加强市场监管与监督，保证市场交易的有序性，促进良性竞争。政府对于服务环节薄弱或需要较强技术支持的设备、平台与服务产品，应增加投入，积极采购相关设备与服务。同时鼓励社会力量积极参与，加快数据汇聚、融通、应用，培育发展数据要素市场，鼓励公民、法人或者其他组织利用政府数据资源创新产品、技术和服务，培育数字经济新产业、新业态和新模式。

（六）线上线下服务融合，打造"全渠道"新服务模式

一是借鉴"新零售"的基本理念，促进线上服务平台、服务资源与线下服务机构、服务资源的有效对接，建立服务资源共建共用机制，形成"全渠道"的新服务模式。具体来说，可以有效实现"线上预约、下单＋线上服务""线上预约、下单＋线下服务""线下预约、下单＋线下服务""线下预约、下单＋线上服务"等多种新服务模式；同时，针对售后服务，也可以采用类似流程完成后服务处理，有效解决用户后服务纠纷等相关问题。例如，在养老服务方面，实现更多养老服务网上预约、在线下单、线下服务与100%回访，利用信息化手段为辖区老人提供与日常生活密切相关的助餐、助医、助洁、代购、代办等更精准、更细致的服务。

二是建立公共服务客服中心。借鉴"长宁智慧养老服务平台"的客服中心，在一网统办原有的信息查询、机构管理、公共服务申办的基础上，设立公共服务客服中心，为市民解难答疑，引导线上线下服务对接。以此实现线上线下服务有效对接，并解决相关实际问题。

（七）以人为本，全面提升信息素养，完善服务人员信用体系

一是加强信息技术与能力培训，提升数字化专业人才的信息素养。一方面，通过从业人员的学历化教育，鼓励高职高专职业院校为公共服务源源不断地提供专业化的人才队伍。另一方面，加强系统性培训，具体可结合线上线下模式开展，如通过在专业学校或机构开设培训班，或通过线上课程学习，内容包括课程学习、演示与操作指导等。

二是建立服务人员档案，加快完善服务人员的信用体系建设。市民对社会公共服务的感受往往来自于服务人员，尤其是养老服务和社区便民公共服务，更是与市民生活直接相关，对于这些直接进户服务的助老、物业、维修、家政、安防等服务，服务人员的信任度十分重要。建议充分发挥"上海市公共信用信息平台"的作用，建立相应的信用体系，以对这些提供公共服务的企业和人员进行规范。

（八）考虑地区差异，加快经济欠发达地区信息化建设

增加对经济欠发达地区基础投入，完善信息基础体系，同时对接市相关信息平台，形成城乡一体化的公共服务平台体系。例如，在法律服务方面，将目前的村居法律顾问服务升级为线上线下服务平台一体化，依托目前社区云平台，提供社区线上咨询服务，同时可以服务数据全程在线留痕，提高政府采购村居法律服务的效能，还可以根据服务数据对社区纠纷进行全流程跟踪管理，根据纠纷线索进行数据整理，记录、分析社区纠纷常见类型、纠纷性质、发生时段、解决方式等，实现纠纷的主动化解以及预防，将纠纷化解在初期萌芽阶段。

关于构建上海市公共数据开放安全制度的建议

核心建议

1. 在《上海市公共数据开放暂行办法》基础上尽快制定《公共数据安全条例》，对公共数据开放共享中的国家秘密、商业秘密、个人隐私保护制定专门的地方性法规。

2. 确立公共数据全生命周期安全保障原则，对涉密、涉敏数据的，应当由专家委员会进行安全评估，对涉及国家秘密、个人隐私、商业秘密和敏感信息的数据由数据开放者负责做好数据清洗。

3. 可借鉴国外经验，将数据分成公共级、私人级、敏感级和高度敏感级四个等级，建立数据安全分类保障机制。

4. 借鉴国外数据安全保护经验，设立"政府数据开放首席信息官"，建立"数据专员"以加强组织协调能力，建立容错免责机制。

5. 加强数据安全保护政策工具的组合运用，鼓励企业、社会组织、个人等加强对数据获取、使用过程的监督与反馈；政府通过综合利用补贴、税收、劝诫等方式鼓励参与数据安全管理的互联网企业加强数据安全风险监测与预警，持续保障政府数据开放进程。

正文

一、背景：加快数字化发展、建设数字中国、
加强公共数据开放共享的国家战略

当前，数字化经济、数字化治理已经成为全球趋势，公共数据开放共享已经成为推动经济发展、提升政府治理水平的战略决策。2018 年 1 月，中央网信办、国家发改委、工信部联合印发《公共信息资源开放试点工作方案》，确定在北京、上海、浙江、福建、贵州五地开展公共信息资源开放试点。各省市根据《促进大数据发展行动纲要》的目标要求，相继规划、建设并运营了政府数据开放平台，并制定了一些地方性规则和标准，如《上海市公共数据开放暂行办法》《浙江省公共数据开放与安全管理暂行办法》《贵阳市政府数据共享开放条例》。但是，公共数据开放共享实践仍然面临诸多挑战和困难。

二、当前公共数据开放安全的问题

1. **从国家层面来看，如何在引导数据开放的同时保障国家安全、公共安全是国家数据战略和法律法规的重要课题**。数据开放与国家安全之间往往存在一定的张力，如何协调好数据开放的相对自由和国家安全的绝对保障是国家数据战略和法律保障的首要目标。对此，各国数据开放法治往往通过规定政府数据开放的例外范围确保数据开放不触及国家安全利益。美国 1966 年颁布的《信息自由法》（FOIA）规定了 9 类数据不可公开。澳大利亚政府于 2013 年《公共服务大数据战略》中规定数据属于国家财产，数据隐私保护要从顶层设计着手。欧盟关于数据安全的规则构建走在世界前列，2012 年，欧洲委员会就率先启动了个人数据保护立法的进程，2018 年《欧盟通用数据保护条例》（GDPR）正式颁发，成为全球较为完善和严格的数据保护法规，明确了包括

网站经营者、企业等在内的数据使用者必须事先向客户明确说明其对客户数据的获取与使用行为，否则将会作违法处理，同时用户也有权要求责任者删除相关记录；2020 年，欧盟委员会公布数字化战略、数据战略和人工智能白皮书，在网络安全、关键基础设施、数字化教育、人工智能应用等方面全面发力，提出建立真正的"欧洲数据空间"，并与中、美在数字经济领域展开竞争与合作；2020 年 6 月欧盟发布《欧洲数据保护监管局战略计划（2020—2024）——塑造更安全的数字未来》，进一步强化数据空间安全治理的规则；此外还有《数据法案》，激励各方数据共享的，以及针对科技巨头收集、使用、共享数据中限制创新和竞争问题的《数字服务法案》等正在研究和征求意见中。2017 年英国发布的《新的数据保护法案：我们计划的改革》中指出科学家有权安全处理数据，旨在保障未来英国迈入数字化世界后的数据安全；2017 年日本《个人信息保护法》（PIPA）增加了数据跨境流动条款，区分了个人信息与个人数据。

2. **我国数据安全法律法规和政策体系总体供应不足，原则性较强，可操作性不够**。如《网络安全法》《国务院促进大数据发展行动纲要》等，尚不能保障和协调各方利益，对于数据资源，政府、企业、公民等不同的利益相关者的需求和利用取向，尤其是数据多主体的开放利用与隐私、安全之间的协调等，尚没有建立可具操作性的安全保障机制和利益协调机制。屡屡发生的互联网个人信息"灰产"事件已为国家数据资源安全敲响警钟，从国家层面构建健全的数据空间治理规则已迫在眉睫。2017 年 12 月 8 日，中央政治局就实施国家大数据战略进行第二次集体学习，习近平总书记明确指出了我国数据空间治理参与国际竞争和合作的主要内容，包括强化国家关键数据资源保护能力，数据安全预警和溯源能力，数据政策、监管、法律的统筹协调，数据确权、开放、流动、交易制度等，明确指出"要加强国际数据治理政策储备和资历规则研究，提出中国方案"。如何提出数据空间治理规则的"中国方案"已是学界研究的当务之急。

3. **国家统一立法和全国性的数据开放安全机制需要时间和经验的积累，过程长**。这就需要地方、区域结合本地区的实际情况先进行试验性操作，上升为地方性规则，再逐步向全国复制、推广。目前在地方性数据安全立法中，贵州省和浙江省已经做出了尝试，开了我国数据安全立法之先河。2019年，《贵州省大数据安全保障条例》是首部地方性数据安全立法；2020年，《浙江省公共数据开放与安全管理暂行办法》施行，其中第四章共7条专门规定了"数据安全"，是在第一部专门规定公共数据开放中数据安全保障的地方性规章。

三、上海市公共数据开放安全制度之建议

1. **在《上海市公共数据开放暂行办法》基础上尽快制定《公共数据安全条例》，对公共数据开放共享中国家秘密、商业秘密、个人隐私保护制定专门的地方性法规**。制定数据安全保护战略规划，强化数据安全保护的制度设计，为具体的安全政策制定与执行提供根本遵循，改变过去"重硬件建设，轻软件提升"、以为数据安全更多依赖信息基础设施建设与技术保障错误倾向，确立数据安全法治观念。

2. **确立公共数据全生命周期安全保障原则**。数据安全范畴随着信息技术发展也不断扩充、延展。总体国家安全观要求不仅要注意传统安全也要注意非传统安全。数据安全以往常被认为仅包括数据自身的安全，如防止数据被泄露、被攻击、被破坏，维护机密性、完整性、可用性，但现在还需要关注数据使用的安全，如防止被篡改、被操纵、被污染等恶意使用。在大数据时代，单个数据并没有太多价值；有价值的是大数据的分析价值，即所谓的大数据的"战略资源"意义。数据安全保障应贯穿采集、归集、清洗、共享、开放、利用和销毁的全过程，缺失任何一个环节都会使数据安全面临巨大的风险。因而这就要求在实施公共数据开放共享中的安全保障机制，要从数据采集、归集源头上，经由开放、共享，继续延伸至公共数据使用过程，乃至销毁过程。地方立法需要针对数据全生命周期，分别明确各相关主体的安全保障义务，建立风险评估、安全审查、预警应急等机制，为认证登录、安全通信、访问控制等技术规制手段的使用提供法律依据。

3. **确立"谁处理谁负责"的安全义务原则**。对数据的规范已经很难再从传统意义的所有权、使用权角度去区分安全义务，比如自然人很难控制因个人信息数据泄露导致侵害个人隐私的风险，隐私侵害风险处于信息数据的全生命周期。依据《民法典》第 1035 条规定，个人信息的处理的安全保障义务及于收集、存储、使用、加工、传输、提供、公开等所有环节，即每一个环节的数据处理者承担该环节的安全义务。

数据采集者应当遵循合法、必要、正当的原则，采集各类数据；没有法律、法规依据，不得采集公民、法人和其他组织的相关数据；采集公共数据应当限定在必要范围内，不得超出公共管理和服务需要采集数据。需要采集自然人个人隐私信息时，除非法律另有规定必须获得自然人的明确同意；并且只能在自然人明确同意的范围内采集和使用其个人隐私信息。公共管理和服务机构在使用和处理公共数据过程中，因数据汇聚、关联分析等原因，可能产生涉密、涉敏数据的，应当进行安全评估，征求专家委员会的意见，并根据评估和征求意见情况采取相应的安全措施。数据开放者应做好数据清洗，对涉及国家秘密、个人隐私、商业秘密和敏感信息的数据进行清洗。数据使用者应建立相应的安全规范，保障数据使用过程中不被泄露；以及一旦意外泄露或者被偷窃后，安全系统能自动识别并第一时间发出警示和及时熔断。

4. **制定科学的数据分级分类标准，建立数据安全分类保障机制**。可以借鉴域外的一些做法。2017 年，美国华盛顿特区采用了 5 级数据分类模式，包括 0 级——开放数据，1 级——公共数据，2 级——供地方政府使用的数据，3 级——机密数据，4 级——限制机密数据。澳大利亚新南威尔士大学将研究数据分为公共级、私人级、敏感级和高度敏感级四个等级。基本上，数据分级分类需要考量的因素有：法律法规的禁止公开的数据、合同约定（比如告知承诺规则）不能公开的数据、与国家安全有关的数据、与国家或机构核心技术有关而不能公开的数据、一旦泄露对公共安全产生重大安全的数据、与商业秘密有关的数据、与个人隐私有关的数据、仅在特定机构范围内共享的数据、仅在项目团队内共享的数据、仅在特定时期内可共享的数据等。

5. **强化数据安全管理人才队伍建设**。其一，参照西方发达国家数据安全保护经验，设立"政府数据开放首席信息官"即 CIO（chief information officer）做法，建立"数据专员"以加强组织协调能力。即在政府层面指定专门负责人作为数据专员，负责受理或提出数据资源需求申请，协调解决数据开放共享问题。大数据管理部门对数据专员受理、响应情况进行工作会商、业务培训和监管。其二，针对政府工作人员在数据开放、开发过程中"不敢干"的顾虑，也需要建立容错免责机制，即政务部门及其工作人员在推动大数据产业发展过程中因先行先试、尚无明确限制的探索性试验出现失误的，或者因政策界限不明确、政策调整影响未达到预期效果的，在程序符合规定、未牟取私利、未恶意损害公共利益和他人利益的情况下，可以依法免于承担相应责任。其三，要根据数据开放安全的实际需要，分类培养平台安全人才、数据安全人才、隐私安全人才，使数据开放安全工作有充足的人才资源保障。其四，要完善数据安全保护的组织建设。推动建立专门化的数据安全保护领导小组，协调联动不同职能部门或机构，强化政府数据开放过程中的数据安全保护工作。

6. **加强数据安全保护政策工具的组合运用**。针对地方政府数据安全政策工具选择单一的情况，需要加强政策工具的选择与组合运用。政府除了运用强制性政策工具加强数据安全审查与追责之外，还要综合运用自愿性政策工具与混合型政策工具。在自愿性政策工具使用方面鼓励企业、社会组织、个人等主体加强对数据获取、使用过程的监督与反馈；在混合型政策工具使用方面，政府需要综合利用补贴、税收、劝诫等方式鼓励参与数据安全管理的互联网企业加强数据安全风险监测与预警，从而持续保障政府数据开放进程。

7. **要对政企合作的安全问题进行规定，如明确数据平台建设和运维的机构的地位、性质和责任等**。广东正在探索的"三权共治"模式值得借鉴，即将数据平台建设和运维机构分为数据运营方、数据管理方、数据安全监审方；由省政务数据主管部门授权数据运营方进行运营，授权数据管理方负责数据内审、内控，授权数据安全方对数据运营方与数据管理方进行安全审计，对数据中心的安全体系整体负责。

关于打造具有国际竞争力的数字产业集群的对策与建议

核心建议

1. 全面构建上海数字经济产业集群发展的框架，在都市高端服务核心区推广智慧城市、数字政务和数字商务综合发展的产业集群；在西岸国际人工智能中心、北杨人工智能小镇、杨浦滨江产业带、长阳创谷产业园和人工智能未来小镇等基础园区，打造人工智能产业集聚区；在上海互联网创新实践区、国家新型工业化工业互联网示范基地、上海市工业互联网创新实践区等，发展物联网、工业互联网产业。

2. 积极落实集成电路、生物医药、人工智能等上海三大先导产业的规模倍增计划。大力引进华为、海康威视、大华股份、科大讯飞、智络科技等国内人工智能领域头部企业，以及亚马逊、基恩士、康耐士、SpikeNet、FANUC 等全球智能产品龙头企业。

争取腾讯、阿里健康、华大基因、推想科技等知名公司设立智能医疗总部或分部，力争引入 GE 医疗、谷歌、微软、沃森、Ada health 等国际巨头公司落地智能医疗产业园。

积极引入特斯拉、通用、Atheon 等国际知名企业，设立亚太总部及合作研发应用层产品，引入 Briefoam、TensorFlight、苹果、谷歌等公司进行前端计算机视觉、自然语言、人机交互等功能开发。

3. 抓住契机重点突破触觉和嗅觉领域的相关研究。依托张江瑞尔研究院的他山 AI 联合实验室，研发以分布式类脑协同计算芯片架构，类脑智能操作系统和石墨烯新材料为基础的触觉技术。重点培育触觉和嗅觉领域的龙头企业和产业集群，带动石墨烯等新材料和类脑边缘计算技术及其分布式类脑智能操作系统发展，占领人工智能系统技术和产业高地。

4. 每年发布数字经济发展指数，明确制造业集群创新中心关注的重点技术，明确政府年度对创新中心的资助要求，支持中小企业参与创新网络建设的具体措施。

5. 建立数字经济行业研究机构集群，吸纳中国信息通信研究院、中经智元、机器之心、埃森哲高德纳咨询、麦肯锡咨询、高盛集团等数字经济研究机构落户，组建中国人工智能产业发展联盟或人工智能合作组织等企业联盟，成立数字经济研究智库。

6. 鼓励高校开设数字科学和数字经济的职业教育，整合人工智能、物联网、计算机科学、信息科学、大数据、数字贸易及金融科技等专业。

7. 建立长三角统一的区域企业征信大数据库，实现数据的集中输入，合法输出。积极探索区块链技术和数字货币在长三角数字贸易结算中的应用。

正文

一、上海数字产业与国际竞争力的差距

当前，数字经济的蓬勃发展，以上海、广东、浙江等为代表的中国各省市都在积极抢抓数字机遇，推动数字化转型，但相比美国、德国等西方发达国家及所辖城市，起步相对较晚，数字竞争力不强，主要存在以下四方面差距：

（一）缺乏数字经济统筹规划，产业数据整合丧失先发优势

上海作为数字经济快速发展的前沿高地，在芯片、无人驾驶、新能源等局部数字产业发展上具有引领效应，但相比西方发达国家城市和国内深圳的数字经济先锋城市及杭州的全国数字经济第一城等，缺乏先天优势和体量规模，数字化发展顶层设计处于探索阶段。

从产业来看，工业互联网尚不成体系，企业对制造装备等硬件的投入多、对大数据分析等工业软件投入少，也缺乏数字化专业人才。另外，由于产业链上下游企业众多，管理的基础数据庞大，数字化转型投入成本更高，成效难以快速显现。特别是民营中小微生产企业的数字化工具普及率、关键工序数控化率偏低，数字化转型面临"不会转""没钱转""不敢转"等实际问题。

从数据应用来看，上海"一网通办"的数据运营成果显著，但系统性、集成性、规模化的数据管理、应用与运行存在不足。同时，更多地注重对行政管理与城市运行，对数字产业集群发展的指导规划较少。

（二）缺乏协同应用场景开发，数字产业集群效能无法发挥

1. 数字技术应用场景非常广，基础技术创新性研究不足

我国数字技术应用场景非常广泛，但基础性、源头性的研发水平却普遍较低，部分关键技术和产品依然"受制于人"。上海缺乏具有自主成长性和核心竞争力的优秀平台型企业和独角兽企业的数量优势。数字技术的自主研发水平较低，近五年上海的专利申报数量远低于北京和深圳。打造数字化城市，不能仅停留在为数字化技术提供应用场景（只是买单的输入方），同时也要成为数字化技术的策源地和产业化输出地。

2. 数字产业集群规模已领先，集群协同效能仍未能显现

长三角地区普遍数字化程度较高，但协同效应不足，仍是各自为政。上海作为长三角的龙头，应致力于打造引领全球数字化转型发展的未来技术和未来城市群的发展模板，在产业政策、人才引进、行业管理和营商环境等方面形成长三角的独特优势，更好掌握数字化建设的主动权。

3. 产业集群发展的需求巨大，而发展模式创新有待突破

上海积极通过临港新片区、张江科技园、陆家嘴金融中心等重要区域推动智慧城市建设、要素产业集群与产业发展模式创新，虽然涉及社区管理、民生消费、生物医疗、产业科技、交通运输等方面的局部创新水平较高，但由于两业融合、产城融合、港城融合等政策制定、资金投入与资源配置等模式与机制仍属保守，无法真正实现产业发展模式的创新突破。

（三）缺乏标准数据集成规范，产业链命运共同体无法实现

1. 数字化管理系统标准不一，对接不畅

行业内各企业在数据共享、平台对接、资源协同等方面存在理念差异，产业运营的数据搜集、分析和管理缺乏标准的系统集成。同一产业链中的企业与上游用户和下游配套，存在数字化转型不同步、系统及接口不统一等问题，导致产业链数字模块衔接不顺畅，难以实现产业整体转型升级。

2. 对政府扶持政策的需求更高

数字时代扑面而来，企业经营面对市场需求更多元，产品迭代更快速的情况下，既需要实现自身的数字化转型升级，更需要政府精准施策、宣传引导、市场对接、包容创新等扶持举措，促进产业市场、消费客户和应用场景等产业链上下游的集成发展。

3. 新型研发机构缺失

近年来，上海虽然培养了一批技术经纪人，但是其从事的工作内容和具体职责，以及对数字经济产业能发挥的作用都非常模糊。正是因为技术创新与成果转化之间缺乏关联，不重视对新型研发机构的孵化和培养，上海错失了很多优秀的人才和良好的发展机遇。

二、打造具有国际竞争力的数字产业集群的建议

全面推动城市数字化转型，加快打造具有世界影响力的国际数字之都，建设具有国际竞争力的数字产业集群是发展的必要保障。为此，提出以下"四大战略"和"六点建议"。

（一）构建具有国际竞争力数字经济产业集群的"四大战略"

1. 全面构建上海数字经济产业集群发展的逻辑框架

上海的产业总体布局为"一心、一环、两带、多区"，应积极推进沿江临海高端产业集群发展带和嘉青松高端产业集群发展带的产业数字化集群。依托已有数字与智能产业基础，推进中外环融合型数字产业化集群发展，应积

极在都市高端服务核心区推广智慧城市、数字政务和数字商务综合发展的产业集群,虹桥国际枢纽可成为数字经济贸易和会展平台。

2. 依托城区产业规划建国际竞争力数字产业集聚区

目前,徐汇、杨浦、闵行已拥有上海西岸国际人工智能中心、北杨人工智能小镇、杨浦滨江产业带、长阳创谷产业园和人工智能未来小镇等基础园区,适合打造人工智能产业集聚区。静安拥有国家新型工业化大数据示范基地、上海市大数据产业基地、公共数据开放基地等,具有大数据产业集群的特色。

浦东新区拥有张江科学城和中芯国际等头部企业,适合形成芯片智造的数字产业集聚区。嘉定、松江、宝山、临港新城拥有上海互联网创新实践区、国家新型工业化工业互联网示范基地、上海市工业互联网创新实践区,因而是物联网、工业互联网产业发展的最佳孵化地。

以新城结合旧区传统产业发展为特色,例如:徐汇的生命健康、长宁的时尚创意、普陀的智能软件、虹口的航运服务、杨浦的现代设计、黄浦的金融服务、崇明的绿色农业、青浦的会展旅游、嘉定的新能源车和闵行的高端设备等特色产业,通过全新的产业数字化提升,完成整个产业的转型升级。

3. 以三大先导产业为引领打造数字经济产业示范区

积极落实集成电路、生物医药、人工智能等上海三大先导产业的规模倍增计划,构建以中芯国际为代表的数字芯片智能制造产业集群。凝聚中芯国际、澜起科技、紫光展锐等上市公司在集成电路领域的核心作用,并争取英特尔、赛灵思、安谋、苹果、高通等国际龙头企业共同参与到数字经济产业的研发、生产和销售的大局中。

大力引进华为、海康威视、大华股份、科大讯飞、智络科技等国内人工智能领域规模领先的头部企业,同时,积极引入亚马逊、基恩士、康耐士、SpikeNet、FANUC 等全球智能产品龙头企业。

争取腾讯、阿里健康、华大基因、推想科技等知名公司设立智能医疗总部或分部,力争引入 GE 医疗、谷歌、微软、沃森、Ada health 等国际巨头公司落地智能医疗产业园。以科技领先度、国际知名度、国际龙头占比作为国际化数字经济产业示范区的重要考评测量指标。

4. 紧盯国际前沿布局六大热点数字经济产业集群

全球数字经济发展的热点应用层和超额收益主要源自电子信息产业、生命健康产业、新能源汽车、高端装备产业、制造及系统集成能力产业、时尚产业等六大产业。上海应加强上汽大通、宝山钢铁、海尔数字、网宿科技、携程、晶泰科技等产业集群的核心作用,强化企业数字产品自主创新能力,带动区域内的中小企业实现创新成果的共享。积极引入特斯拉、通用、Atheon等国际知名企业,设立亚太总部及合作研发应用层产品,引入Briefoam、TensorFlight、苹果、谷歌等公司进行前端计算机视觉、自然语言、人机交互等功能开发。从而在数字经济六大热点产业集群上,形成经济集聚与功能外溢的效果。

(二)打造具有国际竞争力数字经济产业集群的"六点建议"

1. 借鉴美欧成功经验,构建数字经济融合发展政策保障

学习欧美产业集群布局经验,每年发布数字经济发展指数。指数既关注数字经济发展的硬件层,也包含先进传感控制和平台可视化、数字化制造、技术信息化及先进材料制造等传输层和应用层。同时重点产品可通过ICT研发投入和推广产业应用,让中小企业参与政府研发项目。推动数据资源在不同领域、不同行业的自由流动,形成数字产品融合交叉发展,推动建立统一标准和互通功能。

重点关注上海缺乏的数字产品研发领域,可以吸取美国政府的振兴美国制造业和创新法案经验,构建政府的制造创新网络,在国家标准和技术研究院的主导下,着力推进3D打印、数字制造与设计、能源电子、先进材料领域。并以法规的形式明确制造业集群创新中心关注的重点技术,规定政府年度对创新中心的资助要求,吸纳中小企业参与创新网络建设的具体措施。

2. 以长三角发展为引导,推进数字产业集群发展协同创新

上海应尽早牵头建立长三角数字经济城市协作区和企业数字经济联盟,

整合长三角各城市的数字经济产业发展的综合优势，统筹推动长三角数字经济产业整体有序发展。尽快制定长三角统一的数据安全和流动标准，有利于各数字企业进行数据存储、交换、分享，依托大数据和云计算共同创新开发智能产品。继续强化上海在金融科技、数字贸易、电子商务等数字经济高端应用层优势。依托苏、浙、皖三省的优势产业，深入开发新材料、新基建和工业互联网等数字经济的基础层。

3. 以科技创新为先导，组建数字经济行业研究机构集群

建议吸纳中国信息通信研究院、中经智元、机器之心、埃森哲高德纳咨询、麦肯锡咨询、高盛集团等数字经济研究机构落户科技园区，组建中国人工智能产业发展联盟或人工智能合作组织等企业联盟，成立数字经济研究智库。

学习德国的成功经验，探索在高校开设数字科学和数字经济的职业教育，整合人工智能、物联网、计算机科学、信息科学、大数据、数字贸易及金融科技等专业。组建长三角高校科技应用发展联盟，围绕数字经济重点领域和关键技术环节联合开展国家重大科技、核心技术攻关，推进数字经济赋能长三角制造，打造世界级数字经济产业集群。

4. 以金融科技为载体，打通数字经济产业发展资金渠道

积极推进金融科技在金融市场、支付结算、智慧银行、智能投顾等领域的广泛应用，提升数字经济企业在投融资、信贷、咨询、支付和保险上的运营效率。建立长三角统一的区域企业征信大数据库，实现数据的集中输入，合法输出。通过"统一授权、统一标准、统一接入、统一维护"的集中管理，让数据"一网通办"。

利用大数据的技术赋能，通过数据平台可查验第三方信息，实现对历史交易，结算往来，物流运转，税收缴纳，用工情况，水电煤使用等交叉验证，推导出真实贸易背景和合理交易流程。

积极探索区块链技术和数字货币在数字贸易结算中的应用，及未来国际贸易支付的发展路径。支持人民银行和国内外企业在沪设立金融科技公司，

为数字经济中小企业提供创新创投的研发基金，同时针对数字经济关键技术开发提供资金保障。

5. 以应用促产业集聚，加快嗅觉和触觉领域的研发应用

目前，国内海康威视是视觉领域的数字化龙头企业，科大讯飞是听觉领域的数字化龙头企业，然而触觉和嗅觉领域，尤其是机器触觉技术的数字化龙头企业尚未出现，其产业规模将远超机器视觉、听觉产业，将成为下一个战略性新技术和新经济增长点。

上海要抓住契机重点突破触觉和嗅觉领域的相关研究。依托张江瑞尔研究院的他山 AI 联合实验室，研发以分布式类脑协同计算芯片架构，类脑智能操作系统和石墨烯新材料为基础的触觉技术。在家电、家居、智能驾驶、机器人等领域应用十分广阔。而复旦大学研究的嗅觉芯片可在空气质量、气体安全、人体健康等领域发挥重大作用。上海要抓住机遇重点培育触觉和嗅觉领域的龙头企业和产业集群，带动石墨烯等新材料和类脑边缘计算技术及其分布式类脑智能操作系统发展，占领人工智能系统技术和产业高地。

6. 以公共设施数字化，推动公共设施项目数字产业发展

上海应充分发挥公共管理水平较高，公共设施体量大、质量高，在全国领先的优势，推动公共设施项目的数字产业集群发展，同时加大对民营企业、新型研发机构在先进技术孕育期的支持。

从公共设施数字技术应用落地入手，例如：智慧地下管廊、非接触电梯按键等等公共设施项目，重点培育相应的龙头企业，通过政府采购，支持小微高新技术企业的创新数字产品在公共设施项目应用。

关于推动上海传统产业数字化转型的建议

核心建议

1. 健全促进传统产业数字化转型的基础制度体系，由上海市专业标准化技术委员会牵头，制定数据生产要素相关的管理、技术等标准规范，同时设立传统产业数字化转型的管理机构或专项职能机构。

2. 搭建和培育促进传统产业数字化转型的平台和生态体系，由上海科委牵头，搭建支撑数据赋能的各类中台；由上海经信委牵头，选择各行业代表性并具有一定规模和数字基础的企业，培育和扶持传统产业数字化转型的示范企业和示范园区。

3. 财政政策分类支持工业互联网发展：对规模领先的工业互联网平台给予奖励，支持产业园区推动企业上云，支持鼓励企业上云。

4. 在数字化程度高的产业积极推进工业软件自主化：如上海船舶制造业，要加强船舶工业软件顶层架构研究，加强船舶全生命周期数据标准研究，加强船舶分析评估软件、三维设计软件以及船舶数字化制造系统的研发。

5. 全面推进垂直领域工业互联网平台建设，鼓励上海具有生态主导力的产业链"链主"企业，牵头建设垂直行业的工业互联网，注重把上海在先进装备制造方面的先发优势转化为推进传统产业数字化转型的优势。

6. 以支持上海碳市场发展为切入点，推动生产服务业数字化平台和生态体系建设，在节能减排领域的工业互联网建设方面打造示范应用平台，服务和支持长三角区域传统产业节能减排。

7. 在临港新片区国家产教融合试点核心区开展"两个示范"：在为上海产业数字化转型培养人才方面进行示范性探索，在职业教育领域进行全面数字化转型示范。

正文

上海传统产业各领域数字化的发展现状和基础条件区别很大，需要分类施策。在电子信息、钢铁化工、装备制造与汽车、航天航空等重点领域数字化推进较快，促进了企业创新转型和降本增效，但"卡脖子"风险问题突出。一些传统产业存在明显的数字化"短板"问题，严重影响了行业可持续发展。系统全面地推进上海传统产业数字化转型，需要在工业互联网、工业软件自主化、传统行业补数字化短板、扶持生产服务业和培养数字化人才等方面综合施策。

一、上海传统产业数字化转型存在的主要问题

（一）上海工业互联网生态体系亟待完善

工业互联网的发展对促进上海传统产业数字化转型至关重要，但目前上海工业互联网存在应用场景数量不多，行业界的垂直领域工业互联网平台不够。传统产业企业在"上云""上平台"问题上，存在意愿不足、基础不强、资金不够、路径不明的问题。上海工业互联网生态体系还需要进一步的完善。

（二）工业软件的"卡脖子"风险突出

以上海船舶制造领域为例，上海市作为我国船舶产业集聚的"重镇"，对我国船舶行业的智能制造、提升船舶行业整体竞争力负有历史使命。船舶工业软件作为船舶创新研发、设计、制造、管理流程、技术、经验的程序化封装，是船舶工业的重要基础支撑，是不能受制于人的关键核心技术。目前上海在自主研发造船业工业软件方面取得积极进展，但引进的国外工业软件仍

然在关键环节广泛使用。在向造船强国迈进的进程中，造船领域诸多前沿尖端核心技术存在国外禁售或无处可买的威胁，我们必须立足行业工业软件自主创新，支撑船舶研发设计创新能力提升。

（三）中小企业研发决策缺乏数据平台支撑

中小企业研发决策缺乏数据支撑，决策质量低。中小企业往往资源有限必须结合外脑和外力才能完成全生命周期的创新。中小企业创新流程中普遍存在视野狭窄和缺乏数据支持的问题，拍脑袋、拼勇气、凭经验、靠运气的决策非常多。当前支持中小企业创新决策的服务存在"用不起"和"用不好"的问题。"用不起"是因为大数据服务本身是点对点高定制化的复杂过程，价格不菲。例如，对一款厨房用具的电商数据进行舆情分析，试图找出新的应用场景（盲点）和改善机会（痛点），大数据服务企业的报价起点就是一份报告5万到8万元，又如对一款医用注射器进行专利规避调查，一份完整的分析报告报价也是8万到10万元，高昂的价格让中小企业难以承受。"用不好"是因为中小企业对选择数字化技术服务商无从判断，对数字化分析结果将信将疑，对决策建议和判断心存疑虑。

（四）生产服务业的数字化转型缺乏政策支持

当前我市数字化建设扶持政策偏向扶持高端装备、汽车、生物医药、航空航天、集成电路等领域企业，而且重点是生产型企业，同时有一些规模方面的硬性要求，如企业的行业地位和优势、影响力、企业资质、收入、人员数量等等。生产服务业的数字化转型方面，目前尚没有针对性的政策扶持。例如，有一家设备维修企业，技术能力全球领先，在细分领域也是全国前三，年产值过亿。但是该企业的领域不属于上海重点扶持范围，企业体量也不够大，很难得到政策扶持。这类企业被挡在了数字化转型政策扶持之外。

（五）传统产业数字化转型缺乏人才保障

传统产业数字化转型需要既懂得数字化技术，又对相关传统行业业务精通的复合型人才。这直接对当前的职业教育提出了挑战，工业互联网需要的复合型人才数量，现有大学专业不能很好地满足。当前高端数字化机械人才数量不足，具备数字技术与行业经验的跨界人才远远不够，甚至初级的数字技能人才也供不应求。

二、关于综合施策推动上海传统产业数字化转型的建议

为解决上海传统产业数字化转型的这些突出问题，我们提出如下建议：

（一）健全促进传统产业数字化转型的基础制度体系

一是健全数字技术赋能传统产业的法律法规和标准规范。制定有关"数据生产要素"法律法规，围绕数据质量、数据安全、数据确权、数据价值、数据开放共享、收益分配等生产要素产生和流动的核心环节，从顶层设计的高度建规立制。建立数字技术赋能传统产业的标准规范。由上海市专业标准化技术委员会组织推动，协同上海传统产业龙头企业和上海的相关标准协会，围绕数据生产要素的规范，制定相关的管理、技术等标准规范。

二是设立传统产业数字化转型的管理机构或专项职能机构。针对数据生产要素相关的权属争议、利益纠纷、数据安全等问题，建立和培育相关的管理机构、仲裁机构、认证机构、服务机构、评测机构等。

（二）搭建和培育促进传统产业数字化转型的平台和生态体系

由上海科委牵头，搭建支撑数据赋能的数据中台、业务中台、技术中台、安全中台、数据治理中台等创新平台，鼓励融合人工智能、知识图谱、区块链、联邦学习等技术，构建更加智能、安全、共享和去中心化的技术生态。

由上海经信委牵头，选择各行业代表性并具有一定规模和数字基础的企业，培育和扶持传统产业数字化转型的示范企业和示范园区，鼓励已经具备条件的传统产业企业积极开展数据开放共享，推动数据要素对城市进行多角度赋能。支持和鼓励包括标准服务、技术服务、咨询服务、法律服务等中介机构服务数据赋能传统产业，强化对传统产业数字化转型的服务支持。

（三）财政政策分类支持工业互联网发展

一是对规模领先的工业互联网平台给予奖励。对主营业务收入、工业设

备连接数量、用户及开发者数量、服务中小企业数量等指标领先的工业互联网平台，按照平台收入总额的一定比例给予奖励。二是支持产业园区推动企业上云。对带动提升企业上云数量领先的产业园区，给予一定金额的奖补。三是支持鼓励企业上云。对"上云""上平台"企业，参照"技术改造"专项支持的做法给予资金支持。

（四）积极推进工业软件自主化

以上海船舶制造业为例，要加强五类工业软件研发：一是加强船舶工业软件顶层架构研究，构建统一的软件框架体系，形成船舶工业软件一体化集成平台设计方案和软件开发标准。二是加强船舶全生命周期数据标准研究，形成的船舶产品数据和模型交换标准与现有的国际通用标准相兼容，达到国际先进水平。三是加强船舶分析评估软件研发，构建具有完全自主知识产权且实现工程化应用的船舶分析评估软件系统。四是加强船舶三维设计软件研发，研发适用于船舶基本设计、详细设计、生产设计各设计阶段的全专业国产船舶三维设计系统，实现三维设计软件的验证应用。五是加强船舶数字化制造系统研发，面向船舶制造过程数字化、智能化需求，研发形成船舶数字化制造软件并进行应用验证。

（五）全面推进垂直领域工业互联网平台建设

鼓励和支持上海具有生态主导力的产业链"链主"企业，牵头建设垂直行业的工业互联网，注重把上海在先进装备制造方面的先发优势转化为推进传统产业数字化转型的优势。例如，充分利用汽车制造领域的龙头企业，推动汽车产业链的垂直领域工业互联网平台建设，带动和引领长三角区域汽车产业链中小企业上云和上平台。

（六）以支持上海碳市场发展为切入点，推动生产服务业数字化平台和生态体系建设

以服务碳排放核算和节能减排为目的，推动建设上海在服务节能减排方面的垂直领域工业互联网平台。以促进机构"云集聚"的方式，推进合同能源管理、节能诊断、节能评估、节能技术改造咨询服务、节能环保融资、第三方监测、环境污染第三方治理、环境综合治理托管服务等机构入驻工业互联网平台。在节能减排领域的工业互联网建设方面打造示范应用平台，服务和支持长三角区域传统产业节能减排。

（七）结合"产教融合"建设在临港开展职业教育数字化转型示范

在临港新片区国家产教融合试点核心区开展"两个示范"：一是在为上海产业数字化转型培养人才方面进行示范性探索；二是在职业教育领域进行全面数字化转型示范。

临港新片区建设国家产教融合示范区要致力于为上海传统产业的数字化转型提供人才支持，把熟悉传统产业数字化转型作为必要的职业技能，培养高素质的产业工人。

具体地，临港新片区在职业教育方面开展两个示范工程建设：一是依托临港新片区人工智能企业集聚的优势，利用人工智能全方位赋能职业教育的产教融合环节，为上海职业教育数字化转型进行示范，面向促进上海传统产业数字化转型建设高能级、高显示度的产教融合示范工程；二是在培育产教融合重点企业过程中同步建设该企业数字化转型示范工程。

关于构建城市数字化转型法规政策体系的对策与政策建议

核心建议

1. 完善地方性公共数据相关立法，适时扩大并明确个人与企业相关数据中符合公共属性的数据公开权限与程序。出台地方性的算法分层治理制度，制定上海市算法分层治理的指引，在公共服务、公共管理领域，算法应当公开透明；服务领域，应通过知识产权保护方式激励创新；特殊领域，应高度限制。

2. 营造数字经济公平竞争环境，兼顾国内市场监管与全球的监管协调与平衡。打击过度索权与超范围收集现象，推进个人信息安全认证工作，试点建立赋予消费者信息知情权、反歧视权及个人信息擦除权等。加大数据标准建设力度，编制全市公共数据目录，推动政府数据和社会数据的标准统一，积极参与国家、国际标准规则的制定。

3. 加大数据权利公益诉讼力度，推动检察机关的公益诉讼实践。建立健全政府—平台—用户协作的仲裁机制，开展审核和监督。

4. 构建数据法治良好社会生态，加强行业组织的引导职能，推动符合条件的数据企业、高校科研机构等纳入公共数据统一开放平台。明确政府访问企业数据法律依据，根据不同情形赋予行政机关系统性访问企业数据的权限。进一步完善法律公共数据服务体系，建设公共法律数字化分析平台，构建指标全面、合理可行、系统高效的数字化转型评价体系。

正文

数字化转型将重塑社会治理体系，推动管理流程和规则的深层次变革，法治就是其中一个重要部分。

一、城市数字化转型中出现的相关法律问题与风险

（一）侵犯个人及消费者权益的问题

互联网时代，数字平台形成了大量有关个人的数据，且信息的收集范围、收集目的、准确性等都难以确定。企业数据采集与应用的过程中易存在侵犯消费者的数据人格权、侵犯个人的数据财产权等问题。

（二）数据财产侵权问题

数据财产权的主要内容是数据权益的属性及其归属权利边界问题。不同数据权益主体享有不同性质的权益：原始数据由个人所有，企业对原始数据享有有限的使用权；对于数据开发产品，企业主体享有对大数据产品中衍生数据的竞争性利益。

（三）平台企业的公平竞争问题

目前，平台企业滥用市场优势的纠纷和争议越来越多，主要包括：一是滥用市场支配地位，限制交易与优待自营业务。二是数据垄断，滥用数据和算法控制权。三是不合理的实施并购或者内部整合。

（四）数据精准营销可能的侵权问题

电子商务经营者可基于自己过往收集的数据对每个用户进行画像。由于平台的信息量巨大，加上平台经营者提供的竞价排名服务，这种精准的信息可能会在事实上限制消费者的知情权与选择权。

（五）政务数据利用的困境

政府开放数据集数量有限、与社会需求之间仍有较大差距、数据缺失、

各部门之间数据冲突以及部分数据缺乏申请渠道等，一定程度上影响政务数据的利用效果。

（六）社会公共利益及国家安全保护问题

1. 公共利益的衡平与维护

企业数据达到一定量后，可能会影响公共利益。而由于涉及数据算法、商业秘密等原因，企业可能不愿提交数据，或者提交的数据未必是监管部门所需，政府部门往往另外开发监管系统以实现对该行业的全量数据实时监管，导致重复建设。

2. 国家安全

物联网是继互联网、移动通信网之后的世界信息产业第三次浪潮，促使智能化程序在建筑、家居、医疗、汽车等行业加速植入。这就意味着千万个移动、精准的情报收集点，能够输送巨量精准的、实时动态情报并可进行正向或反向分析，对国家安全造成了潜在风险。

二、上海数字化转型中的法治建设难点

产生前述法律问题的根本原因是传统工业时代的法律政策与互联网属性的不匹配。上海正处于加快数字化转型的进程中，面临法治建设的新挑战。

（一）企业数据的权利边界难界定

数据包括原始数据与衍生数据。对于企业收集的原始数据，从权属上来说，一般认为个人和平台或者是个人和企业都具有一定的权益；但基于各个企业的算法的分析和挖掘而产生的衍生数据，则归属于企业所有。由于这两种可能性都会存在，当个人的数据权益主张或者个人信息的权益主张和企业的数据权益主张冲突时，存在如何去进行保护以及优先保护谁的问题。

（二）企业数据安全

从司法实践来看，当前企业数据是否安全主要体现在以下三个方面：一是针对个人数据，采集是否过度，应用过程中有否侵犯隐私权、财产权？二是对于其他企业数据，是否存在不正当的数据获取等不当竞争行为？三是对于国家安全，如何加强企业数据采集类型和范围约束，如何规范各类数据存储与应用？

立法工作中，对于数字经济等的法治尺度，既要构筑安全底线，也要放开发展上限。对于地方立法来说，需要谨慎包容的制度设计与安排。

（三）数据可携权对于市场竞争影响的两面性

目前，企业为了确保市场竞争中的优势地位，可能会对数据主体的个人数据加以控制，导致"数据锁定效应"，并产生垄断现象。由此，一些学者认为，数据可携权可以打破"数据锁定效应"，促进数据流通，消除个人数据的传输障碍，进而促进市场竞争。但反对者认为，数据可携权虽然可能对抗"数据锁定效应"，却不一定符合竞争法原理，甚至可能引发不正当竞争，其行使也可能侵犯企业的知识产权。

（四）平台经济反垄断治理的难点

1. 现有法律体系与平台经济发展监管需求不匹配

数字经济衍生出的平台公司垄断权的获取、应用及影响与工业时代的垄断表现有很大的差异，建立在工业时代的所有权制度、反垄断立法理念及制度体系并不适应当前平台经济发展的现实需求。单边市场和简单双边市场的传统反垄断体系无法适应多边市场的平台竞争。

2. 政府在平台构建、运营和监管的缺位

由于平台的构建、运营，特别是关键信息服务基础设施，基本由市场主导。全球超级平台基本都是企业化运营，在资本与技术结合时，数据体现为一种私权益。这导致政府无法直接接触和承担网络用户的日常服务；相反，平台公司已集日常网络监管、内容审查、违法信息阻止、用户信息保护以及各种服务规则的制定和实施于一身，形成平台私权力大于公权力的不对称格局。

3. 平台公司垄断行为的认定复杂困难

平台公司利用互联网技术实施的限制竞争的行为大多复杂而隐蔽，在违法性的认定方面较为困难。譬如，互联网经营者滥用市场支配地位的类型，依据现行的《垄断法》规则，需要界定产品、市场、份额等基本事实，这对于线上虚拟市场很难操作。平台经济领域中的垄断手段具有组合性、高效性和隐蔽性，而且是多边的垄断工具，对于反垄断评估分析提出了更高的要求。

（五）地方政务数据壁垒、数据孤岛问题

1. 上海市政府各部门间存在数据壁垒

上海"两张网"建设仍然存在各政府部门在数据收集上缺乏统筹、政府间数据交换不够畅通、场景应用不足等，影响用户的数据获取与数据使用体验。

2. 上海市政府与其他地区政务数据之间存在数据壁垒

上海在数据共享与利用的跨区域协作方面较为有限。即各地的政务信息系统都独立建设，缺乏统一的信息采集标准、数据接口标准、存储标准和共享标准，各地政府共享的范围也不一致，制约了政务数据的共享。

3. 关于政务数据利用国家与地方立法的缺位

在数据共享方面，我国主要的依据为《政务信息资源共享管理暂行办法》这一规范性文件，效力层次低。在数据开放和利用方面，尚未制定数据开放专门立法，仍然依靠行政法规《政府信息公开条例》来调整。

目前上海的大数据立法主要以地方政府规章和规范性法律文件为主，内容则侧重于政府数据管理方面。而关于政务数据利用方面，仅在《上海市公共数据开放暂行办法》中部分提及，并无完整的关于数据利用的地方性专门立法，也暂无关于数据安全的专门立法。另外，现有的地方立法也仅限于政府职责分工和责任机制，对数据治理协同框架、产业促进与保障等方面缺少深入思考与设计。

三、上海数字化转型法规政策体系的建议

数字法治是一项系统性工程，上海要加快研究制定一批有关数字化转型的政策、法规、标准，与此同时，要完善执法司法工作以及社会法律服务机

制。为此，建议：

（一）推动地方大数据立法工作

综合考虑重要性与可行性，上海可将数字化转型中与城市治理相关度最高的政务数据和公平竞争两个领域作为地方立法重点，一方面助力上海数字化转型，另一方面也可为全国性立法先行先试。

1. 完善地方性公共数据相关立法

可根据《数据安全法（草案）》和《个人信息保护法》征求意见稿的立法精神，适时扩大并明确个人与企业相关数据中符合公共属性的数据公开权限与程序。明确"公共数据"的内涵与外延，为数据法治体系奠定基础。

2. 出台地方性的算法分层治理制度

制定上海市算法分层治理的指引。公共服务、公共管理领域，算法应当公开透明；服务领域，算法应加以知识产权保护的方式，激励更多地创新创造；特殊领域诸如涉及生命健康、国家安全等，应当加以高度限制，接受检验，为公共卫生防疫、智慧交通等机制提供保障。

（二）加大数字经济的法治治理

1. 营造数字经济公平竞争环境。政府应当在数字社会公平竞争和消费者权益领域体现作为，如在数字经济的税收征管、反垄断和不正当竞争的治理方面，政府应引导、监管数字经济中的企业主体、组织行业协作，有序推动城市的数字化转型。

2. 数字治理应注重全球市场。对于数字经济的监管应该从国家战略角度考虑，监管规则应以鼓励平台企业做大做强，提高国际竞争力作为基本目标；相关制度与措施应同时兼顾国内市场监管与全球的监管协调与平衡。跨境交易的税制改革，也应纳入上海市政府的议事日程。

3. 打击过度索权与超范围收集现象。应在中央网信办、工业和信息化部、公安部、国家市场监管总局等部门规章的框架下，严格按照个人信息安全评估要点进行细化。对于针对面部特征等生物特征个人信息数据收集应当明确收集、存储、使用程序，严禁将个人信息不当利用；对个人信息行为应用商店安全审核形成管理指南，同时推进个人信息安全认证工作，有序开展认证证书和标识发放，建立持续动态的认证跟踪机制；对违法违规收集使用个人信息行为加大发现力度、曝光力度、处罚力度。同时根据情节、后果严重程度，形成民事、行政、刑事责任的三级处罚治理体系。

针对数据滥用，建议考虑设立专门的监管机构对客户画像、数据滥用进行针对性监管。可在《关于平台经济领域的反垄断指南》的基础上，试点建立赋予消费者信息知情权、反歧视权及个人信息擦除权等制度，使消费者知悉其个人数据被收集、处理的目的和类型，有权要求平台纠正不准确的数据，并对平台所做出的用户画像或对其有法律影响的决策提出反对。另外，消费者可以要求平台删除其个人标识、个人信息或数据，平台不得对采取不同个人信息处理方式的消费者采取歧视性定价或不利的交易条件。

4. 加大数据标准建设力度。针对"数据孤岛"的问题，按照集约建设、共建共享、互联互通的指导原则，进一步明确数据建设的标准，统一数据交换标准，编制全市公共数据目录，进一步打破部门之间的数据壁垒，促进政府部门之间的数据互通共享。推动政府数据和社会数据的标准和技术规范统一，提高政府与企业、社会组织的数据协同、业务协同水平，为下一步公共数据与社会数据的互联互通奠定坚实基础。积极参与制定国家乃至国际标准和规则，争取在数字化城市建设标准中更多地发出上海声音，贡献上海智慧。

（三）进一步加大数据权利的司法保障

1. 加大数据权利公益诉讼力度

检察机关就个人数据保护提起的公益诉讼将是现行制度框架下比较有效的救济手段。建议进一步完善检察机关公益诉讼制度和实践，使公益诉讼的社会效益更加全面。一方面，诉讼因其代表广泛的当事人而得到相关机关或团体的支持，另一方面，诉讼针对具有垄断地位的平台所产生的警示作用更加有效。

2. 尽快建立健全政府—平台—用户协作的仲裁机制

从公法视角来看平台有对用户的管理责任，政府部门也有监管平台的责任,同时从私法角度也要保障用户权利。因此,对于数字市场中个人隐私和消费者权益保护的风险治理问题,应尽快建立健全由政府—平台—用户三方协作,成立仲裁委员会,进行审核和监督。目前知乎、B站等平台都有自己的仲裁机制,往往是接到用户举报后,由仲裁官进行裁决,然后平台发送处理通知。三方协作的仲裁委员会,可由政府部门委派信息员,与平台管理人员及符合条件的用户共同组成。

(四)构建数据法治良好社会生态

1. 强化企业自律,规范行业管理

进一步加强行业组织的引导职能,以"行业主导、行业自律、行业协作"为原则,发挥行业培训、行业监管等职能,规范上海市数据产业行业秩序。推动符合条件的数据企业、高校科研机构等纳入市公共数据统一开放平台,实现大数据企业与用户的相互信任,建立统一全面的大数据开放平台。

2. 完善监管机制,明确政府访问企业数据法律依据

建立市级平台,要求企事业单位的信息系统与平台进行互联互通。完善政府监管机制,明确政府访问企业数据法律依据。具体操作是在立法时根据不同情形赋予行政机关权限可以系统性访问企业数据,且其访问过程中要严格遵守和适用最恰当和最小伤害的行为,以法治来保障数字经济发展顺畅、安全,监管到位。

3. 进一步完善法律公共数据服务体系

以实用性、互动性、便利性为宗旨,建设公共法律数字化分析平台。以中央到上海市行业及相关区域数字化转型精神及实践经验为依托,构建指标全面、合理可行、系统高效的数字化转型评价体系,可先选择某一代表性领域如商贸流通业开展数字化整体建设推进、各组成部分数字化建设推进的综合评价,进而搭建更数字转型公共法律服务平台,构架法律公共数据服务体系。在试点基础上,可逐步推广到其他领域。

关于上海建立数据确权"双层管理"制度的政策建议

核心建议

1. 从国家层面，在《民法典》中创设"数据权"，新增"数据权"一编，对数据进行明确的定义，单独规定数据权的特征以及规则，对数据类型进行分类，建立数据权的权利体系。

2. 上海借鉴欧盟与美国数据确权方式，制定数据确权"双层"管理制度，采取"情景依存的有限产权"概念对数据流通进行分类安排，建立数据权的"双层"管理制度，实现资源配置的最优化利用，为国家系统立法积累素材、打下基础。

3. 完善上海数据交易市场规则，制定数据跨境交易规则，为之后国家层面统一跨境数据的传输标准以及相应准则提供制度参考。

正文

加快培育上海市数据要素市场，有助于巩固形成上海市数据市场中长期的发展新优势，数据要素市场的制度建设更是重中之重。

一、我国数据立法存在的问题

（一）数据的分类尚未明确

数据能合法流通、交易才能体现数据的价值，什么类型的数据能够进入流通与交易市场，这需要对数据有一定的分类。《数据安全法（草案）》第十九条也提出要求对数据实行分级分类保护。但是我国现行法律对数据并没有进行明确的分类。

（二）数据权利无法归类

数据作为新型的生产要素，在特征方面不同于传统的土地、劳动力、资本等生产要素；同时，由于数据具备多元的特征表现，我国现行的法律法规也并未对数据的权利性质进行明确的归类，因此我国的数据立法缺乏基本的法律权利的逻辑起点。

（三）数据交易规则有待规制

1.境内数据交易平台众多，交易规则不一

除了上海大数据交易中心外，通过公开渠道检索，我国境内数据交易平台还包括贵州大数据交易所等共计 16 个大数据交易平台。各大数据交易平台基本制定了相应的平台交易规则，明确介绍了平台用户享有的权利和应当履行的义务，例如上海大数据交易中心制定的《数据互联规则》《个人数据保护原则》，贵州大数据交易所制定的《贵州大数据交易所 702 公约》等文件。但各个平台制定的平台交易规则不一、标准不同，严重影响数据作为生产要素在全国范围内进行流通。

2.跨境数据传输试点，有待明确数据跨境交易规则

2020 年 11 月，上海市政府制定实施方案，推进数据跨境安全有序流动。伴随上海"跨境数据交互试点"的落成，还需要制定明确的数据跨境交易规则为数据跨境交易提供实施准则，从而开展数据跨境传输安全管理试点。

二、国际上数据确权的理论探讨与实践探索

（一）数据确权的学界争议

在数据确权的过程中，围绕个人数据的权属问题，国际上学界的争议最大。主要有以下几种观点：

1. 赋予个人

部分学者提出将个人数据的权属赋予产生个人数据的自然人，以此促进隐私的保护与数据市场的交易。

但也有学者提出，在资产或者产品具有非竞争性时，仅仅将资产的排他性使用赋予价值最大的人，并不会带来社会总福利最大化的结果。如果对于非竞争性的数据要素赋予排他性的产权，则天然排斥了其他人重复使用同一数据要素或者大大增加他人重复使用同一数据要素的成本的可能性，因而限制了数据经济陡崖式增长和实现经济效益最大化的可能。

2. 赋予企业

部分学者提出将个人数据的权属赋予企业。但是针对部分学者提出将个人数据权属赋予企业的观点，有学者指出，如果将个人数据产权分配给企业，则企业并没有充分的激励来保护自然人的隐私，同时由于担心其他企业接入数据后对自己构成竞争威胁，企业会排斥其他企业接入数据。因此，导致具有非竞争性特质的数据要素配置出现非效率的表现。

（二）欧盟和美国的确权路径

1. 情景依存式的有限产权

欧盟与美国的数据确权并未采用对某一主体赋予绝对的排他性确权方式，而是分情况讨论，在学界被称为：情景依存式的有限产权。其区分数据的不同类型来分别设计附着在数据要素上的各种权利归属，同时强化了个人隐私权的保护以及商业衍生数据财产权利的保护。

2. 欧盟与美国对个人数据的保护

欧盟与美国对自然人的个人数据给予了隐私权保护，但是却没有通过立法明确确立自然人对个人数据享有财产性权利。

3. 欧盟与美国对商业衍生数据的保护

鉴于数据企业在数据采集和后期开发利用的过程中付出了大量的投资和创造性努力，因此欧盟与美国对数据企业反复强调数据的资产属性。

三、建立健全数据立法的对策和建议

（一）国家层面在《民法典》中创设"数据权"

数据的权利不同于传统意义上的人格权、物权、知识产权以及商业秘密。传统权利类型各有各的关注点，但是都不能完全覆盖全部的数据形态，会导致数据财产的不完整性。为此建议，从国家层面，在《民法典》中创设"数据权"，新增"数据权"一编，对数据进行明确的定义，单独规定数据权的特征以及规则，对数据类型进行分类，建立数据权的权利体系。

1. 从数据产生的主体角度划分为个人数据、企业数据以及公共数据

个人数据：《个人信息保护法（草案）》对个人信息有明确的定义："个人信息是以电子或者其他方式记录的与已识别或者可识别的自然人有关的各种信息，不包括匿名化处理的信息。"

企业数据：企业数据泛指所有与企业经营相关的信息、资料，包括公司概况、产品信息、经营数据、研究成果、大数据分析报告等等，其中不乏涉及商业机密。

公共数据：公共数据是指政府在行政执法过程中产生的信息，比如行政许可、法院诉讼等这些活动所带来的信息。

2. 从数据产生的方式角度划分为原始数据与次级数据

原始数据：通过采集的方式直接获取的一手数据。

次级数据：在原始数据的基础上进行加工或者技术性汇总后产生的数据。

建议在《民法典》"数据权"编中，对数据权利进行分类，建立数据权的双层权利体系。底层是原始数据权利，这种权利的权能以知情同意为核心；顶层是合法的数据集持有人或者控制人的数据财产权，是一种受到底层权利限制的准财产权。只有通过创设"数据权"的方式，能够从根本制度上为完善数据生产要素市场化提供法治支持。若在民法典中增设专章条件尚不成熟，可制定单行法律予以规制。

（二）上海先行先试，通过地方立法探索建立"数据确权"制度

数据的确权问题本质上就是利益的归属以及责任的承担问题。数据权属的确定将直接影响数据背后的利益分配，也势必会影响数据产业的发展。数据作为一种新型权利和要素，数据确权必然面临将数据隐私保护与数据要素高效利用两个目的。因此，对于数据要素而言，绝对的排他性确权方式并不可取，并可能导致数据资源配置利用的失败。

建议上海借鉴欧盟与美国数据确权方式，制定数据确权"双层"管理制度，采取"情景依存的有限产权"概念对数据流通进行分类安排，建立数据权的"双层"管理制度，实现资源配置的最优化利用，为国家系统立法积累素材、打下基础。具体而言：

针对个人数据，相当于底层原始数据权利，强调自然人对个人信息的控制权与自决权，而非财产权。

针对商业衍生数据，上海市可以参考欧盟与美国，对于数据企业加工和开发的数据的完全产权保护，从而达到促进数据市场化交易流转以及数据驱动的创新的目的。

（三）完善上海数据交易市场规则，制定数据跨境交易规则

为确保上海市数据跨境安全有序的流动，在地方立法方面，需要明确数据跨境交易的具体规则和情形；继上海市"跨境数据交互试点"的落地，上海市可以参考例如海南自贸港等优先开展数据跨境试点工作的地区，学习总结优秀经验，尽可能全面并完善地制定数据跨境交易的具体规则和情形，为之后国家层面统一跨境数据的传输标准以及相应准则提供制度参考。

建议结合现有平台的规则，完善如下上海数据交易市场规则：

1. 数据交易的概念以及基本原则；

2. 数据交易的主体，包括数据交易是否需要明确将自然人交易排除在外等；

3. 划分可流通的数据范围，明确禁止对个人隐私、国家秘密、商业秘密等类型信息的流通；

4. 数据的定价以及付费机制，是否采取协议定价、固定定价或者集合竞价的方式；

5. 数据交易市场的管理体制，包括数据供应商资格认定，是否实行"宽进严管法"、市场准入制度建立、明确交易所对数据交易活动进行监督等；

6. 数据交易的种类和期限、数据交易的方式和操作程序、大数据交易所开市、休市、收市及异常情况的处理；

7. 数据违法行为的处罚方式与内容；

8. 数据纠纷的处理方式等。

另外，2021年1月22日，第一届东盟数字部长会议批准发布《东盟跨境数据流动示范合同条款》，我国与东盟国家也必将开展跨境数据传输业务，可以将其作为上海市跨境数据传输的最低标准，并结合具体上海的具体发展以及试点的实际情况对跨境数据传输的规则进行调整。

关于以"数实共生"推动上海城市数字化转型的建议

2021年全球经济复苏面临新一轮疫情冲击、经济增长动力不足、就业状况不容乐观三大制约。根据世界银行的数据，2020年全球经济陷入大萧条以来最严重的经济衰退，全年增速在 -4.7% 左右。目前，不确定性仍是全球政治经济格局的总体趋势，争夺科技制高点是各国竞争的关键。随着全球数字化转型加速，中国应加快推进数字技术与实体经济深度融合，将坚持创新驱动发展落地落实。

一、"数实共生"的概念

"数实共生"是指数字技术和实体经济深度融合，相辅相成，相互促进，一体化发展。

从国家层面看，"数实共生"就是推动数字技术和实体经济深度融合、共同发展，不断夯实数字产业化基础，加速产业数字化步伐，提升整体经济运行效率与质量，不断优化产业结构。

从产业层面看，"数实共生"就是推动形成数字化产业链。传统产业要通过数字技术改进设计、研发、生产、制造、物流、销售、服务，创造新业态、新模式，实现产业结构调整和创新升级。

从企业层面看，"数实共生"就是企业数字化转型。从文化、客户、智能、运营、工作五大方面打造以业务应用场景为核心的数字化转型路线图。

从用户层面看，"数实共生"贯穿工作、生活、学习、社交、娱乐等方面，是以人为中心的数字化真实体现。随着消费互联网向产业互联网发展，消费者或生产者，员工或管理者，用户的身份将更加多元，应用场景更加丰富。

二、"数实共生"的十大趋势

1. 新基建：新基建是实现"数实共生"的基本保障，将带来万亿级美元新增市场空间，加速产业数字化升级。

2. 新平台：平台的普惠价值彰显，未来将更关注降低技术应用门槛，弥合数字鸿沟、做好公平和效率的平衡，平台的构建与运营方式也将更加多远混态。

3. 新应用：云原生是未来企业应用实现的基础，低代码云开发有望提升应用开发和部署效率，SaaS 模式成为未来产业标配，垂直行业将涌现更多的 SaaS 应用。

4. 新组织：以人机协同为代表的数字技术将全面提升组织效能，未来组织形态将会更加灵活，推动组织的数字化管理变革与文化创新。

5. 新供给：数字技术提升了供给侧对接需求侧的效率，未来供给的形态将变为数字化，以 C2B 为代表的供给模式将成为主流，由此推动行业数字化进程，而未来多方参与的数字化协同供给也将成为常态。

6. 新消费：未来中国消费人群的双极化与城乡消费协同将成为必然，以私域流量为代表的用户运营模式将持续扩大，新国货和服务消费也将步入加速发展的新阶段。

7. 文化科技：科技赋能文化加宽加深，数字技术将持续推动文化内容消费和生产模式升级，文化成为生产要素注入其他行业促进价值创新。

8. 未来城市：城市进入全面数字化转型新阶段，发展逻辑从重建设转向重运营，其中 3—5 线城市将是未来关键阵地。

9. 数字信任：数字信任成为未来数字经济的重要议题，零信任安全将重塑组织内外的信任逻辑，云原生安全是构建未来数字信任的核心，人工智能和区块链将为数字信任注入新动能。

10. 数字生态共同体：数字化技术紧密连接产业生态各方，行业跨界融合带来了更大的创新空间，数字生态共同体将实现系统整体价值提升，更好的防范不正确风险，实现多方共赢。

三、"数实共生"助力上海城市数字化转型关键路径的几点建议

1. **大力推广应用数字化身份**。将身份信息浓缩为数字代码，并将个体可识别地刻画出来，以便对个人的实时行为信息进行绑定、查询和验证等。

与传统身份系统相比，通过数字身份系统实现对个体身份的自动化验证可以提升政府监督管理的能力和效率，使之更有针对性。此外，还能提升相关服务提供方的工作效能。一是借助用户身份信息，可以针对用户属性和目的定制相应的产品和服务；二是数字身份系统的存在，能够从流程上有效替代以前繁复的纸质证明，降低服务提供方与用户之间反复沟通的成本，大大提高办事效率。

2. **大力推广数字化出行方式**。城市运营的核心在于持续提升城市的运营效率，而运营效率提升的关键点之一就是交通出行。交通出行行业已迎来数字化升级的深化期，通过借助云计算、大数据、物联网等技术和理念，将传统交通运输和互联网进行有效渗透和融合，形成具有"线上资源合理分配，线下高效优质运行"的数字出行新业态。

公共出行领域是交通出行行业实践数字化升级的最基础平台，也是服务最广泛用户的平台。通过优先在公共出行领域推行数字化出行方式，一是可以通过构建城市出行态势感知能力，协助交通管理部门准确发现出行规律，为其管理、决策、调度提供科学依据；二是可以累积乘客出行数据，再结合城市交通线网数据，挖掘不同场景的出行需求特征，提供定制化出行服务，精准投放运力；三是可以根据乘客的出行习惯、目的地、消费等行为进行用户商业价值分析，为交通运营方提供精准营销等增值服务。

上海作为长三角经济圈的中心城市，通过大力推广数字化出行方式，构

建城市公共交通智慧大脑，不仅可以提升自身城市的管理水平与效率，同时也可以进一步夯实长三角一体化的基础能力。

3. 加速推进传统优势产业的数字化升级。通过数字化助推传统产业整合资源、降本增效，实现产业升级和行业转型。

上海作为中国最发达的城市之一，产业基础雄厚、政策扶持力度大，这为传统产业数字化升级奠定了良好基础。建议从以下三方面着手推进上海传统产业数字化升级：**一**是保持上海优势传统企业的全国领先地位。为此，应优先针对上海优势传统产业，特别是众多国有大中型优质企业，加速其数字化升级步伐；**二**是大力创新文化科技。上海应当勇立潮头，发挥上海底蕴深厚的优势，大力创新文化科技；**三**是盘活上海"老字号"。如今国货正当"潮"，上海拥有一批老字号，可通过科技赋能，让这一批上海老字号焕发生机，获得数字重生。

4. 强化已有的数字化底座，构建城市大数据的自我造血和新陈代谢的机制和能力。作为超大城市，上海人口多、流量大、功能密，城市建设、发展、运行、治理等各方面情形交织、错综复杂。在过去几年里，上海通过大力推进政务服务"一网通办"、城市运行"一网统管"等，在城市大数据能力建设方面打下了良好的基础。

为了让上海城市大数据发挥更大作用，一方面，建议在数据服务政务的基础上进一步开放能力，赋能更多的应用领域。例如中小微企业对经济发展起着至关重要的作用，利用数字化赋能中小企业，搭建供应链、产融对接等数字化平台，帮助中小企业打通供应链、对接融资渠道，进一步实现"数实共生"。

另一方面，建议持续丰富数据源，打造城市大数据的自我造血能力，从而逐步支撑整个上海城市数字化的全方位升级。城市大数据的来源丰富多样，广泛存在于经济、社会各个领域和部门，是政务、行业、企业、个人等各类数据的总和。如今政府打通的更多是政务数据，后续在此基础上，可以逐步引入其他数据源，如市民的出行数据等，并将相关数据进行有效融合，从而进一步实现城市数字化的全方位升级。

面向城市数字化转型的数字信任体系建设

当前，新一轮科技革命和产业变革蓬勃兴起，经济生产、政府治理、公共服务、人民生活等各领域的数字化转型全面开启，"泛在网络实体互联、异构数据实时流通、智能应用层叠涌现"的万物智联世界加速形成，各类经济和社会活动的信任关系和模式面临数字化重塑。日益严峻的网络安全风险挑战对经济社会信任体系带来深刻挑战，**政府需积极研究构建面向数字化转型的新型数字信任体系，为数字化社会提供可信任、可交互、可共享的信任支撑体系。**

一、数字信任的定义

数字信任（Digital Trust）是指一切链入／映射到数字空间的泛在网络实体，基于数字身份识别、可信数据流通和网络安全能力验证形成的正向预期，以及由此产生稳定数字交互关系的活动。

数字化时代，数据已经作为新型生产要素，参与市场化配置，数据交换也成为重要的经济生活生产方式之一。随着5G、物联网、云计算、大数据、人工智能等新一代数字技术快速发展，传统社会中的物理实体被映射到数字世界里以数字身份的形态进行数字化表达，并借助数据和算法模型等，验证、预测、关联物理实体，形成数字市民、数字政府、数字组织、数字资产等数字孪生体。这些数字孪生体在动态的、甚至是不可预测的数字业务世界中广泛地、自发地交互，信任也在交互过程中自发地、动态地在两个或多个互不认识的实体间建立和撤销。基于人际关系、政府监管和市场契约等的传统信任必需演变为新型的数字信任，以赋能所有数字交互，进而推动千行百业的数字化转型。

二、数字信任关系的构建方法

传统网络信任模型中，信任主体主要包括政府及公共部门、企业／组织、个体用户三大类，随着数字化转型，行为主体普遍出现了大量数字代理情况，即政府和企业掌握的物联网设备、算法程序、数据甚至是各种终端接口和传感器成为网络实体，人与人、人与物、物与物之间都需要通过一系列策略实现数字信任关系的建立和维护。构建微观层面上网络实体建立数字信任的过程，主要包括以下步骤：

1. 建立数字身份：网络实体通过电子验证、数字签名等技术建立并维护数字身份，以实现数字链接。

2. 形成交互规则：网络实体对数字交互所必须遵守的法律、法规、标准、商业契约和技术逻辑形成共同的认知理解，以确保双方在数字交互中遵守一致的规则。

3. 明确安全能力：网络实体通过一系列安全制度建设、技术研发和产品服务采购形成的在数字空间中控制和规避风险的能力。

4. 实现识别验证：网络实体对双方数字身份的真实性、安全能力及遵守数字规则的意愿进行充分地验证，以确保对方是其声称的代理身份，并有能力按照规则参与数字业务交互。

5. 持续正向反馈：网络实体在特定数字业务交互中对对方和环境的数字信任产生的持续性正向反馈，使参与交互的实体能够形成对对方信任的认知和经验。

三、建设数字信任体系的主要方向

数字信任体系是以可信数字身份验证和可信数据流通为核心，聚焦新型网络安全风险和数字治理难题，通过制度标准、技术创新、产业生态等多维度建设，最终实现技术信任、治理信任、信用支持、规则信任、设备信任等五大建设目标的数字时代信任治理模式。政府部门应关注以下三个建设方向：

1. 制度标准。包括（1）国家围绕数字信任体系发布的宏观战略和总体规划，通常包括在数字化转型战略中关于"信任"的制度和机制设计，以及在可信数字身份和网络安全领域的相关战略和规划中。（2）国家在数字身份、网络安全和数据安全领域制定的法律法规体系。（3）行业协会、企业联盟、研究机构和科技企业围绕数字信任主题发布的各种社会倡议。（4）国家标准化部门围绕数字身份领域形成行业技术标准和建设指南，及一系列具备约束力的国际标准。

2. 引导技术创新。指引导研究机构构建为网络实体构建数字信任关系提供主要支撑和工具的技术体系。包括管理和维护数字身份的技术、实现网络安全和数据安全的技术，支撑和确保数字交互和数字应用中安全性、适用性的广泛技术领域。

3. 产业生态。包括（1）由政府职责部门、标准制定部门、行业自律协会等能够发布具备一定约束力规则的公共部门和社会组织组成的数字信任规则制定者。（2）由电信运营商、数字身份管理机构、网络安全厂商、提供数字规则咨询和合规的专业法律机构及提供网络安全保险和风控的金融机构等组成的数字信任建设者。（3）通过数字化方式开展业务的企业／组织和个体用户构成的数字信任用户。

四、建设数字信任体系的相关建议

1. **加快完善数字信任制度规则**。研究制定可信数字身份战略和管理办法；在物联网、人工智能、区块链等重点行业领域，制定用户数字身份和设备数字标识相互识别验证和数据可信传输流通的管理办法、指导意见或标准规范。

2. **前瞻部署数字信任技术方向**。加快推动区块链与电子认证技术的融合发展及生物特征识别在数字身份领域的应用；探索数据共享、数据流动和数据交易中数字信任关系构建，以及零信任环境的数字信任交互架构；加快密码法算法、商业密码应用的技术攻关，密切关注量子计算、量子加密的技术演进动态。

3. **培育壮大数字信任产业集群**。通过建立行业组织，形成综合性的数字信任第三方支撑服务能力；围绕数字信任认证、中介、担保等业务，深化数字信任增值服务的集成式开发；征集遴选一批掌握关键技术、具备创新能力和应用推广能力的机构开展应用示范工作。

4. **形成场景化数字信任解决方案**。聚焦电子政务服务领域，搭建全市数字身份统一认证平台，形成统一的用户身份识别、电子合同签署、数据可信传输、责任溯源等服务；聚焦物联网、工业互联网领域，探索基于区块链的分布式物联智能设备识别框架，培育覆盖企业身份认证、设备身份认证的分布式设备标识服务能力和工业 SaaS 平台、App 身份认证服务新场景；聚焦数据流通交易领域，利用区块链、数字标识、数据溯源等技术，建设数据要素线上登记、全链条确权和第三方科学估价的统一平台。

5. **构建区域一体化的数字信任生态**。依托国家区域一体化战略（长三角一体化、长江经济带等），推动数字身份和电子签名的跨域互认，加强区域内在数字身份、电子签署、数据流通、数据安全方面的标准对接和技术认证。

6. **推动数字信任规则国际合作**。依托我国数字"一带一路"倡议、国际自由贸易谈判（RCEP 等）和自由贸易区（上海自贸区临港新片区等）建设，加强与主要贸易伙伴电子认证服务机构的交流合作，创新数字贸易中的国际电子认证和签署服务。

构建上海互联网法院，司法保障数字化城市

数字化城市的打造需要高效的司法保障体系，而智慧法院的建设亦成为数字化城市规划的重要基座。为顺应互联网经济和网络空间发展对司法诉讼提出的新需求，上海要以建设互联网专业法院的为切入点，围绕司法保障数字化城市目标，开展近期、中期、远期三阶段的实施路径。

一、近期目标：提升互联网审判专业化水平

为了适应上海数字化城市建设所带来的技术迭代与纠纷网络化趋势，加强人民法院互联网审判的专业化能力成为司法改革的重要目标。然而，上海在数字化司法方面的投入与支持均有所不及，故提升上海法院的互联网审判专业化水平是当务之急。

1. **构建数据系统全流通的支持平台**。一是在现有的互联网诉讼平台基础上，继续增加软硬件投入、研发新型模块、升级数据安全措施，为当事人与其他诉讼参与人营造更便利、更全面、更安全的支持平台；二是进一步研发数据互通平台，实现内外部数据共享，通过从政府职能部门、司法机构调取数据的方式，减轻当事人举证压力；三是对接电子商务平台经营者、网络服务提供商的电子数据，法院直接从平台方提取当事人交易信息、物流信息及聊天记录等全过程电子数据并转化为电子证据，防止电子数据伪造、篡改等情况。

2. **建立与审判高度融合的科技应用体系**。一是加强语音识别、人脸识别以及在线庭审等技术在审判环节的应用，将其适用于当事人身份鉴别、案件

关联、庭审记录等环节，提高审判效率；二是探索完善电子送达系统，一方面扩大电子送达的地址范围，对合同签订及履行过程中当事人披露的邮箱、微信、微博、QQ、手机号等均可采取电子送达方式，另一方面，对各类诉讼材料均可通过电子送达系统向当事人发送，同时可以采用"扫码签收 / 查看"或自动抓取送达平台数据等方式，确保送达效果；三是充分利用大数据预测功能，通过系统平台对后台数据的计算与分析，为承办法官提供类案的适法标准，提高审判效率和科学性。

3. **制定高效便捷的线上审理诉讼规则**。一是明确互联网案件以"线上审理"为原则，只有当涉及当事人隐私、商业秘密、国家安全等特别情况，或者存在确需当庭查明身份、核对原件、查验实物等特殊情形时，才可开展线下审理；二是互联网案件的证据提交、证据交换、证据质证等程序原则上在线上诉讼平台进行，当事人对电子数据或电子化证据的真实性提出异议的，人民法院应当通过线下核对原件、实质审查电子数据以及借助专家辅助人、鉴定人等多种形式，确保证据认定的科学性和合法性；三是在线庭审的过程中，除经查明确属网络故障、设备损坏、电力中断或者不可抗力等原因外，当事人不按时参加在线庭审的，视为"拒不到庭"，庭审中擅自退出的，视为"中途退庭"，需要承担"视为撤诉"或"缺席审判"等法律后果；四是在线庭审案件出现调解协议、笔录、电子送达凭证及其他诉讼材料需要由诉讼参与人"签名"时，可以通过在线确认、电子签章等在线方式进行。

4. **打造动态化的互联网审判延伸机制**。一是法院应当利用诉讼平台随案同步生成电子卷宗与电子档案，并以电子档案代替纸质档案进行案件移送和案卷归档；二是除依法不公开的案件或案件档案外，在裁判文书生效后应借助平台对接功能，即时向社会公开公布相关司法文书与庭审录像；三是将司法建议功能纳入互联网诉讼平台，与相关部门通过电子渠道建立及时、常态、高效的沟通反馈平台，帮助相关部门优化监管措施，共同提升互联网空间的法治化水平。

二、中期目标：建立互联网案件集中管辖机制

数字化城市治理需要"一网通关、一网统管"的全局站位，那么数字化城市的司法保障也应当贯彻"专门法院、集中管辖"的顶层设计。建议上海尽快开展、渐次推进互联网案件的集中管辖制度，为建立独立的互联网法院奠定良好的基础。

1. **循序渐进打造专业化审判机构**。具体可分"三步走"：第一步，首先从内设建制上剥离出真正独立的"互联网法庭"；第二步，在设立独立的互联网法庭后，可以试点跨上海部分行政区域的集中管辖；第三步，在集中管辖试点成熟并向全市推广的阶段，建议仿效北京互联网法院的做法，由最高人民法院设立上海互联网法院，集中管辖上海市内应当由基层人民法院受理的第一审互联网案件。

2. **科学合理厘清互联网案件围界**。一是在"涉互联网"的判断标准方面，应当避免"沾网即属"的过度认定方式，而将"涉案主要法律事实是否在互联网上发生"和"主要证据是否通过互联网产生"两项标准作为管辖的基本依据；二是在"案件"的涵盖领域方面，未来在独立的互联网审判机构建立后，可以在现有商事领域外，尝试探索互联网商事、知识产权、行政案件三合一的审理模式；三是在案件的具体类型方面，主要应当包括：互联网购物、服务合同纠纷，互联网金融借款、小额借款合同纠纷，互联网著作权权属和侵权纠纷，互联网域名纠纷，互联网侵权责任纠纷，互联网购物产品责任纠纷，检察机关提起的互联网公益诉讼案件，应对互联网进行行政管理引发的行政纠纷，上级人民法院指定管辖的其他互联网民事、行政案件。

3. **张弛有度实施互联网案件集中管辖**。一是坚持依法管辖原则，要明确集中管辖并非专属管辖，不得抵触《民事诉讼法》中有关地域管辖、协议管辖、专属管辖等基本规定；二是坚持基层法院管辖原则，二审互联网案件区分不同的类型，商事案件由上海市第一或第二中级人民法院管辖，知识产权

案件由上海知识产权法院管辖，行政案件由上海市第三中级人民法院管辖；三是坚持"由分散到集中"的管辖原则，在设立专门法院前，可以选取三至四家基层法院作为试点，分别集中管辖部分区县的案件。

4. **因时柔性实现司法解释"为沪所用"。**"重大改革须于法有据"，上海要实现互联网案件的集中管辖和专业化审判，必须具有相关的上位法依据。建议在不与上位法相抵触的前提下，上海市高级人民法院可以将最高人民法院司法解释中有关诉讼平台建设、在线审理、电子送达、电子证据认定等具有普遍适用性的规则"转化"为相应的规范性文件或实施意见，在上海基层法院的互联网法庭率先先行先试。

三、远期目标：构建长三角地区互联网审判协同机制

从长远来看，上海作为长三角一体化国家战略的"龙头"，数字化城市的建设必须具备服务、辐射长三角区域的更高视野。由此，构建长三角地区互联网审判的协同机制便成为了司法回应国家战略和上海数字化城市建设目标的重要场域。

1. **互联网审判数据的共享互通。**一是长三角各地政府政务信息的司法共享，一方面强调政府归集数据的接口尽可能地对人民法院开放，另一方面渐次推进长三角电子政务信息的门户合围和一口登录；二是互联网平台企业的数据共享，各地法院在各自辖区内均不同程度地对接互联网龙头企业的大数据，如杭州互联网法院对接阿里系。但这些数据仅在本辖区内"有限利用"的情况，显然不利于实现长三角司法效率的最大化目标，故在确保数据安全、尊重企业意愿的前提下，应当逐步开放平台数据的跨区域司法共享；三是长三角互联网审判数据的共享，尝试建立跨区域人民法院互联网数据库和沟通平台，不论专门法院抑或普通法院，均可将涉互联网案件的文书等司法数据进行传输与分享。

2. **互联网服诉讼务平台的无缝对接。**一是在本省市内尝试统一各互联网

诉讼平台的应用程序和内容设置，以各省市高级人民法院为领导，统一开发网上诉讼平台，首先实现省市内平台的统一化目标；二是在各省市法院的线上诉讼平台之上，设置长三角互联网诉讼服务总平台，以便利当事人的信息归集与诉讼需求检索；三是以试点法院的创新制度为引导，统一推动各类创新网上诉讼平台在长三角区域内的辐射推广，如推广浙江省宁波法院的"移动微法院"。

3. **互联网诉讼规则的适法统一**。一是在网上诉讼的程序法规则方面，2018 年最高院的司法解释仅适用于杭州、北京、广州三家互联网法院，应当扩张其适用范围至长三角涉互联网案件的诉讼程序；二是在互联网案件的管辖规则方面，必须统一长三角各地互联网案件的管辖围界，以有利于裁判尺度统一、集约化审理、方便执行保全的原则合理划定管辖边界，尽力防止管辖冲突情势；三是在实体裁判统一性的促进方面，最高人民法院应当适时发布指导性案例、参考性案例、典型案例、公报案例等，而长三角各省市法院应当结合案例库建设、案例强制检索制度、专业法官会议等具体措施，共同推动互联网疑难、新型案件的裁判统一。

4. **互联网司法协同的体制保障**。一是在现有"长三角地区人民法院司法协作工作会议"的基础上，尝试设立"长三角地区互联网司法工作会议"作为年度、非常态的沟通机制；二是借鉴在上海设立的"长三角区域合作办公室"模式，在上海市高级人民法院设立"长三角区域互联网司法合作办公室"，常态化地推进各省市互联网专业法官经验交流、诉讼平台对接、司法数据互通等合作项目；三是探索长三角互联网审判人才交流机制，通过挂职、借调、对调等方式，实现专业法官在长三角领域内的流动性和均衡性。

关于利用智能感知助力城市数字化转型的建议

数字化转型的价值来自基于对现实世界构建的数字孪生上的控制、洞察和优化，以及数字化创造。AI 加持的物联网技术（AIOT），实现了对场景、态势和环境的智能感知，能高效的丰富完善数字孪生，并为数字化创造提供很好基础素材。对于城市的数字化转型，构建融合智能感知平台是重要的基础工作和手段。

一、智能感知能力对城市数字化转型的作用

城市感知就是要构建面向城市方方面面、各个角落的泛在感知能力，包括城市的道路、社区、园区、建筑、设施、环境、人员、车辆、事件等各方面。只有通过 AI+ 物联建立智能感知能力，才能够高效实时洞察城市各方面的状态，构建完善的城市数字孪生，给城市的数字化治理提供底座平台。

二、城市智能感知能力建设的现状

目前，在全国各个城市，在公安、交通、城管、社区、教育、卫生等行业的大力推动下，已经建设了大量的治安监控、车辆卡口、智慧社区、环境监测、交通秩序监测、城管违法检测、校园安全和 AI 教室、医院安全和废固检测等智能感知体系，覆盖了从城市治理到民生服务的方方面面。

先进的地区逐步开始建立城市级的共享融合感知平台。以上海为例，市

公安局雪亮共享平台，目前已经接入各委办局的视频点位近 40 万个，未来预计达到 100 万的容量。城市的智能感知能力建设已经逐步在城市数字化转型过程中发挥越来越重要的作用。

三、智能感知发展方向

1. 多模融合。通过毫米波和视频技术的融合，实现了道路上车辆状态的数字化；通过热成像和压力传感的结合，为危化品管输和存储的安全提供数字化管理手段；通过 X 光、热成像测温和视频技术，叠加 AI 能力，为上海进博会提供更高效的数字化安检手段，现在正在平安医院全面铺开。

2. 资源共享。上海已经在做城市各部门视频点位资源的汇聚，如雷视一体机，在有些应用场景可以作为超速的证据（目前主要在园区应用），在交通治理的时候，会成为道路态势的主要数字化手段，而在城市的自动驾驶落地过程中，会成为车路联动的重要数据来源。

3. 算法共管。城市治理范围广，在城市治理场景可用的算法数量大概在几百种，来自多个厂商，对计算资源的优化利用就非常重要，需要通过统一的算法仓库来实现统一管理和调度。

4. 场景闭环。城市的数字化目的是要实现治理手段的提升和服务方式的转型，AI+ 物联可以实现场景感知，但更需要形成治理和服务的闭环。AI 产业正在从科研化、到场景化、到工程化的转变，AI 感知智能和软件工程结合，被称为物信融合，正在帮助城市实现治理闭环，企业实现管理提升；感知智能和大数据智能的数据工程结合，正在帮助城市大脑"见微知著，洞察先机"。

四、智能感知助力传统产业数字化转型的方式

通过 AIOT 技术的使用，可以使企业更敏捷，获取数据更高效，服务用户的手段更创新。可以通过产品的物联，形成营销、服务和交付模式的创新；

可以通过设备设施的物联，实现生产和服务过程的自动化和数字化；可以通过场景的物联，来提高生产管理效率，助力安全生产，构建完整数字孪生。IT 服务和智能制造科技服务产业会在传统企业的数字化转型过程中得到很好的发展机会。

五、利用智能感知助力城市数字化转型的建议

1. **政府、企业双向发力，互相支持，形成有效飞轮**。政府从多模融合、共建共享角度规划城市级别的融合感知赋能平台，助力城市的数字孪生构建。企业从场景闭环、物信融合角度推动细分场景数字化，实现城市治理手段的提升，提供更人性化的民生服务手段。

政府应该逐步开放数据，帮助企业更好的构建应用场景。例如交通态势数据开放为自动驾驶和停车运营的从业者提供服务，身份认证信息开放为酒店的自助入住提供支持，同时制定政策，推动立法，推动数据确权。与此同时，企业的数据反哺到政府平台，结合融合感知赋能平台和政务网数据，使政府的数据更丰富，治理手段更精细科学，例如交通企业的数据可以帮助政府在道路网络设计上有更科学的依据，社区的数据帮助政府在完善垃圾分类的具体管理办法上提供更好的手段等。

2. **政府通过政策制定和定向扶持助力特定领域传统企业优先实现数字化**。例如在智慧社区领域，今天社区的数字化是城市数字化的焦点，作为网格化治理的终端，社区数字化运营的载体还是物业公司。行业普遍认为，在这个领域会出现像贝壳一样的科技平台企业，因为这是一个规模市场，政府的扶持可以起到加速作用。同样的机会在教育数字化等领域也存在。

3. **从 AI 工程化角度，推动上海信息服务和智能制造产业的转型升级**。配合 AI 工程化，领先企业都推出了低代码平台。上海有大量的信息服务企业和智能制造科技企业，以前苦于 AI 人才的短缺和 AI 结合的困难，在利用 AI 技术服务城市和产业的数字化转型上进展不快。现在可以抓住城市数字化带来

的大量场景机会，低成本广泛的应用 AI 能力，把自身转型成城市和产业数字化转型的产品、解决方案和服务供应商，实现产业升级和转型。

4. **提前布局数字化创造的赛道**。从目前看，5G 的应用最大的受益行业之一是 VR/AR/MR，虚实结合会改变很多数字化应用的用户界面，进而催生出来新的应用场景。上海在移动互联网领域开始逐步赶上，在平台和内容生产领域也有不错的头部企业，应该在招商政策，政府引导等方面加快这个产业集群的发展。

统筹发展和安全，推进上海"双碳"战略落地

统筹低碳发展和能源安全　推进上海"双碳"战略落地

核心建议

1. 推出一批"双碳"治理制度性创新。实施生态环境监督执法正面清单；完善环保信用评价、环境信息强制性披露、环境污染强制责任保险制度；完善生态环境损害赔偿制度建设；推进自贸试验区生态环境"证照分离"改革试点、环保部门机构改革创新试点。在全国形成示范和推广效应。

2. 加快建设国际碳金融碳交易中心。形成现货市场和衍生品市场并存、场外市场和场内市场结合、非标准化衍生品和标准化衍生品共生的全国碳金融市场。适时发布全国碳市场价格指数"上海碳"并不断扩大其输出与应用范围。在上海环境能源交易所设立"沪欧通""沪伦通"新板块，率先形成碳信用体系的国际市场联通。

3. 加快核心技术体系攻关及产业链发展。力争在"十四五"时期建成若干百万吨级 CCUS 全链条示范项目或 CCUS 产业示范区，带动形成区域 CCUS 产业促进中心。攻克大规模全流程产业化"最后一公里"技术瓶颈，进一步开发低成本、高通量、高选择性的 DACS 吸附/吸收工艺。将下一代储能纳入《上海市推进新型基础设施建设行动方案》，在虹桥商务区、迪士尼乐园、临港等条件成熟地区建设大容量分布式电池储能系统。

4. 抢占绿氢能源行业的巨大价值蓝海。建立专委会、设立专项扶持项目，实现氢能产业链各重点环节与阶段的量化目标。重点支持绿氢前沿技术与关键技术研发。聚焦氢能源燃料电池关键材料、关键组件制备工艺的集成研发。

依托"五大新城"建设布局氢能基建示范项目和氢燃料电池汽车项目。

5. 形成支持碳达峰试点园区建设的长效机制。加强试点园区土地供给，降低投资、税收强度等准入门槛。鼓励园区参加碳排放配合与碳汇交易，优先纳入自愿减排和碳信用项目。支持园区发行绿色债券、发行碳达峰园区公募 REITs。

6. 扩大数字技术支持节能降碳转型应用场景。加大数据实时交换、信息处理与融合等碳传感技术攻关。遴选一批工业、通信、能源、交通、建筑企业打造数字减排示范工程。鼓励数据中心参与电力市场化交易，加大绿电供给，推动数据中心绿色转型。发挥在沪国企央企产业链带动作用，将碳 MRV 系统、数字化减碳工具纳入集中采购目录。

正文

作为全国改革开放排头兵、创新发展先行者，上海在践行"绿色使命"上需要立足高标准战略要求：一是同时实现低碳经济转型与高质量发展双重目标，统筹落实、一体推进发展与安全、稳健与进取、自强与开放、短期与长期、减污与降碳。二是充分发挥绿色转型过程中市场的决定性作用，进一步深化改革，大力破除制约碳定价与碳市场发展的体制机制障碍。三是构建并施行有效的系统集成推进模式，既要关注重点部门，又要以"一盘棋"思维优化资源配置。

综观全球城市碳达峰碳中和路径经验，对上海的启示包括：一是发挥政府在加速深度碳脱钩中的持续动力源作用。德国、法国、日本、美国拜登政府均就脱碳时间表给出详细规划，成立专门组织机构负责并配套一揽子行动计划，在碳交易、碳税、碳关税、绿色金融、低碳标准方面积极探索。二是发挥金融工具对"双碳"的核心支持作用。英国鼓励金融机构、私人部门重视并参与碳减排，美国州政府开展金融支持碳减排的"基层探索"，德国、日本重视发挥政策性银行引导作用。三是发挥数字技术释放减排潜力方面的基础工具作用。美国提供助力减碳模型开发 / 智能决策的高质量数据集和大数据工具，《欧洲绿色协议》重视环境大数据共享开发和利用，日本则是绿色化与数字化的双轮驱动产业政策践行者。

一、基于上海"双碳"工作战略要求与国际经验，提出推进"双碳"战略落地的"五大路径"

（一）制度性路径：健全绿色创新治理体制

1. 推出一批与"双碳"管理工作匹配的管理新举措。推行"双随机、一公开"监管，实施生态环境监督执法正面清单。完善环保信用评价、环境信息强制性披露、环境污染强制责任保险制度，推进生态环境损害赔偿制度建设。推进自贸试验区生态环境管理部门机构改革创新试点。

2. 打造一批"双碳"创新示范工程。提升环境准入标准，尝试环境风险"一票否决"制。探索环境污染治理专业化、社会化第三方托管服务。推广环保二维码信息公开系统、生态环境领域"证照分离"改革试点等。

3. 构建一批低碳高质量发展的长效动力机制。建立健全适合上海特点并在全国具有示范效应的清洁发展、碳交易、碳金融、生态补偿等长效机制。设立气候变化专项转移支付项目库，整合分散于各部门的专项转移支付项目，基于项目实施效果和前瞻性分配专项资金。

（二）市场化路径：建设国际碳金融碳交易中心

1. 引入多元化碳市场参与主体。培育做市、报价、撮合、经纪等业务，为碳市场提供更多层次和更灵活的定价方式，确保碳金融市场整体的发展活力。

2. 构建多层次的碳金融产品体系。有序推进碳质押（抵押）、碳租借（借碳）、碳回购等现货类碳金融工具。从碳远期、碳掉期等场外衍生向碳期货等场内衍生品市场拓展，最终形成现货市场和衍生品市场并存、场外市场和场内市场结合、非标准化衍生品和标准化衍生品共生的全国碳金融市场。完善碳基金、碳债券、碳保险、碳信托、碳资产支持证券等气候融资产品。

3. 打造代表中国的全球碳定价中心。适时发布全国碳市场价格指数"上海价格"，建立配套的价格风险防控机制。扩大"上海碳"价格输出与应用范围，支持上海及全国碳市场与境外金融市场在碳价指数发布、相互挂牌、碳资产管理等方面开展合作。

4. 落实基于个人碳配额的碳普惠制度。建立全市统一的城乡居民碳排放计量账户。探索个人碳配额征信管理措施，将个人碳减排行为纳入个人公共信用记录。

（三）技术性路径：布局减碳负碳核心技术

1. 密切跟踪全球前沿技术演变趋势。聚焦可再生能源制氢、可控核聚变、支撑风电与太阳能发电大规模友好并网的智能电网、电网友好型储能能量管理系统、规模化碳捕集利用与封存（CCUS）、热电联产模式（CHP）、可持续航空燃料等前沿技术。

2. 系统谋划重点技术创新路线图。推进碳中和相关国家级、市级重大科技专项和重点研发计划专项研发布局，推动新一代可再生能源、绿氢、储能等原创新技术突破。构建面向碳中和重大科技需求的国家科技创新基地体系，建立稳定的支持机制和联合攻关机制。

3. 积极布局贯通创新价值链的创新网络。构建水、风、光、"蓝氢""绿氢"、生物质能、氨能等资源利用—可再生发电—终端用能优化匹配技术体系。超前发展 CCUS 关键技术，重点部署 BECCS 以及直接空气捕集（DAC）技术。推动耦合集成与优化技术发展，促进不同技术单元集成耦合，最大限度地挖掘零碳负碳技术潜力。

（四）数字化路径：打造能源数字转型先锋

1. 推动碳排放数据收集、传递和开发利用。鼓励企业开展碳排放数据收集和管理，支持在沪各领域龙头企业应建立"碳资产管理系统"。强化上游原材料、元器件、零部件企业绿色供应链管理，将碳排放数据向下游传递。支持产学研合作开发优质实用的 MRV 大数据工具，推动大数据汇聚、监测管理、建模分析等技术突破。

2. 强化数字赋能字管碳减碳能力技术供给。加大数据实时交换、信息处理与融合等传感技术攻关，提高碳传感器综合性能。打造数字技术促进碳达峰碳中和的试点示范工程，鼓励重点领域开展数字技术促进碳达峰碳中和最佳实践项目试点，遴选一批工业、通信、能源、交通、建筑等领域先导试点应用。合理推动试点项目与重点工程、科技规划的衔接，政府对试点项目给予土地、资金、用电等政策支持。

3. 加快建设绿色低碳的新型数据中心。鼓励数据中心企业参与电力市场化交易，加大绿电供给。加强可再生能源电力系统与数据中心布局协同，探索打造"分布式可再生能源＋数据中心"试点示范项目。鼓励数据中心通过可再生能源专线供电、开展可再生能源电力交易或可再生能源绿色电力证书交易等方式提高可再生能源利用比例。加大数据中心冷源、冷却系统、供配电技术产品等节能技术产品推广应用力度。

4. 增加财税金融资源对数字减碳的投放。加强科技专项引导，支持物联网、人工智能、区块链、大数据分析等数字技术促进行业减碳的创新应用开发。发挥在沪国企央企产业链带动作用，将碳 MRV 系统、数字化减碳工具纳入集中采购目录。加大信贷资源倾斜，引导金融机构向数字减碳技术和应用扩大信贷投放。充分利用全国碳交易市场，助力各行业利用数字技术赋能碳减排。开展碳税政策模型构建及模拟仿真，适时试点碳税政策。

（五）平台化路径：打造长三角碳中和园区标杆

1. 以"五新"为导向，加强"碳中和"园区整体统筹。践行"新发展理念"，把绿色贯穿于园区发展。制定"新发展规划"，为园区实现"碳中和"做好整体设计。建立"新管理机制"，完善低碳基础设施，加强排放监管。建立"新考核指标"，将园区生产生活直接或间接碳排放纳入考核和评估范畴。构建"新产业生态"，形成有利于减排的产业结构比例和产业上下游关系。

2. 以"五化"为路径，推动"碳中和"园区迭代升级。推动"产业链接循环化"，合理延伸园区相关产业链。推动"清洁能源增量化"，将可再生能源从电力消费的增量补充变为增量主体。推动"物流系统清洁化"，形成以节能为核心的公共交通结构。推动"园区建筑节能化",执行绿色建筑标准。推动"园区环境绿色化",对园区内生态要素进行优化改造,增强碳汇能力。

二、围绕上述战略路径,本课题提出推进上海 "双碳"战略落地的"八大举措"

(一)加快 CCUS 技术体系攻关及产业链发展

1. 加快低成本低能耗二代技术研发。加快研发安全的长距离二氧化碳管道运输、二氧化碳高效转化合成大宗工业产品、资源采收协同的地质封存以及低成本的监测和风险管控技术与装备,发展海底封存技术和负排放技术。

2. 开展大规模全流程集成示范项目。攻克大规模全流程工程相关技术瓶颈,在"十四五"时期建成 3—5 个百万吨级 CCUS 全链条示范项目或 CCUS 产业示范区,带动形成区域 CCUS 产业促进中心。

3. 提供基于 DACS 的最后一公里解决方案。进一步开发低成本、高通量、高选择性的 DACS 吸附/吸收材料,开发胺类等新型吸附剂,利用生命周期评价对 DACS 工艺与可再生能源系统耦合的技术经济性评价和碳减排潜力进行分析。

(二)抢占绿氢重塑能源产业价值的重大机遇

1. 构建绿氢产业良性发展的平台项目载体。建立上海氢能产业发展与协调专委会,设立"氢能产业中小企业专项减免"项目,明确氢能产业链各环节重点与阶段性可量化指标,加快建立氢能产业标准体系。

2. 重点支持绿氢前沿技术与关键技术研发。聚焦燃料电池关键材料如催化剂、质子交换膜及炭纸等,关键组件制备工艺如膜电极、双极板、压缩机、氢循环泵等,耐高温连接板材料以及集成系统等的研发,设立氢能源与燃料电池重大专项。

3. 拓展城区级企业级氢能产业商业化应用。依托"五大新城"布局氢能基建示范项目;鼓励企业大力发展氢燃料电池汽车项目;推动传统车企与新能源车企间的合作；建立国内外氢能联盟等行业协会联动机制。

（三）实现下一代电化学储能技术规模化应用

1. 加强储能产业标准制定。规范和出台储能产业技术标准和储能项目设计、建设和运行监测管理标准；完善适合不同储能应用场景的储能价值评估方法；搭建标准化、国际化的第三方检测平台，构建面向全行业的研发、试验、认证、检测、计量等公共服务体系。

2. 将储能纳入新基建政策。将储能纳入下一阶段《上海市推进新型基础设施建设行动方案》，为储能基础设施提供"新基建"优惠利率信贷专项。在虹桥商务区、迪士尼乐园、临港地区等建设大容量分布式电池储能系统。

3. 拓展电动汽车电池储能应用。开展电动汽车智能充放电业务（V2G），发展退役动力电池的梯次利用和规模化生产及经营。鼓励企业或个人通过电动汽车电池的电网储能属性提升来获取额外资产收益。

（四）大力推广超低能耗近零能耗建筑

1. 加快零碳建筑标准研制。围绕建筑物理与热工性能、机电系统、新风系统、智能系统等重点技术，鼓励和支持社会组织制定工艺、能耗指标、检测的强制性标准和推荐性标准。大幅度降低新建建筑领域供暖、供冷、采光、门窗比、围护结构及照明的能耗强度。

2. 试行建筑能耗限额管理。在设计、建造、运行等不同碳排放阶段，分段进行能效测评和评估。扩大碳排放配额管理范围，推动建筑项目主动开展减碳工作。建立评价标识的监管和取消机制，扩大建筑能源审计范围。

3. 研发推广新型绿色建材。加速开发适应上海外墙保温一体化系统的保温材料、节能成品门窗和气密膜等，将碳排放强度作为绿色建材认定的关键指标，发展具有固碳能力的建材。积极参与材料基因组计划，构建材料基因组平台。

（五）率先开展碳达峰试点园区建设

1. 引导金融资本参与园区建设。加强"零碳"园区土地供给，降低投资、税收强度等准入门槛。鼓励园区参加碳排放配合与碳汇交易，优先纳入自愿减排和碳信用项目。支持园区发行绿色债券、发行碳达峰园区公募 REITs。

2. 编制碳达峰园区建设标准指南。从园区基础设施、能源利用、建筑设计、交通出行等方面，编制规划指南，制定建设、运营、管理的标准规范，建立园区碳中和考核办法与评分标准，建立碳排放信息公开制度。

3. 建立园区碳足迹监测管理体系。通过"双碳"数字化管理平台建立碳足迹监管体系，全流程、全时段监测园区碳排放量，定期进行碳排放数据核查。进行多维度的节能诊断和碳足迹溯源分析，制定园区（近）零碳发展目标和时间表。

（六）促进绿色再制造产业健康发展

1. 编制本市再制造企业和产品目录。遴选一批符合上海发展需求、具有代表性的高端机电产品和关键零部件再制造企业。定期检查评估、及时更新再制造企业名录和产品目录。

2. 推动再制造行业纳入碳交易市场。制定再制造产品自愿减排核证方法及标准，建立再制造行业碳减排报告和公示制度，允许再制造企业将其核证减排量在上海环境能源交易所挂牌交易。

3. 提升临港新片区再制造基地能级。发展旧汽车发动机、自动变速箱、高端影像医疗器械、数控机床、航空器材等高附加值进口再制造。进一步促进再制造旧件进口通关便利化。推动商务、海关、园区管理机构联合制定保税再制造业务管理办法。继续建设技术研发、检测认识、集中清洗、再制造产品销售等公共服务平台。

（七）打造长三角绿色金融核心圈

1. 增设碳交所"沪欧通""沪伦通"新板块。在上海环境能源交易所设立"沪欧通""沪伦通"新板块。协调推动中欧相关企业实现一定程度的碳排放配额互认。实现上海区域自愿减排市场与欧盟完全打通，率先形成碳信用体系的国际市场联通。

2. 搭建长三角出口产品 ESG 平台。组织中介机构针对长三角出口欧盟企业需求，提供更多质优价廉的碳排放核算、法律、外贸等服务。建议上海证券交易所提高对上市公司中出口欧盟企业的 ESG 信息披露要求，提高绿色投资发展水平。

3. 设立统一的长三角碳普惠基金。由在沪金融机构联合大型企业共同发起，率先尝试开发基于碳普惠减排量的各类质押、应收账款保理、债券、资产证券化等金融服务，盘活企业及个人碳资产，增加碳普惠价值认可范围。

（八）建好崇明生态岛碳中和示范区

利用湿地资源，合理进行草木种植配比，维持健康、稳定的湿地生态系统。通过水系贯通、淡水引进、生态增绿等举措，发展保护湿地。种植较大面积的防护林、风景林、经济林、芦苇沼泽、人工荷塘湿地等，形成独特湿地景观。加强崇明滨海湿地保护与滨海湿地碳中和能力，提升崇明岛蓝碳潜力。开展崇明滨海湿地碳汇核算，摸清碳汇价值底数。

关于上海促进绿色再制造产业健康发展的建议

核心建议

1. 完善顶层设计，制定并公布上海再制造企业名录和再制造产品目录，完善再制造企业、再制造产品评价标准体系，促进再制造规范化发展。

2. 优化注册登记制度，出台专门指导意见，对符合要求的企业允许在名称和经营范围中加"再制造"字样，提高再制造企业开办便利性。

3. 完善税收支持政策，在临港新片区将符合条件的再制造企业生产的产品纳入资源综合利用税收优惠政策范围，给予增值税、企业所得税优惠支持，提高对再制造企业实际缴纳税收地方留存部分的返还扶持。

4. 创新海关监管政策，根据上海产业发展需要，放宽可再制造旧件的进口限制；对用于再制造的旧件进口进一步实施通关便利化；出台企业开展保税再制造业务实施细则，支持上海入境再制造、保税再制造业务发展。

5. 试点将再制造行业纳入碳排放交易体系，制定再制造产品碳减排量核算方法，组织符合条件的再制造企业开展产品碳减排量登记及公示，允许企业将碳减排指标在碳交易市场挂牌交易。

6. 进一步落实生产者责任延伸制度，推动主机厂与第三方再制造企业建立合作机制，支持主机厂通过授权、合作等方式，开展汽车零部件、工程机械、高端装备等再制造业务，推动本市逆向回收体系完善和资源循环利用。

7. 完善法律法规，明确原产品制造商与再制造企业的法律关系，统筹解决再制造发展与知识产权保护问题。鼓励原产品制造商与再制造企业通过再制造产品碳减排指标交换等模式，探索知识产权合作机制；探索再制造行业集体支付知识产权对价机制。

8. 建立促进绿色再制造产品消费的支持政策体系，将再制造产品纳入政府优先采购清单；对企业使用再制造产品的，在专项资金申请、税收优惠等方面给予重点支持；建立绿色消费积分制，对消费者消费再制造产品给予绿色积分重点奖励。出台政策支持保险公司与再制造的合作，支持保险公司开发与鼓励再制造产品使用相关的保险产品和优惠条款。

9. 进一步落实政策，支持临港再制造基地示范性发展。在临港新片区试点开展进口再制造、保税维修和再制造业务。持续支持在临港再制造基地建设完善技术研发平台、检测认识平台、集中清洗中心、再制造产品销售平台，提升临港再制造基地服务上海和全国再制造产业的能力；建设具有国际水平的绿色再制造和循环经济科普展示中心，扩大再制造公共宣传。加大土地和厂房支持力度，解决再制造企业较大的生产和仓储空间需求。

正文

实现碳达峰、碳中和，是以习近平同志为核心的党中央统筹国内国际两个大局作出的重大战略决策，也是构建人类命运共同体的庄严承诺。国务院《2030 年前碳达峰行动方案》（以下简称《方案》）中明确指出，"循环经济助力降碳行动"，"抓住资源利用这个源头，大力发展循环经济，全面提高资源利用效率，充分发挥减少资源消耗和降碳的协同作用"。

循环经济是一种新的经济增长模式，以"减量化、资源化、再利用"为基本原则。包括联合国在内的国际组织和世界主要发达经济体，都逐渐将发展循环经济作为应对和减缓气候变化、降低温室气体排放的重要方式。再制造是循环经济"再利用"的高级形式。再制造是指将废旧汽车零部件、工程机械、机床等进行专业化修复的批量化生产过程。再制造与制造新品相比，可节能 60%，节材 70%，节约成本 50%，大气污染物排放量降低 80% 以上。

发展再制造产业，推动再制造产品消费，有利于在全社会形成"资源—产品—废旧产品—再制造产品"的循环发展和生活模式，助力"双碳"目标实现。

一、我国和上海的再制造产业发展取得积极进展但仍存在不足和制约

至今，我国再制造产业发展已有 20 余年，企业数量不断增加，产业规模不断扩大，消费市场逐步发展。我国从事汽车零部件、工程机械、机床等产品再制造和提供再制造技术服务的企业近千家，从业人员超过 10 万人，行业年产值已超过 300 亿元。国家发改委、工信部共计批复 7 个再制造产业示范基地和集聚区，上海、广州、江苏张家港和河北河间等地已形成一定的产业集群和规模。

上海再制造产业在产业链完整度、产业规模和再制造技术发展等方面处于全国领先地位，在汽车零部件、工程机械、航空器材、电子产品、激光再制造服务等领域具有较强优势。上海有各类再制造企业 40 余家，再制造年产值超过 30 亿元。临港再制造基地获得国家发展改革委、工信部、原国家质检总局等多部委批复支持，聚集了卡特彼勒、梅赛德斯—奔驰、锦持汽车零部件再制造、大陆激光等一批在国内外有一定影响力的企业。

但是，与欧美发达国家相比，我国再制造产业发展仍然处于初级阶段，产业规模和消费市场仍较小。影响我国再制造产业较快发展的主要制约因素包括：

1. 法律法规仍不健全，标准体系不完善，再制造企业工商注册仍面临一些限制，再制造产品面临侵犯原型产品知识产权法律风险。

2. 国内旧汽车零部件、旧机电产品流通市场不规范，尚未建立高效的废旧产品逆向流通系统，企业生产原料没有正规保障。国外旧件进口受到一定限制，部分企业无法从国外进口原料进行再制造。

3. 再制造企业不享受资源综合利用的税收优惠政策，旧件回收没有发票，正规企业税收负担重。

4. 再制造正面宣传较少，消费者对再制造产品认知度不高，在一定程度

上制约了企业生产、研发的积极性。

5. 再制造产品的节能减排没有纳入碳交易体系，部分主机厂再制造积极性不高。

二、上海促进绿色再制造产业健康发展相关建议

根据《上海市城市总体规划（2017—2035 年）》《上海市关于加快建立健全绿色低碳循环发展经济体系的实施方案》等文件规定，到 2025 年，本市产业结构、能源结构、运输结构持续优化，绿色产业比重明显提升，生产生活方式绿色转型成效明显，能源资源利用效率稳步提高，绿色低碳循环发展的生产体系、流通体系、消费体系初步形成。

为统筹发展和安全，全力推进上海"双碳"战略落地，建议加快完善、优化相关政策，创新产业链合作机制，促进再制造消费，积极推进上海绿色再制造产业健康发展，使再制造产业成为上海"双碳"战略实施的新亮点。具体建议如下：

（一）完善顶层设计，编制再制造产业发展规划，公布上海再制造企业和产品目录

建议参照国家发改委、工信部关于再制造试点企业和再制造产品认定的相关要求，遴选一批符合上海发展需求、具有代表性的高端机电产品和关键零部件再制造企业，制定并公布上海再制造企业名录和再制造产品目录，建立再制造企业、再制造产品评价标准体系，每年组织对再制造企业、再制造产品进行检查评估，及时更新再制造企业名录和再制造产品目录，为规范的再制造企业、合格的再制造产品提供权威背书，促进再制造行业健康有序发展。

（二）优化注册登记制度，提高再制造企业开办便利性

在国民经济行业分类标准尚未将"再制造"纳入前，市市场监督管理部门、环保部门针对再制造行业注册开办面临的难题，出台专门指导意见，明确不同类型再制造企业的环评要求，对符合要求的再制造企业，允许在名称

和经营范围中加入"再制造"字样。

（三）完善税收支持政策，支持再制造企业规范发展

将经过国家级、市级行业主管部门认定的再制造企业生产的再制造产品纳入资源综合利用税收优惠政策范围，对企业利用旧汽车、工程机械、机床、影像医疗器械、航空发动机、盾构机、工业机器人、港口机械、服务器、通信设备等整机和零部件生产的再制造产品形成的收入，除可享受"在计算应纳税所得额时，减按90%计入当年收入总额"的优惠政策外，企业实际缴纳的增值税、企业所得税的市级留存部分的60%—80%，全部返还给企业，以减轻再制造企业税收负担，支持企业规范发展。

（四）在临港新片区创新海关监管政策，支持上海入境再制造、保税再制造业务发展

从国外进口高端装备和关键零部件再制造，不仅有利于促进再制造行业发展，对提升我国集成电路装备、航空发动机等部分高端装备的技术研发水平也具有重要意义。建议海关充分利用浦东打造社会主义现代化建设引领区、《自贸区临港新片区条例》相关政策赋予的自主创新机遇，在临港新片区开展进口再制造试点，根据上海再制造企业的实际需求，制定"允许进口的再制造旧件目录"，完善监管体系，允许附加值高的旧汽车发动机、自动变速箱、高端影像医疗器械、数控机床、航空器材等进口再制造，提升上海再制造产业的整体技术水平。

创新监管思路，完善监管措施，对用于再制造的旧件进口进一步实施通关便利化，推行前置备案、先进后验等措施，简化入境检验检疫程序。推行信用制度，对质量管理体系完善、信用良好的再制造企业，予以自主监管、定期申报模式。

商务、海关、园区管理机构联合制定明确再制造企业开展保税再制造业务管理办法，明确企业申请开展保税再制造业务的具体流程和要求，明确各主管部门应负职责和监管要求，使企业有标可对。对保税区外的"两头在外"再制造企业，支持按照保税模式开展进口再制造业务。

（五）试点将再制造行业纳入碳排放交易体系

试点将再制造行业纳入碳排放交易体系，由标准制定机构制定再制造产品碳减排量核算方法及标准，完整、准确量化再制造产品碳减排效益。对经国家发改委、工信部批复的再制造试点企业、市主管部门认定的再制造产品的生产、销售数据进行备案登记，建立再制造企业和再制造产品碳减排报告和公示制度，计量确认再制造企业减排情况，允许再制造企业将碳减排指标在上海环境能源交易所挂牌交易。

（六）落实生产者责任延伸制度，推动主机厂与第三方再制造企业建立合作机制

落实国务院《生产者责任延伸制度推行方案》，明确汽车生产企业的责任延伸评价标准，明确产品设计要考虑可回收性、可拆解性，企业应将用于维修保养的技术信息、诊断设备向独立维修商（包括再制造企业）开放。鼓励生产企业利用售后服务网络与符合条件的拆解企业、再制造企业合作建立逆向回收利用体系，支持回收报废汽车，推广再制造产品。

市工业主管部门组织建立包括主机厂、第三方再制造企业参与的生产者责任延伸制度合作平台，支持主机厂通过授权、合作等方式，开展汽车零部件、工程机械、高端装备等再制造业务，推动本市逆向回收利用体系和循环再制造的规模化发展。

（七）完善法律法规，统筹解决再制造发展与知识产权保护问题

建议推进中央完善法律法规，明确原产品制造商与再制造企业的法律关系，确立再制造的知识产权保护原则。鼓励原产品制造商从产品设计阶段考虑回收再制造或再用，并在一定条件下许可他人再制造其生产的已报废整车（整机）和关键零部件，从政策上视为生产者延伸产品责任。积极通过碳减排政策支持原产品制造商无偿授权再制造企业开展再制造业务，鼓励原产品制造商与再制造企业通过碳减排指标交换开展再制造合作。探索再制造行业集体支付知识产权对价机制，支持通过行业协会与原产品制造商建立授权联盟，获得原产品制造商的授权许可。

（八）完善政策体系，促进再制造产品消费

建立促进绿色再制造产品消费的支持政策体系。将再制造产品纳入政府优先采购清单，公务用车优先使用再制造汽车零部件，政府、国有企事业单位优先使用再制造办公设备，形成绿色产品消费示范效应。对企业使用再制造产品，在专项资金申请、税收优惠、碳减排任务等方面给予重点支持。在全市建立绿色消费积分制，扩大绿色积分兑换和使用范围，对消费者消费再制造产品的，给予绿色积分重点奖励，消费者在商品购买、折扣优惠、优秀市民评选等方面享受额外实惠。

创新市场监督措施，完善、优化对再制造产品生产和销售的监管，做到旧件回收来源可查、产品生产质量可控、使用去向明确等全链条可追溯管理。

支持保险公司与再制造的合作。引导车险公司在车险理赔损余物资处置时，优先将损余物资交由拥有汽车零部件再制造资质的企业进行再制造。支持保险公司开发与再制造产品使用相关的保险产品和优惠条款，对约定在出险后使用再制造汽车零部件的保险消费者给予相应的保费优惠，并在续保时给予相应折扣，鼓励消费者主动使用再制造产品。

（九）进一步支持临港再制造基地示范性发展

进一步完善政策，支持临港再制造基地健康发展，对促进上海再制造产业发展具有重要意义。

建议充分利用临港新片区政策，开展进口再制造、保税维修和再制造试点，突破政策限制，形成可复制、可推广的监管模式。持续支持在临港再制造基地建设完善技术研发平台、检测认识平台、集中清洗中心、再制造产品销售平台等公共服务平台，解决表面修复、激光清洗、智能检测、系统集成等再制造关键技术，完善人才培养、集中清洗、环境保护、产品销售功能，提升临港再制造基地服务上海和全国再制造产业的能力。

在临港再制造基地建设具有国际水平的绿色再制造和循环经济科普展示中心，促进循环经济和再制造产业宣传，扩大再制造公共影响力，促进再制造认识和消费。

加大土地和厂房支持力度，对符合环保要求、具有一定规模的再制造企业，给予特别土地供应支持，以解决再制造企业较大的生产和仓储空间需求。

关于加速氢能产业发展　有效推动重点
能源领域突破创新的建议

核心建议

1. 设立上海氢能产业发展与协调专委会，负责研判氢能产业发展规律，就上海氢能产业发展顶层设计、产业上、中、下游发展路径做出具体目标规划。

2. 设立上海氢能有限公司，全面铺开氢能产业基础设施建设，为既有企业提供更多融资渠道，也为上海市未来的氢能企业提供更多可选商业模式。

3. 以上海氢能有限公司、上海石化、宝钢集团为代表的国企与民企展开合作，探索开展以氢能作为能源、而非简单商品的商业化场景与应用，直接对接居民用户。

4. 设立"氢能产业中小企业专项减免"项目，按照标准给予其电力补贴或者折扣。

5. 确立"氢气—氢能"二分法律认定体系，避免因将氢气认定为"危化品"而阻碍氢能作为"能源"的大规模商用。

正文

一、上海氢能产业与重点能源领域战略和发展现状

（一）发展战略

1. 市政府充分重视

《上海市氢燃料电池汽车产业创新发展实施计划》提出："到 2025 年，建

成运行超过 70 座加氢站,推广燃料电池车万辆规模以上";《2022 年上海市扩大有效投资稳定经济发展的若干政策措施》明确指出"推动全市加氢站规划建设,强化'终端带动',持续推进新能源汽车产业发展"。

2. 区级行政单位开始布局

在《中国(上海)自由贸易试验区临港新片区发展"十四五"规划》中,临港新片区首次明确将氢能列入"未来产业"名单,"十四五"时期将建设"国际氢能谷",计划到 2025 年产业规模突破 200 亿元。

3. 大型企业开始规划

中国石化"十四五"期间将在上海建设加氢站 30 余座,旨在加快推进能源转型和产业升级;上海化学工业园区则计划在"十四五"末进一步增加副产氢产量,达到满足 3 万辆各类氢能源车辆的用氢需求。

(二)发展现状

1. 企业集聚

目前,上海市南部有化工区和上海石化、北部有宝钢集团,在化工企业或冶金过程副产氢气。上海化学工业区园内聚集了诸如石油化工、煤化工、氯碱化工、尼龙制造等企业的副产氢气。在临港新片区,已经陆续落户了上海氢晨、上海治臻、上海唐锋、镁源动力等 20 多家氢能产业链关键企业。

2. 产业生态渐成型

基础设施建设方面,临港新片区首座加氢站——平霄路油氢合建站于去年已启动建设,其将会为临港 T6 线公交车及氢燃料物流车提供加氢服务。应用场景方面,临港新片区大力推动智能新能源汽车使用,首批进入开放测试的自动驾驶车辆有公交车、乘用车以及无人清扫车等。

3. 加氢站数量领先

目前长三角地区能源化工企业众多,投资的制氢和加氢站项目较多,已建成 23 座加氢站,其中上海市 11 座、江苏省 8 座、浙江省 4 座。

二、上海氢能产业与重点能源领域发展核心问题和困境

（一）未形成产业集群

上海化学工业园区、上海石化、宝钢集团分别位于上海的南部、北部，无法形成集聚效应，彼此之间也难有交流。况且，他们都是以自己的传统业务为基础生产副氢，技术、发展方向亦均各自为政，难以把控氢能的整体发展方向。

（二）关键产业布局不足

目前对氢能产业的补贴散布在燃料电池车、加氢站、氢气成本乃至技术研发等，随着产业基础的初步形成，补贴政策应根据不同环节而有所侧重，进而加速氢能产业商业化。

（三）制氢及储氢成本过高

1. 设备与电力单价高

目前，因储氢造价成本、储氢瓶以及配套系统成本、设备投入成本、电力成本，再加上土地成本、人工成本、管理成本等加起来数额高昂，氢能价格始终难以大幅下降，进而导致燃料电池成本下降、氢能冶金等工业应用发展以及氢能储存技术发展都不及预期。

2. 设备投入成本巨大

在典型的外供氢的高压气氢加氢站投资组成中，除去土建，设备费用占据最大比例，主要是压缩机、储氢瓶、加氢和冷却系统，由于国内缺乏成熟量产的加氢站设备厂商，进口设备推高了加氢站建设成本。

3. 储运开支大

因氢气特殊的物理、化学性能，使得它储运难度大、成本高、安全性低。从终端氢气价格组成来看，储运成本占比在30%左右，经济、高效、安全的储运氢技术已成为制约氢能规模应用的瓶颈之一。

（四）关键零部件的国产化与质量水平均亟待突破

目前车载储氢瓶核心材料及零部件（如碳纤维）、瓶口阀以及减压阀等主

要依赖进口，未来都将面临国产化要求。此外，我国氢燃料电池关键材料和部件基础比较薄弱，很多停留于实验室和样品阶段，甚至尚未实现国产供应。

（五）氢气能源法律属性存争议

氢气系危化品而非能源的法律定位，导致小型制氢生产被定义为化工项目，而加氢站则被迫建在远离市区的化工园区，这远远无法满足交通制氢用氢以及制加一体化站发展的现时及未来潜在需求。

三、上海氢能产业与重点能源产业发展机遇和挑战

（一）国际机遇

1. 国际市场不断扩大

根据国际氢能委员会预测，到 2050 年，可再生能源比重会提升至 69%，其中氢能占 34%，氢能产业将创造 2.5 万亿美元的市场规模。这就意味着即使国内产能过剩，也可通过出口将过剩产能转移至国际市场。

2. 发展氢燃料电池汽车成大势所趋

随着铂（Pt）用量的下降，氢燃料电池的成本也随之下降，使得氢燃料电池汽车获得了快速发展。在乘用车领域，使用氢燃料电池的现代 ix35、丰田 Mirai、本田 Clarity 以及奔驰 GLC 已在多国市场上市。

3. 能源安全的重要性日渐凸显

2021 年，疫情封锁导致天然气价格上涨接近 3 倍，这从某种程度上让欧洲陷入了自 20 世纪 70 年代以来最严重的能源危机。在近期发生的俄乌战争中，能源断供也成为一种有力的制裁工具。

（二）国内机遇

1. 发展窗口期已来

近年来，以氢燃料电池汽车示范应用为牵引，我国政府对氢能产业的支持力度不断加大。据中国氢能联盟预计，到 2050 年，氢气需求量将接近 6 000 万吨，氢能在我国终端能源体系中占比超过 10%，产业链年产值达到

12万亿元，成为引领经济发展的新增长极。

2. 上海管道基础设施丰富

以申能（集团）有限公司为例，其构建的管网输配燃气产业链，已形成上海市"6+1"天然气多气源保障体系；华谊集团、上海石化的化工管道资源，经改造后可为能源用氢输送所用。这将成为上海氢能供应过程中的重要支撑。

3. 上海拥有生物质燃气制氢基础

据不完全统计，上海日产湿垃圾约8 000吨，可产生沼气80 000立方米/小时。如全部用于制氢，可满足1.5万辆燃料电池车辆的用氢需求。

四、国外经验借鉴

（一）美国

1. 政策布局覆盖全产业链

美国从20世纪70年代开始就资助了大量氢能研究；1990年颁布了《氢能研究、发展及示范法案》；2002年发布了《国家氢能发展路线图》；2012年加大了对氢能燃料电池的税收优惠；2014年，明确了氢能对交通运输转型的主导作用。在美国各式氢能组织的不懈努力下，美国氢能相关政策几乎覆盖了全产业链。

2. "氢能叉车"实现全产业链盈利

全球来看，只有美国普拉格能源（Plug Power）实现了全产业链盈利。普拉格最先做燃料电池，后来抓住了沃尔玛和亚马逊在冷链物流使用电动叉车的痛点，基本承包了两家公司的物流用叉车服务，最终扭亏为盈。

3. 行业组织助推氢燃料电池汽车商业化落地

加州燃料电池合作伙伴联盟是一个政府与行业的合作组织，旨在扩大氢燃料电池汽车的市场。该联盟成员包括全球著名的汽车制造商、氢能源科技公司，以及加州空气资源委员会等。其将法规、政策与资金凝聚为合力，共同推动氢能行业发展商业化。

（二）欧洲

1. 具体的关键节点式长期规划

FCHJU（欧盟燃料电池及氢能联合会）发布的《欧洲氢能路线图：欧洲能源转型的可持续路径》在为氢能和燃料电池的大规模推广指出路径的同时，为产业链每个节点提出了关键指标，如氢燃料乘用车、轻型商用车、重卡、公交车、火车的预计保有量以及加氢站建设数量；天然气的替代率以及家庭供暖数量。

2. 成立德国国家氢能及燃料电池组织

为了推广氢能及燃料电池，德国成立了国家氢能及燃料电池组织（NOW）来负责管理及协调国家氢能及燃料电池创新项目（NIP）及德国联邦国土交通省下的电动车部署项目（BMVI）。

3. 德国 H2 MOBILITY 财团推动加氢站建设

欧洲现约有 170 座加氢站，其主要运作者是德国 H2 MOBILITY 公司。除法国液化空气集团、戴姆勒、林德、OMV、壳牌和道达尔等股东出资以外，H2M 主要通过德国联邦运输、数字基础设施部（BMVI）和欧盟委员会获得资金。H2M 选择以大城市生活圈为点，以城市间的高速通道为走廊，形成点—线的加氢站建设布局，从而覆盖全国。

（三）日本

1. 推动氢能汽车规模量产与优先权专利优势

2014 年，日本第一款商用氢动力车丰田 Mirai 诞生，随后本田推出了Clarity，大力推动了氢燃料电池汽车的批量生产。同时，日本在氢能和燃料电池领域拥有的优先权专利占全球的 50% 以上，并在多个关键技术方面处于绝对领先地位。

2. 政府资助及行业联盟共同推动

2018 年，丰田、日产、本田、JXTG 日本石油 & 能源、出光兴产、岩谷、东京煤气、东邦煤气、日本液化空气、日本丰田通商和日本开发银行等 11 家公司组成的财团成立了日本"H2 Mobility"公司，来加速该国氢燃料站的部署。它将在日本中央政府可再生能源、氢和相关问题部长级理事会的指导下，推进在日本全境部署加氢站的工作。

3. 商业化应用全球领先

日本的燃料电池商业化应用包括民用固定热电联产式燃料电池发电系统、工业用燃料电池以及燃料电池交通工具等。其中，民用固定热电联产式燃料电池发电系统在 2009 年首次实现了商用化，使日本成为第一个将燃料电池引入民用领域并为住宅提供电力及热水的国家。

五、对策与建议

基于上海氢能产业发展思路，充分借鉴世界各国、各地区发展经验，建议构建"1211"的政企税法协作体系，其含义依次为：

"1"是指设立上海氢能产业发展与协调专委会；

"2"是指设立上海氢能有限公司和国企与民企全面合作，加速氢能产业商业化；

"1"是指设立"氢能产业中小企业专项减免"项目；

"1"是指确立"氢气—氢能"的二分法律性质。

（一）设立上海氢能产业发展与协调专委会

由市发改委牵头，联合国家能源局华东监管局与上海市国有资产监督管理委员会成立上海氢能产业发展与协调专委会，负责研判氢能产业发展规律，就上海战略的细化发展方向、发展形式与目标做出具体规划，其主要职责包括但不限于：

氢能产业顶层设计：包括国家战略与地方战略的分工、上海氢能产业集群的合理规划与布局、关键产业试点的选择与衡平、研究提出相关立法建议等。

把控氢能产业上游：立足全国能源战略与能源布局，研究设定若干制氢与储氢地方战略、地方战略制储中心以及商业应用中心，并配套设立若干研究机构或委托既有机构开展氢能、氢气的相关理论研究与实验。

把控氢能产业中游：为储运一体化站、加氢站、氢能运输等产业开展包括可行性、经济性、安全性等研判，委托行业协会发布相关研究报告指导行业发展方向。

把控氢能产业下游：为包括但不限于燃料电池车、加氢站、制氢工厂、消费者购置氢能产品补贴等提供参考性标准、金额、价格等，并组织承办氢能领域相关博览会、交易会、洽谈会等，搭建技术与商业交流平台。

其他部门委办的各类事项。

（二）设立上海氢能有限公司

由上海市国资委出资，市发改委、国家能源局华东监管局与市国资委共同管理设立上海氢能有限公司。借鉴德国与日本模式，在上海氢能产业发展与协调专委会以及发改委、国家能源局华东监管局与国资委的共同管理下，通过上海氢能有限公司全面铺开氢能产业基础设施建设，为既有企业提供更多融资渠道，也为上海市未来的氢能企业提供更多可选模式。

在产业链上游，建议上海氢能有限公司主要从事制氢、储氢设备的研发与量化生产，尤其应着力实现关键零部件国产化、降低设备生产成本、降低设备电力能耗以及提升制储全过程总体安全性等，形成一批上海市级乃至国家级氢能知识产权。

在产业链中游，建议上海氢能有限公司主要从事燃料电池涉及质子交换膜、扩散材料、催化剂等多种零部件和关键材料的研发与量产。其中，应以燃料电池国产化、平民化为主要方向，为汽车、家用电器等人民日常生活所需提供可选的氢能电池。

在产业链下游，建议借鉴美国普拉格能源公司"氢能叉车"模式，在大型企业园区、社区、商业广场等人流集聚区开展"氢能服务"业务，为这些区域内部的物流、基建、餐饮、休息等需求提供包括氢能叉车、氢能快递柜、氢能路灯乃至氢能光伏路面等服务产品，同时做好储运、配送过程中的安全风险的管控工作。

（三）国企与民企全面合作，加速氢能产业商业化

以上海氢能有限公司、上海石化、宝钢集团为代表的国企与民企展开合作，探索开展以氢能作为能源、而非简单商品的商业化场景与应用，直接对接居民用户。

一方面，借鉴日本民用固定热电联产式燃料电池发电系统与燃料电池乘用车的经验，从南北方集中供暖、氢燃料乘用车等项目展开，与包括但不限于大众、通用、五菱等传统车企品牌以及长城、特斯拉、领克等新兴车企展开全方位合作，尽快将氢能推广应用至既有新能源车辆上。另一方面，与氢能联盟等行业协会构建联动机制，共享信息，并积极寻求与全国行业协会、国外行业协会或世界龙头氢能企业的交流，激发国内从业人员的创新活力，推出更多原创性的商业应用。

（四）设立"氢能产业中小企业专项减免"项目

将投资在 6 000 万以下的氢能相关企业认定为"氢能产业中小企业"。以促进氢能产业发展、增强中小企业竞争力为宗旨，设立"氢能产业中小企业专项减免"项目，若其当年电力成本超过经营成本的 50% 或电力与土地成本占初期投资的 80%，各地可给予其电力价格 30%—50% 的折扣，同时在企业上报年度工商信息后，可申请一次性返还全年电力支出的 25%。

此外，对从事氢能物流的相关企业根据不同标准，例如汽车在其车队中的比例或氢能车行驶里程数在企业总行驶里程数的占比，允许其在上报年度工商信息后申请"氢能产业中小企业专项减免"项目时，只要两者其一超过20% 便可以给予其 30%—50% 的电力折扣。

（五）确立"氢气—氢能"的二分法律性质

确立"氢气—氢能"的二分法律认定体系，即，在关于制造氢气、存储氢气、输送氢气等直接处理氢气的业务或产品中，氢气应被认定为"危化品"，从事相关业务的企业应当符合相关标准、申请相关资格证后方可经营；同时，在关于租赁氢能叉车、售卖氢能汽车、提供代理服务等业务时，应被认定为涉及的氢能、而非使用氢气，无需符合危化品相关标准即可开展业务。

关于率先开展碳达峰试点园区建设的对策研究和政策建议

核心建议

1. 上海城市运行数字体征系统增加"双碳"监测决策平台。在上海城市运行数字体征系统中增加"双碳"监测决策平台，构建覆盖能源结构、重点行业、规模及以上企业碳排放、碳足迹、碳交易和碳汇等维度的监测决策功能，通过整合来自各领域的碳排放数据，挖掘影响碳减排的关键因素，实现动态模拟、预测和优化调整。

2. 构建科学的碳资产确权制度。参照《民法典》不动产登记制度建立碳资产确权制度，以"所有权转让合同＋登记"的方式确立碳资产所有权，在"谁减碳、谁所有"的原则下设立参与者自主协商约定 CCER 的产权归属的法律制度。

3. 对碳排放权交易制度等要素统一立法。按照《碳排放权交易管理办法（试行）》第十七条之规定，以立法形式对碳排放权交易制度及各要素进行规制，通过立法碳交易主体、碳排放配额总量和碳排放配额分配给予明确。

4. 多举措引导金融资本支持碳达峰园区建设。成立市级碳达峰绿色基金，对（近）零碳园区建设给予专项支持；鼓励增加园区碳汇交易，以园区土地利用状况为基础，对园区内公绿地，河湖资源开展碳汇测算增加生态系统碳汇；支持园区发行绿色债券、发行碳达峰园区公募 REITs。

5. 加强"零碳"园区土地供给。对零碳排放项目，在土地使用及资源利用方面优先考虑，降低投资强度、税收强度等准入门槛，鼓励利用存量土地、存量厂房改造转型的"碳达峰"产业园项目。

6. 实施园区"碳长制"管理模式。建议实施"碳长制"管理模式，从双碳的角度加强跨部门联动，将碳排放监管与核查、双碳成效作为"碳长"绩效考核目标之一。

7. 出台碳达峰园区建设标准及规范。从园区基础设施、能源综合利用、建筑节能、交通出行等方面出台标准和规范。

正文

一、我国碳达峰试点园区建设存在问题

1. **碳达峰园区顶层框架和建设路径尚不清晰**。园区是城市基本单元、重要的人口和产业聚集区以及最主要的经济和社会活动承载的空间载体，对如何建设碳达峰园区，从能源结构、产业结构、基础设施、生态环境、运行管理和政策体制等方面的顶层设计和实现路径尚在探索中。

2. **碳中和园区的建设标准规范相对滞后**。目前已经陆续出台《行业类生态产业园区标准（试行）》《国家生态工业示范园区标准》《园区低碳工业园试点工作方案》等文件缺少强制性的监测和考评手段，不同政策侧重点有所不同，如工信部制定的《国家低碳工业园区试点工作方案》侧重于工业发展，环保部牵头制定的《国家生态工业示范园区管理办法》侧重于环境治理与保护，呈现政出多门的现象。

3. **碳排放统计核算统计偏差大，核算交易等相关法律法规缺失**。我国已经根据国际 ISO 标准建立了 24 个行业的碳排放核算方法体系，但存在能源消费及部分化石能源碳排放因子统计基础偏差大、碳排放核算结果缺乏年度连续性等问题。同时"碳排放"核算交易等相关法律法规缺失，特别是碳排放的确权和核算直接关系到"碳中和"园区的建设效果评价。

4. **减排投入与产出效益难以取得平衡**。低碳技术应用的成本与企业生产

效益的提升不成正比，缺少约束与激励相结合的应用推广机制，碳达峰园区建设面临困难。

5. **上海入围国家园区试点较少，碳达峰建设示范作用不足。**在发改委公布第一批 55 家国家低碳工业园区试点名单和 2021 年生态环境部组织的 7 家产业园区规划环评中均没有上海园区入选。

二、国内外代表性园区"双碳"建设的经验借鉴

（一）国外代表性园区"双碳"建设的经验借鉴

通过分析美国恰塔努加生态工业园、欧盟—丹麦卡伦堡生态工业园、日本北九州生态工业园以及韩国蔚山国家工业园等代表性园区，其实现"双碳"的建设经验借鉴如下：

途径一：园区内生态链、生态网、可再生能源和循环经济建设。园区各企业形成互嵌模式，纳入彼此产业生态循环网络，所有工厂的废弃资源可通过链条循环化最大程度再利用，形成涵盖不同生态产业链的循环型产业园区；**途径二：完善的碳交易市场体系。**欧盟温室气体排放贸易机制是世界最大的跨国二氧化碳交易项目，涵盖欧盟成员国以及挪威、冰岛和列支敦士登，为 11 000 多家高耗能企业及航空运营商设置了排放上限。欧洲电力行业自 2013 年以来其全部通过拍卖获得碳配额。**途径三：强化"碳税"政策工具。**通过增加税赋来提高含碳化石能源价格是国际社会应对气候变化的主要政策措施之一，欧洲目前是全球碳税征收最为成熟的地区，作为有效的环境经济政策工具，其对欧洲国家减少碳排放、降低能耗、改变能源消费结构产生了积极促进作用。**途径四：提前布局能源转型是实现碳达峰和碳中和的重点。**实现零碳能源，一是减少化石能源消费总量；二是发展可再生能源。美国正在推动储能、绿氢、核能、CCS 等前沿技术研发，到 2035 年实现无碳发电。欧洲理事会陆续发布了《2050 年能源路线图》，目前共有 15 个国家先后宣布退煤计划，比利时、奥地利和瑞典三国已率先实现电力系统去煤。**途径五：绿色**

金融在双碳进程中发挥关键作用。欧盟委员会确定了绿色金融资金投入的三大优先考虑领域，第一是面向未来的清洁技术和可再生能源；第二是能源效率，特别是改善公共和私人建筑物的能耗水平；第三是创新能源技术，包括智能交通工具、智慧基建和大数据产业等。

（二）国内"碳中和"园区建设经验

通过分析北京金风科技园、福建三峡海上风电国际产业园和上海花博会园区等国内代表性园区，其实现"双碳"的建设经验借鉴如下：（1）以园区数字化转型和智慧化系统建设，通过节能技术应用和能效监管平台，实现绿色节能和低碳运行；（2）通过风力发电、屋顶光伏和储能装置的多能互补，借助能源管理系统、水蓄冷等技术打造智能型微电网，最终实现园区用能自给和绿色；（3）从园区规划、建设、运行和维护的全生命周期着手，应用植被固碳，建筑被动生态设计等实现"双碳"目标。

（三）国际、国内经验总结分析

从国外的经验看，通过采取优化能源结构、开发无碳发电技术、生态链和产业链结合的循环化利用、碳排放交易制度、绿色信贷、绿色基金和碳税征收等措施是实现"双碳"的有效途径；国内的实践表明，根据园区资源禀赋和产业特点，通过数字化转型、智慧管控、节能减排、能源互补等技术实现碳排放管理。未来园区将围绕实现"双碳"的园区顶层设计、园区建设双循环经济、园区"双碳"硬指标约束，以及制定园区零碳发展的行动线路图等"四大体系"进行总体规划和设计。

三、园区开展碳达峰试点建设的思路

目前国家和各省市关于碳达峰园区建设的指导性意见较少，尚未明确碳达峰园区建设的工作主体和权责划分，应根据绿色发水平、经济规模、主导产业和基础设施建设状况等属性进行分类分级，明确各园区从低碳到零碳转型的行动重点，构建碳达峰试点园区的双碳技术和管理体系架构，以园区智慧运营管理平台为支撑，实现"源、监、管、服、用"的"五化"目标，通过园区"规划、建设、运营"全生命周期的双碳建设路径，逐步建成低碳、零碳和负碳园区。

1. **制定园区碳中和的"五化"目标**。能源清洁化：使用可再生能源，如光伏、风能、沼气等，通过热电联供站等设备来实现供暖、制冷和供电；建筑低碳化：楼宇和设施的建设以能效目标，并通过智能化的能源管理系统集中管控；储能系统化：运行电转热和电转冷设备共同组成智能电网，实现100%使用可再生能源供电的目标；交通电动化：通过设置充电桩、接入电池储能系统，满足交通工具充电需求；管理智慧化：建设智慧运管台，对碳排统计跟踪、楼宇用能、能源管理等精准监管，确保整个园区在运营阶段实现碳中和。

2. **建立"源、监、管、服、用"的园区"双碳"体系构架**。（1）源—园区能源结构转型：构建园区以可再生能源为基础的清洁低碳能源新体系，园区内因地制宜的建设包含屋顶光伏、氢能在内的配套设施，因地制宜推行气代煤、电代煤、热代煤和集中生物质等清洁采暖方式；发展节能储能技术：机械储能，电磁储能，电化学储能技术；循环经济建设：园区通过区域能源共享、三联供等实现园区内能源由点及面的综合利用。（2）监—碳排放监测：建立园区碳排放指标体系和碳排放监测应用，通过智能传感器、智能远程表计等对建筑能耗排放、交通能耗排放、生活垃圾废弃物排放等进行全面监测，结合大气中温室气体浓度监测数据和同化反演模式计算温室气体排放量，以数字化转型助力产业链优化和碳减排。（3）管—碳中和管理：搭建双碳基础数据和专题数据库，双碳业务资产、数据处理算法和数据模型等，通过园区智慧运管平台统一能源和双碳数字化管理，实现园区"碳"数据监测和智能分析预测、多能源综合调度管控，根据碳足迹的量化标准对园区进行全生命周期碳排放的分析和计算。（4）服—碳中和服务：以碳数据管理、碳核算模型和碳足迹溯源等指标辅助决策，打造涵盖碳核算、咨询、培训、规划、交易和金融等在内的"1+N"综合性的"双碳"要素市场体系。（5）用—低碳技术应用：推广低碳节能技术的应用，例如，建筑被动节能设计、绿色环保产品、光伏建筑、风光伏发电 +LED 照明、加大充电桩、加气站和加氢站的投入以及碳汇和碳利用技术等。

3. 打造融合"碳数据"的园区智慧运营管理平台。建立园区智慧运管平台，打通融合园区产业、能源、交通、人车物、环境、事件和碳排放等全要素数据，对园区碳排放重点数据进行系统梳理和全量汇聚。建设碳基础数据、碳企业库、碳项目库、碳知识库等专题数据库，实现对园区碳排放和能效的综合分析和实时监控。

四、率先开展碳达峰试点园区建设的对策建议

1. 上海城市运行数字体征系统中增加"双碳"监测决策平台。在上海城市运行数字体征系统中增加"双碳"监测决策平台，作为城市体征指标之一，构建覆盖能源结构、重点行业、规模及以上企业碳排放、碳足迹、碳交易和碳汇等综合维度的监测决策功能，通过整合来自各领域的碳排放数据，挖掘影响碳减排的关键因素，实现双碳指标的动态模拟和预测，构建专题应用场景，指导相关行业领域优化调整。

2. 构建科学的碳资产确权制度。参照《民法典》不动产登记制度建立碳资产确权制度，登记公示碳资产所有权人。在企业购买其他企业的碳资产以满足自己的碳排放量的碳资产的继受取得问题上，以"所有权转让合同＋登记"的方式确立碳资产所有权。在"谁减碳、谁所有"的原则下设立参与者自主协商约定 CCER 的产权归属的法律制度。

3. 对碳排放权交易制度等要素统一立法。按照《碳排放权交易管理办法（试行）》第十七条之规定，以立法形式对碳排放权交易制度及各要素进行规制，通过立法碳交易主体、碳排放配额总量和碳排放配额分配给予明确。

4. 多举措引导金融资本支持碳达峰园区建设。成立市级碳达峰绿色基金，对（近）零碳园区建设，通过碳达峰园区专项发展基金予以支持；完善碳定

价和交易机制，扩大碳市场交易主体覆盖范围；鼓励增加园区碳汇交易，以园区土地利用状况为基础，对园区内公绿地，河湖资源开展碳汇测算，结合土地利用现状增加生态系统碳汇；通过强化 ESG 管理体系，调整信贷政策和优化投资结构，支持园区发行绿色债券、发行碳达峰园区公募 REITs。

5. **加强"零碳"园区土地供给**。对零碳排放项目，在土地使用及资源利用方面优先考虑，降低投资强度、税收强度等准入门槛，鼓励利用存量土地、存量厂房改造转型的"碳达峰"产业园项目。

6. **实施园区"碳长制"管理模式**。碳达峰试点园区涉及规划、住建、市容绿化和交通等诸多部门，在立项审批和监管流程（例如环评报告、可研报告节能减排篇章、城市绿化条例等现行程序、法规）的基础上，建议实施"碳长制"管理模式，从碳中和的角度加强跨部门联动，将碳排放监管与核查、碳中和成效作为"碳长"绩效考核目标之一。

7. **建立园区碳排放及碳足迹监测管理体系**。通过双碳数字化管理平台建立碳足迹监管体系，打通园区产业、能源、交通、人车物、绿植和土壤数据，全流程、全时段监测园区碳排放量，定期进行碳排放数据核查，进行多维度的节能诊断，碳排智能诊断和碳足迹溯源分析，根据碳排放量制定园区（近）零碳发展目标和时间表。

8. **编制碳达峰园区建设标准及规范**。从园区基础设施、园区能源综合利用、园区建筑节能、园区交通出行等方面编制规划设计、施工建设和运营管理标准和规范，建立园区企业碳中和考核管理办法和相应的评分标准，建立碳排放信息公开制度。

关于推进长三角碳排放交易市场一体化发展的建议

核心建议

1. 联合长三角地区的生态环境局、商务委、自贸区、海关等机构设立有关欧盟碳关税的协调机构，代表长三角地区出口欧盟企业与欧盟就碳关税问题进行协商和能力建设合作。

2. 依托上海环境能源交易所平台，设立长三角区域出口欧盟企业自愿参加的上海碳市场新板块。探索该市场碳排放配额价格与欧盟碳市场的配额价格相当或可折算，探索碳市场方面"沪欧通"和"欧互通"式的双向投资。

3. 组织碳排放核算机构服务长三角出口欧盟企业产品碳排放核算需求，扩大上海在碳排放核算、法律和外贸服务方面的机构体系建设。建立出口欧盟企业产品碳排放量方面的数据库，为银行等金融机构评估信贷风险提供数据支持。

4. 上海证券交易所提高对上市公司中出口欧盟企业在 ESG 信息披露方面的要求，为投资者评估其经营风险提供必要的公开信息。

5. 在上海设立 RCEP 有关欧盟碳关税问题的常设机构，在 RCEP 框架内发挥领导力和影响力，积极协调 RCEP 与欧盟在碳关税方面的事务，主导 RCEP 与欧盟的相关谈判和缔约。

6. 支持金融机构联合企业发起设立上海长三角碳普惠机制基金。在探索碳普惠减排量相关金融产品与服务方面率先垂范，并引导和撬动社会资本进入长三角碳普惠项目领域。

正文

目前全国碳市场与部分碳交易试点省市的区域碳市场并存。上海承担着全国碳排放交易系统建设和运行维护的同时，碳排放交易试点工作仍然继续推进。卓有成效的碳排放交易试点工作能够给全国碳市场建设探索经验，也会给所在省市带来碳市场和碳金融方面的发展先机。例如，北京积极争取全国自愿减排交易市场的地位，湖北和广东等地通过积极纳入个人投资者进入地方碳排放交易试点，活跃了市场交易。上海在建设全国碳排放交易市场的同时，也需要积极推进地方碳排放交易试点，为建设国际碳金融中心提供市场平台方面的支撑。与其他碳交易试点省市不同，上海可以把碳排放交易试点工作提升到长三角碳排放交易一体化的层次，把上海的碳排放交易试点融合到长三角区域一体化发展的国家战略之中。当前，从外部环境角度分析，为了应对欧盟碳关税，长三角区域需要一体化的新平台；从内部发展角度来看，长三角区域碳排放交易一体化发展是上海市碳普惠机制建设的内在要求。上海需要从平台、组织机构、市场和工具创新方面综合施策，推动长三角区域碳排放交易市场一体化取得积极进展。

一、应对欧盟碳关税长三角区域需要一体化的新平台

（一）欧盟碳关税将对长三角相关出口企业带来重大负面影响

2022 年欧盟可能会加快有关碳关税的立法进程，立法通过后将从 2023 年开始对我国出口欧盟企业带来实质性影响。根据欧盟委员会的《议案》，欧盟碳关税的实施有一个 3 年的过渡期（2023—2025 年）。在这 3 年里，欧盟不对进口产品征收碳关税，只要求进口商按季度报告进口产品的数量和碳含量。过渡期结束后，从 2026 年 1 月 1 日起，我国出口到欧盟的水泥、电力、化肥、钢铁和铝要开始缴纳碳关税。

欧盟将征收碳关税的政策会对长三角出口欧盟的贸易活动带来重大负面影响，会直接导致长三角相关领域产品国际竞争力减弱及出口贸易下滑，相关产业链风险与金融风险也会增加。欧盟碳关税直接影响长三角区域有关能源密集型产业及其关联产业，其破坏效应和负面影响将沿着产业链波及上下游协作企业，严重时可能导致产业链断裂，冲击整个制造业。出口订单减少和中断，会导致现金流和偿债能力持续恶化，风险将沿着产业链条波及更多周边产业，并最终通过影响商业银行资产质量，从而引发局部金融风险。

（二）长三角区域在碳市场方面需要一体化的新平台

1. 长三角区域相关出口企业获得欧盟碳关税减免需要上海碳市场平台创新

纳入上海碳市场的出口企业有获得欧盟碳关税减免的可能。长三角区域水泥、电力、化肥、钢铁和铝行业纳入上海碳市场后，有获得欧盟碳关税减免的可能。欧盟碳关税制度本质上是为了使进口产品和欧盟产品承担相同的碳排放成本。欧盟为避免进口产品被双重征税，规定扣除进口产品在其生产国已经支付碳排放成本后再缴纳碳关税，这就意味着，只要长三角的水泥、电力、化肥、钢铁和铝行业被纳入上海碳市场，这些产品在出口欧盟的时候，就可以把在已经支付过的碳排放成本扣除后再缴纳欧盟碳关税。

2. 出口欧盟企业碳排放核算方面的能力建设需要新的辅导平台

长三角相关出口企业可以在欧盟碳关税过渡期内，提高应对欧盟碳关税的能力。欧盟碳关税政策过渡期为2023年至2025年，总共3年。在过渡期内，欧盟不对进口产品征收碳关税，只要求欧盟进口商每季度报告进口产品量、碳含量及在原产国支付碳价等信息。长三角区域出口企业可以利用欧盟碳关税施前的3年过渡期，启动应对欧盟碳关税的能力建设。上海可以发挥碳排放交易试点方面积累的经验，辅导长三角区域的出口企业对碳排放量、产品的碳足迹、可能被征收的碳关税进行核算和预测，积极对标国内外同行业节能减排先进企业，寻找差距，制定技术改造和节能减排计划。

二、长三角区域碳排放交易一体化是上海市
碳普惠机制建设的内在要求

《上海市碳普惠机制建设工作方案》有利于长三角区域碳排放交易一体化发展。近期《上海市碳普惠机制建设工作方案》正在公开征集意见。该方案提出以重点城市为载体推动长三角碳普惠机制联建工作先行先试，打造"规则共建、标准统一"的长三角区域碳普惠体系，引领长三角区域碳普惠机制联建。上海市碳普惠机制建设工作的顺利推进能够为推进长三角区域碳排放交易一体化发展提供基础。上海在碳普惠体系设计、减排量交易与消纳等方面积累了丰富的经验，有条件协助长三角区域地方碳普惠机制的建设运营。《上海市碳普惠机制建设工作方案》提出了制定抵消规则，引导碳普惠减排量通过抵消机制进入上海市碳排放权交易市场，支持与鼓励纳管企业购买碳普惠减排量并通过抵消机制完成碳排放权交易的清缴履约。这一原则规定能够把长三角区域的碳普惠与上海碳市场有机联系起来，对建立一体化的长三角区域碳排放权交易市场非常有利。

三、推动长三角区域碳排放交易一体化发展的建议

（一）设立新组织机构与欧盟就碳关税问题进行协商

设立新的组织机构代表长三角区域出口欧盟企业与欧盟就碳关税问题进行协商和能力建设合作。联合长三角地区的生态环境局、商务委、自贸区、海关、长三角区域合作办公室、长三角地区有关出口欧盟企业的行业协会和商会组织、上海环境能源交易所等机构设立长三角有关欧盟碳关税的协调机构，代表长三角地区出口欧盟企业与欧盟有关方面进行讨论、沟通与协调：一是讨论欧盟豁免碳关税的碳底价如何确定；二是讨论中国出口欧盟企业是否可以，以及可以在多大程度上能够使用上海碳排放配额、地方碳排放交易

试点的配额或者中国核证减排量来实现欧盟碳关税的减免。

（二）创新发展衔接欧盟碳关税的新型政策工具，在上海碳市场增设新板块

依托上海环境能源交易所平台，在上海探索设立长三角区域出口欧盟企业自愿参加的上海碳市场新板块。通过调整碳排放配额总量、拍卖数量和节奏，使得该碳市场的碳排放配额的价格能够与欧盟碳市场的配额价格相当或可折算，从而实现欧盟减免相关出口企业碳关税的结果。进一步探索该自愿减排市场与欧盟通过"沪欧通"和"欧互通"的方式，让中欧相关企业互相参与对方的碳市场，中欧相关碳市场的碳排放配额在一定程度上实现互认。探索该自愿减排市场与欧盟相关碳市场完全打通，形成特定行业领域的世界性统一碳市场。

（三）搭建服务长三角出口欧盟企业的产品碳排放核算公共平台

一是依托上海碳排放核算机构体系和碳排放交易试点经验，组织碳排放核算机构服务长三角出口欧盟企业产品碳排放核算需求，扩大上海在碳排放核算、法律和外贸服务方面的机构体系建设。二是建立数据库，为金融机构开展绿色金融提供大数据方面的支持。例如，建立出口欧盟企业产品碳排放量方面的数据库，在评估企业与碳排放有关的经营风险方面为银行等金融机构提供数据支持。三是上海证券交易所提高对上市公司中出口欧盟企业在ESG信息披露方面的要求，为投资者评估其经营风险提供必要的公开信息。基于相关数据库，给相关ESG指数编制提供支持，提高绿色投资发展水平。

（四）设立新的组织机构，主导RCEP与欧盟关于碳关税的谈判

在上海设立RCEP有关欧盟碳关税问题的常设机构，新的机构聚焦RCEP成员国对欧盟出口重点贸易领域的碳关税问题，深度参与并主导RCEP区域作为整体与欧盟进行碳关税的谈判和沟通。在RCEP框架内发挥领导力和影响力，积极协调RCEP与欧盟在碳关税方面的事务，主导RCEP与欧盟的相关谈判和缔约。

（五）建立长三角碳普惠机制基金，市场化推动长三角碳普惠项目发展

支持上海金融机构联合有碳中和需求的大型企业共同发起设立上海长三

角碳普惠机制基金。基金为长三角区域具有方法学开发、项目及场景建设能力的主体提供资金支持。基金在探索碳普惠减排量相关金融产品与服务方面率先垂范，并引导和撬动社会资本进入长三角碳普惠领域。通过长三角碳普惠机制基金，率先尝试开发基于碳普惠减排量的各类质押、应收账款保理、债券、资产证券化等金融服务，盘活企业及个人等各类主体拥有的碳资产，增加碳普惠价值认可范围。

关于加大储能产业关键基技术研发支持力度
推动上海大规模应用新能源的建议

核心建议

1. 加强对储能产业研究力度，纳入政府决策咨询产业研究专项课题，组织社会各界提出储能技术与产业发展的政策建议。

2. 科学储能顶层规划，将储能从节环保节能行业独立，研究制订上海储能产业发展三年行动规划。

3. 加强储能产业技术标准与储能项目设计、建设和运行监测管理标准制定，完善储能价值评价体系，构建研发、试验、认证、检测、计量等公共服务体系。

4. 将储能纳入上海市推进新型基础设施建设行业方案，并纳入新基建优惠利率信贷专项。

5. 引导社会资金，通过设立能产业基金或绿色投资基金，参与储能企业的定增或债券发行，投资储能产业。

6. 凝聚高校、科研院所和企业合力，打造储能关键基础技术研究平台，支持企业研发中心建设，加强储能产业基础研究。

7. 针对国外技术管制清单，制定国产替代计划，加强储能行业装备与科学仪器研究，建设测试平台，提升政府采购科学仪器国产化水平。

8. 建议产学研用功能配套类基金，以应用为牵引，推动储能产业关键原材料技术、生产设备与工艺流程科技成果产业转化。

9. 加快电力体制改革推进速度，完善风、光、氢能发电价格形成机制，出台有利于储能技术产业化的激励政策与机制，将储能纳入建设成本和服务价格。

正文

随着"双碳"行动的不断推进，风光新能源占国内能源比例越来越高。风光电的波动性和间隙性，给电力系统的安全稳定运行带来挑战，储能产业以及储能技术的发展，成为中国大规模应用新能源的关键。

而根据国家批准的《上海市城市总体规划（2017—2035 年）》，上海要在2025 年前努力做到碳达峰，发展储能产业关键技术，对于上海大规模应用新能源、落实"双碳"目标任务，实现"上海引领"和"上海担当"也具有重要的意义。

一、中国及上海储能产业发展现状

早在 2011 年 12 月，国家能源局在《国家能源科技"十二五"规划》中，就提出了"布局储能产业，重点在储能技术的研发"，至 2022 年 2 月 22 日，国家发改委、国家能源局发布《"十四五"新型储能发展实施方案》，十余年间，各级政府部门发布多项扶持储能产业的政策，横跨储能产业的技术研发、示范应用、商业化和规模化发展的各个阶段，有力的促进了中国储能产业的发展。

全国新能源消纳监测预警中心数据显示，截至 2021 年底，风电和光电装机容量分别达到 3.28 亿、3.06 亿千瓦，预计至 2030 将达 12 亿千瓦。按风光新能源需配以 20% 比例的储能计，至 2030 年需新增 2.4 亿千瓦（20%）储能，而目前储能已装机储能仅约 3 千万—4 千万千瓦，发展空间巨大。

上海早在 2010 年就在崇明风电项目中开展了小规模储能设施配置的试点，并持续推动储能产业的产学研用进程：如在电化学领域，钠硫电池、锂电池、液流电池、钠电池等储能电池领域，形成了以上海航天科技集团公司、上海电气集团、上海奥威科技开发有限公司等企业牵头，复旦大学、上海交通大学、中科院上海硅酸盐研究所等高校、科研院所联合的紧密合作的研发团队，建成了上海动力与储能电池系统工程技术研究中心、上海电化学能源器件工程技术研究中心、上海电力能源转换工程技术研究中心、上海市储能用电池及系统检测专业技术服务平台等一系列工程技术研究中心和专业技术服务平台。

在氢能领域，上海燃料电池系统如电堆、膜电极、双极板等在自主率和国产率处于国内第一梯队，上汽集团、申龙、万象等基本实现车型全覆盖，国家明确的 8 大核心零部件基本布局完整，已推广燃料电池汽车 1 483 辆（占全国 21%），建成加氢站 11 座（占全国约 10%），初步构建了纯氢、油氢合建等多模式供氢网络，建立了嘉定氢能港和浦东临港新片区两个氢能发展基地。

在智慧电网领域，上海从 2007 年开始依托华东电网开展智慧电网研究、集成与布局，结合上海实际需求，在可再生能源的大规模传输、利用、对电动汽车智能充放电、对分布式能源系统的双向互动的支持、电网的互动特点与互联网经济的结合等方面，走在全国的前列，还借进博会东风，在西虹桥商务区建议了"泛在电力物联网"实践区，通过先进通讯技术，使电网也能够实现万物互联、人机交互，达到全面的智能感知。

二、中国及上海发展储能产业关键技术存在的问题

为了推动新能源的大规模应用，《"十四五"新型储能发展实施方案》指出，要"推动多元化技术开发""突破全过程安全技术""创新智慧调控技术"。从目前来看，为了达到上述目标，国内储能产业在技术还存在着以下问题：

（一）储能基础材料研发落后

在储能基础材料研发领域，尤其是新材料研发方面，中国较为落后，在

电化学储能的锂电四大核心材料，包括无锂正负极材料、双氟磺酰亚胺锂电解质和高端隔膜和固态电池 PEO 类聚合物固体电解质研发方面，全面落后于欧美和日韩发达国家；在氢储能方面，中国在高端质子交换膜、膜电极、碳纸以及储氢材料等关键材料上，都难以摆脱进口依赖。

（二）产业化受制于关键生产装备和工艺

国内储能产业化仍然受制于关键生产设备和工艺，如在氢储能燃料电池方面，尽管碳纸工艺已经掌握，但依赖于进口关键设备高温炉，否则无法达到高性能碳纸的一致性和稳定性要求。

燃料电池铂基催化剂已经在实验室制备毫克级，但要达到公斤级量产则面临反应条件均一、铂纳米颗粒尺寸难以控制的工艺问题；在储氢、加氢、排氢、电堆等氢产业链所有环节都十分重要的氢能罐体瓶口阀，也成为"卡脖子"环节。

（三）科学实验仪器、开发工具、检测设备等基础共性技术受限

除了生产与工艺环节，国内储能产业还受制于基础科学实验仪器、开发工具、检测设备等基础共性技术。如在材料研究和工业领域广泛运用的扫描电子显微镜，主要产自美、日、德和捷克等国，国产扫描电镜只占约 5%—10%。而在美国对中国实施的《商业管制清单》中，管制最多的科学仪器就属"传感器和激光器"和"材料加工"。这些科学实验仪器、开发工具、检测设备的受限，也严重影响了我国储能产业科研的进程。

（四）智慧电网受制于芯片与人工智能

国内智慧电网虽然近年来发展速度较快，但主要技术投入在于系统集成，而下一代智慧电网的发展趋势是利用智能电网芯片、人工智能与智能传感器，将实验室的实时最优电力流（RT-OPF）（能够实现高度本地化的电力负荷控制，以降低额外的电力消耗，同时确保稳定和高效的电网运行）应用到产业中实现技术规模化和商业化。由于美国对中国芯片设计、制造和人工智能行业的打压，国内智慧电网无疑将受制于智能电网芯片设计、人工智能与智能传感器技术。

上海在储能产业发展与技术研发方面，除以上共性问题外，还存在以下问题：

（一）顶层设计缺乏，偏于用户侧

从近年来上海出台的与储能相关的政策来看，由于上海缺乏风光资源，对于储能产业未予以重视，除氢储能外，政策均从实用出发，偏向于用户侧尤其是新能源车；上海"十四五"规划中，没有出现"储能"，仅在"（二十二）以更大决心推动绿色低碳发展"一节中，出现了"优先将节能环保产业做大做强，持续推进能源结构优化""在公共领域全面推广新能源汽车，推进充电桩、换电站、加氢站建设"。

而上海市经信委《上海市节能环保产业发展"十四五"规划》中，储能也仅仅出现在"做大新能源技术装备"一小节中，所提出的研发方向，如陆上低风速风电机组和高效直驱发电机技术、高转换效率光伏逆变器、光热电站关键设备及新一代薄膜电池技术、掺氢燃烧研究、膜电极、双极板、储氢装置等，也均是在已有基础上的延伸，而这种做法无疑将对今后上海发展储能产业造成不利的影响，有可能使上海失去如电子商务、锂电池、光伏等万亿级产业的发展机遇。

（二）基础研发有待加强

上海在基础研发方面，也逐渐被全国其他地区迎头赶上。2021年度（"十四五"）国家重点研发计划重点专项立项显示，在上海最占优势的氢能方面，2021年度共立项18项，上海仅交通大学获得了"跨温区新型全氟质子膜研究""电站用高效长寿命膜电极技术"等2项，而山东4项、天津3项、北京、辽宁各2项，福建、四川、重庆、江苏、陕西各1项。

在基础材料研究"高端功能与智能材料中"领域32个重点专项中，有7个与直接与储能材料相关，其中上海占2项；在"新能源汽车"领域18个重点专项中，上海只有1项交通大学的"高比能全固态金属锂电池关键技术研究"入围；而在催化科学27个专项中，有9项与氢能有关，但上海却无一入围。

（三）产业化缺乏持续后劲

虽然上海市相关部门也积极推动储能技术研发和示范应用，但是许多上海曾经领先的技术，如复旦大学曾经研发中国第一条具有自主知识产权的水系离子电池生产线；上汽集团早在 2013 年与同济大学联合开发了名为"超越一号"的氢能电动汽车；中科院上海硅酸盐研究所在全球第二家掌握钠硫电池陶瓷管核心技术，并于 2015 年在崇明岛风电场实现了兆瓦时级的商业应用示范，但近年来在产业化方面均进展缓慢，现已失去先机。

三、加大储能产业关键基础研发支持力度，推动上海大规模应用新能源的几点建议

1. **加强对储能产业的研究力度**。建议上海市发改委、上海市人民政府发展研究中心将储能产业纳入 2022 年度上海市人民政府决策咨询研究产业研究专项课题，面向社会公开招标，鼓励上海高校、研究院所、储能企业、民主党派、智库、上海储能产业协会参与，以提出符合实际的、操作性强的有助于推进储能产业发展和关键技术突破的改革思路和政策建议。

2. **科学储能顶层规划**。建议上海市经信委在储能产业发展方向进行研究的基础上，研究制订《上海市储能产业发展三年行动规划》，将储能产业从环保节能行业中独立出来；在对上海储能科研、产业化进行广泛调研的基础上，布局有关基础研究、关键技术攻关，以促进新能源产业在上海的大规模发展；利用上海多元化且丰富的用能场景，开拓大部分适合我国情的储能运用场景和商业模式，为全国推广进行示范；充分吸收光伏和新能源车补贴政策的经验，避免频繁的政策变动影响投资者的长远投资。

3. **加强储能产业标准制定**。建议规范和出台储能产业技术标准和储能项目设计、建设和运行监测管理标准，解决新能源和传统能源管理之间的矛盾，推动能源企业主动采用储能技术；完善储能价值评价体系，制定适合不同储能应用场景的储能价值评估方法，打破新能源评价的行业壁垒，通过完善的

市场机制体现储能的多重价值；搭建标准化、国际化的第三方检测平台，构建面向全行业的研发、试验、认证、检测、计量等公共服务体系。

4. **将储能纳入新基建政策**。《上海市推进新型基础设施建设行动方案（2020—2022）》中除新能源汽车外未纳储能产业，建议制订下一阶段《上海市推进新型基础设施建设行动方案》时，将储能纳入；建议上海市经济信息化委、市财政局、市发展改革委、上海科创办，临港新片区管委会等将储能基础设施纳入"新基建"优惠利率信贷专项，给予相关进行贴息支持。

5. **引导社会资金投资储能产业**。建议鼓励企业通过定增、发债等间接融资获得专项资金，鼓励风险投资的参与。建议加快发展储能产业基金或绿色投资基金，借鉴产业基金运营模式，委托给第三方管理并定期核算投资收益。通过银行等金融机构发行绿色金融债券促进储能产业发展。

6. **加强储能产业基础研究**。建议针对上海储能产业研究机构小而散的劣势，发挥集中力量办大事的制度优势，集合复旦大学、上海交通大学、中科院上海硅酸盐研究所等高校、科研院所、上海动力与储能电池系统工程技术研究中心、上海电化学能源器件工程技术研究中心、上海电力能源转换工程技术研究中心、上海市储能用电池及系统检测专业技术服务平台，在3—5年内在新一代储能材料与装备领域建成世界级研究平台，开发一批国家急需的新能源储运材料与装备技术；集中华为、中芯国际、科大迅飞、云赛智能、商汤、云从、依图等芯片和人工智能研发企业，研发和制造适合中国国情的智能电网芯片，以在未来应对美国的封锁。建议鼓励储能企业加强科研，根据《上海市企业技术中心管理办法》，申报市级企业技术中心，以获得相应的政策与资金支持。

7. **加强装备与科学仪器研究，建设测试平台**。建议针对美国《商业管制清单》，尽快规划建立全国储能产业装备研究院和测试平台，与企业合作，对关键的核心技术、关键原材料、科学仪器设备等进行集中攻关，并进行知识产权的共享；提升政府采购提高科学仪器的国产化率标准，积极鼓励科学仪器巨头在中国建立合资公司进行生产，并提供税收优惠。

8. **加强科研成果产业转化**。发挥储能产业企业的创新主体作用，探索开发适合中国实际情况的储能技术与产业化路径，支持重点企业加大研发投入，以应用为牵引，加快储能产业关键原材料技术、生产设备与工艺流程科技成果产业化；建议建立由企业、大学、科研机构共同参与的产学研功能配套类基金，通过资本投入的方式助力产学研融合成果孵化、转化、产业化科创项目。

9. **加快电力体制改革推进速度**。建议建立更为健全的电力市场运行机制，出台有利于储能技术产业化的激励政策与机制（如峰谷电价、投资补贴、税收抵扣等）；尽快完善风、光、氢能发电价格形成机制，如发电侧储能应将储能成本纳入光伏电站保障性收购价格的成本核算中，电网侧储能应参照成本加合理收益的办法核定调峰、调频服务价格和利用率。

关于推广绿色低碳生活方式　践行绿色低碳
全民行动的对策研究和政策建议

核心建议

1. 论证上海绿色生活碳减排方法，制定上海碳普惠减排地方标准，指导和规范公众减碳行为，在政府预算中预留财力安排推广碳普惠行为。

2. 依托金融级的联盟区块链为基础，构建城市公众碳普惠服务平台，量化、规范、完善、可视化公众"绿色出行"碳减排行为，培养公众有关城市公众碳普惠服务平台 App、小程序使用习惯。

3. 推动上海环境能源交易所增加碳普惠 CCER 交易品种，将公众个人碳减排量纳入碳交易市场，以"绿色出行"作为"碳普惠"首批试点方向。

4. 建立可感知、可流通、可体验、可增值的城市公众碳普惠服务平台碳普惠运行机制，后续逐步将城市垃圾分类、节水节电、森林碳汇等纳入平台治理。

5. 引导企事业单位加入城市公众碳普惠服务平台，共建碳普惠网络，分解双碳目标值，奖励先进，帮扶困难，实现社区、园区、景区、企事业单位的零碳化。

6. 加大新闻媒体、社区宣传，在国民教育的义务教育阶段成体系加入公民碳素养教育，提升全民双碳意识，培养减碳习惯行为，建立全民碳素养值。

正文

2020 年 9 月 22 日，国家主席习近平在联合国大会一般性辩论中向全世界庄严宣布："中国将力争于 2030 年前实现碳达峰，在 2060 年前实现碳中和。"2021 年 9 月《中共中央国务院关于完整准确全面贯彻新发展理念做好碳达峰碳中和工作的意见》印发，重点提出推进经济社会发展全面绿色转型，倡导绿色低碳生活方式，凝聚全社会共识，加快形成全民参与的良好格局。

根据联合国环境规划署发布的《2020 排放差距报告》中数据显示，当前全球温室气体排放（含碳排放）总量的三分之二与家庭能源消费有关，其中出行的占比占到日常生活能源总碳排放的 17%。数据统计表示，交通领域占我国终端碳排放的 15%，过去九年以年均增速 5% 以上的速度在发展，预计到 2025 年会增加 50%。根据国家碳排放核算办法，2020 年上海碳排放总量为 1.98 亿吨。从相关结构看，交通产生的碳排放比重为 28%，且相对刚性增长。

绿色出行是节约能源、提高能效、减少污染、益于健康、兼顾效率的出行方式，是对绿色交通低碳减排的有利补充。目前，公众对"绿色出行"方面有较好的认知及实践基础。在较发达地区，公共交通网络、共享单车、新能源汽车充换电等基础设施正不断完善。以上海为例，已获首批"国家公交都市示范城市"称号，2020 年全市轨道交通运营里程 785 公里；公共交通服务效率提高，全市 75.3% 的轨道交通站点周边 50 米半径范围有公交线换乘，轨道交通线路最短行车间隔缩短至 1 分 50 秒。以上基础设施建设已为短期内公众实践绿色低碳生活方式提供了良好的基础。但另一方面，在分析上海公共交通现状的同时也发现存在着诸多问题和不足，如绿色交通运能不均衡，中心市区内较为集中，周边区域较为滞后，部分线路运能不足，地面交通与地下轨道交通换乘还有待于进一步优化，自行车等骑行方式还有待于进一步模式探索等诸多问题。

以"绿色出行"为抓手，推广绿色低碳生活方式，建设城市公众碳普惠服务平台，统计公众的工作和生活中通勤的距离所产生的碳减排量，未来逐步扩展到公众工作中、生活中的垃圾分类、节水节电、无纸化办公、植树造林等所形成的碳减排量，形成可量化的低碳标准，与企业碳排放形成循环，实现排放量和吸收量平衡，以碳中和的方式实现城市低碳，达到低碳环保和健康生活的目的，从而践行绿色低碳全民行动、促进上海社会经济健康发展。具体建议如下：

一、建议制定上海碳普惠减排地方标准，指导公众减碳行为

由市政府牵头发改委、生态环境局等相关部门起草论证并备案《上海市绿色生活碳减排方法学》，形成上海自身的城市碳普惠减排方法论，将减排量科学量化，形成完备的城市碳普惠减排综合考量体系，作为上海碳普惠减排方法学的地方标准，同时作为计算公众碳普惠行为的科学依据。

市政府在市本级预算中预留该项财力安排，在推广期间，用于向公众购买在减排行为中所产生的碳减排值，该部分碳减排值可用来中和各级政府在自身行政过程中所形成的碳排放。

通过科学的手段和计算方法，搜集人们日常行为所产生的碳排放数据，建立碳排放数据模型，形成碳排放计算公式。碳排放场景数据标准的建立，作为后续平台建设、碳排放计算、碳交易、双碳宣传等的科学基础。

二、建议依托金融级的联盟区块链为基础，
构建城市公众碳普惠服务平台

以金融级联盟区块链为依托，通过城市公众碳普惠服务平台为入口，将公众（企业或家庭）的工作和生活中需要通勤的距离按出行方式，如步行、骑行、公交、地铁等绿色出行行为，形成可量化的低碳标准，通过区块链分布式账本来记录，让参与多方透明并对等记账。将量化后的减排量上链解决

多方信任的问题，极大程度地激发多方参与的可能性和积极性。同时以将用户通勤或运动的个人信息通过零知识认证等加密算法最大程度保护用户隐私，可吸引用户的无顾虑的参与。

平台具体内容包括：

（一）完善个人"绿色出行"的碳减排量化及目标值的设定

利用城市公众碳普惠服务平台打通各领域出行数据，以便科学系统地计算个人的出行减碳量。

当前公众出行方式的多样，步行、单车，公交，驾车、高铁、飞机等，而随着数字支付的普及，各出行方式所使用的 App 不尽相同，个人各项出行数据由不同平台进行收集并保管。而随着 2020 年《民法典》以及 2021 年《中华人民共和国个人信息保护法》的相继出台，公众对个人隐私的重视已提升到了新的高度，单一商业组织难以获得普遍公众的相关数据授权。需要由城市公众碳普惠服务平台来实现数据的打通，具体数据包括但不限于：

1. 步行行程数据，由个人终端设备收集，需要个人在终端设备上的授权；

2. 共享单车 / 公交 / 地铁 / 网约车的平台 App 中的行程数据，由企业与城市公众碳普惠服务平台合作，可在启动 App 时的用户协议中进行授权；

3. 对于非数字支付的公共交通行程数据，通过城市公众碳普惠服务平台 App 或小程序，由用户自行输入。

（二）通过小问卷的方式，结合历史出行数据完善个人出行计划，制定相应的每月减排目标值

国际碳排放平台通过回答家居、出行、生活方式三方面的答案，对个人碳排放进行大致的估算，其中出行相关的问题询问和计算方式可以借鉴。通过民众相关 App 或小程序每月初主动回答少量问题的方式，补足数字行程数据未完善的部分。同时基于问卷收集到的不同的出行需求，更科学合理的对个人每月的减排目标值进行设定。

（三）做好减碳结果可视化呈现，培养公众相关 App、小程序使用习惯

当下手机作为最主要的个人终端设备，做好手机上的 App、小程序设计，易于用户友好使用。在个人碳减排结果呈现的基础之上，基于当前出行方式与个人减排目标，提供合理的低碳出行建议，并预估有效碳减排量。

三、建议将个人碳减排量纳入碳交易市场，"绿色出行"作为"碳普惠"首批试点方向

推动上海环境能源交易所增加碳普惠 CCER 交易品种，扩大公众碳减排值的去化能力，按国家有关规定，CCER 可以用于抵消碳配额的 5%，在 5% 的总量以内进行直接交易。

公众以绿色方式出行所获得的低碳通证以数字人民币计价，通过城市公众碳普惠服务平台向公众支付数字人民币方式统一收集，以公益捐赠或有偿出售等方式将减排指标交易给有碳指标需求的机构；也可由碳指标所需机构直接收购。通过价格手段来改变出行中的排放结构，让公众更多的通过合理的步行或骑行通勤，同时个人的低碳通证与企业碳排放循环，即一方面通过绿色出行减少二氧化碳等温室气体排放，同时增加碳汇、发展碳捕集和封存技术等，实现排放量和吸收量平衡，使得绿色出行与健康共得，以"碳中和"的方式实现城市低碳。

为鼓励公众的积极参与，通过城市公众碳普惠服务平台获得生活中低碳行动产生的减碳量除获得数字人民币奖励外，在某些活动（如由汽车企业参与的"每周少开一天车"）中公众可以获得当日加倍奖励，当达到一定的门限值，如设定每天 10 000 步连续一个月后，可给予"绿色达人"特权，颁发专门证书等，该特权可用于兑换平台上提供的环境健康服务、优惠的商业服务或对应的社会公益权益。公众用户也可以通过平台上的低碳体验分享，额外获得数字人民币。从而打造领先的以碳通证流通及低碳分享为核心要素，多方共赢的绿色低碳生态互联系统，利用市场配置推动社会各阶层积极参与节能减排，共创低碳社会。

可感知、可流通、可体验、可增值的城市公众碳普惠服务平台，其背后

的碳普惠运行机制图如下：

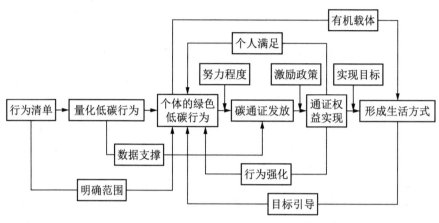

碳普惠的运行机制图

"碳普惠"的特点在于将个人的减碳行为在城市公众碳普惠服务平台上转化为个人的碳资产，并形成商业价值。有了"绿色出行"方面的"碳普惠"平台体验后，能够帮助公众提升对整体平台的熟悉度，以及其他"绿色生活"方向的接受速度，例如"绿色消费"、"绿色办公"、"绿色公益"等，最终实现在有限的时间框架内，全民积极践行绿色低碳生活方式。后续，逐步将城市垃圾分类、节水节电、无纸化办公、森林碳汇等纳入该平台加以实施。

四、建议引导企事业单位加入城市公众
碳普惠服务平台，共建碳普惠网络

由市政府牵头协调引导参与碳普惠减排的有关机关和企事业单位等有序上链，共建碳普惠网络，实现可信对等记账和直接采购、交易，培育和完善碳普惠市场。政府机关包括市发展改革委、市交通运输局、市大数据局等，企事业单位包括银行、申通集团、城运集团、环卫企业、节能减排企业等。

将公众所产生的减排通证化，与数字人民币的智能合约结合，动态满足

企事业单位减排需要和公众获利需要，更好地发挥市场机制有效配置资源的作用。同时，在面向公众的购买碳普惠指标过程中也充分彰显企事业单位的社会责任以及提高企事业单位的知名度和影响力。

分解"双碳"目标值，将企事业单位的"双碳"目标与税收优惠、优秀企事业单位评比等相结合；将个人或家庭的"双碳"目标与个人、家庭、社区的低碳积分相结合，引入低碳金融，参照银行、游戏各类会员积分兑换、碳排放额交易等规则，如完成"双碳"任务和目标后可以取得积分，积分可以兑换绿色生活产品和服务等，实现社区、园区、景区、企事业单位的零碳化。

邀请双碳总目标完成优秀或者在单项领域目标完成优秀的企事业单位和个人，在各类宣传平台上分享经验和方式方法，其中可以形成方法论或成熟产品的，协助其进行专利申请、产品生产、服务推广等一系列服务，作为其他社会示范行动的补充。

对于完成目标困难的企事业单位、其他组织等，组织并充分激励各领域资源帮扶攻克，让企事业单位感受到，他们不是孤独的、无助的，而是全社会都会积极参与，帮助他们完成双碳目标，最终实现全社会的零碳化。

五、建议将低碳生活涉及的相关场景量化要求加大宣传，提升全民双碳意识，建立全民碳素养值

通过网络调研数百名受访者的 145 份回收有效问卷数据统计，半数以上受访者对于"双碳"知识接触较少；半数以上受访者对于自身碳排放等行为完全没有概念；79.3% 的受访者对于"双碳"战略抱着积极的态度；80% 以上的受访者觉得个人行为对于"碳中和"实现有影响，其中觉得有挺大影响的比率是 22.1%；半数以上受访者习惯从新闻媒体和社区宣传途径获知相关知识；85.5% 的受访者愿意主动参加社区举办的减碳相关活动。

针对目前大众对于"双碳"政策知之甚少，部分认为主要针对企业而言与个人无关等思维，大力且针对性的宣传尤为重要。通过新闻媒体、社区宣

传活动等主要渠道，让大家形成基本概念，逐渐培养减碳习惯行为。通过碳减排试验进课堂、碳减排讲座进社区、碳减排公益宣传进社会等活动形式，组织碳减排知识竞赛、评选社区碳减排先进个人、园区碳减排先进集体、举办碳减排表彰晚会等，将碳减排渗入人民群众的工作、生活的方方面面，引导实现全民了解碳减排碳中和，将双碳参与行为融入日常行为习惯当中。

　　加大对公众的教育，从国民教育的义务教育阶段开始，成体系地加入双碳公民素养教育，增进公众对碳减排行为的认知，引入市场化的手段对公众的碳减排行为进行激励，引导绿色消费，进而强化企业的 ESG（环境、社会、治理）约束，形成与环境友好型社会相适应的市场经济社会体系。

关于全力打造崇明世界级生态岛碳中和
示范区的对策研究和政策建议

核心建议

1. 对崇明世界级生态岛，立足崇明三岛发展实际，推进现代绿色农业全面发展，打造绿色生态农业发展新高地。加快海洋装备产业绿色转型。坚持传统制造业升级和新兴产业发展并重，引领构建产业链和创新链，打造若干绿色低碳产业集群。创新发展高端服务业。

2. 推进交通低碳化发展，建立与环境相融合的绿色低碳交通体系。构建集约高效运输结构，完善绿色低碳交通基础设施；优化空间结构，提高交通效率。优化交通结构，从交通方式选择的角度减少和控制对高碳方式的依赖。优化供给结构，优化能源结构，通过绿色能源推广及新技术手段减少交通工具的直接碳排放量。

3. 提升再生资源利用水平，构建资源循环型产业体系，加快建设新型电力系统，推进零煤城市建设。推进固废源头减量、综合提升固废收集处置能力，构建固废高效资源化利用体系，推进农业废弃物资源化循环利用。

4. 培育绿色技术研发基地，打造绿色低碳示范基地。建设世界一流"农业科创岛"，将崇明打造成现代农业（食品）高地助力践行双碳经济发展。

5. 优化自然生态体系，增强森林和湿地系统固碳储碳能力。强化国土空间规划和用途管控，巩固生态岛系统碳汇能力。强化湿地保护，提升生态系统碳汇增量。加强崇明滨海湿地保护与滨海湿地碳中和能力，提升崇明岛蓝碳潜力。

正文

为深入贯彻党中央、国务院和市委、市政府决策部署，加强崇明世界级生态岛碳中和战略顶层设计和系统规划，落实崇明区"十四五"规划纲要中关于努力打造碳中和示范区的工作要求为此，本课题组从"双碳"目标下崇明全力打造世界级生态岛碳中和示范区的必要性和现实意义的调研和问题分析着手，以全球主要经济体碳中和愿景经验研究为例，为切实推动经济社会发展全面绿色转型，力争早日建成符合世界级生态岛定位的碳中和示范区，探索走出一条兼顾社会经济快速发展和温室气体有效控制的高质量发展之路，为上海、长三角、长江流域乃至全国，提供碳中和崇明案例。课题组提出了相关的对策建议。

一、崇明全力打造世界级生态岛碳中和示范区所面临的问题

崇明区能源消费的碳排放在"十二五"末进入平台期，本地可再生能源稳步发展和全市电网调入电力的持续清洁化，基本抵消了电力、油品、天然气消费量的增长趋势。此外，崇明区经济增长基本实现与能源消费、碳排放脱钩：2020 年相比 2015 年，全区 GDP 增长 31%，能源消费总量增长了 16.3%，而碳排放总量只增长 1.2%。在促进清洁能源利用方面存在"煤炭减量难""天然气推广难"和"新能源推进难""外来电增量有限"等诸多问题和挑战；工业，特别是高碳行业占比偏高，节能降碳技术推广难度不断提升；建筑、交通能耗及排放刚性增长强劲；经济增长的资源环境代价较大，投入产出效率亟待提高；管理机制及公众意识还有待进一步提高，生活和消费方式的绿色化、低碳化转型亟须引导。

二、全球主要经济体碳中和愿景经验借鉴

自 2003 年低碳经济提出以来，欧洲发达国家大力发展低碳技术，并积极调整政策导向，以抢占低碳经济的先机和制高点。特别是近年来，以瑞典、丹麦、法国为代表的国家以创建双碳示范为抓手，从能源、产业、建筑、交通、生活、生态等方面探索新的低碳发展模式，并培育新的经济增长点，取得了显著的成效。欧洲国家的实践和经验将为我国探索双碳示范发展模式提供借鉴。

（一）将"政府主导、目标统领"作为"双碳"示范建设的保障

政府部门负责确定双碳示范建设的理念和总体目标，并制定一系列具体的目标指标强化目标统领。在明确总体目标后，政府部门负责确立各项规划。在建设推进方面，政府部门或派出机构把控开发进度，通常采取循序渐进的模式，一方面逐步积累经验并指导下一期的开发，另一方面可以降低投资成本。国家层面往往还通过资金补贴等方式支持双碳示范建设。

（二）将科学编制规划作为"双碳"示范建设的根基

欧洲国家都较为重视规划，完善的规划也是造就经典的保障。在规划理念方面，欧洲设计机构基本形成共识，"以人为本"是首要原则，同时，还通过强化混合土地使用，提升区域的活力和吸引力。在低碳规划方面，注重系统性和前瞻性。

（三）制定碳中和及气候变化法律法规，评估减排政策的实施效果

欧盟、英国等率先将碳中和这一政治承诺付诸立法，明确了碳中和目标的法律地位。同时，欧盟及其成员国制定了相对完善的低碳发展法规体系，在能源、工业、建筑、交通等关键领域设计相对完善的温室气体减排路线图，明确了短期、中期、长期减排目标。

（四）鼓励低碳技术研发

发达国家加大了对节能、储能、新能源和碳移除等技术的投资，鼓励碳

中和关键技术的研发和创新。目前，碳中和关键技术主要包括以下几个方面：以可再生能源和核能等为代表的非化石能源利用技术；工业、建筑、交通等领域的电气化技术；以碳捕集、利用、封存为代表的碳移除技术；清洁能源有效存储技术等。

（五）以碳市场促进企业低碳转型

欧盟碳排放交易体系对于促进温室气体减排发挥了重要作用。欧盟各成员国和整个欧盟层面重视市场机制对实现碳中和目标的作用，在初期建立了以"限额—交易"（cap & trade）为核心的欧盟碳交易机制（EU-ETS），统一对符合条件的单个温室气体排放设施进行强制性排放配额控制。2009 年，国家分配计划被终止，改为在欧盟层面进行配额的统一分配。具体做法为：扩大EU-ETS 的行业覆盖范围，同时逐年缩减配额。欧盟对不参与国际竞争的电力和热力生产行业引入配额拍卖制度并逐步扩大拍卖比例，其中第一年（2013年）为 20%，2020 年扩大到 70%，到 2027 年实现 100% 拍卖。欧盟对可能引起"国际碳泄漏"的行业仍实行免费分配。因此，欧盟的碳市场覆盖领域不断扩大，碳排放许可价格逐步提高，价格的可预测性也逐步提升。欧盟进一步鼓励人们投资于清洁技术研发和能源效率提高领域，刺激高碳企业的转型。

三、崇明全力打造世界级生态岛碳中和 示范区的对策研究和政策建议

实现"全力打造世界级生态岛碳中和示范区"的具体要求为，即发展目标：

——到 2025 年，崇明岛单位生产总值能耗比 2020 年下降 14% 以上，可再生能源发电占全社会用电量比重力争达到 40% 以上，森林覆盖率达到31%，在加速推动经济发展绿色崛起的同时，努力实现温室气体净排放量相比 2020 年零增长。

长兴岛海洋装备产业加快绿色低碳转型，行业整体能效水平明显提升，长兴岛热电厂完成"煤改气"清洁能源升级替代，岛内碳排放强度明显下降。

横沙岛作为战略留白区，积极稳妥发展特色可再生能源，以"零碳"为导向建设现代农业园区，推广绿色低碳生活。

——到 2035 年，崇明岛可再生能源发电占全社会用电量比重力争达到 80% 以上，温室气体净排放量较 2020 年减少 50% 左右。

长兴岛海洋装备产业整体能效水平和碳排放强度达到国际先进水平。

横沙岛全面推广以"零碳"为导向的建设和发展模式，努力实现零碳排放。

——到 2045 年，绿色低碳循环发展的经济体系和清洁低碳安全高效的能源体系全面建立，崇明岛力争实现碳中和目标；长兴岛力争打造成为以国际领先水平海洋装备业为特色的低碳岛；横沙岛积极探索从"零碳"向"负碳"目标迈进。

在推动经济社会发展建立在资源高效利用和绿色低碳发展的基础上，加快实现生产和生活方式绿色变革，以碳中和战略引领推动世界级生态岛建设实现重大突破。

聚焦四大行动领域。一推动生态能级高标准跃升。二实现绿色低碳高起点突破。三促进生态产业高水平发展。四共享幸福美好高品质生活。不断增进民生福祉，使崇明世界级生态岛与中心城区同进步、共发展，成为国际大都市中令人向往的宜居乐土。

为此，建议：

（一）基于顶层设计的角度，对崇明世界级生态岛进行了前瞻思考和系统谋划

在发展内涵、发展特色、发展质量等方面，进行了全方位拓展和战略性提升。着眼长远，系统谋划。处理好发展和减排、整体和局部、短期和中长期的关系，加快形成节约资源和保护环境的产业结构、生产方式、生活方式、空间格局。聚焦重点，创新引领。依托崇明资源禀赋优势和产业基础，大力推动绿色低碳技术示范和应用推广，率先实现经济社会发展全面绿色低碳转型。因地制宜，分类推进。探索建立符合三岛发展特色的绿色低碳循环发展经济体系，力争把崇明岛建设成为碳中和岛，把长兴岛建设成为低碳岛，把横沙岛建设成为零碳岛，在协同推进节能、减污、降碳、提质、增效方面积极贡献崇明智慧、崇明方案。

（二）统筹推进双碳目标实现，制定促进与之相关的（碳中和目标实现）法律制度

组织开展碳达峰碳中和立法，强化碳达峰碳中和目标的刚性约束和相关制度的法制化，以法律的强制力保障我国碳达峰碳中和目标的实现。制定并实施国家层面的应对气候变化相关法律，以法律形式保障应对气候变化战略、机制和政策体系的实施以及长期二氧化碳减排目标的实现。统筹应对气候变化立法与节能法、可再生能源法、环境保护法等相关法规，确立国家统一管理与地方部门分工负责相结合的应对气候变化管理体制。加强二氧化碳统计核算考核，建立并完善国家二氧化碳排放统计核算、目标考核和责任追究制度，建立国家、地方、企业常态化二氧化碳排放统计和核算体系，加快建立二氧化碳排放预测预警体系，加强二氧化碳排放形势分析和决策支撑体系建设。以法律形式将实现"双碳"转型确立为国家战略，从国家层面整体推动实现碳达峰、碳中和，为坚定不移、科学有序推进"双碳"目标提供权威、全面、系统的法治保障。

（三）加强技术创新应用，大力提高能源利用效率和效益，全力推进本地可再生能源发展

强化能源消费总量和强度双控。坚持节能优先的能源发展战略。强化新建项目源头管控，确保碳排放水平达到行业领先。坚决遏制"两高"项目盲目发展。控煤电、有色金属、电镀等高能耗、高排放项目发展。进一步调整产业结构，推动高端化智能化绿色化，降低碳排放水平。加强新型基础设施节能降碳。科学规划数据中心发展总量和通信基站发展规模，合理布局 5G、数据中心、人工智能、物联网、工业互联网，持续推进各类 5G 智能应用场景建设。加快推进智能化终端基础设施在社会治理与公共服务中的应用。推动市政基础设施综合能效提升。推进先进绿色建筑技术示范应用，推动市政基础设施综合能效提升。加大各类工程建设中废弃资源综合利用力度，推动废旧路面、沥青、疏浚土等材料以及建筑垃圾的资源化利用。

（四）优化城乡空间布局，大力推动建筑领域新能源开发利用

包括推进城乡生态空间结构优化、提升建筑能效水平，优化建筑用能结构。深化既有建筑节能改造，探索居住建筑绿色化改造的长效机制。继续推进城乡用能低碳转型，实现未来建筑的柔性用电，探索形成城市新型柔性用电系统。

（五）培育发展新经济，包括大力发展生态经济，聚焦聚力重点产业，用新技术培育发展新产业、新业态、新模式，全面提升产业发展能级和竞争力，实现高质量发展

推进现代绿色农业全面发展。坚持高科技、高品质、高附加值导向，全面推进农业品牌化、集群化、科技化、融合化。建成规模农业产业集群，培育壮大科技型现代农业企业，打造农业硅谷，全面提升农业发展能级和竞争力。加快海洋装备产业绿色转型。聚焦"世界船、海洋梦、智能造"，以数字化改造、智能化升级为主线，打造海洋装备千亿产业集群。加快先进适用节能低碳技术产业化应用，进一步提升能源利用效率。坚持传统制造业升级和新兴产业发展并重。以积极转型、打造品牌为方向，鼓励传统制造企业整合资源、创新模式，推动崇明制造向"崇明智造"转变。创新发展高端服务业。主动适应和引领新消费需求，将绿色低碳作为未来服务业发展最重要的方向和新兴增长点之一，推动产业体系低碳化、绿色化、高端化。

（六）推进交通低碳化发展，建立与环境相融合的绿色低碳交通体系

包括构建集约高效运输结构、完善绿色低碳交通基础设施。优化空间结构，通过集约建设用地、均衡功能布局等规划手段，提高交通效率。优化供给结构，主要通过构建多层多元服务体系等管理手段，从运输效率优化的角度减少单位运输量的碳排放量。优化能源结构，通过绿色能源推广及新技术手段减少交通工具的直接碳排放量。

（七）提升再生资源利用水平，构建资源循环型产业体系

大力发展可再生能源，加快建设新型电力系统，推进零煤城市建设。构建清洁低碳、安全高效的现代能源体系和智能高效的电力系统，积极探索应用电力储能系统、新型电力系统和智能微网积极探索应用新型储能技术，推动氢储能在可再生能源消纳电网调峰等场景应用示范。推进固废源头减量、综合提升固废收集处置能力，构建固废高效资源化利用体系，推进农业废弃物资源化循环利用。

（八）发挥科技创新的支撑引领作用，持续提升科技创新策源能力

聚焦节能减排、污染防治、资源节约、数字化等领域，发挥科技创新的支撑引领作用，持续提升科技创新策源能力。围绕生产方式、生活方式和物流运输等领域的"零碳化"转变，支持建设绿色技术重点研发项目，加大绿色技术研发攻关。鼓励有条件的企业开展碳捕集利用与封存等先进技术的研发、示范，以及产业化、规模化应用。鼓励有条件的企业开展碳捕集利用与封存等先进技术的研发、示范，以及产业化、规模化应用。将世界级生态岛建设与上海国际科技创新中心建设进行战略融合，建立产学研一体的农业科创体系，在崇明打造"现代农业硅谷"。包括培育绿色技术研发基地，打造绿色低碳示范基地，建设世界一流"农业科创岛"。

（九）优化自然生态体系，增强森林和湿地系统固碳储碳能力

强化国土空间规划和用途管控，巩固生态岛系统碳汇能力。包括营建节能低碳的城乡布局、探索与人口变化趋势一致的弹性用地模式，锁定城镇碳排放总量。大幅度拓展生态碳汇空间，大力促进绿色生产生活方式，支撑低碳式组团布局。强化湿地保护，提升生态系统碳汇增量。优化湿地固碳植被结构，提升湿地碳汇能力。一是利用湿地资源，合理进行草木种植配比，维持健康、稳定的湿地生态系统。二是通过水系贯通、淡水引进、生态增绿等一系列的举措，发展保护湿地。植被丰富了，鸟类数量也会逐年增多。三是加强生态保护、整治，扩大水面及绿地面积，改善水环境质量，提高自然生态空间承载力。四是通过推进退耕还林还草，提升湿地的碳贮存和碳吸收能力。五是种植较大面积的防护林、风景林、经济林、芦苇沼泽、人工荷塘湿地等，形成独特湿地景观。加强崇明滨海湿地保护与滨海湿地碳中和能力，提升崇明岛蓝碳潜力。开展崇明滨海湿地碳汇核算，摸清碳汇价值底数。有效恢复崇明滨海湿地生态空间，增加湿地面积。一方面，需要停止破坏性的滨海湿地开发活动，避免其碳汇功能的快速损失。另一方面，需要制订和实施保护与恢复滨海湿地的政策和方案。加强崇明滨海湿地固碳增汇技术研究，提高湿地固碳能力。

关于率先推动产品碳足迹精准量化体系建设
打造"上海制造""双碳"新名片的建议

核心建议

1. 与国际通行的标准和规范接轨，率先建立基于可信的、精准量化的产品碳足迹标准体系。建议可通过碳足迹量化的技术路径作为标准参考予以规范。

2. 通过产品碳足迹精准量化示范试点，有序推广到不同行业，为实现"双碳"目标打下坚实基础。应牢牢把握自下而上从企业层面进行碳足迹测算和追溯的市场机遇，提供相应的政策支持，先行先试，面向工业，基础设施率先推广工业产品碳足迹可信精算与透明化的试点示范，为行业和城市实现"双碳"目标的推广打下基础。

3. 完善碳足迹相关产业政策，升级"工赋上海"，高质量引导可持续发展。率先建立产品碳足迹精准量化体系，可尽快基于区块链的工业产品碳足迹安全可信追溯系统，帮助工业企业准确估算碳足迹，科学的制定其碳中和、碳达峰的演进路线；有效的进入碳市场交易，形成基于数字化技术的绿色产业集群，促进产业数字化和数字产业化的发展，推动数字化转型，提升上海制造产品的国际竞争力和外贸话语权，高质量实现上海制造的可持续发展，打造"上海制造"双碳新名片。

正文

一、产品碳足迹精准量化的重要性

"双碳"将对未来社会及产业竞争格局产生重大影响，产品碳足迹的精准量化是实现"双碳"目标的前提，而工业产品的碳足迹量化是实现双碳目标第一步。

我国工业规模巨大，虽然近年来工业增加值占比持续下降，但仍是最大的能源消费板块。从排放量上看，工业直接排放占全国30%，加上工业使用的电和热，占比达60%—70%。因此，工业企业在积极推动工业绿色低碳发展、在实现碳达峰碳中和目标中承担着重要使命。

碳足迹，是人类活动中释放的或是在产品或服务的整个生命周期中累计排放的二氧化碳和其他温室气体的总量。碳足迹的计算对国家实现双碳目标、提升未来产业竞争力有着重要的指导意义。对于政府和企业而言，如何量化碳足迹作为减少碳排放的第一步，能够有效帮助辨识在产品全生命周期中主要的温室气体排放过程，以利于制定有效的碳减排方案。而在制定方案的过程中，根据碳足迹的数据，还可以预测拟采用的减排措施会对目前的温室气体排放情况的影响，从而实现对不同拟减排措施的择优与改进。企业还可以通过碳足迹的计算宣传自己的碳减排行动。同时，碳足迹正在影响全球合作与国际贸易。计算碳足迹、发展碳标签（产品碳足迹的量化标注）作为公众易接受的气候信息披露方式，更好地服务碳达峰碳中和目标。当前，碳标签正从公益性标识向国际贸易的绿色通行证转变。在碳关税制度下，高碳商品的成本将上升，而低碳替代品将变得更具吸引力，"碳标签"则是最直接的衡量指标。目前，在全球范围内，英国、日本、美国、法国、瑞典、韩国等多个国家都已经推出了各自相应的碳标签制度。

二、产品碳足迹精准量化的发展趋势及挑战

（一）碳足迹的发展趋势

在全球的绿色发展背景影响下，碳足迹已经逐渐成为企业全价值链中各个利益相关方关注的重点，消费者和投资人对可持续性碳足迹不断增加的需求也将影响企业的战略定位。

同时，越来越多的消费者更倾向于购买更加绿色低碳的产品，并开始习惯根据数据（如碳指标、卡路里等）做出相应的购买决策。

（二）国际组织和欧洲的碳足迹政策实践与经验借鉴

1. 国际标准化组织（ISO）

为了敦促世界各组织机构针对气候变化带来的影响采取相应减排措施，更好地衡量和评价产品整个生命周期的碳足迹，国际标准化组织（ISO）已经对产品碳足迹的核算方法制定了一系列的规范：（1）ISO 14040《环境管理生命周期评价要求与指南》；（2）ISO 14060 系列标准特别针对温室气体管理所制定，对组织和项目层面温室气体排放的量化与监测进行了规范；（3）ISO 14067 将 LCA 作为量化产品碳足迹（CFP）的技术方法。

2. 英国

英国是最早发布碳足迹评价方法规范的国家之一。2008 年 10 月英国标准学会（BSI）发布了《PAS 2050：商品和服务在生命周期内的温室气体排放评价规范》。PAS 2050 是全球出现最早的碳足迹核算体系。该标准对产品碳足迹的定义、碳足迹核算的分析单位、系统边界、数据要求和计算方法都进行了详细的分析介绍。

英国同时也是最早将碳标签从理论推向实践的国家，早在 2007 年英国专门设立了碳信托（Carbon Trust）非赢利机构，并发布了全球首个碳标签，对部分产品认证并标识其在全生命周期中释放出的温室气体总量，包括食品、洗衣液等，产品认证时效为 2 年。

3. 欧盟

2013 年 4 月，欧盟委员会发布了《建立绿色产品单一市场》公告和《更好的促进产品和组织环境绩效信息》建议案，并提出了产品环境足迹（PEF）和组织环境足迹（OEF）评价方法，标志着欧盟市场开始采用基于运用全生命周期评估的统一环境足迹评价方法。PEF 包括产品碳足迹等环境指标，并参考了众多现有的温室气体核算体系标准。PEF 和 OEF 将取代近年来在欧盟各国普遍流行的产品碳足迹等单项评价指标，覆盖从资源开采、初级原料和能源生产，到产品生产、使用和废弃再生的全生命周期评估。

（三）碳足迹精准量化缺乏统一的国际化接轨标准体系已成为最大挑战

当前中国的能耗高达 7 千亿千瓦时，是美国、印度、俄罗斯之和，单位 GDP 能耗是世界平均水平的 1.5 倍，降碳将决定经济发展的可持续性。降碳首先需要碳排放的透明化，即可信的和精准的量化，为后续碳减排提供科学依据。

由世界资源研究所（WRI）与世界可持续发展工商理事会（WBCSD）合作发起的《温室气体核算体系》，是目前被广泛认可和使用的国际温室气体核算工具。该体系对企业的温室气体排放设定了三个"范围"：范围 1 指企业自身运营产生的直接排放；范围 2 包含企业外购电力或热能产生的间接排放；范围 3 指企业在范围 2 以外的其他所有间接排放，包括企业价值链上下游。

如何通过动态数据形成精准和可信的产品碳足迹量化，经调查，目前国内存在评价标准不统一，缺乏贯穿产品全生命周期、打通上下游产业链的统一的和国际接轨的标准体系。

现有的业界方法会根据产品全生命周期估算同类产品的碳足迹数据（即为产品从原物料、制造、配送、消费者使用及废弃等阶段，各个生命周期阶段的生产活动中，所排放的温室气体，透过合理的分配及计算后，进而得出该产品的碳排放数据），属于静态的碳排放记录，但产品在产品生命周期上的碳排放量实际是动态变化的，即使是同一类产品，在不同的供应链中造成的碳足迹也会有所不同。

目前，我国正在加紧制定相关的碳足迹标准要求。2021年2月，工信部已针对光伏行业在2021年3月生效的《光伏制造行业规范条件》中鼓励光伏企业通过 PAS 2050 和 ISO 14067 进行碳足迹认证。各城市也已经出台碳中和、碳足迹核算指南地方标准，2021年6月，北京市已率先发布《电子信息产品碳足迹核算指南》《企事业单位碳中和实施指南》《大型活动碳中和实施指南》（DB11/T 1862-2021）等地方推荐性标准。我国未来的碳足迹标准仍需要与国际通行标准接轨，只有不断推动与国际标准接轨，经过标准核算的结果才具有一定的权威性和可比性，在产品国际贸易中才能得到认可。我们也能更有效地向国际社会证明我国的减排成果，使中国在减排方面做出的巨大努力成为国际减排的一部分，得到国际社会的广泛认可。

对于**生产制造企业**来说，对于整个企业拥有或控制的温室气体的直接排放（范围1）企业外购能源（电力、热力和蒸汽）对应在生产环节产生的间接排放（范围2），已有一些相应的解决方案，但如何将范围1和范围2的碳排放数据自动化地、细粒度分解到工厂的单个产品上，是计算工业产品碳足迹上有待解决的问题。

对于**工业产品**而言，其碳足迹的数据来源除了厂区内的直接排放和间接排放，还有很大一部分来自范围1和范围2以外的企业价值链中产生的其他间接排放（范围3），目前该部分的数据的准确性难以有效保障。供应商可以按照产品生命周期的温室气体排放评估规范，估算产品供应链上的相关碳足迹信息，但如何推动供应商提供相应的碳足迹数据，尽可能保障多级供应商提供的碳排放相关数据是合理准确的，没有被篡改的。目前，如何建立上下游企业的信任机制，是工业企业计算产品碳足迹亟待解决的问题。

三、建议率先建立产品碳足迹可信的精准量化标准体系，通过升级版"工赋上海"等产业政策引导，打造"上海制造"双碳新名片

上海市未来社会和经济的可持续发展，应该把握好目前"碳达峰"和

"碳中和"发展目标的机遇，并将其与产业的数字化转型结合起来。从产品的碳足迹精准量化入手，构建整体减碳生态的底层逻辑与数据基础。通过产品碳足迹透明化追溯这一个点的驱动下，可以更好地完善绿色制造和绿色工业产品标准体系的构建，最终为上海市制造业的转型升级赋予新的亮点和内涵，最终形成"上海制造"下双碳的国际新名片。

（一）与国际通行的标准和规范接轨，率先建立基于可信的、精准量化的产品碳足迹标准体系

在全球气候变化和"双碳"目标的压力下，发展低碳技术及低碳产品是大势所趋，需要通过法规及市场驱动来促进低碳产品的开发和销售，而产品碳足迹评价和碳标签体系正是一个有效的手段。尽管许多国家都开发了不同的产品碳足迹评价方法和标签体系，但随着各国在碳足迹评价方法论方面的协调、融合，各国的低碳产品认证及标签体系也需要进一步协同，有利于未来工业产品在未来国际低碳贸易的规则下流通。上海市在 2017 年发布了《产品碳足迹核算通则（DB31/T 1071-2017）》，在与国际通行标准（如 ISO 14067）对接的基础上，进一步提供了便于评估和落地的细则。履行碳中和承诺是企业责任，但企业在精确、自动计算单个产品碳足迹上也面临困难和挑战。

碳足迹数据可信度是碳排放交易市场有效规范运营的生命线。根据 2022 年 3 月生态环境部发布碳排放报告质量专项监督报告，发现了多家机构存在篡改伪造报告等可信性无法保障的突出问题。碳足迹量化一方面要靠统一标准和监管，另一方面如何充分依靠技术手段保障准确性和可信性成为亟待解决的问题。

根据实践和探索，建议可通过碳足迹量化的技术路径作为标准参考予以规范：

——利用工业边缘计算能力及数字化能力，打造可以细化到厂域级、产线级和产品级的碳足迹追踪。

——利用区块链的可信机制，确保产品数据、产品碳排放数据在生产企业及供应商之间进行安全可靠共享，并避免数据被篡改，构建可信的多方协作生态。

——通过将产品赋予经过行业认可的、可追溯的、不可否认的碳足迹标签，有效监督并降低产品供应链上的二氧化碳排放量，提高工业产品的绿色制造竞争优势。

上海市关于碳足迹的政策法规应该更多聚焦于各个特定行业，提供统一的方法论并支持数据的公开与透明，以便企业更好地通过自身工业产品可靠、权威、精准的碳足迹评估和认证，以实现自身的"双碳"目标。

（二）通过产品碳足迹精准量化示范试点，有序推广到不同行业，为实现"双碳"目标打下坚实基础

工业界在"双碳"领域的市场发展已有一定共识。第一，能源审计和碳足迹计算，包括工厂、原材料供应商的碳排放量，生产工艺和运输过程中的碳足迹。第二，找到针对间接排碳和直接排碳的技术解决方案。第三，碳捕集，把二氧化碳排放到一个特定的自然或人工"容器"中，固化封存后埋到地下。第四，碳交易，利用市场力量来驱动全社会减碳。产品碳足迹是未来"双碳"市场发展的第一步，上海市未来应牢牢把握自下而上从企业层面进行碳足迹测算和追溯的市场机遇，提供相应的政策支持，先行先试，面向工业（如新能源汽车、半导体、电子信息等），基础设施（如临港新片区、宝武碳中和产业园等前瞻性项目）率先推广工业产品碳足迹可信精算与透明化的试点示范，为行业和城市实现"双碳"目标的推广打下基础。

（三）完善碳足迹相关产业政策，升级"工赋上海"，高质量引导可持续发展

鼓励企业通过前沿数字化技术应用，借助动态、精准的产品碳足迹精算系统，精准减碳，推动上海产业数字化和双碳经济融合，实现新的动能转换。

迭代"工赋上海"产业政策，通过完善上海产业政策，将产品碳足迹精准量化和认证纳入企业数字化和绿色转型示范试点目录予以引导鼓励，并配以相关的产业资金扶持，推动数字化和双碳经济的融合并成为新的发展动能。

政策中应统一企业对于产品碳足迹评估体系和标准，鼓励企业采用全生命周期的完整动态数据，实现对产线的生产数据和能管数据进行实时的数据采集并自从上传至基于区块链的工业产品碳足迹安全可信追溯系统中。

推动依托区块链真实有效的数据提供数字化服务试点，推动传统企业和工厂进行数字化转型。基于区块链的工业产品碳足迹安全可信追溯系统方案，将产品上下游供应链相关方产生的碳排放数据及证明，通过区块链技术构建的去中心化的加密信任网络，在满足供应链各方对碳排放数据主权需求的前提下，赋能碳排放数据的安全可信共享，同时兼顾供应链的机密性。供应链上相关方按需报告其碳排放数据，可以赋能整个工业产品全价值链上的碳足迹追溯能力，确保产品碳足迹的透明度与可信度。

对于企业而言，确定碳足迹是减少碳排放、制定碳中和、碳达峰计划的重要基石，它能帮助企业辨识自己在产品生命周期中主要的温室气体排放过程，制定有效的碳减排方案。而在基于区块链的工业产品碳足迹安全可信追溯系统方案制定过程中，根据碳足迹的分析结果，还可以预测未来的温室气体排放情况以及参与不同的活动对碳中和的影响，从而实现对不同拟减排措施和参与的碳中和活动的择优与改进，也最终推动新的一轮产业数字化和数字产业化进程，成为上海数字化经济发展新动能。

总之，率先建立产品碳足迹精准量化体系，可尽快基于区块链的工业产品碳足迹安全可信追溯系统，帮助工业企业准确估算碳足迹，科学的制定其碳中和、碳达峰的演进路线；有效地进入碳市场交易，形成基于数字化技术的绿色产业集群，促进产业数字化和数字产业化的发展，推动数字化转型，提升上海制造产品的国际竞争力和外贸话语权，高质量实现上海制造的可持续发展，打造"上海制造""双碳"新名片。

关于建设绿色"一带一路"经贸交流合作
"桥头堡"的相关建议

核心建议

1. 有重点、因地制宜完善"绿色一带一路"建设布局。地域上以中亚、南亚、非洲、中东欧等发展中国家集中的地区为重点方向，打造中国在可持续发展理念、绿色经济的国际贡献和生态文明建设的着力点。行业上，以能源、交通运输、制造与建筑业为重心，努力向"一带一路"沿线国家提供绿色公共产品、加强能源互联网建设。

2. 以光伏和电力为抓手在能源行业推动"一带一路"沿线国家与中国的碳中和合作，助力上述国家尽快进入绿色发展的轨道。建议通过"绿色置换融合平台"等手段，将国产太阳能、光伏、核能等清洁能源与相关绿色低碳设备集成出口。同时，在推动我光伏类产品加大出口合作时，重视"能源互联网"的建设，使光伏产品的落地生产、创造的碳减排等数据可视化、可量化，最终使相关数据可应用到碳汇交易中。

3. 在交通运输行业，宜继续大力推动与"一带一路"沿线各国在公共交通领域电气化的合作，鼓励和支持商业公司在部分国家发展"换电模式"的新能源汽车生态，并与所在国一起逐步推进对高排放的二手车出口的"碳税"征收。

4. 在制造业领域，可以积极开展节能减排中国经验的国际推广，并通过碳减排信用、碳汇交易等手段直接将参与方利益和碳中和目标绑定。在建筑和基础设施建设领域，强化绿色低碳化建设和运营管理。

5. 在"一带一路"沿线国家积极推广碳补偿的中国标准和运行机制，在充分考虑沿线国家现状和利益诉求的前提下，重视协调经贸合作拓展与环境标准之间的关系，遵循和完善绿色投资与贸易规则，推动中国绿色标准"走出去"。同时，建立公平、有效的碳减排合作双赢机制，应对国际"碳泄露"；协同、监管、规制、联动，应对国内贸易"碳转移"。

6. 树立本土销售主体和品牌，以绿色销售理念带动"一带一路"投资合作绿色转型，深化与各国在绿色技术、装备、服务和基建等方面的深度交流和合作，积极推动我国新能源等绿色低碳技术和产品"走出去"。

7. 完善我进出口产品的碳税标准及制度，改"出口退税"为"低碳优税"，鼓励优惠税负向购买绿色装备转型。同时，应建立"中国绿色低碳产品进出口管理目录"和"中国低碳产品绿色标识认证体系"，目录和体系与税负率挂钩，以完善进出口政策。

8. 关注"走出去"企业的绿色发展内涵，强化以低碳核心的中国企业管理制度和企业管理理念，有区分、有侧重地发展低碳对外投资。注重中国再制造企业以及绿色回收业的品牌化发展，充分放开和鼓励民营企业和国有企业的互相深度合作，利用各自资源，为加快"一带一路"投资合作绿色转型创造更多的自发条件。

9. 上海应持续加强垃圾分类和报废汽车再制造管理工作。站在经济合理、可国际推广、世界一流的高度上，深入调研和建立符合市场经济的垃圾回收标准体系和规范，培养一批在回收、处理、再制造的全流程上具有综合能力的企业，在技术、装备、服务和基建具备四位一体的优秀产品，从而走向海外市场。

10. 加强对从事绿色海外投资企业的相关政策扶持。建议对于对外投资绿色产业的企业，尤其是"一带一路"沿线国家的中资企业，建立"对外绿色投资企业意见直听室"。尽可能以最快最简单的方式收集、分析、整理企业反映的问题，为企业提供相关资源、帮助和服务。

正文

我国正在"绿色一带一路"框架下，努力构建环境与发展全球合作网络，已呈现出全方位、多方向的特点。在推进"绿色一带一路"建设中，还存在以下短时间内难以克服的挑战与问题。一是各国经济发展水平引发的绿色发展水平差距，发展需求大于环境需求的现象多见；二是"一带一路"沿线国家存在碳泄漏、碳排放等问题，且长期被美西方国家攻击；三是"绿色一带一路"走出去的环境标准与相关服务滞后；四是环境公共政策和信息公开透明度较低；五是疫情带来的系统性冲击。

一、有重点、因地制宜完善"绿色一带一路"建设布局

（一）地域上，以中亚、南亚、非洲、中东欧等发展中国家集中的地区为重点方向，打造中国在可持续发展理念、绿色经济的国际贡献和生态文明建设的着力点。例如，中亚、南亚国家可以在上海合作组织框架下，加速落实《上海合作组织成员国环保合作构想》，有机融入"一带一路"绿色发展标准。

（二）行业上，以能源、交通运输、制造与建筑业为重心，努力向"一带一路"沿线国家提供绿色公共产品、加强能源互联网建设。

1. 以光伏和电力为抓手在能源行业推动"一带一路"沿线国家与中国的碳中和合作，助力上述国家尽快进入绿色发展的轨道。建议通过"绿色置换融合平台"等手段，将国产太阳能、光伏、核能等清洁能源与相关绿色低碳设备集成出口。由于项目是开放集成类型，因此也可融合对方国、第三国的绿色低碳产品、节能环保服务和环境服务：主要对象为海外矿产类等直排项目，以绿色换减排，需求对口；主要目的以新能源换资源，是后续的进口产品部分或完全置换的条件。

同时，在推动光伏类产品加大出口合作时，重视"能源互联网"的建设，

使光伏产品的落地生产、创造的碳减排等数据可视化、可量化,最终使相关数据可应用到碳汇交易中。

2. 在交通运输行业,基于电气化和氢能将是碳中和时代运输工具的主要能源来源的远景,宜在以下三个层面加以运筹:一是继续大力推动与"一带一路"沿线各国在公共交通领域电气化的合作。公共交通的特性决定了其大规模使用新能源车辆。非洲的卢旺达、中亚的吉尔吉斯斯坦等国家已经开始全面或部分使用中国生产的新能源车辆作为公共交通工具。

二是鼓励和支持商业公司在部分国家发展"换电模式"的新能源汽车生态。相较于"充电桩模式","换电模式"具有成本较低、布局较集中的特点,更易使"一带一路"沿线的发展中国家接受新能源汽车。

三是与所在国一起逐步推进对高排放的二手车出口的"碳税"征收。"一带一路"沿线的发展中国家或受发展水平限制、或本国油气资源丰富,对来自日本、英联邦国家和美国的廉价燃油二手车需求量一直居高不下。如能对二手车征收碳税,则会大幅拓展新能源汽车的市场占有率。

3. 在制造业领域,可以积极开展节能减排中国经验的国际推广,并通过碳减排信用、碳汇交易等手段直接将参与方利益和碳中和目标绑定。"一带一路"沿线国家大多处于工业化或再工业化进程,其制造业的碳排放将会快速增加。而在钢材、水泥、玻璃、原铝等行业等高排放行业,造纸、纺织、食品、化工等较高排放行业,中国在节能增效、电气化等减少碳排放方面具有较为丰富的经验。我可在与上述国家开展产能合作时,有意识地介绍和推广节能减排的中国经验。

4. 在建筑和基础设施建设领域,强化绿色低碳化建设和运营管理。基于基建是"一带一路"的重点方向,中方可在投资、设计规划、工程施工等环节,都应充分考虑碳中和元素,因地制宜,加大低排放材料(如太阳能、风能灯具)的应用。

二、在"一带一路"沿线国家积极推广碳补偿的中国标准和 运行机制,在充分考虑沿线国家现状和利益诉求的前提下, 重视协调经贸合作拓展与环境标准之间的关系,遵循和完善 绿色投资与贸易规则,推动中国绿色标准"走出去"

目前,由于全球减排量标准众多,且不同的市场对碳补偿的核实方式不统一,造成国际间碳补偿市场存在很大的漏洞和改进空间。我宜下先手棋,尽快牵头商讨并制定"一带一路"沿线国家间关于碳补偿的标准以及配套的运行机制。

(一)双赢、共担、长效减排,应对国际"碳泄露"

1. 建立公平、有效的碳减排合作双赢机制。2005 年正式生效的《京都协议书》明确了发达国家碳减排的目标与责任,承担着较大的短期碳减排压力,而发展中国家在向低碳经济转型的过程中,面临着资金与技术的挑战。两者之间存在碳减排合作的共赢基础,建立双边与多边碳减排合作机制是长期持续降低全球碳排放的关键。

2. 发达国家应当承担碳中和的相关责任和义务。发达国家位于全球"碳转移"网络的中心,是国际投资和高碳产业转出的主体,同时在隐含碳进出口贸易中占据最重要的地位。因此,发达国家应当逐渐减少高碳产业向欠发达国家的转移,同时减少高碳产品的进口,从源头上切断国家"碳泄露"的产生。另外发达国家在减排方面具有技术上的优势,有必要督促其跨国公司在东道国提高减排效率。

3. 发展中国家应寻求与发达国家的合作,发挥各方优势长效减排,降低全球碳排放的绝对量。

中国是最大的发展中国家,同时也是全球最大的制造业 FDI 承接地和最大的进出口贸易国,在国际"碳转移"中起着"中转国"的作用。应当做到:一是寻求合作,减少冲突。只有发达国家和发展中国家联手,才能解决全球碳排放问题。在以中—美为核心的全球国际贸易体系中,逐渐建立起"碳转移"检测、跟踪和交易的国际平台；二是发挥各方优势。中国承担了美国、欧盟等发达国家大量的碳排放转嫁，发达国家也应当积极和中国开展低碳环保技术的合作，帮助发展中国家提高节能减排的效率，降低全球碳排放的绝对量。

（二）协同、监管、规制、联动，应对国内贸易"碳转移"

1. 建立跨区域协同减排机制，防止发达地区向欠发达地区转移高碳产业。对于已经转移到欠发达地区的高能耗产业，可以通过建立跨区域技术合作机制，促进发达地区技术服务产业的发展，同时，通过发达地区的技术服务有效减低欠发达地区技术短板，保障发达地区与欠发达地区的协同减排。

2. 加强重点行业的减排监管。行业之间的"碳转移"存在巨大的差异，机械工业、制造业、纺织业等的碳转移量十分有限，一些污染型产业则属于高碳产业，例如电热煤水生产供应业、金属与非金属矿物制品业等高碳排放行业对"碳转移"的贡献巨大，需要重点监测。

3. 加强环境规制。为了防止中西部地区成为接收"碳转移"的污染天堂。有必要实施更为严厉的环境规制政策，阻止高排放高能耗产业的转入。同时，建立和完善区域碳交易市场，促进高碳产业的良性发展。

4. 国际、国内减排的政策联动。国际"碳泄露"主要通过国际投资和国际贸易来实现，东部沿海地区作为国际制造业的转移，承接了大部分的高碳产业，为了防止其在国内区域间扩散和转移，需要将国内和国际的减排政策相结合。一方面，防止高碳产业通过外资进入中国；另一方面，防止东部已经承接的高碳产业梯度转移到中西部。

三、树立本土销售主体和品牌，以绿色销售理念带动"一带一路"投资合作绿色转型，深化与各国在绿色技术、装备、服务和基建等方面的深度交流和合作，积极推动我新能源等绿色低碳技术和产品"走出去"

（一）商品的基本动力是销售，没有成功的销售就没有绿色产品的生存条件。因而，打造属于中国绿色品牌的销售理念和模式是重中之重。发达国家的销售企业控制了全球优质资源的话语权。

（二）借助双碳机遇，结合趋势，把握机会、整合资源，要注重培养属于自己原创的销售理念和在国内外双循环占有一定优势地位的销售主体。可以为培育企业从事绿色产业的积极性提供渠道和平台、可以为绿色产品走向世界赋能、助力培养中国绿色品牌。

（三）可推出绿色销售品牌"绿屋"的尝试。"绿屋"涵盖了直接排放和间接排放商品、混合了实物销售、商业展示、和虚拟销售方式，综合了一般和跨境的混合销售模式。这种理念以至于对此类综合体的投资规模没有较大约束。在经济发达国家，可以是高端综合体形态；在经济落后国家，也可以是定制化集装箱模组拼建的形态。

四、完善进出口产品的碳税标准及制度，改"出口退税"为"低碳优税"，鼓励优惠税负向购买绿色装备转型

（一）建议尽快为低碳设备制定认证体系，为出口企业制定低碳鼓励政策，争取在2030年之前，逐步实现将传统的"出口退税"变更为"低碳优税"，并同步降低所得税。进一步提高制造业的水平和中国的国际形象。

（二）建议"低碳税补"的主要方式为专款专用，鼓励出口企业使用自有资金、优惠的低碳贷款等资金来源购买经认证的低碳设备。最终根据相关税收规定申报退税或抵扣所得税。逐步把传统的"出口退税"政策向"低碳优税"政策过渡、降低优秀企业的税负率。从而实现逐步规范和大力发展国内设备制造业的高质量、高技术、高附加值。

（三）建议组织和推动与国际绿色和平组织对回收材料的科学研究和环保项目上进行更深的合作，推动企业部分采购和使用绿色低碳回收材料，提升中国制造的美誉度和品牌力。

（四）对于进口低碳产品、节能环保和环境服务。应建立多部门通关听证

调研制度，允许对相关产品进行通关前的综合技术认定，以便于企业后期可快速通关和优惠税率认定。鼓励企业多进口、多吸收，多学习同类产品的理念和经验。

（五）对于高耗能高排放，但又有海外市场需求的产品。国家应帮助和鼓励这些出口企业积极制定限期减排技改措施和承诺。以采购国内外绿碳节能设备等作为交换控制手段，代替一刀切方案，逐步实现双高产品零出口的目标。

（六）同时，应建立"中国绿色低碳产品进出口管理目录"和"中国低碳产品绿色标识认证体系"，目录和体系与税负率挂钩，以完善进出口政策。便于综合职能部门掌握真实信息，便于进行综合调研和分析，在一定程度上对国内外产品的真实情况做出评估和调研，建立相关的管理数据库，进一步做出与时俱进的决策。引导低碳产品行业的合理发展，避免赛道拥堵和浪费现象。

在推动采购低碳高科设备的基础上，采购企业层面，也应逐步形成一定的节能低碳能力和绿色产品力，进而逐步构建企业对碳中和的动力源和绿色管理理念，逐步实现工、农企业绿色治理理念的体系化、规范化。

五、关注"走出去"企业的绿色发展内涵，强化以低碳核心的中国企业管理制度和企业管理理念，有区分、有侧重地发展低碳对外投资，注重中国再制造企业以及绿色回收业的品牌化发展，同时适时鼓励我企业开展对外绿色创新投资，履行国际责任

（一）以低碳积分考评制度为抓手，强化以低碳核心的中国企业管理制度和企业管理理念

1. 积极探索和建立"出口企业低碳积分考评地方标准"。我国地域广、企业多，地区差异、产业差异突出。尤其是轻工业的制造和贸易环节错综复杂，很难对产品碳中和进行统一的考评和管理。同时，低碳节能是持久战，并非

一蹴而就。但低碳产业的规范考评又是必须要做的持久战。

因此，建议在企业的行政管理制度上，应鼓励各地区、各园区根据自身情况，积极探索和建立"出口企业低碳积分考评地方标准"和上级听证监督机制，做到"放得开，管得住"的良性发展。制度应由浅入深、从易到难、循序渐进，各地根据自身情况出台措施。

2. 逐步培养企业的低碳理念。鼓励企业从小做起，从细节做起，培养企业的低碳理念和积极性。哪怕是用了节能灯泡，少用一张纸，也可以视为低碳改进的措施。以积分换取对等的、合适的便利化营商条件和鼓励措施。

同时，应严格审核和监督各地政府的低碳出口认证规定。要充分利用互联网科技做好企业网上认证和智能监控统计体系，以"一网通办"等便民形式，尽量减少繁琐的行政管理措施以便于企业办事和提升企业对低碳事业的积极性。尽量降低因认证机制而导致的能源无形浪费。

（二）重视低度投资的简化海外综合体和海外版线上商城的投资建设

应有区分、有侧重地发展低碳对外投资，有时甚至是"一国一策"。充分放开和鼓励民营企业和国有企业的互相深度合作，利用各自资源，为加快"一带一路"投资合作绿色转型创造更多的自发条件。

1. 对绿色低碳产品有较大本地和周边消化的地区，且具备设厂条件的国家，应鼓励以独资、合资等形式在海外设厂，以尽量缩短制造链和供应链，以降低综合性成本来提升产品力。

2. 对南南国家的市场爱好做出专业对口调研，在符合情况的基础上。组织在绿色制造、绿色基建、绿色商业、绿色管理等方面具有一定能力的企业形成混合投资团队，分工合作，协同共进。精准把握海外市场的实际需求，以量贩、特供、绿色的低价实用商品为主。积极借鉴"类山姆"营销理念，探索海外厂 / 仓 / 店的一体化综合体模式。

这种综合体有时可以非常简化。对地面仅需要煤渣填平，可使用改良的集装箱作为容器拼搭而成。具有投资少、便于运作和移动的特点。

3. 积极协助和推动国内从事跨境购的主流平台企业调研南南市场。尽快建立南南国家语言和消费习惯的"南南版线上市场"。结合海外保税区内的一体化厂／仓／店资源，探索合理的多方合作机制。从而让更多更好的绿色低碳产品走出去和走进来。

4. 充分放开和鼓励民营企业和国有企业的互相深度合作，利用各自资源，为加快"一带一路"投资合作绿色转型创造更多的自发条件。

（三）充分关注中国再制造企业在海外的发展进程，上海可在促进绿色回收业的品牌化体系发展上做出贡献

1. 上海应持续加强垃圾分类和报废汽车再制造管理工作

绿色低碳除了重视绿色能源的开发，更要注重减少污染和浪费。目前商品流通环节中存在巨大的垃圾污染和过度包装，报废汽车日益增加和处理困难的情况下。上海应持续加强垃圾分类和报废汽车再制造管理工作。以垃圾回收和汽车回收的实际运作作为良好的基础条件，站在经济合理、可国际推广、世界一流的高度上，深入调研和建立符合市场经济的垃圾回收标准体系和规范，培养一批在回收、处理、再制造的全流程上具有综合能力的企业，在技术、装备、服务和基建具备四位一体的优秀产品，从而走向海外市场。

2. 加强对再制造行业走出去的扶持

密切关注之前因中国对于回收再制造业的条件限制。而对于那些已经去海外设立工厂、在他国从事废旧物品回收再制造的中国企业，应给予支持、鼓励和关怀，并积极协助它们学习属地国家对绿色回收产业的认证规定，使其尽快获得当地环保认证或基本条件，为当地的环保事业做出真正的贡献。并明确对其海外生产所得部分予以优惠，提升企业的再发展能力，从而培育出一批中国再制造行业的知名跨国企业。

（四）对企业及其产品在销售、物流、出口等领域进行相应扶持，以鼓励企业对外创新投资、履行国际责任

1. 销售层面，积极鼓励和撮合具有优质资源的企业互相合作，各取所长。筹划和创立绿屋战略平台企业。

2. 物流层面，探索新能源电动卡车的可行性。

在卡车污染严重但续航里程成为技术瓶颈的前提下，探索通过换电和设置接力场站等模式暂时解决续航问题。鼓励电动车企业研发新能源集装箱卡车用于进出口物流定向试点业务，为购买电动卡车且用于进出口的业务减免通行费，从而达到降低排放的部分目标，并为新能源企业在电动卡车领域的探索提供条件。

3. 为绿色产品的出口持续提供和真正落实优惠的陆、海、空运费。绿色产品优先搭乘中欧、中老班列且享受相关优惠政策。

4. 政策层面，加强对我从事绿色海外投资企业的相关扶持。

以商务部印发的《对外投资合作绿色发展工作指引》为基础，建议对于对外投资绿色产业的企业，尤其是"一带一路"沿线国家的中资企业，建立"对外绿色投资企业意见直听室"。尽可能以最快最简单的方式收集、分析、整理企业反映的问题，为企业提供相关资源、帮助和服务。

5. 尽快进行相关企业的低碳政策试点。

2023—2025 年是欧盟 CBAM 的过渡期，我国实现碳达峰是 2030 年。由于时间紧迫，应抓紧时间选择一部分具有代表性的企业提前加入相关政策的实验，采集数据样本，以便及时纠偏。

关于发挥金融对经济社会绿色转型发展
作用的对策研究和政策建议

核心建议

1. 建立基于 ESG 原则的绿色金融信息披露机制以及统一高质量绿色金融信息披露监管体系，加强在企业层面和政府层面的绿色金融信息披露。

2. 完善绿色项目评估机制与认证制度，降低金融机构和企业之间的信息不对称风险，提升绿色金融服务效率。

3. 完善绿色金融产品的定价制度体系，建立风险分担机构的损失消纳能力评估机制体系，完善与风险分担相适应的配套机制。

4. 提升绿色金融制度体系的区域化与国际化水平，建立与区域一体化发展以及国际化发展相适应的框架体系。

5. 加大绿色财税政策扶持力度和绿色金融人才培养。

6. 鼓励引导本地法人金融机构设立绿色金融事业部、绿色金融专营分支行等专营机构，提升绿色金融服务效率和水平。

7. 大力发展绿色债券、绿色资产证券化、绿色股权、绿色基金融资，发展基于绿色基础证券的绿色指数产品。丰富天气指数、绿色能源、绿色交通、绿色建筑、碳交易相关保险产品，创新绿色保险资管产品。

8. 加快完善碳配额核算分配体系，有序加快多行业纳入碳交易体系速度，进一步丰富碳排放权交易衍生品，强化碳排放权的金融属性，尽快做大碳交易市场。

9. 发展绿色金融科技，运用科技提升绿色标准、开展 ESG 数据处理，加强绿色供应链融资信息的透明度，提升环境风险评估和投资机遇识别水平。

10. 加强绿色金融科技研发，提升绿色金融风控能力，促进绿色金融科技基础设施建设。

正文

一、我国金融赋能经济社会绿色转型发展的主要问题

（一）绿色金融制度体系须进一步完善

我国绿色金融起步较晚，发展时间较短，还未建立起完善的绿色金融政策体系和法律体系。目前我国部分绿色金融法律法规缺乏可操作性和针对性，不能满足现实需要，急需完善的法规体系来规范各方的权利、义务和责任，指导绿色金融发展。

（二）绿色金融产品体系须进一步丰富

绿色金融规模仍须快速增长。截至目前，我国本外币绿色贷款余额已超过 10 万亿元，绿色债券存量规模超过 1 万亿元，与实现"双碳"目标所需的百万亿元级别的规模之间仍存在巨大缺口。

绿色金融产品仍以信贷为主。目前主要产品还是集中在对公领域，且金融产品单一。大部分银行以信贷方式参与绿色金融的占比高达 80%—90%。绿色信用卡、绿色理财、绿色保险、绿色证券化领域尚存缺口。

（三）科技赋能绿色金融能力须进一步加强

在绿色经济数字化发展领域，金融科技在拓展绿色金融服务范围、提升绿色融资规模、助力绿色金融风险防控等方面尚须进一步加强。金融机构须结合科技创新，进一步丰富绿色金融产品供给，通过数字化手段，深入参与绿色金融市场交易，构建多场景、全方位的绿色数字化产品和服务体系。

二、关于进一步完善绿色金融制度体系的建议

（一）建议进一步完善绿色金融的信息披露机制

建立基于 ESG 原则的绿色金融信息披露机制。绿色金融信息披露应遵循 ESG 原则，即关注环境、社会、公司治理绩效的新价值理念和评价。ESG 理念及评价体系的内容包括了企业在经营中需要考虑的多层次多维度的因素。

建立统一高质量绿色金融信息披露监管体系。一是中央层面要建立牵头管理机构，避免多头管理导致的效率低下及相关监管要求混乱。二是要建议监管报送数据质量奖惩机制，奖励绿色金融信息披露数据质量较高的机构。三是建立包含绿色不良信贷数据的数据体系，并及时披露。

建议加强在企业层面的绿色金融信息披露。重点鼓励上市公司主动进行 ESG 信息披露，提高 ESG 信息披露率。针对不同行业统一标准、规定披露频率、发布披露指引、规范披露内容。

建议加强在政府层面的绿色金融信息披露。引导企业有序、规范、按照标准进行信息披露。一方面，通过信息共享等方式，对按照标准进行披露的企业、信息披露质量高的企业进行鼓励。另一方面，通过大数据统计、检测、比对，整合企业、第三方机构、金融机构等 ESG 相关数据及分析。

（二）建议进一步完善绿色项目评估机制与认证制度

鼓励第三方评估机构发展，降低金融机构和企业之间的信息不对称风险，提升绿色金融服务效率。鼓励融资主体提交由独立专业评估或认证机构出具的评估意见或认证报告，更准确地识别出环境绩效好、责任意识强的绿色企业。开展绿色评估认证业务的评估认证机构应具备相应资质，建立健全评估认证相关制度、流程和标准，依法规范绿色项目评估认证工作。

（三）建议进一步完善收益补偿与风险分担制度体系

建议进一步完善绿色金融产品的定价制度体系。在政府指导和金融监管的基础上，深化资源环境价格改革，运用市场化机制，构建基于供需关系和

资源稀缺程度的绿色金融产品定价机制，同时，需要兼顾反映绿色金融公益性价值的价格补偿。

建议进一步建立风险分担机构的损失消纳能力评估机制体系。风险分担机制作为绿色金融的配套服务，在侧重其非盈利属性的同时，需要将不同风险分担机构的"绿色金融损失的消纳能力"纳入评估。根据不同风险分担机构消纳能力的差异，实施差异化监管，政策引导风险分担机构制定科学合理的风险分担结构，鼓励风险分担机构侧重关注融资企业的经营实质而非自身的盈利目标，以此激发金融机构绿色项目融资投放的积极性和持续性。

建议进一步完善与风险分担机制相适应的配套机制。在风险分担机制下，金融机构在提供优惠利率的同时，应减少企业的其他费用负担。在风险分担机构发生实质风险时，明确风险处置的时限及流程，简化处置程序，提升风险处置效率。

（四）建议进一步提升绿色金融制度体系的区域化与国际化水平

在区域一体化层面，绿色金融制度体系的整合及共通使用是一个长期过程，建议可以从长三角、粤港澳大湾区、京津冀等现有较成熟的一体化经济区域开始试点，整合绿色制度体系的具体实施细则，并以此为中心逐步扩大绿色金融制度的一体化范围。

建议积极加强绿色金融制度体系的国际接轨。积极研究欧美国家绿色金融的法律体系和创新金融制度，促进我国绿色金融制度体系的整体发展。同时要积极进行绿色金融国际合作，组建跨国的绿色金融协调机制，从更高层面、更广范围接轨绿色国际金融制度体系。

（五）建议加大绿色财税政策扶持力度和绿色专业人才培养

目前我国绿色金融的实施多以政府及金融监管部门的引导为主，其中财税政策的配合与协调尤为关键。建议加大财税政策扶持力度，形成财政杠杆与调节、金融加持与助推的互动格局。

建议加强绿色专业化队伍建设，提升绿色专业化服务能力，加强绿色金融人才引进和培养。一是配套制定中长期人力资源规划，培养领军人才。二是加大对绿色领域复合型人才的引进和储备。三是建立绿色金融培训体系规划，摸排业务需求，进行案例搜集。

三、关于进一步丰富绿色金融产品体系的建议

（一）建议进一步支持绿色金融专营机构建设

鼓励引导本地法人金融机构设立绿色金融事业部、绿色金融专营分支行等专营机构，提升绿色金融服务效率和水平。建立绿色信贷专业审批团队。围绕政府机构、碳交易所、行业协会、产业链核心企业、第三方专业机构、金融同业等关键主体，共同打造绿色金融生态圈。强化调研、研讨、交流和合作，及时把握政策趋势和市场动态，获取重大项目营销线索，扩大营销深度和广度。

（二）建议进一步发展绿色证券

鼓励支持符合条件的企业通过发行绿色债券品种实现融资。协调政府融资担保平台，在审核其担保风险，以及审核募集资金是否投向绿色、环保、低碳领域之后，优先提供融资担保服务。政府部门也可以考虑出台针对政府融资担保平台对于绿色债券提供担保的激励约束措施。

大力发展绿色股权融资。在注册制的总体框架下，支持符合条件的企业在证券交易所上市。通过证券市场募集资金，并优先投向绿色领域。对于已经上市的公司，鼓励其利用资本市场平台，通过上市公司定向增发、可转换债券等方式募集资金，并优先投向绿色、低碳、环保领域。

大力发展基于绿色证券的绿色指数产品。协调证券交易所，大力发展基于绿色证券的绿色指数产品，例如绿色 ETF 产品等。通过绿色指数产品的发行与交易，提升相应的绿色基础证券交易的活跃度，并带动绿色基础证券产品的投资与发行工作。

建立健全绿色资产证券化市场规范及监督管理体系，设置绿色资产证券化的配套扶持政策，构建信息持续披露体系，加强信息披露。

（三）建议进一步丰富绿色保险产品

丰富与天气指数、绿色能源、绿色交通、绿色建筑、碳交易相关的保险产品。一是建议加大对天气指数型保险的扶持力度，并鼓励保险机构根据农业生产需求，积极开发新型产品，完善既有保险条款，为更多农副产品提供更完善的保险保障。二是建议围绕绿色能源行业上下游产业链，制定满足其需求的绿色保险产品体系及标准。三是建议在绿色交通领域加大保险产品推广，将配套的基础设施建设、设备生产和常态化运营纳入保险保障范围，助力提升交通运输结构中绿色出行的比例。四是建议参照工程质量潜在缺陷保险的发展经验，将绿色建筑能耗性能保险等险种转化为覆盖建筑物全生命周期的长尾性险种。五是鼓励保险公司及科技公司积极开展碳交易信用保证保险、碳汇指数保险及损失保险等碳相关创新保险产品。

建议加大绿色保险资管创新。对另类投资产品中涉及绿色投资的产品出台税收优惠激励措施，制定保险资金投资原则及绿色投资评价标准，采取可持续发展的监管政策支持保险资管产品绿色投资。

（四）建议尽快做大碳交易市场的交易规模

建议加快完善碳配额核算分配体系。当下碳市场活跃度不高的一个主要原因是各个控排企业的配额发放较高，不需要参与碳市场交易即可完成履约。核算是控排和交易的基础，应加快完善碳配额核算分配体系，配额分配既可以体现单位产品的碳排放水平，又可以结合未来发展水平，体现碳排放权的稀缺性。

建议有序加速其他行业纳入碳交易体系速度。目前，参与全国碳市场交易的只有火电行业约 2 000 家控排企业，交易主体较少，无法有效激发市场活力。应进一步有序扩大纳入全国碳交易市场行业覆盖范围，优先选择历史数据基础良好、试点经验丰富的行业如钢铁、建材、石化等行业。对于其他行业，可在碳排放核算及配额分配条件成熟的情况下分批纳入。在未来我国碳市场建设逐渐成熟的情况下，碳市场应该覆盖发电、石化、化工、建材、钢铁、有色金属、造纸和国内民用航空八大行业。

建议进一步丰富碳排放权交易衍生品，如碳期货、碳期权等，不仅激发了市场活性，还将金融机构与碳市场有机的结合在一起。

建议强化碳排放权的金融属性。目前，我国碳交易市场暂未开放个人和机构通道，金融机构无法直接开立账户参与碳配额交易，其最主要的参与方式还是碳配额质押。包括最近中国人民银行推出的碳减排支持工具，本质上仍然为先向金融机构提供贷款，控排企业根据自身需要将配额抵押给金融机构获取贷款。应注重碳排放权的金融属性，积极引入符合一定条件的金融机构参与碳排放交易市场的建设，完善碳排放交易价格发现功能，并向控排企业传导，激发企业绿色低碳技术研发和应用的积极性。

四、关于进一步加大科技赋能绿色金融的建议

（一）建议进一步推动科技赋能绿色金融

建议运用人工智能、云计算等技术提升绿色标准，解决信息不对称问题。帮助银行更高效地识别绿色资产、绿色项目，降低绿色认证成本，将有助于降低传统上难以获得贷款支持的小微企业和广大农户的融资成本及绿色资产的交易成本，为银行助力普惠小微信贷、响应乡村振兴、支持碳中和提供强有力的工具。

建议运用物联网技术开展 ESG 数据的采集、处理、分析，编制 ESG 指数，规范内部数据治理，建立 ESG 数据库和绿色评级模型，以碳中和为目标加强风险管理、绿色运营，并对银行的碳排放和碳足迹进行核算，自动生成环境信息披露报告。

建议充分发挥区块链技术信息不可篡改、可追溯的特点，加强绿色供应链融资信息的透明度，支持绿色供应链金融产品和服务的创新。

（二）建议进一步加强科技在绿色金融风控领域的应用

建议在人工智能技术与大数据的支持下，建立绿色金融综合信用评级体系。通过企业合法合规的非经济信息，为企业进行多维度信用画像，突破传

统主要通过财务数据进行信用评级的模式，全方位提升了企业的信用评级准确度。

建议实时对小微企业的绿色经济行为进行全方位的监测，获取企业货物入库、盘点等实时数据，对货物进行识别和监管，有效解决信息不对称问题，提升风险控制能力。

（三）建议促进绿色金融科技基础设施建设

建议进一步加大绿色金融科技基础设施建设。包括数字征信、数字人民币、数字交易所等数字金融设施，搭建起数字金融与绿色产业融合的信息共享环境。进一步加强金融科技绿色产业体系，加大开放银行绿色场景的应用深度和广度。实现金融科技在绿色产业升级、绿色模式创新等方面的深入赋能。

建议进一步加快金融技术的研发和应用。要围绕社会和经济绿色转型的重点领域，加快区块链技术、5G 技术和人工智能技术的研发，并加速其在社会绿色治理、绿色商业模式创新、绿色金融风险防控等领域实际应用。

关于碳减排前沿技术现状及趋势研究的建议

核心建议

1. 系统谋划技术创新路线图，统筹科技、发改、能源、生态环境等相关机构，持续完善面向碳中和的科技支撑体系。

2. 有序推进碳中和相关国家重大科技专项和重点研发计划专项研发布局，推动新一代可再生能源、绿氢、储能等技术的突破，抢占零碳科技竞争高地。

3. 强化高水平科技供给，鼓励科研机构、高校等学术界优先开展绿色技术研发创新活动，加快部署零碳发电技术、智慧能源网络等技术的原始创新与技术迭代升级。

4. 以更大力度推进节能低碳技术示范应用，加快推进风、光、生物质、地热、热泵、分布式能源、高效节能技术以及碳捕集、利用与封存、生态固碳等技术示范，推动新一代数字化技术在清洁能源、节能和能效等领域的融合创新。

5. 布局面向碳中和重大科技需求的国家科技创新基地体系，设立相应的国家重点实验室、国家工程研究中心、国家技术创新中心等，建立稳定的支持机制和联合攻关机制。

6. 制定鼓励政策，支持上海适宜技术研发与应用，以揭榜挂帅的形式，促进本地高校、研究院所和企业科研力量联合攻关，支持能快速应用的适宜技术。

7. 对于可应用的碳减排技术给予税费优惠等政策，细化各项低碳指标，加大对上海市相关区县光伏＋等工程的扶持力度，鼓励热电联合技术及设备的使用，实施联动大型发电厂的废热余热再利用而提高生产效率。

8. 立足上海优势进行技术研发，勇当"双碳"科技排头兵，积极研究上海市现有碳减排技术的潜力，开展技术攻关，重点发展可绿氢、长时大容量储能技术等。

正文

实现碳达峰、碳中和是一场广泛而深刻的经济社会系统性变革。"双碳"目标的实现需要重大技术突破和科技创新支撑，选择先进适用技术在能源结构、能源消费、人为固碳"三端发力"实现"减碳、固碳"，逐步达到碳中和。在能源供应端，用非碳能源替代化石能源发电、制氢，构建"新型电力系统或能源供应系统"；在能源消费端，力争在居民生活、交通、工业、农业、建筑等绝大多数领域中，实现电力、氢能、地热、太阳能等非碳能源对化石能源消费的替代；在人为固碳端，通过生态建设、土壤固碳、碳捕集封存等组合工程去除不得不排放的二氧化碳。课题组通过专家咨询等方式，遴选出当前碳减排技术中的可再生能源制氢、可控核聚变、支撑风电与太阳能发电大规模友好并网的智能电网、电网友好型储能能量管理系统、规模化碳捕集利用与封存（CCUS）、热电联合、可持续航空燃料等前沿方向技术，通过对这些技术的现状与趋势分析，提出国家及上海发展和支持碳减排技术的建议。

一、碳减排技术现状与趋势分析

（一）可再生能源制氢

大规模的制氢基本依靠化石能源，主要分为天然气重整制氢与煤气化制氢，统称为蓝氢。而要实现氢能全过程的可再生和清洁化，则需要通过使用可再生电力或核能生产绿氢来实现。现阶段生物质能、风能、太阳能等可再生能源发展迅速，尤其是太阳能，得益于技术的发展，光伏发电成本急剧下降，已经可以通过光伏发电等方式获得廉价的电能，因此将可再生能源与氢能结合起来，实现全过程的零碳排放成为可能。这也是氢能作为未来清洁能源的关键，因此研究可再生能源制氢对氢能的发展十分重要。

可再生能源与氢能结合进行大规模制氢的方式主要有电解水制氢（PEM）、生物质能制氢、热化学循环制氢等方式。水电解制氢被认为是未来制氢的发展方向，特别是利用可再生能源电解水制氢，具备将大量可再生能源电力转移到难以深度脱碳工业部门的潜力，成为各国瞄准的方向和攻关重点。生物质能制氢具有反应温和、能耗低、环境友好、原材料广泛、可再生等特点。根据美国能源部预测，微藻制生物燃料能替代全美汽车燃油。微藻转化太阳能的量子效率高达 2%—10%（而陆生植物 < 1%），微藻生长速度极快。热化学循环分解水制氢具有显著优势，包括能耗较低、较易实现工业化、可以直接利用反应堆的热能、无需进行高温氢氧分离等。

当前，风电以及光伏发电制氢是最佳的可再生能源制氢方式，国内外都已经有成功示范的例子。其他可再生能源制氢或多或少都面临着规模化、效率低等难题，不具备应用前景。但是风电以及光伏发电制氢也面临着成本问题，需要通过技术进步来降低成本。

我国氢能产业仍处于发展初期，相较于国际先进水平，仍存在产业创新能力不强、技术装备水平不高，支撑产业发展的基础性制度滞后，产业发展形态和发展路径尚需进一步探索等问题和挑战。

（二）可控核聚变技术

发展可控核聚变能是我国能源发展的既定战略。我国制定了"热堆—快堆—聚变堆"三步走的核能发展战略。目前，我国可控核聚变水平处于世界前列，正在推进反应堆工程实验阶段。预计"十四五"期间可控核聚变能将进入"工程示范堆"阶段。我国已经建成了有"人造太阳"之称的全超导托卡马克核聚变实验装置（EAST），并取得了一系列的突破，如实现了在 7 000 万℃的高温下，长达 1 056 秒的长脉冲高参数等离子体运行，打破了我国自己保持的世界纪录。未来，如果可控核聚变实现了，所带来的接近无限的清洁能源将会彻底解决能源问题。

（三）支撑风电、太阳能发电大规模友好并网的智能电网技术

按照碳达峰、碳中和工作要求，到2030年，我国风电、太阳能发电总装机容量将达到12亿千瓦以上，比当前翻一番。由于可再生能源发电的间歇性、波动性特征，大规模、高比例接入电网将给电力供应稳定性带来挑战。电网作为电力资源优化配置的平台，不同时间尺度电力供需平衡调度难度将大幅提升，对电网高效稳定安全技术方面提出更高要求。为实现大规模、高比例可再生能源并网，需加强远距离、大容量直流输电与电网柔性互联技术，以及电网稳定运行控制技术研发，加快柔性直流输配电、新型电力系统仿真和调度运行等技术的研发应用。同时，需加强需求侧响应与虚拟电厂技术，通过发挥需求侧作用，提升电力系统整体灵活性。Fluence、Tesla、中国电力集团、中国电力科学研究院、上海电科院、华北电力大学、天津大学、北京四方继保自动化股份有限公司、南京南瑞继保电气有限公司等在积极进行技术攻关。

（四）新型储能技术

新型储能是构建新型电力系统的重要技术和基础装备，是实现"碳达峰、碳中和"目标的重要支撑，也是催生国内能源新业态、抢占国际战略新高地的重要领域。"碳达峰、碳中和"的大背景下，新能源装机规模快速增长，且我国能源资源分布不均匀，风、光等大型新能源基地集中在宁夏、甘肃、新疆、青海、西藏、内蒙古等省份，清洁能源富集地域的大规模集中，新能源开发导致大规模新能源消纳问题将日益凸显，需要大规模长时间储能系统解决，因此，大规模新能源配套的集中储能电站将成为趋势。

2021年国内多个百兆瓦级储能电站陆续建设和投运，未来几年，可能出现更大规模的GWh级以上的储能电站。新型电力系统对储能能量管理系统提出了更高的要求，应从储能电站经济、环保、高效、安全、可靠、运维等多角度出发，设计高可靠、高可用、易扩展、安全开放、先进适用的储能监控

系列产品，支撑大规模储能电站安全可靠、经济高效运行，实现新能源对电网的友好接入。储能监控方面，在传统功能基础上，增加电网友好型控制技术研究。储能集控系统需要满足区域内多类型储能电站（电化学储能、抽水蓄能）、多能互补电站（风储、光储、风光储等）集中监控、统一运维的业务需求，同时具备所辖区域多类型储能电站、多能互补电站多目标能量及功率分配，满足电网调度及储能电站经济运行要求。储能电站云运维管理平台实现各储能电站运行状况的远方集中监视、集中运维。通过数字信息技术、物联网技术、云计算技术、数据挖掘技术，提供"全景监视、故障诊断及预警、运行特性分析、应急预案管理、智能运维管理"五大核心应用。提高储能电站运维效率，降低运维成本，并提升投资收益率。

（五）规模化碳捕集利用与封存技术（CCUS）

除了从源头调整能源结构，减少二氧化碳排放，利用 CCUS 把大气或工业废气中的二氧化碳捕集提纯，继而投入新的生产过程再利用或封存，可直接减少二氧化碳排放，是减少二氧化碳排放的关键技术之一。联合国政府间气候变化专门委员会发布的《IPCC 全球升温 1.5 摄氏度特别报告》提出了将全球升温幅度控制在 1.5 摄氏度的四种情景，其中三种情景都需要大规模运用 CCUS 技术。英国、日本、澳大利亚等国家均已制定政策鼓励 CCUS 发展。目前，全球正在运行的大型 CCUS 示范项目有 26 个，每年可捕集封存二氧化碳约 4 000 万吨。

二氧化碳捕集的技术路线主要包括燃烧后捕集、燃烧前捕集和氧气燃料燃烧。吸收、吸附、膜分离以及生物技术都是二氧化碳捕集的有效手段。我国燃烧前捕集技术发展比较成熟，整体上处于工业示范阶段，与国际先进水平同步；燃烧后捕集技术处于中试或工业示范阶段，相比国际先进水平发展有所滞后，特别是对于目前二氧化碳捕集潜力最大的燃烧后化学吸收法，国际上已经处于商业化应用阶段，我国仍停留在工业示范阶段。

二氧化碳的利用包括化学利用和生物利用。我国科学家提出了"液态阳光"等概念，将二氧化碳通过化学转化为甲醇等、可降解塑料和肥料等其他高价值化学品。近年来，以代谢工程、合成生物学、基因编辑技术为代表的生物技术快速发展，生物制造不断取得突破，在固碳和二氧化碳资源化利用方面表现出优异的应用前景。欧盟、美国、加拿大、英国、澳大利亚等国家制定了将二氧化碳作为生物制造的新型替代原料的相关技术发展路线图。部分生物制造商已经在可再生碳转化的技术研发领域取得了一系列成果。

二氧化碳封存的成本较高，而二氧化碳驱油将二氧化碳利用和封存集成在一起将是可行技术方案。2022 年 1 月 29 日，我国已经建成首个百万吨级 CCUS 项目——齐鲁石化—胜利油田，该项目覆盖地质储量 6 000 万吨，年注入能力 100 万吨。"十四五"期间，中石化还计划在下属华东油气田、江苏油田等再建设百万吨级 CCUS 示范基地。

碳捕集、利用与封存技术（CCUS）等负排放技术是实现碳中和的必备技术之一。未来重要的技术方向包括生物质能碳捕集与封存（BECCS）、直接空气捕集（DAC）、二氧化碳有效利用以及太阳辐射管理等地球工程技术。

在 CCUS 技术方面，埃克斯美孚、美国国家碳捕集技术中心、澳大利亚全球碳捕集与封存研究院等机构开展了较为突出的研究，我国清华大学、天津大学、中科院武汉岩土所、中科院大连化学物理研究所、中科院天津工业生物技术研究所、中科院过程工程研究所、中科院山西煤炭化学研究所，以及上海交通大学，复旦大学，华东理工大学，中科院上海植物生理生态研究所，中科院上海高等研究院在该领域开展了很多研究，并取得了多项突破性成果。

（六）热电联产技术

热电联产模式（CHP）是利用高效燃烧产生的热能通过动能转化产生电能技术，是一种有效利用燃烧废热、设备余热产生二次热能的联产模式。技术原理及优势在于设备可同时产生即耦合不间断产生电能和热能。热电联产技术是当今广受欢迎的先进能源供应前沿技术。在经济、可持续发展、建筑增值、环保、自给自足、节能减排等具有显著的优势。其最为值得关注的重点优势在于有效地将一次能源高效的转化为多项实用性的生活能源，不仅大大提高了一次燃料能源的使用效率，而且也有效降低二氧化碳排放。其排放产生的二氧化碳排量比普通热电技术产生的二氧化碳降低约三分之一。再者，该技术可并入光伏发电模块同时兼容运行，排放值将进一步降低。与可再生能源风力发电或太阳能发电（光伏）进行纯供电能力相比，热电联产设备不受天气等环境因素对设备运行及生产的影响。

但是，目前绝大多数大型发电厂中存在有限的热能使用率以及供热的物理距离过长，导致热能损耗巨大问题。因此，借助热电联合技术及设备可实现在区域或城市内构成综合供电供热系统网络，实施联动大型发电厂的废热余热再利用而提高生产效率。

目前大多数新能源发电设备是单一产生电能（光伏）或热能（太阳能热，热泵）技术。从热电联产设备可直接获得电、热或制冷（CCHP）两种或以上能源。该技术和技术设备在能源经济生产中的高回报率决定了其应用的优势，可对我国实现"碳中和"及"碳达峰"的重点战略性目标提供有效的技术保障。

"十四五"时期，我国大力推动绿色节能技术的发展，在碳中和的大趋势下，热电联产将越来越受到重视。2020年，恒盛能源、宁波能源、世贸能源、新中港、大连热电、协鑫能科、杭州热电、福能股份、长青集团、内蒙华电等众多热电联产企业相继上市，相关企业在居民供暖、化工用电和企业自给自足方面不断做出贡献，可以预见，未来热电联产将成为我国改善环境、增强城市基础建设的重要举措。同时，全球能源紧张的问题开始出现，热电联产也可以成为缓解能源紧张的一种方式。

（七）可持续航空燃料

据ICCT的统计数据，2019年全球客运和货运航班共排放二氧化碳9.2亿吨，占全球温室气体排放总量的2.1%，到2050年国际航空业二氧化碳年排量将增至26亿吨左右。为了实现航空业碳减排目标，国际民用航空组织于2016年10月建立了国际航空碳抵消和减排计划（CORSIA）。截至2021年7月，已经有106个国家自愿加入，代表了全球77%的航空飞行。

民航飞机的特点和现阶段的技术水平决定了氢能、电能、核能等新能源在短期内无法普及和应用，航空运输业在很长一段时间还必须依赖液体燃料，具有低碳、可持续特点的液体航空替代燃料必将是被重点关注的领域。2017年9月国际民航组织明确提出了"航空替代燃料必须满足可持续性"这一环境要求，并将这种替代燃料称为"可持续航空燃料"（SAF）。

全球范围内，阿贡国家实验室（美国）、代顿大学（美国）、国家可再生能源实验室（美国）、华盛顿州立大学（美国）、沃尔普国家交通系统中心（美国）、汉堡理工大学（德国）研究优势明显。截至目前，美国 ASTM 机构已经批准了 FT-SPK、HEFA-SPK、HFS-SIP、FT-SPK/A、ATJ-SPK、CHJ-SPK、HC-HEFA-SPK 等 7 种可持续航空燃料生产技术途径，HEFA-SPK 是其中技术最成熟的一种。全球可持续航空燃料产量从 2013—2015 年年均 232 吨到 2016—2018 年年均 5 160 吨，预计到 2032 年，全球年产量可达 650 万吨。

中国已成为年消费量近 2 000 万吨的航空燃料消费大国，是继美国、法国、芬兰之后第四个拥有可持续航空燃料自主研发生产技术的国家，主要以植物油脂或餐饮废油为原料通过加氢脱氧＋加氢改质方法生产可持续航空燃料（HEFA-SPK）。目前欧美国家已率先实现常规加注可持续航空燃料用于商业航班，我国中国石化生产的 1 号生物航空燃油虽然已经成功进行了多次试飞，但受限于原材料和市场需求的不足，一直没有实现常规加注。另外，我国对可持续航空燃料其他几种生产技术途径的研究相对较少，进展缓慢。中国石化石油化工科学研究院、中国科学院大连化学物理研究所、北京航空航天大学、中国科学院广州能源研究所、中国科技大学也在积极开展相关研究。

二、我国及上海发展碳减排技术的对策建议

（一）我国发展碳减排技术建议

1. 系统谋划技术创新路线图，统筹科技、发改、能源、生态环境等相关机构，持续完善面向碳中和的科技支撑体系。

2. 聚焦"碳达峰、碳中和"行动战略需求,有序推进碳中和相关国家重大科技专项和重点研发计划专项研发布局,推动新一代可再生能源、绿氢、储能等前沿技术、颠覆性技术、原创新技术突破,抢占零碳科技竞争高地。

3. 强化高水平科技供给,鼓励科研机构、高校等学术界优先开展绿色技术研发创新活动,加快部署零碳发电技术、智慧能源网络、新能源交通、绿色化工、零能耗建筑等技术的原始创新与技术迭代升级。

4. 以更大力度推进节能低碳技术示范应用,加快推进风、光、生物质、地热、热泵、分布式能源、高效节能技术以及碳捕集、利用与封存、生态固碳等技术示范,推动新一代数字化技术在清洁能源、节能和能效等领域的融合创新。

5. 布局面向碳中和重大科技需求的国家科技创新基地体系,设立相应的国家重点实验室、国家工程研究中心、国家技术创新中心等,建立稳定的支持机制和联合攻关机制。

(二)上海发展碳减排技术建议

1. 制定鼓励政策,支持上海适宜技术研发与应用。在已经设立的"科技创新行动计划"科技支撑碳达峰、碳中和专项基础上,以揭榜挂帅的形式,促进本地高校、研究院所和企业科研力量联合攻关,支持能快速应用的适宜技术。相关产业技术包括,深水远海风场发展,以及海风发电转换为液态氢技术、可再生能源发电大规模友好并网的智能电网技术。

2. 对于可应用的碳减排技术给予税费优惠等政策。根据太阳能光伏发电的特点,细化各项低碳指标,加大对上海市相关区县光伏 + 等工程的扶持力度,强化相关考核指标,确保上海市光伏装机容量的稳步上升。鼓励热电联合技术及设备的使用,实施联动大型发电厂的废热余热再利用而提高生产效率。

3. 立足上海优势进行技术研发,勇当"双碳"科技排头兵。积极研究上海市现有碳减排技术的潜力,开展技术攻关,重点发展可绿氢、长时大容量储能技术、二氧化碳捕集技术、生物技术固碳、可控核聚变技术、智能电网技术、可持续航空燃料等,为我国"双碳"目标实现发挥创新策源地功能。

关于从完善立法层面助力上海寻找
绿色金融破局发展之路的建议

核心建议

1. 清晰界定绿色金融概念。建议上海在延续《关于构建绿色金融体系的指导意见》中绿色金融定义的基础上，积极探索将可持续金融、转型金融纳入绿色金融涵盖面之内，积极赋予绿色金融既符合中国特色又与国际接轨的定义，以为日后国家层面的立法提供参考。

2. 尽快统一绿色金融标准。成立市级层面的绿色金融标准工作组，加快绿色金融标准研究设立工作，加快制定绿色金融各细分领域标准，加快建立"绿色金融支持项目动态名录库"。

3. 进一步建设、完善第三方评估认证机构。立足上海，加快建设本土专业认证评估机构；面向国际，引进知名第三方机构；出台文件对第三方评估认证机构的评估规程和标准进行明确统一。

4. 加快建立健全切实可行的激励约束机制，促使绿色金融产生实际"市场效果"和"绿色效果"。

5. 回应热点关切，积极探索碳排放权的法律属性及质押规则。

正文

2021 年 10 月 8 日，上海市政府在《上海加快打造国际绿色金融枢纽　服务碳达峰碳中和目标的实施意见》中提出，到 2025 年上海要基本确立国际绿色金融枢纽地位的目标。为助力上海寻找绿色金融发展破局之路，本文特从上海市绿色金融立法层面提出针对性建议，盼为上海构建"叫好又叫座"的绿色金融体系做出智囊贡献。

一、我国绿色金融实践及立法现状

我国的绿色金融相较于发达国家起步较晚。1981 年《国务院关于在国民经济调整时期加强环境保护工作的规定》被认为是我国绿色金融发展的雏形，之后国家环保局等部门亦出台了一些相关政策规定，但由于本阶段我国仍以经济快速发展为重心，因此当时此类政策的实际实施性较弱。

2009 年之后，为完成我国在哥本哈根气候大会上作出的减碳目标承诺，我国开始尝试运用法律的手段来缓解突出的环境问题。如 2008 年原国家环保总局发布了《关于加强上市公司的环境保护监督管理工作的指导意见》；2012 年银监会发布了《绿色信贷指引》；2016 年中国人民银行、财政部等七部委联合印发了《关于构建绿色金融体系的指导意见》（下称《指导意见》）……

2020 年，习近平总书记对全世界宣布了中国的"双碳"目标，并将该目标纳入"十四五"规划，为此，我国开始探索形成我国系统的绿色金融法律体系。截至目前，在国家层面，尚未出台统一的绿色金融立法，仅有各部委出台下发的相关指导性文件；在地方层面目前也仅有《深圳经济特区绿色金融条例》（2021 年 3 月 1 日施行）和《湖州市绿色金融促进条例》（2022 年 1 月 1 日施行）两部地方立法。

在国家法尚不能及时出台的情况下，上海要想确立国际绿色金融枢纽地位的目标，就要通过地方立法先行先试，为国家层面立法提供有益探索！

二、上海绿色金融先行立法将面临的问题

（一）绿色金融概念涵盖面不一

中国国内目前对于绿色金融尚无一个国家层面的统一定义，只有《指导意见》中有相关初步界定：绿色金融是指为支持环境改善、应对气候变化和资源节约高效利用的经济活动，即对环保、节能、清洁能源、绿色交通、绿色建筑等领域的项目投融资、项目运营、风险管理等所提供的金融服务。

在目前已出台的两部地方立法中，对于绿色金融均参照指导意见进行了定义，但涵盖面不一样，《深圳经济特区绿色金融条例》没有将转型金融纳入绿色金融立法之中，而《湖州市绿色金融促进条例》则将转型金融纳入了立法。上海应该综合考量国情、区域特情，在前两者的基础上来确定绿色金融概念的涵盖面。

（二）绿色金融标准体系尚待统一

目前，各部委针对绿色金融标准均从本部门角度出发构建标准体系，由于各发起部门职能不同、沟通协调不足，导致我国绿色金融标准体系存在各自为政、不统一与碎片化的问题，例如银监会的绿色信贷标准和人民银行、发改委的绿色债券标准，在支持项目范围及分类方法上就存在差异。

标准不统一影响了市场主体公平、有序地开展绿色金融业务，影响了激励约束等配套政策的有效落地，同时也对强化监管和防范风险形成了挑战。

（三）第三方评估认证体系尚未建立

通过第三方认证，能够确保相关主体通过绿色金融筹集的资金真正用于绿色项目和绿色产业。对于第三方机构评估的重要性，先行立法的深圳已经在相关绿色金融条例中有所体现，但对于如何建设第三方机构，无论是已经立法的深圳还是尚未立法的上海目前均在探索。

（四）有效的激励约束机制尚未成熟

当前不管是上海市还是全国的绿色金融发展都面临的困境是政策激励不

足、政府监管缺位，缺乏有效的激励约束机制。

（五）碳排放权法律属性仍存争议

我国碳排放权法律属性尚无上位法的明确认定，上海市若要发挥其碳市场优势，将其打造成上海绿色金融体系中的一大亮点，积极探索碳排放权及其质押融资规则将至关重要，可为日后国家法层面提供积极有益的经验和探索。

三、助力上海绿色金融破局发展的立法构想

（一）清晰界定绿色金融概念

1. 原则上延续《指导意见》的宽泛定义

在国际上，G20 峰会绿色金融研究小组在 2016 年发布的《G20 绿色金融综合报告》中对绿色金融的定义即是一种宽泛的定义，且允许不同国家和市场对绿色金融进行不同的技术性解释，因此上海市延续《指导意见》的宽泛定义并不会导致出现上海标准与国际标准不一致的诟病。

2. 将可持续金融纳入绿色金融定义范畴之内

可持续金融与绿色金融本身就是两个重叠概念，将可持续金融纳入绿色金融之中可避免概念混用，对树立可持续金融理念、强化绿色信贷机制、创新环境金融产品等方面都有极大推动促进作用。

3. 将转型金融纳入绿色金融定义范畴之内

首先，由于发达国家对绿色金融概念进行了限缩，2021 年中国人民银行、发展改革委、证监会发布的《绿色债券支持项目目录》正式版中将低碳减排项目不再纳入支持范围，对此类金融项目，产生了一个新名——"转型金融"（又称"碳金融"）。但由于 2016 年人民银行的《指导意见》依然有效，这样就造成了"转型金融"与"绿色金融"概念的冲撞——"资源节约高效利用"既符合"转型金融"概念，又在 2016 年版绿色金融的范围之中。因此建议上海市绿色金融立法将转型金融纳入绿色金融定义范畴之内，可避免概

念混用，使得绿色金融不会出现逻辑冲突，可有效促进绿色金融开展。

其次，上海在运营碳交易市场方面形成了成熟的制度和规则，将转型金融纳入绿色金融可助力上海建成具有国际影响力的碳交易、定价、创新中心。

最后，西方发达国家将转型金融排除在绿色金融之外的根本原因是这些国家的工业化进程早于发展中国家，工业化早期发展导致的环境污染问题已得到基本解决，因此其否认碳金融亦属于绿色金融。但对于中国而言，还处于发展中阶段，治污和防污仍然是最典型的绿色。因此将转型金融纳入绿色金融，有助于拓宽企业转型融资的渠道，促进节能减排和经济资源环境协调发展，最终促进美丽中国的实现。

（二）尽快统一绿色金融标准

1. 成立绿色金融标准工作组，加快绿色金融标准研究设立工作

在上海市层面成立绿色金融标准工作组，由其统一协调管理，进而建立起绿色金融标准常态化多部门统筹协调机制。工作组的层级要高，可参照上海市"碳达峰、碳中和"工作领导小组设置或内辖，以共同推动包括通用基础标准、产品服务标准、评级认证标准、信息披露标准等在内的绿色金融重点领域相关标准的出台、修订、实施、推广和监督管理工作。

同时，上海市的先行先试也应与国家各部委紧密配合，方便国家从全国层面统一整个标准。

2. 加快制定绿色金融各细分领域标准

为解决当前绿色金融产品标准中存在的割裂性、条块化、不协调等问题，建议由绿色金融标准工作组各专业细分小组统一制定上海市内绿色金融各细分领域的标准。若在同一领域涉及不同主管部门的，由工作组成员共同协商制定统一标准。同时，对各相关部门已出台的标准，若有冲突的地方，由绿色金融标准工作组进行内部会商达成统一并修订后对外发布。

3. 加快建立"绿色金融支持项目动态名录库"

在上海市立法明确绿色金融概念后，建议由绿色金融标准工作组统筹建立并不断完善和更新"绿色金融支持的项目、产业甚至企业的动态名录库"，

以此为金融机构判断某项目、产业或企业是否应该为绿色金融所支持提供查询目录。

（三）进一步建设、完善第三方评估认证机构

1.立足上海，加快建设本土专业认证评估机构

上海市政府应加强关于绿色金融第三方认证机构市场准入的制度建设，同时需要完善各项保障措施。对于绿色金融第三方认证机构的建立，可设置如下准入门槛：（1）需具备其他普通的第三方认证机构的设立必要条件；（2）遵守上海市各项政策对于绿色金融的界定，具备专业的评估认证方法；（3）监管部门对于相关第三方机构业务能力与执业资格要有全面和定期的考核等。

2.面向国际，引进知名第三方机构

考虑从国外引进公信力强、专业能力强的专业绿色金融第三方评估认证机构。但引进后需加强对其监管，使其在上海市的评估认证活动符合上海市关于绿色金融具体实践的需要。

3.出台文件对第三方评估认证机构的评估规程和标准进行明确统一

建议由前文绿色金融标准工作组进行相关文件的编撰出台工作：（1）对第三方评估认证机构的准入、评估方法和标准做出明确规定；（2）对第三方评估认证机构进行评估认证业务时需遵守的政策规定进行细化统一；（3）建立或引入统一的衡量指标和评估标准以利于第三方评估认证机构开展具体工作，如在绿色债券评级领域，可引入目前国际广泛认可的ICMA绿色债券原则，并结合本市具体情况适当修改。

（四）加快建立健全切实可行的激励约束机制

1.从激励角度

参考绿色金融发展较好的欧美国家和中国香港，积极利用税收、政府支出和政府投资这三类财产工具：

（1）联合税务部门积极出台税收抵免、退税等政策激励绿色金融发展

对绿色债券、绿色投资等实施税收抵减等优惠措施，对积极开展绿色信

贷、保险、证券、信托等业务的金融机构的绿色金融项目、产品收益给予税收优惠，以激发绿色投资主体（包括企业和个人）的积极性。

（2）发挥政府投资功能，由政府成立绿色基金引导绿色金融发展

可借鉴英国、德国相关成功经验，由政府出资引导，采用公私合营、市场化运作模式，成立碳基金、能源基金等绿色基金，撬动社会资本参与绿色产业，并利用相关绿色基金，大力发展绿色金融基础设施，降低绿色投资难度，引领社会和个人资本进入绿色金融体系，直接促进金融"绿色化"。

（3）严格规定资助、补贴范围条件

在不断加大对绿色金融奖励或补贴力度的同时，也要避免骗补、"漂绿"等情况的出现，可借鉴香港地区的做法，明确并严格规定资助、补贴范围和条件。例如，对绿色债券进行补贴时，可以对相关绿色债券的发行费用和外部评审费用予以适当的资助，但不会直接对债券发行人予以资助，以使得相关债券真实发行，避免骗补情况出现。

2. 从约束角度

（1）强化绿色金融信息披露制度

首先要明确绿色金融信息披露的主体，包括企业、金融机构及相关主管部门；其次要明确相应的信息披露内容，例如企业应主要披露环境信息等、金融机构应主要披露投融资活动对环境影响的信息等、主管部门应加强信息公开，确定信息披露平台等；最后是要加强各信息披露主体之间的联动，建立有效的绿色信息共享机制，加强彼此间的合作交流，共同促进绿色金融朝前发展。

（2）完善绿色金融法律责任制度

目前我国整个金融制度体系都是以刑事责任为主，民事、行政责任为辅的格局。但要促进绿色金融稳定健康发展，在绿色金融法律责任制度上建议以民事责任为主，行政责任和刑事责任作为补充。

深圳市的绿色金融条例对监督主体的责任进行了规定，湖州市的绿色金融条例对参与的市场主体的责任做了简要规定，我们可以把两者结合，同时

跟其他国家法律规定体系相匹配做出责任规定。为此建议：

首先是对不遵守上海市绿色金融相关制度规定的人员应明确追究其相关责任，例如银行未按照绿色信贷相关规定审核贷款企业的申请资料、未对相关项目进行环境风险评估的，要明确相关金融机构及其管理人员、审核人员的相关责任，若后续相关项目造成了环境污染事故的，还要有追责形成闭环。

其次是对于未按规定及时披露环境信息或者伪造披露信息的企业，要明确追究该企业及其管理人员的法律责任，对造成重大环境污染事故的，甚至要明确追究其刑事责任。

最后是对涉嫌违规造假的各参与主体进行行政处罚、刑事追责和民事惩罚性赔偿。

（五）回应热点关切，积极探索碳排放权的法律属性及质押规则

1. 目前法学理论界对于碳排放权的法律属性主要有物权说、规制权说、环境权说、无形财产权说等。建议上海市在相关立法中采纳物权说，将碳排放权的法律属性定义为物权中的用益物权，再具体一点可以明确为特许物权。理由如下：

首先，最高人民法院在《民法典物权编理解与适用》中认为，"目前尽管对碳排放权的权利性质尚有一定争议……但在审判实践中，可基于具体案情确定是否可以参照用益物权的一般规定作出相应的裁判。"因此若上海市在相关立法中将碳排放权明确为用益物权并不会使得地方规则严重偏离国家层面规则。

其次，碳排放权与用益物权的特性十分匹配，如认定碳排放权为用益物权，则其交易、（权利）质押，可具有财产价值等就存在了合理的法律依据。

最后，由于我国碳排放权是基于政府的分配而取得的，因此立法明确碳排放权是行政许可前置的用益物权，即具有特许物权的属性也符合实际情况。

2. 立法明确碳排放权只可质押，不可抵押。首先，碳排放权不在法律明确规定的可抵押名录内，如果碳排放权可抵押缺乏法律依据。

其次，根据抵押规则，抵押后原权利人仍可使用抵押物，即碳排放权抵押后原权利人仍可继续使用碳排放权，在使用过程中碳排放权将不断减少，抵押权人的权利将无法得到保障。

3. 完善碳排放权质押融资规则，让碳排放权质押融资成为上海绿色金融体系中的一大亮点。首先，结合当前法律规定及实践操作，明确出质人的范围；其次，明确碳排放权质押的设立方式，从保护质权人的角度来看，建议采取登记生效主义，可使得登记具有更强的公信力；最后明确碳排放权质押的登记机关，目前上海环境能源交易所《上海碳排放配额质押登记业务规则》规定，碳排放配额质押在上海环境能源交易所登记，交易所完成配额质押登记后，将质押登记申请的相关材料提交上海市碳排放配额登记管理机构备案，可通过上海市层级的立法使得这一规定具有更高的效力。

关于加快上海"绿色低碳循环农业"发展的建议

核心建议

1. 加快绿色低碳循环产业减碳固碳量化测算标准体系建设。构建绿色低碳循环农业认证和产品认证、监管、服务全产业链管控体系，增加上海绿色低碳循环农业的碳汇储备和交易潜力，尽早推出绿色低碳循环农业碳汇测算，建立循环农业碳汇交易场所。

2. 加强上海绿色低碳循环农业的政策和机制创新。按照模板农田的设计，配置周边绿色能源／设备助力亩产最大化，制定标准的生产规范操作指导。

3. 强化农业废弃物的减碳固碳资源化循环增效。对秸秆机械化还田和离田利用持续给予政策支持，并将农作物秸秆综合利用工作纳入"乡村振兴""大气污染防治行动"等的考核内容，落实工作责任，完善奖惩机制。

4. 积极推动农光互补和光伏农业双发展。提倡"一地多用，农光互补"的模式的推广和应用，积极推动光伏种植，增加"上光下棚"比重，促进绿色能源发展，建设"上部光伏发电、下部农业种植"的农光互补光伏发电模式。

5. 加强循环农业科技技术应用。加强水产养殖废水排放检测和环境影响监测评估，全面推行节能减排的水产养殖绿色循环生产方式，针对不同规模的养殖尾水实行分类指导改造。

正文

2020 年 9 月,我国庄严的提出"双碳"目标,力争于 2030 年前实现"碳达峰"、2060 年前实现"碳中和"。随后上海也明确了双碳目标"全市碳排放总量和人均碳排放于 2025 年达到峰值,至 2035 年控制碳排放总量较峰值减少 5% 左右"。随着农业农村的产业提档升级,作为上海碳排放的"大户",大力发展"绿色低碳循环农业"助力上海双碳目标战略意义重大。

当前,推广绿色低碳循环农业的过程中存在诸多难点、痛点问题,这将影响上海推进"双碳"战略落地,阻碍上海迈向建设"卓越全球城市"以及全面实施乡村振兴国家战略。为此,本课题组从上海各区绿色低碳农业现状调研和问题分析着手,研究了国内外、长三角地区以及上海各区绿色低碳循环农业的实施、政策及其经验教训,提出了加快上海"绿色低碳循环农业"建设的对策建议。

一、以上海金山区为代表的"绿色低碳循环农业"
实践中面临的问题解析

虽然上海在"绿色低碳循环农业"顶层操作上得到积极有效的推进和落实,但是课题组在走访调研多个现代农业企业、集体经济组织以及生产农户的过程中,发现"绿色低碳循环农业"在上海乃至长三角经济发达、寸土寸金的东部地区难以大规模推广应用,主要体现在以下几大问题:

一是"绿色低碳循环农业"的理论研究和技术体系还不够完善。从调研的情况来看,上海依然面临着缺乏对相关区域精细化"绿色低碳循环农业"的理论和体系研究。如:生态种养,稻鸭共作,稻鱼共作。都需要较高的精细化技术理论水平和实践经验。需要系统科学的涉及,如鸭子放养密度,水稻品种选择等。现实中往往对同一个地方的典型经验,简单的照搬,生搬硬套，忽略各地生态条件禀赋的不同，地域农业存在的差异性。同时缺乏在生态循环农业实践中，还需要不断深入试验，探索规律。如：在光伏设施影响下，光环境能否满足农作物需求，相关经济农作物采光生长模型缺失，需要加快建立适宜于光伏温室的采光设计理论和光伏温室大棚的体系化设计。

二是对"绿色低碳循环农业"缺乏全面的产业链化梳理、精准定位和地域化实施指导意见。上海现阶段农企大部分依然是采用"种养结合""种养+"等模式，尚未大规模进入到"绿色低碳循环农业"整个循环利用环节，比如"畜禽粪便—沼气—发电—沼渣、沼液—肥料—种植业"循环利用模式中，至今政府尚未出台明确鼓励几个循环农业链条方向，放宽企业和农户的准入类门槛，引导不同的企业进入其中，形成新型的循环农业产业和经济体制。绿色低碳循环农业项目前期，缺乏提前建设试验田精准定位和校验实践，无法做到有针对性的生产运营和精细化管理。现实中也由于农业项目的高投入，低回报，令诸多企业目光短浅，过度看重项目财政补贴，往往忽略当地的资源禀赋和市场情况，延续传统种养殖农业，盲目确定循环农业的项目定位，进而导致项目失败比比皆是。

三是绿色低碳循环农业"一地多用"的普遍性，与土地政策相互冲突。当下我国对农用地的用途和种植物限制较为严格，土地瓶颈问题对以设施农用地为主导的循环农业发展，形成了较大的制约。农业产业用地指标不足，特别是适用循环农业的专类用地指标缺失。且受限于上海建设用地指标总量控制，现有政策中每年5%建设用地以支持产业发展，但很难作为农业产业用地，究其原因是上海农村产业发展用地的直接经济效益低，郊区各区农业发展差异较大，农业强区和弱区均没有供地积极性。调研中，提倡推广"一地多用"的混合经营模式成为最大的呼声。比如"联中食用菌合作社"提议把菌菇产业结合上海农业光伏专项工程，在大棚上方由光伏企业产电和温控，大棚下方租赁和卖电给农业种养殖主体，形成多元的混合合作经营模式。以金山渔业养殖企业为例，在鱼塘上建电站虽然不会改变鱼塘的根本性质，但上海的成片鱼塘基本都属于农用地，按规定不能在上面建设像电站这样固定周期较长的建筑物。这使部分项目在拿地的时候,很难让地方国土部门"点头"。

四是政策与资金保障不充分,金融体制不健全,融资难仍然是产业面临最大痛点。目前,政府对系统性、集成性生态循环示范工程的财政投入较少,导致企业和农民参与到低碳循环农业的积极性不高。同时由于循环农业项目前期投入大,回报周期较长,相关企业很难获得融资,自有资金占比相当大,进入这一领域的公司往往很快面临无法维持的困境。

五是集体经济组织和农民参与积极性不足,生产经营方式需要转型。"绿色低碳循环农业"作为新型科技产业对参与者知识和技能要求较高,缺乏主导型的本地化经营主体引导企业和农民参与生产经营,经营模式缺失,同时集体经济组织和农民在循环农业项目中角色不明确。调研过程中发现,大部分农户对低碳循环农业概念不熟悉,依然采用传统的低效率的农业生产手段,以及"大肥、大水、大药"促高产、增效益的思维,在田间管理上粗放,浪费大,肥料农药利用率低。在农业废弃物管理上依然无序,随意丢弃,对农业生态环境造成影响。绿色生产技术不足和服务不到位等问题,使作物绿色低碳循环生产风险高、难度大,影响了生产者的积极性。

二、"循环农业助振兴,绿色低碳产业旺"的若干建议

(一)加快减碳固碳量化测算标准体系建设

1. 加强绿色低碳循环农业产业系统的标准体系建设。加快制定农业碳汇计算、循环农业模式减碳量计算、不同循环模式的减碳固碳目标和循环农业行业标准至关重要,有了标准才能引导产业发展的方向,可以为传统农业向现代农业过渡提供方向。强化作物品种和绿色低碳生产技术创新、实施作物绿色生产的效益提升工程、量化农产品生产环节中的排碳量。此外,建议构建农业绿色认证和低碳产品认证、监管、服务全产业链管控体系,促进我国绿色低碳循环农业生产。

2. 着眼长远，早做筹划，增加上海绿色循环农业的碳汇储备和交易潜力。目前我国开展的碳汇项目主要包括森林碳汇、草原碳汇、海洋碳汇等，而涉及农业的碳汇项目较少，在上海乃至长三角农业碳汇正处于起步阶段。为此建议，在上海推进绿色低碳循环农业的进程中，尽早增加农业碳汇测算，建立碳汇交易场所，在发展循环农业的同时，提高农户收入，提升社会资本和科技企业参与绿色低碳循环农业发展的积极性。

（二）加强上海"绿色低碳循环农业"的政策和机制创新

1. 量化指标，按级补贴，返利于农。按照在原有的种植产业园区采用模板农田的设计，配置周边绿色能源／设备，助力亩产最大化。通过制定标准的循环农业生产规范操作指导，明确绿色循环农产品标准，同样的农作物产出，如果生产中使用绿色能源等，可以加分，最后根据分数定价或定级别，级别高的可以有农业新能源特别政策补助，或者对接下游采购单位，给到采购绿色能源农业种植产品的单位在税收上抵扣相关纳税等变相支持。同时建议政府牵头，让一线的农民通过学习新科技，亲身参与"双碳"计划，得到碳排放积分，未来可以直接参与碳汇交易。

2. 国有农企提增效，联合经营强合作。国家和地方农业、国土、能源等相关部门，应联合牵头对循环农业项目实施中的土地使用性质问题形成指导性意见，对其用地进行备案并视为农用地范畴，从而进一步为解决循环农业设施用地问题"畅通经络"。由市、区两级主管单位引导，联合国有大型农业企业及旗下农场及科研团队回流上海本地，如光明集团、上实集团等，通过国有企业的应用升级，区域内建设示范性绿色低碳循环农业模式，带动上海各区中小种植户的绿色低碳循环农业的普及和实践应用。同时，鼓励企业和农户联合经营，循环农业大棚要求投资需要有一定的规模，农户们可以单独或者抱团承包经营，或者以农业合作社的方式与循环农业综合开发订立合作关系，在经营上需要处理好农民的权、责、利关系，调动农民参与的积极性。

3. 注重科技的支撑作用，加强与科研院所的合作。建议加强与市农技推广中心、市农科院等单位加强合作，探索绿肥种植，果树枝条粉碎制成有机肥等技术模式，探索形成示范性的多级农业资源循环利用模块。同时，鼓励区内农业生产主体自主开展绿色低碳循环农业研究和技术攻关，试推出可复制性的低碳循环农业模式。推进循环农业创新中心、绿色低碳农业产业技术创新联盟建设，探索建立"企业＋科研院所＋合作社＋基地＋农户"的产学研推用模式。

（三）强化农业废弃物的减碳固碳资源化循环增效

不断提高畜禽粪污资源化利用水平，以资源循环为支撑，构建生态循环农业新模式。建议对秸秆机械化还田和离田利用持续给予政策支持，并将农作物秸秆综合利用工作纳入"乡村振兴""大气污染防治行动"等的考核内容，落实工作责任，完善奖惩机制。探索粮油秸秆综合利用多元化格局，传化效率高，形成了以秸秆机械化还田为托底，秸秆制作有机肥、饲料、食用菌基质料和生物质燃料等多种离田利用途径并重的多元利用格局。同时不断加强农林废弃物（如：果树枝条、蔬菜废弃物、菌渣等）综合利用能力。

（四）积极推动农光互补和光伏农业双发展

1. 积极推动光伏种植，提倡"一地多用，农光互补"的创新土地政策创新机制。提倡"一地多用，农光互补"的模式的推广和应用，结合设施农业，创新化"光伏＋农业＋就业＋农教"相结合的叠加收益模式。建设"上部光伏发电、下部农业种植"的农光互补光伏发电模式，使发电单元"东—西、南—北"双向跟踪，架下作物大规模耕种。与传统固定模式相比，该模式能大幅提高光能转化率和农作物产出率，实现一地多用，促使农民增收、企业增效、政府增税及环境增益。

2. 积极发展循环农业，就地转化和利用光伏新能源，实现减碳耕作，提升绿色低碳循环农业的绿色属性。鼓励企业与地方政府共建农业光伏园区，将光伏发电业务和各地优势农作物种植相结合，同时设计了孵化器功能、开展"循环农业创客"大赛引入商业团队。光伏电站的发电收益可向银行进行抵押贷款，从而解决农业项目发展前期的资金困局。积极引导提升机械化、智能化、无人化水平，种植、灌溉、病虫害防治以及农业机械使用等均需要大量的能源供应。

（五）加强循环农业科技技术应用

1. 推广商品有机肥、缓释肥、测土配方施肥，提高了施肥的精准性和有效性。加快推进粮油作物化肥减量，通过调整种植业结构，推广种植绿肥、推进冬季深耕晒垡等养地休耕模式。推广商品有机肥、缓释肥和测土配方施肥。开展主要农产品绿色认证和有机认证，肥料施用建议严格按照 NY/T394 绿色食品肥料使用准则和有机农产品肥料使用准则要求进行。积极开展上海农业蔬菜土壤改良行动，综合运用农业、物理、生物等非化学防治技术，调优、提升农田生态系统控害能力，协调应用高效、低风险药剂防治技术，促进重大病虫害可持续治理，保障农田产量、质量和农田生态安全。

2. 推进水产养殖尾水针对性处置，实现水产养殖清洁化和产业模式生态化。开展水产养殖废水排放环境影响监测评估，确保达标排放。全面推行节能减排的水产养殖绿色循环生产方式，针对不同规模的养殖尾水实行分类指导改造，推广"生态养殖＋沼气工程＋绿色种植"、林下种养、稻渔种养等多种低碳循环的发展模式，区域内实现乡镇大循环、园区中循环、主体小循环。

后　记

　　时光荏苒，白驹过隙，民建上海市委自启动一号课题以来已走过多个年头，我们始终秉持着与中国共产党风雨同舟、荣辱与共的信念，切实履行参政党职能，发挥自身优势和特点，为经济社会发展献计出力。

　　近五年来，每一次民建上海市委一号课题的启动都是"关键时刻"的"重要之举"，体现了民建人在新征程上的新担当。聚是一团火，散则满天星，各位会员不辞辛苦、不计得失、不求回报，有的精心撰写报告，有的组织讨论交流，有的提供想法观点，有的积极整理素材，有的主动联系场地，大家有一分热，发一分光，各展所长、竭尽所能、尽心尽力。虽然分工有所不同，但心是相通的，那就是为上海、为国家建言献策，虽然投身课题的时间是业余的，但形成的成果是专业的，其中相当部分建言已经被有关部门采纳吸收，落地见效，有的出于种种客观因素暂时尚未采用，但对于未来的工作却依然具有一定的参考价值，因而我们在汇总过程中也将这些建言纳入其中，期待在将来助力科学决策。"看似寻常最奇崛，成如容易却艰辛"。本书整理并精选了历年优秀成果，是所有民建人以拳拳爱国之心凝聚而成的智慧结晶，每一篇都经过深入调研，每一个问题都充分讨论，每一条建议都反复打磨，可谓春华秋实，硕果盈香，岁月流金，繁花似锦。我们希望能够将它作为珍贵的礼物，留赠给更多的会员品味和学习。

　　本书由民建中央副主席，民建上海市第十一、十二、十三届委员会主任委员周汉民担任荣誉主编，民建上海市第十四届委员会主任委员解冬担任主编，民建市委机关同志成立编辑组进行统筹、选稿和统稿。民建市委一号课

题组成员在文字整理、课题研究等方面做了大量工作。上海人民出版社对本
书的出版给予协力，积极统筹协调，在此一并致以衷心的感谢。

　　由于时间、篇幅限制，加之力有不逮，难免有疏漏、欠妥之处，还请各
位读者谅解。诚恳希望大家提出宝贵意见。

图书在版编目(CIP)数据

岁月流金:民建上海市委一号课题成果集/中国民
主建国会上海市委员会编.—上海:上海人民出版社,
2022
ISBN 978 - 7 - 208 - 17801 - 4

Ⅰ.①岁… Ⅱ.①中… Ⅲ.①区域经济发展-上海-
文集 Ⅳ.①F127.51 - 53

中国版本图书馆 CIP 数据核字(2022)第 135769 号

责任编辑 王笑潇
封面设计 零创意文化

岁月流金
——民建上海市委一号课题成果集
中国民主建国会上海市委员会 编

出 版 上海人民出版社
 (201101 上海市闵行区号景路 159 弄 C 座)
发 行 上海人民出版社发行中心
印 刷 江阴市机关印刷服务有限公司
开 本 720×1000 1/16
印 张 34.75
插 页 5
字 数 505,000
版 次 2022 年 11 月第 1 版
印 次 2022 年 11 月第 1 次印刷
ISBN 978 - 7 - 208 - 17801 - 4/F • 2753
定 价 168.00 元